危险的金钱

现代金融的璀璨与黑暗

How Money Became Dangerous

［美］克里斯托弗·瓦雷拉斯
（*Christopher Varelas*）
［美］丹·斯通
（*Dan Stone*）
/ 著

徐芳琳
/ 译

中信出版集团｜北京

图书在版编目（CIP）数据

危险的金钱：现代金融的璀璨与黑暗／（美）克里斯托弗·瓦雷拉斯，（美）丹·斯通著；徐芳琳译. -- 北京：中信出版社，2022.8

书名原文：How Money Became Dangerous

ISBN 978-7-5217-4373-9

Ⅰ.①危… Ⅱ.①克… ②丹… ③徐… Ⅲ.①金融学－研究 Ⅳ.① F830

中国版本图书馆 CIP 数据核字（2022）第 092384 号

HOW MONEY BECAME DANGEROUS by Christopher Varelas and Dan Stone
Copyright © 2019 by Kantzas, Inc. All rights reserved.
Simplified Chinese edition published by arrangement with Creative Artists Agency and Intercontinental Literary Agency Ltd., through The Grayhawk Agency
Simplified Chinese translation copyright © 2022 by CITIC Press Corporation
ALL RIGHTS RESERVED

危险的金钱：现代金融的璀璨与黑暗
著者：　[美]克里斯托弗·瓦雷拉斯　[美]丹·斯通
译者：　徐芳琳
出版发行：中信出版集团股份有限公司
　　　　　（北京市朝阳区惠新东街甲 4 号富盛大厦 2 座　邮编　100029）
承印者：　宝蕾元仁浩（天津）印刷有限公司

开本：787mm×1092mm 1/16　　印张：26.25　　字数：350 千字
版次：2022 年 8 月第 1 版　　　　印次：2022 年 8 月第 1 次印刷
京权图字：01-2020-6489　　　　 书号：ISBN 978-7-5217-4373-9
定价：79.00 元

版权所有·侵权必究
如有印刷、装订问题，本公司负责调换。
服务热线：400-600-8099
投稿邮箱：author@citicpub.com

献给三代
了不起的女性

阿萨纳西亚

杰西卡

金柏莉

阿塔纳西娅

目 录

序言　余额清零 / I

第一章
愚人之金
001

计算机电子表格的引入释放了金融业的创造力，同时有助于消除人类的主观性和偏见。然而……计算机电子表格导致了对分析真实性的侵蚀和品质的缺失。

第二章
欢迎来到丛林
039

华尔街的合伙制公司轮番上市，使它们能够获得所需的资本来壮大规模，为不断扩大的公司和客户群提供所需的产品和服务。然而……风险与责任制的分离导致了监管的弱化，反过来引起破坏性行为的发生，包括用别人的钱进行风险性极高的投资。

第三章
牛奶和气球
079

"企业狙击手"和主动型投资者通过让管理团队对他们的业绩负责，为美国和全球的企业重新注入了活力。然而……当企业被迫将股东价值放在高于一切的位置上时，就使利益优先于人和产品的不合理的管理决策合理化了。

第四章
天空的征服者
115

速度和精度使新产品的创造成为可能，并使市场更高效，途径更多，且成本更低。然而……在所有金融领域内，速度、效率和感知精度已经取代了全面、详尽的分析，包括那些最需要分析性思考的领域。

第五章
现代艺术
155

对上市公司年报的要求提升了金融体系的透明度，在为所有投资者创造公平竞争环境方面取得了进步。然而……这个年报要求进一步压缩大众投资者和管理团队对公司财务业绩的考量期，而这一切都以牺牲长期性投资和目标愿景为代价。

第六章
猎象记
191

金融超市的建立创造了一个平台，有效地为全球化大环境下日益庞大、复杂的国际企业和市场提供了所需产品的广度和深度。然而……金融超市的出现，催生了一系列极其难以管理的金融机构，同时也导致了企业文化的堕落，难以培养和维持理想的行为模式。

第七章
触手可及
227

商业向云端转移，促使了新产品和新市场的诞生，其价格更亲民，更易被普罗大众所接受。然而……商业在向云端转移的同时导致了个体和群体间相互关联的缺失。

第八章
钻石狗
263

薪酬透明度的提高将谈判的筹码转移到了雇员身上，使个人能够利用数据支持在薪酬市场上要求更合理的薪资。然而……这样的透明度导致投资视野变窄，以及对薪酬产生过度关注，认为薪资高低是决定一个人社会价值的主要因素。

第九章
另一条队
299

市场经济接管了社会秩序，使草根阶层、民主化的广告和媒体得以发展，并为那些本来被拒之门外的人打开了一扇更广阔世界的大门。然而……市场经济对社会秩序的接管，使得精英体制和社会被对专有权和特权的不良追求所替代。

第十章
一切都和橘子押韵
333

民众与国家财政的脱离，使得民选官员能够更有效地管理复杂的政府资金运作，对此民众并没有时间、相关背景或愿望投入精力或进行监督。然而……这种脱离导致公共财政问责制和监督形同虚设，常常引发毫无责任心的决定，而这些决定往往被证明是具有破坏性的。

尾声　生存指南 / 379

致谢 / 399

序 言

余额清零

> 如果你知道金钱如何流动,你就能明白世界如何运作。
> ——安·理查兹(得克萨斯州前州长)与一位同事的对话

金钱的世界曾经很简单。一个人一般会有一个支票账户和一个储蓄账户,房贷、车贷,可能还会有一些基础投资,比如政府债券,或者西尔斯·罗巴克、通用汽车等公司的股票。很少有比这更复杂的个人财务情况。华尔街并不是一个一直引起争议的地方,金融服务行业也并非自私、鲁莽、缺乏人情味。大多数时候,它只是这个在正常运作中逐渐成长起来的社会的缩影。

但一切在 20 世纪 80 年代开始发生飞速的转变,自那时起我们的金融体系开始变得极其复杂,每一次演变都让这个金钱世界变得难以为大众所理解。华尔街开始变得像是神秘且不可捉摸的敌对势力,被本就不受大众信任的狡猾银行家所操控。在次贷危机、银行倒闭、2008 年的全球金融危机之后,人们的戒备心升级为愤怒。

金融体系似乎不再适用于普通人。

事情是怎么发展到这个地步的呢？仅仅经历了一代人，我们的金融体系怎么就变得如此令人费解，并且充斥着危机，人们也逐渐与它的运作相脱轨？

为什么我们对于超过 20 万亿美元并且还在持续增加的国债表现得漠不关心？为什么我们对政府公务员养老金系统严重资金不足且每年缺口递增的情况毫不在乎？为什么我们对承诺的社会保障和医疗福利的资金严重不足熟视无睹？为什么我们对高达 1.6 万亿美元的学生贷款，使得上百万毕业生找不到与其学历相匹配的工作，最终还不起负债的现象不以为意？

我们是真的对这些逐渐迫近的危机无动于衷，还是因为我们缺乏对它们的理解和与它们的关联，而感到束手无策？不管原因是什么，结果都是一样的。金钱世界在我们的生活中占据着越来越重要的地位，但我们对它的了解却越来越少。近年来，每个人都在谈论"可持续发展"——环境方面的、食品行业的、经济领域的、文化及社会层面的——但是没有人谈论金融体系的可持续发展，而事实上这才是在人类生存和未来发展中占据主导地位的问题。这是一个我们从未讨论过的重要议题。

如果我们置身事外，继续脱离金钱世界，那么我们将进入一个危险的境地。不论你的背景或职业如何，这都将影响你的一生，而且很有可能改变你子女的生活质量。增加金融知识、投身金融世界迫在眉睫，它将改变你的生活轨迹。否则我们所有人的人生都将以惨淡收场。

* * *

我最早开始接触金融领域是在 1970 年，那时我还在上小学二年级，斯普林菲尔德国家银行的经理萨姆森先生在我们班讲述关于银行的事。萨姆森先生与普通人别无二致，他穿了一件灰色西服，打着红领带，穿着一双锃亮的大人才会穿的鞋。他抱着一摞小册子，绕着教室边走边给每个同学分发。小册子的封面上印着银行的标志，旁边还留着一个空白处可以让我们把名字写上。我随便翻了翻，册子里有些空白行和空白框，每一页都以一张虚幻的美国总统肖像作为背景图案。正当我们各自研究着手上的小册子时，萨姆森先生让我们拿出事先准备好的10美分硬币。我早就迫不及待想拿出自己的硬币了。

"这些硬币，"他说，"是你们的第一笔存款。如果你们每个星期都带10美分来，我会每个星期五过来取走，帮你们存到银行，并且在小册子上盖个戳。你们的钱存到银行会产生利息，也就是说每个月银行会给你们的账户一点小小的奖励。在你们把钱存在银行期间，我们可能会用这笔钱做点其他的事情，比如借给那些开新商店或者买新房子的人。不管什么时候，只要你们想取走自己的钱，来银行就行。但如果你们暂时不管它，让它的利息增长，一段时间后，你们就会有累积的存款了。"

老师让大家排好队，站在教室前端的桌子前，萨姆森先生把我们的硬币装在一个黑色的皮包里，然后在我们小册子的第一页盖上戳，证明收到了我们的存款。

"这个学年还剩30个星期，"他说，"如果你们每周都带10美分来，到暑假时，你们就存够3美元了。"

我们被有一天能拥有这么多钱的设想惊到了。当我回到自己的座位时，迅速算出如果能存满3年，到五年级学年末将会有多少钱。3加3加3加3，哇——我可以拥有12美元！从那天起，我每个星期都带一枚10美分的硬币到学校，从没忘记过一次，勤勤恳恳地将我的小册子集满了戳。

我父母关于钱的经验并不比二年级那天萨姆森先生教给我们的复杂。20世纪60年代末，当他们的朋友还清房贷时，通常会办一场派对，在派对上他们会把贷款条烧掉。各家的财务情况简单到全是相同的路数：买房，然后尽职尽责地工作还贷，最后享受轻松的退休生活。那种简单程度是现在人几乎闻所未闻的。

如今，我们花了太多的时间为钱发愁——几乎昼夜不停息——但我也不能说这让我们的情况变得更好了。不过反过来说，以前，我们也享受不到现在的金融世界所提供的诸多好处。比如，那时房贷尚不普及，如果你想要买房，得攒够全款才行。所以金融世界与日俱增的复杂程度，也给人们带来了使生活变得更加便利的金融产品。现代金融是一把双刃剑，这也是金钱世界如此吸引我的原因。

我第一次见识到金钱危险的一面是在高中。那时我全家从马萨诸塞州的斯普林菲尔德搬到加利福尼亚州的橘子郡，我父亲在那里得到了一份新工作，在一家被融资并购的公司里当CEO（首席执行官）。我清楚地记得他在餐桌上心烦意乱地说利率是如何一路飙升，最终他不得不缩减新公司的成本，以偿还债务的。缩减成本意味着裁员，而我父亲对自己的员工和他们的家庭是极其有责任心的。在那样小的年纪，看到压力给我父亲还有他的公司造成的影响，虽然我并不太知道什么是融资并购，什么是利率浮动，但我依旧陷入深深的担忧。那些因为裁员而失去工作的人该怎么办？为什么这些遥远又宏观的经济因素会迫使我父亲做出令人头痛又不受欢迎的决定？然而多年后我才真正开始理解这些概念，以及它们对人们的生活所产生的影响。

其实起初我对自己进入金融领域工作感到意外，因为我从来都不具备华尔街式的"狠角色"的个性——我在洛杉矶西方学院读人文专业时，曾在迪士尼乐园打工——而且我从未对跑车、名表、度假别墅这些在银行界象征着身份地位和成功的东西有过任何渴望，只是纯粹喜欢这份工作。在过去30年里，我很幸运能够参与到或者近距离见证了很多重要的金融时刻。20世纪80年代大学毕业后，我先是在美国银行做企业贷款专员，负责给洛杉矶珠宝商聚集区的黄金、钻石批发商批贷款，之后去了沃顿商学院学习。20世纪90年代，我进入所罗门兄弟公司工作，从证券交易大厅一路到投资银行，再到成为花旗银行数字新媒体产业（TMT）部门的全球负责人，国家投资银行和区域办事处的负责人，以及花旗银行首位文化特使。20年后，我离开华尔街，在硅谷与人合伙创立了一家私人股本公司。

我似乎不大像是会担任这些职务的人。我父母的长辈都是从斯巴达来的希腊移民，我们过着平凡的中产阶级生活。青少年时期，为了攒上大学的钱，我不仅在迪士尼乐园工作过，还打过一大堆奇奇怪怪的零工，从泳池清洁工到卖花生的小商贩。那时我的职业轨迹绝对不是朝向华尔街发展的，那时的我也不知道还有职业轨迹这种概念的存在。但最终来到华尔街，才发现这些非传统背景为我提供了独特的视角，有时是业内人士，有时是局外人，有时是参与者，有时是带着疑问的观察者。

并不是说我是过去30年里唯一零距离接触过重大金融事件的人，但有这种机会的人确实不多，而我可能更是极少数将每个事件都按发生顺序记录在册的人。可以肯定的是，我绝对是唯一一个穿着背心打着领结从迪士尼乐园走进华尔街的人。

本书讲述了真实发生在金融服务行业里的故事——其中一些从未被曝光，或者说从未被从我这个特殊的视角讲述过——目的是聚焦过去30多年间一次又一次变革，这些变革使金钱世界变得错综复杂又险象环生。书中记录了金钱发展弧线上的各个时刻和拐点，这些故事将帮助大家更好地从个人、集体、国家以及全球层面来理解金钱是如何变得危险的。

我的搭档以及合著者丹·斯通是金融圈外人，他是作家、编辑，也拥有个体经营的小买卖。我们努力想要将本书写给更广泛的读者，不管是华尔街人还是普罗大众。事实证明，我们两人不同的个人背景为达到这个目的起到了重要作用。这不是一本讲资本比率，或美联储货币政策，或枯燥专业概念的书，本书试图对影响我们生活以及推动金融服务行业的根本动力追根溯源。

关于书中术语使用的说明。我们用到了很多名词去描述金钱世界，比如华尔街、大银行、金融服务行业、现代货币、金融体系等。每一个术语都有各自的定义，我们在书中使用它们时，或多或少会相互变换含义。最能精准描述本书主题的词语是"现代金融资本主义"，这也是最能彻底体现金钱世界的词，它包含了金钱在我们的公共和私人生活中的流动、围绕金钱产生的社会趋势，以及华尔街的各项工作和更广泛意义上的金融产业。本书不仅讲到了金融世界是如何发生变化的，还讲到了金钱是如何改变我们以及我们所生活的世界的。

你还将发现，特别是在本书提到的关于早年的内容里，描绘的是一个男性主导的世界，这是金融服务行业长久以来的现实，而且从很多方面来说，这个现象目前依旧存在。那个说话声音最响亮的人通常被称为"大佬"或"宇宙主宰者"，这种叫法在行业里也曾流行一时。在过去几十年间，文化的渗透以及对行业的整体认知发生了戏剧性的基调转变。即使华尔街文化在声势气焰、行为举止还有人物个性上都有所演变，但依旧难以让女性融入其中，特别是在高层。显然，仅仅改变办公室规章制度是不够的，还需要更进一步的努力。我们的社会正在向一个对女性更民主、更公平的环境发展，希望这种对女性的包容也能融入金融服务行业。

在我们对于当代的论述中，有华尔街的捍卫者，也有华尔街的谴责者，但介于两者之间的人并不多。捍卫者的论点在于，应该感谢华尔街为现代社会提供的机会和利益，从桥梁融资和公立学校，到房贷保险和小型商业贷款。对捍卫者来说，毋庸置疑华尔街是向善的力量。谴责者则站到了相反的一方，对他们来说，华尔街的"血管"里流淌着"毒液"。他们认为正是华尔街的腐败与贪婪造成了 2008 年的金融危机，而且造成的恶果大部分被抛给了毫无防御能力的大众。这个体系已经无可救药，应该被摧毁。

　　这两者间的分歧在逐渐扩大，但有没有可能真相是介于两者之间的呢？华尔街的存在是否既有必要，又在不断制造麻烦？它对正常运作的社会来说是不是既至关重要，又越来越难以理解和治理？我希望本书不仅仅能做到简单阐明金融界近期的变化，更希望它能架起一个有建设性意义的讨论框架，串联起我们文化中互不关联的领域，从而构建一个健康社会赖以生存的金融体系，为人类的利益提供服务，满足人们生活的基本所需，实现对梦想和愿望的追求。社会的成败与金融体系如何建设和管理是分不开的。

* * *

　　当我在橘子郡读高中时，已经不再每周带 10 美分到学校了，但是萨姆森先生的那堂课一直印在了我脑海里，我继续将各种打工挣来的钱存起来——给草坪除草、洗车、每个星期六早上帮邻居清洗游泳池。到快毕业时，我发现自己已经攒了 200 美元，而且还存在储蓄账户中生着利息。我把这些钱留在账户里没有管它，4 年后，我大学毕业前回家看望父母，那时我即将开启职业生涯的第一份工作——在美国银行当企业贷款专员，我觉得把账户从橘子郡的地方银行转到我的新雇主银行应该是个不错的主意。当我走进银行大厅时，脑子里唯一想的就是经过 4 年的稳定增长，账户余额到底变成了多少。一个 200 美元的储蓄账户虽然买不来一套房子或一辆车，但我期待着它能膨胀成不算太少的零花钱。

　　在取钱的队伍中等了一会儿后，我直接被领到一个银行专员跟前，在他桌子对面的椅子上坐下。"姓名和账户。"他一边在计算机上输入我的信息一边问，甚至没有抬眼看我。银行里空调开得很足，感觉温度还不到 10 摄氏度。

"我想取钱。"我说，带着一丝热切期盼的刺痛，不过也有可能是冷气开得太足让我打了个寒战。

那人盯着计算机屏幕，"那个账户，"在一段很长而恼人的停顿后继续说道，"是空的。"

"什么？怎么会呢？"

他扭过头，从他的眼镜片上方看着我："账户里没有钱，所以被销户了。"

"但是我 4 年都没有动过里面的钱。"

他重新研究了一下他的计算机终端。"记录显示从两年前开始收取了一笔服务费，"他说，"每个月 10 美元，然后你的余额就被这笔服务费清零了。"

虽然只是 200 美元，但它比我人生中任何一次财产损失都要刻骨铭心，不管之后的损失有多大。为了存这笔钱，我做了那么多，却被如此冷酷无情地清零了，这让我对一直信任的机构产生了质疑。这个情况似乎不太公平，但我并没有足够的知识和经验来解释为什么会这样。而且那个人看起来也没有其他话要对我说，于是我离开了，爬进我那辆旧车，离开了。一路上我回想着那些存硬币和在社区打零工的岁月，还有萨姆森先生友好的微笑，以及我对金融体系天真的信任，不知怎么，我居然会相信他们真的关心我的幸福。

第一章

愚人之金

计算机电子表格的引入释放了金融业的创造力,同时有助于消除人类的主观性和偏见。然而……计算机电子表格导致了对分析真实性的侵蚀和品质的缺失。

啊，宙斯，为什么只给一种可靠的标记，让凡人来识别金子的真伪，却不在那肉体上打上烙印，来辨别人类的善恶？

——欧里庇得斯，《美狄亚》

"该死的，我说的就是这个意思，只能再减30%，那可是公主方钻，是极其漂亮的钻石，就像劳斯莱斯的前车灯一样。想清楚再给我回电话。"巴里·卡加索夫摔下电话，从桌前抬起头，桌上堆满了装着钻石的小薄纸信封。他用镊子将一颗钻石放回信封里，竖起大拇指指向我，问："他是谁？"他问的是我的同事马克。

"这是克里斯托弗·瓦雷拉斯[①]，新来的。"

"瓦雷拉斯，"巴里说道，他并没有看我，"是拉丁裔吗？"

"不，希腊裔。"我说。我的声音听起来微弱而疏离，就好像从

[①] 克里斯托弗的昵称为克里斯，后文多使用昵称。——编者注

隔壁房间传过来的，我拽了拽西服领子，感觉这身新西服不仅烫手还不合身。

我扫了一眼他桌面上的钻石，这些钻石的价值比我记事以来见过的钱都多。巴里梳着炭黑色及肩的背头。他看起来像是老电影里的黑帮角色，英俊又有魅力，只要你不担心在自己说错话时，被他用一根棒球棍爆头的话。他的正装衬衫袖子被卷起到手肘处，没有佩戴任何首饰，鉴于他的职业，这还挺让人意外的。一盏带伸缩臂的灯悬在他的头顶上，将他照得全身金黄。便利贴上草草地写满了名字、数字，还有各种代码，应该是钻石型号。他的桌面上也堆满了废弃的便利贴，就好像这间只有几平方米的办公室刚遭到了一场小型风暴的袭击。

"希腊？"巴里继续对我进行"审问"，在哪里长大？多大年纪？之前在哪高就足以让我有资格接管他的账户？对话进行得并不是很顺利。

他皱起了眉头："等等，你刚刚说的什么鬼话？"

我退缩了，没有人在商务场合对我飙过脏话。迪士尼是我的第一份正经工作，在那个神奇的王国里可听不到太多脏话。我局促不安地将视线转移向马克，他正微妙地冲我摇头表示他的不认同，似乎还带着一点点恐惧。

"迪士尼乐园。"我重复说道。

"迪士尼乐园，"这个名词如猛禽一般盘旋在空气中。"我以为你说的是这个。"巴里冲着马克龇牙笑了起来，那并不是一个愉快的笑容。"来真的吗？"他对马克说道，"让该死的米老鼠给我当贷款专员？"电话铃响起，巴里拿起话筒大声吼道："我是卡加索夫。"然后就开始了另一笔交易的商谈。

我和马克一直等到巴里打完电话，打电话期间他不断扯下便利贴，读上面写着的钻石价格和描述，还潦草地写下新的便条。因为这是我和他的第一次见面，所以我必须树立起我是他的贷款专员的威信，我的初始目标就是让他签下我文件夹里躺着的美国银行的文件。这个星期早些时候，当我在银行整理资料时，发现巴里从未在信用贷款业务方面签署过任何文件。从他几年前开始从事钻石批发生意以来，银行借给他的几百万美元都是握手为定的。我的老板觉得现在由我接管他的账户是个很好的契机，能让他补齐迄今为止所有缺少的文件。所以这就是我带着一堆文件来到这里，准备"开战"的原因，这应该不难，因为并不是什么大事。

他挂断了电话。

"卡加索夫先生。"我上前一步，打开文件夹，但是当他的目光突然转向我，且气势汹汹时，我僵在了那里。他看着我，就好像下一秒会掏出一杆枪一样，武器在脑子里出现并不稀奇，毕竟大家都知道巴里的防身武器配备得相当齐全，包括一把短管散弹枪、一把乌兹冲锋枪、别在他背后皮带上的一把9毫米口径的手枪、一把置于他桌子底下的45式手枪。我吞了吞口水，从文件夹里缓慢地把文件拿出来。

他略带厌恶地从一米开外的地方注视着我手里的文件，问："这是什么鬼东西？"

"卡加索夫先生，这是我们的标准信贷合同，我们注意到一些相关文件并不规范，因为您从来没有签署过……"

"这家伙是认真的吗？"他问马克，马克轻轻地耸了耸肩。

"先生，"我再一次试图沟通，"我们所有的客户都签署过这些合同，这是非常规范的——"

"听着，米老鼠，你要么完全相信我，要么就干脆别信。好吧！你对这门生意一窍不通，所以收起这些东西赶紧滚吧。"

我和马克穿过大街回到银行，全程沉默不语，合同也纹丝未动。

第一章 愚人之金

几天前，当要交接给我的客户名单被放到我的桌上时，几个同事围过来看都有谁。"噢！你被分到了巴里！"他们惊呼，"他会把你生吞活剥的！"当时我以为他们是在开玩笑，现在我知道他们为什么那么说了。

* * *

1985年，只有22岁的我进入美国银行工作，相比我之前做过的所有工作，这份工作更多教会了我品行的重要性。那时，我是一个刚从洛杉矶西方学院毕业的愣头青，只在迪士尼乐园做过5年的暑假工和兼职。我在银行的职责是借钱给洛杉矶珠宝商聚集区的黄金、钻石批发商，并管理他们的信贷额度。这是个既原生态又厚脸皮的行当，完全靠的是信誉，就好像巴里在第一天早上教会我的一样，你要么毫无保留地相信他们说的话，要么就算了。如果当时我接触的是银行的其他业务线，比如我后来进入的货物运输业务贷款，可能得花上几十年才能积累到在珠宝行业的第一天就劈头盖脸砸在我脑袋上的经验和教训。

当你被美国银行雇用成为一名企业贷款专员，它们会把你扔进长达一年的培训项目里，不停地在不同分行还有职位间轮岗，以便你可以从基础开始了解每个职位。这种全面系统的方式能让你从整体上了解银行的业务。管理层认为，只有当你对公司整体的运作有了一个清晰的了解，知道自己的职能所在，才能更有效率地工作。一开始，我在ATM（自动取款机）里找过信封，处理过存款业务，然后在工业城做过银行柜员，再之后他们调我去南洛杉矶从事消费信贷业务，基本上大部分都是给买不起车的人申请车贷。几个月后，我开始了商业信贷的轮岗培训，地点是位于希尔街的国际珠宝中心。再然后我就走运了，那时美国银行被卷进了一些陷入危机的行业中，引起全公司上下不少员工的担心，于是出现了大规模跳槽，导致贷款专员短缺，也就有了职位空缺给我。那时候，大部分人觉得能在像美国银行这样的商业银行工作简直是抓住了"铁饭碗",我真的很高兴能够得到这样的机会,但哪怕再高兴,我也不觉得自己会在这里工作一辈子。

我的成绩在所有新员工中应该是垫底的,因为我的银行金融知识背景调查测试彻底考砸了,100 分满分的试卷我只得了 6 分,他们告诉我这是公司历史上的最低分。但是我觉得换个角度,从统计学上来看,我的分数还是很了不起的,毕竟试题中有很多都是判断题和选择题,一个流着口水的婴儿随便拿支笔乱戳也能选对至少 1/3。不过,就算我考得一塌糊涂,对金融一窍不通,国际珠宝中心的分行老板还是喜欢我,也许是迪士尼乐园的工作经历让我看上去清爽又清廉,我原本 12 个月的培训期被缩减到了 5 个月,随之而来的是差不多 70 份客户资料闷声落在了我的办公桌上。

在培训期间,展示给我们的最核心概念就是"信用 5C 分析法",业务员就是靠它来判断是否把钱借贷给对方。"5C"指的是资本实力(Capital,潜在贷款者拥有多少资金和资产)、还款能力(Capacity,贷款者偿还债务和支出的能力)、经营环境条件(Condition,市场和行业的状况)、担保(Collateral,用作担保借贷的资金或资产),和道德品质(Character)。前 4 个 C 都是可以通过大量数据进行必要的清算和分析的,但是第 5 个 C——道德品质,其实才是最为重要且不可忽视的。道德品质评估,也就是综合客户的职业经历和背景、信用记录、可信赖度,评估其是否诚信正直。当然,品质是可以作假的,在之后的工作中我也亲身经历过品质作假的情况,我立刻理解了第 5 个 C 的重要程度。

在银行里,贷款专员的标准工作流程是守在你的桌子前,等着客户来找你。但是,由于我年轻,经验不足,接受培训的时间又不够长,我开始在附近区域走动,到客户的地盘去找他们。洛杉矶的珠宝区在潘兴广场一带,离市中心和贫民窟也就间隔了几个街区的距离。白天，这里是一派繁忙又专业的景象，街上到处都是珠宝商、外国人、谈判人员、穿着双排扣西装的人、忙碌的送货员，还有装甲车辆。晚上，这一片变成毒品、娼妓、流浪汉和小偷的天下。估算起来，大概有5万人在这个由区区几个街区构成的珠宝区内讨生活，其中大部分人做的都是合法生意，不过洛杉矶大多数的非法金融活动就发生在距离我们这家分行400米范围内的地方。

当每天去客户群中走动成为我自愿承担的必要环节后，这项活动很快就变得有意思起来。这些客户太有趣、太好玩、太独一无二了，让我不得不去。而且道德品质评估也是我工作的重要组成部分，花时间融入这些珠宝商，比只是在银行里碰面对他们的了解要深入得多。每天都有人带我去吃午饭，我听着那些匪夷所思的故事、粗俗的玩笑、戏剧性的争论，还有关于他们犹太祖先或亚美尼亚祖先的历史，他们就是从这些祖先那里继承了精明的生意头脑。

犹太人和亚美尼亚人长期主导着钻石和黄金市场，这是个不争的历史事实。绝大部分黄金经销商都是亚美尼亚人，几乎所有的钻石商都是犹太人，这两个种族的人都曾在几个世纪的乱世变迁中学会携带全球通用货币。钻石商骄傲地告诉我有关他们的家族故事，游牧犹太人会把钻石缝在衣服的锁边缝里，这样当他们穿越危险区域时便能保护自己的财产。

我在美国银行的贷款专员新同事大多是刚刚从杨百翰大学毕业的摩门教徒，他们是我能接触到的最善良的人，他们会在茶水间闲聊，参加垒球联赛。但是钻石和黄金批发商的世界粗野又令人着迷，这是我几个月之前刚从迪士尼乐园离开时，怎么也无法想象到的真实世界。

* * *

和很多钻石批发商一样，巴里·卡加索夫出生在这里，他的家族饱受迫害，遭受过不平等待遇，但依旧不屈不挠。他的外祖父哈里·科特勒是来自波兰的犹太人，第二次世界大战时从集中营死里逃生。战争结束后,他逃离欧洲来到美国洛杉矶,爱上了一个名叫海伦的姑娘,恰好她也是波兰移民。海伦的哥哥曾在以色列做过钻石批发生意,他把哈里带入行,从零开始手把手教他,直到他成为洛杉矶新兴钻石批发行业的奠基人之一。哈里和海伦结了婚,生育了3个女儿,其中一个就是巴里的母亲歌莉娅。巴里的父亲,内森·卡加索夫在东洛杉矶一个加油站当过服务员,18岁时认识歌莉娅,在他们结婚后,内森被他的岳父带进了家族生意。

巴里在一个有权有势的钻石商家庭长大,从孩童时期起他就开始为他的外祖父工作。成年后,他开始将白天的时间分割为学习和工作两部分:早上上学,下午去外祖父的办公室工作。巴里的父亲内森找到了一个合伙人,这个合伙人帮助他创办了西海岸最大的钻石批发生意。在内森的公司扩张了几倍之后,巴里又开始为他的父亲工作。在这样的钻石商家族长大,创办自己的批发公司也是顺理成章的事。23岁时,巴里创办了自己的公司。当我成为他的银行专员时,我所在的美国银行国际珠宝中心分行就在他办公室的斜对面,他父亲的办公室在他楼上,钻石行业是真正的家族生意。

巴里和他父亲是一个名叫"钻石俱乐部"的会员制组织的负责人,很快他们就成了整个洛杉矶钻石行业实质上的领头人。假设一个刚从以色列或比利时来的新人,想申请开通信贷账户以便创办自己的公司,银行专员都会先向巴里或内森咨询。卡加索夫父子可能会给新人开绿灯,他们可能会建议先给新人6个月的试验期,但是不管他们给些什么建议,银行专员都会严格地、一字一句地照办。在空余时间里,卡加索夫父子帮其他批发商收回拖欠未付的账款。他们的声誉就是金字招牌。

巴里的客户知道他不会耍他们,或者试图从他们身上敲诈更多的钱,他做事是完全照规矩来的。我曾旁观了他和一位想给自己妻子买钻石耳钉的顾客的沟通过程，他们争论着什么成色等级[①]会更合适。这位顾客想掷一笔巨款拿下 E 或者 F 级的钻石，但巴里告诉他："你没必要浪费钱，买 G 级就够了。为什么你会想要 F 级成色的耳钉？"

"因为我想要高级清透的钻石。"顾客说。

"买 G 级。"巴里说。

"不，我想——"

"听我的，"巴里说，"如果有人离你妻子的耳朵近到能分清钻石到底是 G 级还是 F 级，你应该照他头上来一棍。"

巴里的用词可能不是很文雅，但他却是极其实在的。巴里对故意夸大其词，误导顾客以赚取额外钱财这种行为深恶痛绝。对他来说，信誉和声望就是一切。某个下午，我听到他在打电话，向某个质疑他诚信的人"开火"。"立刻把那些该死的钻石还给我，"巴里说道，"就放在信封里寄过来，我再也不想见到你，我们永远别再有任何生意来往，如果再让我看到你，我一定揍扁你。"

* * *

另一个交接给我的客户是拿撒勒·安多尼安，他的事业始于和他的兄弟威赫一起开办的一家珠宝维修店，之后他们成为黄金批发商，主要生产手链、项链和手表。巴里是钻石界的狠角色，拿撒勒则完全相反，他平易近人、温柔亲切。他是来自贝鲁特的黎巴嫩亚美尼亚人，非常勤劳，移民到美国是为了寻求更多的机会，不像我的希腊亲戚。拿撒勒梦想能拥有一份属于自己的事业，让妻儿和其他家人过上好日子。这让我情不自禁地想要帮助他。

在我开始和拿撒勒一起工作后不久，他的公司——安多尼安兄

[①] 美国宝石学院（GIA）将钻石颜色从 D 到 Z 进行分级，最昂贵的钻石是无色的，分级为 D、E 或者 F。

弟公司销售额和利润大涨,他最受欢迎的产品是金手镯、金项链和绘有耶稣图案的巨大锚形吊坠,非常受水手和年轻人的喜爱。当我刚接手他的账户时,他还不是我的客户中生意最好的 5 个之一,不过他发展的速度非常快,很快升级换了间更大的办公室——非常大的办公室——在距离国际珠宝中心几个街区的一栋建筑的三楼。第一次去那里拜访他时,我惊讶于他的办公室里有那么多空余的空间:"拿撒勒,这里也太大了,你怎么才能把这地方填满?"

"我们发展得很快,我也不想公司再搬家了。"

"你能把半个洛杉矶装进来,拿撒勒。"

他大声笑了起来,捏了捏我的肩膀说:"挺不错的吧!"

拿撒勒身上洋溢着温暖和幽默。20 世纪 80 年代中期,大家喜欢互称"宝贝",比如,"吉米宝贝,那些方案我 5 分钟前就需要了""弗洛伦斯宝贝,帮我个忙,把那辆克尔维特开到前面来""米切宝贝,你是个浑蛋"。拿撒勒有自己独特的"改良版"叫法,带着浓重的黎巴嫩口音,他叫我"克里斯宝宝"。他总说:"嘿,克里斯宝宝,你好吗?周末有没有找点乐子?"拿撒勒对性爱、金钱、跑车、成功有着巨大的渴求。他是那个时代的人,他想拥有一切。他有一个公开的情妇,也曾跟我说起过他周末从亚特兰大空运过来的应召女郎。"克里斯宝宝,星期六你想来吗?我从亚特兰大叫些姑娘过来找点乐子,你也一起来呀?"不管被我拒绝多少次,他从不放弃向我发出邀请。认识像拿撒勒这样的人——一个嫖妓但从不藏着掖着的人,一个好玩、有趣又有点奇怪的人,一个我完全无法想象其成长背景的人——对我来说是全新的体验。

我接受过一次到他家里吃晚餐的邀请,餐桌上挤满了喧闹的亲戚,好几代安多尼安家的人聚在一起。他的妻子掌厨,做了传统的黎巴嫩菜,拿撒勒则带着我在屋里参观,向我炫耀他那装修得光怪陆离的卧室:环形的墙、闭合后立马变成镜子的百叶窗和一个圆形的旋转床。

晚饭后,他开着新买的黄色莲花跑车带我在空旷的格伦代尔高速公路上兜风。我们加速到80千米/小时,然后是100千米/小时,我瞟了拿撒勒一眼,他的脸被仪表盘的光照得通红。当他挂到五挡的时候,嘴角微微上扬,露出"魔鬼般"的笑容。"要开始啰!"他轻声说道,速度指针超过了140千米/小时,我死死地用脚抵住车的地面,没法控制不去想象如果突然出现一只鹿或者地上有个大坑,我们这么高速地行驶该如何生还。但很快,这次兜风就结束了,我们减速回到了拿撒勒家附近,当他的房子进入视野时,我们笑谈着可算是活着回来了。

* * *

让我感到惊讶的是,就算是像拿撒勒这样的"人生赢家",依旧对借贷如何运作一无所知。他知道他需要向银行借钱来为公司的发展提供资金,但除此之外,他就知之甚少了。大部分的企业——包括黄金和钻石批发商——是没有足够的资本去采购库存的,他们需要通过信贷额度去借钱,从而生产可以售卖的商品。我们必须每一年都对客户的信贷额度重新进行审查并更新。

商业借贷一直都是加速美国商业增长的引擎,中小型企业而非大型上市公司是构成美国商贸活动以及提供工作岗位的主体。从全国范围来说,商业借贷市场非常庞大,贷款额超过两万亿美元,是信用卡债务金额的两倍以上。

在审查像拿撒勒这样生意一路顺畅的客户时,我总会想尽办法帮他们提升额度。由于我在这一行还算是新手,第一年我就把事情给办砸了,忘了最后的一个简单步骤,虽然只是一个小小的失误,但因为我的疏忽,拿撒勒收到一封信件通知,说他的贷款额度到期,必须立刻偿还。他脸色煞白地跑到银行找我。

"克里斯宝宝,我们得聊聊。"他的声音里透着我从未感受过的焦虑。

"拿兹（拿撒勒的昵称），你还好吧？"

"不是很好。"

"怎么了？"

他坐下，说："上周末，我和罗莎正在找乐子，但我脑子里想的并不是'噢，真是爽翻天了'，而是'我怎么才能还清欠克里斯宝宝的钱呢？因为我没这么多钱'。"他把自己收到的信件通知递给我。他看上去满脸写着"着急"，我也急了，因为他连和罗莎在一起的时候想到的都是我。

我看了看那封信件，立刻觉察出自己的失误，但我不想让自己看上去玩忽职守，于是我说："拿撒勒，这么跟你说吧，我最不想的就是搅乱你的'快乐时光'，还钱的事明年再说，我会帮你解决的。"然后把信件放在桌子的一角。

"谢谢你，克里斯宝宝，谢谢！"他说道，靠向前来轻轻拍了拍我的手，"我要谢谢你，罗莎也要谢谢你，你是最好的，克里斯宝宝。"

事实是，我做了所有更新他额度需要做的事——在黄色表格纸上手动填好了必要的财务分析数据，准备好了所有需要的文件，找银行经理和区域信贷主管签字——但我忘了最后一个细节，即告诉后台负责系统的同事拿撒勒的额度更新已经通过，好让他们更新后台信息。结果我就这么毁了拿撒勒的周末，毁了他的"快乐时光"。

我在美国银行当贷款主管的第一年，是用黄色表格纸做信用分析的最后一年，从纸质表格向电子表格的转变，听起来好像没什么大不了，却是金融历史上的一个关键时刻。在使用黄色表格纸的时期，你只需要手拿铅笔、橡皮和计算器，把借贷人的财务情况详细地填写在表格纸上。在开始动笔之前，你会仔细地考虑借款人的生意发展前景如何，会经过深思熟虑做出判断，因为一旦你改变某一

第一章　愚人之金

设想或犯一个错误，就得全部重来。

当这个过程变成使用计算机填写电子表格后，你会跳过思考的过程，直接输入数字，计算机程序会帮你计算出各种预测可能。如果输出的结果和得出的结论不是你想要的，可以进行调试，直到得出你想要的结果，反正程序会自动根据你所做的修改调整结果。

任何新工具的出现都会同时产生正面和负面的影响，电子表格也不例外。它促进了从业者行为上和思想上的转变，不论是好是坏，正是这种转变构架了现代金融世界。

在用黄色表格纸工作时，你做任何财务分析的关注点都是：最可能出现的发展结果是什么？这个问题推动着分析结果在种种可能性中间游走。"如果我只能推导出一个结果，"你可能会这么想，"那它就应该是最可能出现的结果。"限制在一个结果导向里，可以防止过于失控的假设和不良动机的出现。

在20世纪80年代中期电子表格出现时，给操控数据提供了一种战略层面的方法，人们可以从无限的排列中推导出可能的结果。人们的关注点不再是"最可能出现的是什么"，而变成了"什么是可能的"，这种思想上的转变，释放了金融行业从业人员的精力和动力，催生了大量改变我们生活的产品和策略。随着我们越发了解企业或个人利用额外借款和股权来支撑发展扩张时的界限和限制，资本变得更加唾手可得，也更加高效。为了满足特定的需求，新的产品被推出，从保险到投资咨询再到风险管理，新世界的大门被打开，只要你能发现需求，甚至是能想象出一个新需求，你就能创造出一款产品或一种服务来满足这个需求。

不过就像是潘多拉的盒子被打开了，伴随着各种有利因素，新的挑战接踵而至。电子表格不仅可以对行业、个人或产品的微观分析进行操控，也可以从宏观层面调控金融产品的运用。如果是为了给单一买卖或个人借出比既定数额更多的钱而左右分析预测也就算了，毕竟从人工到电子，这种进化本身就存在很多不可控因素，但是可以从宏观层面执行分析工作，就促进了一大批金融产品创造出围绕在规模、范围和多元化方面的新金融工具。

从计算机分析被运用到宏观层面的那一刻起，一切开始变得过于复杂，复杂到创建和分析那些数据的人都无法解释它们代表的是什么含义，以及它们将产生哪些后果。忽然间，你能做到分析所有具有可能性的数据，并产出一份100页左右的分析报告，这种报告会让老板和客户对你赞不绝口，但过于庞大的数据只会让你失去重点。当分析目的变成只专注在建立复杂的模式去支持新的金融产品，而不是去思考这个分析本身将如何服务于更广泛的金融体系时，会导致敏感、危险的情况发生，发生无法预测的转变，甚至是错误。

抵押贷款市场可能是被最广泛采用，也是最能清晰展示电子表格带来的失控状态的例子。技术使得房屋贷款——其中包括不少有风险的贷款——被打包或组合在一些新产品里（一种被称为"证券化"的惯用手段），电子表格分析认定，只要打包足够多的产品并且适当地定价，就可以产生好的收益。他们之所以觉得这么做具有安全性，是因为有规模和数量作支撑，出问题的借贷不会多到对收益产生影响。抵押贷款就这样被"片成片""切成丁""捆成捆"地卖给了大众投资者，而这一切都是在一种巨大且高度复杂的规模下完成的。

后来我们知道，这个概念带来了灾难性的后果。但一开始，把抵押贷款打包在新产品里带来了积极的作用。这种捆绑式抵押贷款的构建和销售释放了银行的资金，让它们能给更多想买房的个人提供贷款，也让更多人实现了买房梦。

如果事情的发展能停在此处，那么算是有了一个完美的结局。确实，都说每个华尔街出品的歪点子，都是从一个好主意开始的，随着时间的推进，它会慢慢走向悲惨的结局。就好像电子表格允许，甚至是鼓励我们操控那些本来是好的想法，迫使它们最终超出可接受的风险范围，而在这个过程中，除了我们自身的道德约束外，并没有任何其他的管控措施。

电子表格带来的第二个改变，也可以说是更令人不安的改变，是将"道德品质"从金融服务行业剔除。电子表格里没有专门的"道德品质"栏，从金融系统中剔除"道德品质"的过程是从银行借贷人员的"脱媒"开始的，他们基本上被计算机分析工具所取代。道德品质代表的并不仅仅是在有效期限内支付账单，从这个意义上来看，道德品质评估的重要性被减弱了。"信用5C分析法"里的第5个C，道德品质被一种叫作"信用价值"的简单衡量标准所取代。对于个人用户，更是缩减为FICO信用得分这么一个简单数字——一个能向授信方展示一个人各方面信用价值的数字，从而让授信方决定是否批准贷款。然而事实上这个数字并不能做到这一点。某人可能是一个非常糟糕的人——撒谎、作弊、恶毒、鲁莽、草率——但如果他按时支付账单，能搞定所有债务，或者能按照评分算法里评定为正面的行为行事，他就能申请贷款。相反，某人可能是一位善良的人，但只要他的信用历史上有一个黑点，就无论如何都无法申请到贷款。

为了规模和效率牺牲掉实地的了解，只会让没有信用值的好人失去希望，让因家有急事或突遭不幸而错过还款时间的人毫无弥补的机会。地方银行经理也惨遭抛弃，因为他们只会依靠老旧的方式来评估风险，这些方式不论是否带有私心，都容易受到情感偏见还有主观判断的影响，比如对一个人的好感度和这个人的行为举止。在我们的金融系统中，甚至可以说是在我们的大部分文化进程里，人们已经停止依赖本能、眼睛还有人际关系，转而将决定权交给计算机和算法。

从程式中去除对道德品质的评估，使得金融世界失去了人性。我们的评估系统只鼓励那些可以被量化的行为，从而削弱了那些难以被衡量的道德品质，如信任、忠诚、韧性，还有判断力的重要性。如果我们容忍这些道德品质的特性被抛弃，那又凭什么期望它们在我们和我们的社群中被发扬光大呢？是否能按时支付账单固然重要，但是能否采取特别举措来履行我们的义务似乎是更为重要的问题，而这个问题是电子表格或者算法永远无法理解的。

话说回来，用不带任何偏见的计算机分析来代替人工评估也不完全是坏事。除了更加精准之外，计算机生成的分析和算法在对金融业务支持的执行上还表现为能更少受到种族、性别及其他偏见的影响。对于有色人种来说，向银行借钱买房或者创业曾一度是一件很难实现的事。现在这种情况得到了极大的改善，虽然依旧前路漫漫，但为这条通道"铺路"的电子表格及其可以用来进行客观的分析数据功不可没。所以问题并不在于计算机分析比人工分析是好还是坏，而在于如果"道德品质"没有得到考量，那么它的重要性将不仅在金融服务行业被忽略，还将被整个社会无视。现在看起来也许还不是这样，但从历史来看，金融世界一直是一个惩"恶"扬"善"的地方。

* * *

巴里·卡加索夫对我的态度逐渐温和了，主要表现在一些细微的方面，最终他的办公室也成为我每天必打卡的一站。我觉得就差那么一点点，就能让他签署其他客户都签署过的文件了，尽管我已经填好了他的黄色表格纸，但有些问题始终只有他才能回答得了的。

"听着，巴里，"我开始说道，"我做了一些分析。"

"一些什么？"

"一些信用分析。"

"见鬼的信用分析。"

"别这样，巴里。"

"为什么你要对我做信用分析？你是想说我的信用值可能有问

题吗？"

现在回头去看会觉得十分有趣的是，对巴里来说，我一定像是某种外来入侵物种——新生代的银行借贷专员，夹着一叠精美的黄色表格纸悄悄潜入，严重威胁到以"握手为定"的老式做派，结果仅仅一年之后，那些黄色表格纸就被计算机"消灭"得一干二净。

最后，他还是帮我完成了信用分析。有些东西我怎么都想不通，比如，当其他珠宝商完成一笔交易后，他们一般会在 6 个月内收到货款，但巴里不同，他的账都是立刻结清的。"大家买我账。"这是在我提问时，他给我的唯一答案。

"但是，巴里，圈内的平均时间是 180 天，而你的基本接近 0 天。"

"大家都买我账。"

我开始理解在珠宝行业，强硬的声望所带来的价值，虽然巴里看上去个性让人生畏，但相处久了，你就能发现他的内心是善良的，他的名声是用诚信和正直铸造的。久而久之，当我考虑是否发放贷款时，都会先咨询他的意见，珠宝批发行业圈子很小，大家互相都认识。珠宝行业的贷款损失相对其他行业更高，而我经手的贷款从来没有遭到过拖欠，简直跟中大奖一样幸运，其实我的秘诀就是给巴里打电话，问他："这人的钱靠谱吗？"如果巴里说"靠谱，这人就算把亲闺女卖了也会还你钱"，那么我就放贷。如果巴里说"别放贷，他是个大骗子"，那么我就不放贷。巴里成了我的信用专家、钻石顾问，且比任何表格都好使。

***

乔治和理查德·埃尔马西安是一对经营黄金批发生意的兄弟，专门卖手链上的小吊坠。每天的客户探访时间我都会去找他们，我和乔治很快就变得熟悉起来。他们是从西非来的亚美尼亚移民，起初是想开一家汽车修理厂，但最终放弃转而做起了黄金生意。乔治的个性很"佛系"，热情又诚恳；他的兄弟理查德性格更"野"一些，更容易情绪化，但特别会讲故事和笑话。

理查德好像有用不完的精力，他显然是在洛杉矶南部既肮脏又腐败的小镇贝尔市的警察局花了足够的资金，才搞到了一份周末志愿警官的差使。他人只有1.5米高，而他的搭档身高2米，大家开这对组合的玩笑，说他们的平均身高刚好满足了最低身高要求。理查德喜欢这个副业，这让他能扮演硬汉的角色，偶尔还能把人打得屁滚尿流。

乔治和理查德的黄金生意稳步发展着，最终成为全国排行第一的吊坠生产商和批发商。和行业内很多人一样，理查德有很强的好胜心。"拿撒勒的贷款额度有多高？"他会这么问我，"我们的额度最好是比他的高。"

拿撒勒的每日现金存储量增长得非常快，超过100万美元是常有的事，有一个月，他结算了6 000万美元。理查德听说了有关此事的传闻。"他在干坏事！"理查德告诉我，"我确定，没人能赚到那么多钱。"

我向拿撒勒提出疑问："你怎么能发展得这么快，拿兹？我们从来没见过如此大量的现金流。"

"克里斯宝宝，太美妙了。我决定也要做一个黄金经销商，卖货给其他批发商，来看看这个。"

拿撒勒领我走进他办公室后面的大房间，掀起遮盖，露出一大堆差不多垒到膝盖那么高的金条，价值几乎高到无法估量。"看，"他把一只手搭在我肩头，用一种梦幻般的声音说道，"你能相信这里有这么多黄金吗？"

看到这些，我震惊了，如果把全世界已存在的、历史上已开采的黄金都聚集在一起，也只有华盛顿纪念碑1/3那么高，所以拿撒勒的金条数量应该占了世界供给量相当显著的比例。

他说黄金经销商是个来钱非常快的差使，也合理解释了他每天大量进账的现金流。电影里，100万美元总能被刚好装进公文箱里，但在现实生活中，一个普通的公文箱根本不够装。所以我常看到拿撒勒和他的兄弟还有他爸爸拿着塞满了钱的旅行袋和牛皮购物纸袋，吃力地穿过银行大厅，有时现金还会从袋子里散落到地毯上。我们不得不多找了4个点钞员专门负责拿撒勒的储蓄业务，这些额外的员工费用都算在他头上，对此他也欣然接受。

拿撒勒太有魅力，太容易让人喜欢上他了，看到他的成功你只会备受鼓舞。如果理查德或其他任何银行里的人对他带来的一袋袋现金存疑，我会马上替他说话。他有让我信服的证据，他做的是合法生意，靠勤劳积累财富，实现20世纪80年代的"美国梦"。

* * *

我挑了一个最糟糕的周末——劳工节周末——带我的女朋友劳莉去拉斯维加斯，那也是杰瑞·刘易斯电视募捐马拉松播出的时间。城里人满为患。劳莉也在美国银行工作，在硅谷那边做消费信贷。我们俩都没去过拉斯维加斯，只在大学公路旅行时途经过，怎么也没想到会遇到这么多人，我们问遍了整个拉斯维加斯所有的酒店，每一间都爆满。得知我们没有提前预订住宿时，热带花园酒店预订前台的女士简直笑出了声。她的反应就好像在说，这个小鬼以为他跳着华尔兹进来，就能得到一个空房间吗？我们走投无路，并且因此心烦意乱，我既尴尬又懊恼。那是1986年，拉斯维加斯还不是全球热门旅游城市，我把计划搞砸了，我和劳莉被迫困在离家千里的地方，进退两难，无处可去。

我们最后试的是凯撒皇宫酒店，之所以留到最后是有原因的。有一天早上，我坐在拿撒勒的办公室里，他问我："克里斯宝宝，这个周末你要干吗？"

"我要带劳莉去拉斯维加斯。"

他立刻鼓起掌来:"你要去拉斯维加斯?太棒了,我爱拉斯维加斯。"

我点头,他当然爱拉斯维加斯了。

"你应该住凯撒皇宫酒店,"他边说,边给我写了一张便条,"告诉他们是拿撒勒让你去的。"

"哦,没事,拿兹。谢谢你的好意,但我已经安排好住宿了。"

"你准备住哪儿?"

我犹豫了,不确定要怎么回答,也不想撒谎。

"去凯撒皇宫酒店吧!"他说,"让我来安排。"

"不不不,谢谢你,我已经安排好了。"我不想显得不领情,也很小心地隐藏起我的怀疑,我不确定拿撒勒真的能有拉斯维加斯这么高级酒店的关系。他笑着拍了拍我的肩膀。

在拉斯维加斯的酒店提他的名字是个可笑的主意。"拿撒勒是谁?"他们肯定会这么说的,再嘲笑我一番,我可不想自取其辱。

那天晚些时候,我们来到凯撒皇宫酒店大堂前台,微笑着,希望以正常的方式获得一个房间。

"嗨!"我俩异口同声地说,试着赢得干练、专业的前台接待员的眷顾。

她把目光从计算机屏幕上移开,抬起头说:"欢迎来到凯撒皇宫酒店,有什么能为您效劳吗?"

"是的,嗯……"我看了看劳莉,她回看着我,眼神中带着期许,可能说是渴求更准确,"你们这里还有空房间吗?"

"对不起,先生,我们的客房订满了。"

"一间都不剩吗?"劳莉问道,"连杂物间都没了吗?"

前台接待员摇头:"很抱歉,这个周末客人非常多。"

劳莉失望地垂下肩膀,她扯着我的袖子,把我拉到一旁。

"问她,"她小声说,我知道劳莉说的是什么意思,我们在来拉

第一章 愚人之金

斯维加斯的路上开玩笑说起过拿撒勒的提议，但是真的要付诸行动还是感觉太荒谬了，"克里斯，这是我们唯一的办法，不然我们只能回家，或者住在城外了。"

我转头看着前台接待员，她正在处理文件，管他的，我心想着，就算真的有什么，也不过是以后当作笑料笑一笑罢了。我重新走回前台，感觉自己像一个老电影里的角色，靠在前台桌子上探过身，小声地说："拿撒勒让我来的。"

前台接待员抬了抬眉毛，她的嘴唇上扬到一定的弧度，看起来就像是在微笑。"请稍等一下，先生。"

她消失在墙角，没过多久，一位酒店经理过来跟我握手。他握得非常用力，而且已经知道了我的名字，几分钟之后，他打开了顶层套房的门锁，为我们敞开了大门。这是我见过的最大的酒店房间，我想投一颗棒球，只为试试球是不是能撞到房间另一侧的墙。劳莉放下行李就冲进房间，而我依旧愣在酒店经理身旁。

他向我们介绍酒店提供的各项设施，听着听着，我就走神了，因为这个情况太荒诞了。"先生，"他喊了一声，把我从神游中拉回到现实，接着他说了一句让我震惊的话，以至之后在华尔街闯荡了那么多年，我都没再受到过这般惊吓，"5万美元的额度够吗？"

"什么？"我问他。

"从5万美元开始，您能接受吗？"

"哦，可以的，"我说道，"今天早上我刚去自动取款机取过钱。"

我并不是故意在开玩笑，但还好他以为我是在说笑，大声笑着，甚至笑弯了腰，就好像我的幽默感超出了他的承受范围。我跟他一起笑了起来，试图掩饰我的害羞。事实是，他提供给我们相当于我两年半薪水这么高的额度，是想让我们在赌场好好玩。

劳莉的声音从远处传来："克里斯，天花板上居然有镜子！你快来看啊！"我犹豫是给酒店经理1美元还是2美元的小费，最后从钱包里掏出了 5 美元，骄傲地递给他，他摆了摆手，向后退着出了房间，还告诉我如果有任何需要，可以打他的私人电话号码。

那个周末，我们没法在凯撒皇宫酒店的赌场玩，因为为了确保我们的需求都能得到满足，好客的酒店服务人员一直跟着我们，如果被他们看到我们只玩 5 分钱的老虎机，那就露馅了。所以我们溜到街对面的皇家赌场，那里十分破旧，赌注也小一些，21 点和双骰子牌桌还散发着腐烂三明治的味道。

在顶层套房的那些日子，真的是非常奢华。我感谢拿撒勒能关照我们，当我躺在超大的按摩浴缸里，喝着免费赠送的香槟时，忍不住在想，这人到底是谁？拿撒勒一定是常常豪掷千金，才能做到一通电话就能搞定一切。在前台，我都还没来得及说出他的姓氏，只说了句"拿撒勒让我来的"，就住进了拉斯维加斯，甚至是全世界最豪华的酒店。我不知道除了他，在珠宝行业里还有谁有这样的财力和权势，能轻松搞定这一切。拿撒勒比我想象的要成功得多，他也非常乐意纵情享受这种成功。

退房时，我坚持自己支付房费。我认为让拿撒勒帮我们付房费并不合适，再说，银行也规定我们不能接受客户赠予的价值超过 100 美元的礼物。在前台，他们不太确定要怎么跟我收钱，因为显然这种类型的房间并没有一个标准的定价，最后他们定了 130 美元/天的价格。我掏出了钱包，讽刺的是，美国银行——我的雇主，拒绝了我的信用卡申请，说是我的信用历史不足以支持开卡。我为动辄上千万美金的企业贷款签单放款，或者接收拿撒勒几百万美金的现金存储，但是想办一张信用卡它们倒是不信任我了。我数出了足数的 20 美元钞票，将它们轻轻放在前台的柜台上，然后和劳莉打道回府了。

* * *

安保是珠宝行业的重中之重。批发商的办公室绝不会设在一

第一章　愚人之金

楼，访客要想进入，得乘坐电梯，在安装有监视器的走廊按门铃，然后进入一个"人笼"房，房间的防弹玻璃背后有一个接待员，他会判断放这些人进办公室是否安全。大多数珠宝商都配有武器，而且很多人——包括巴里和他爸爸内森——有一个被他们称为"热线"的东西连接着彼此的办公室，万一有侵略性举动或企图抢劫的行为发生，他们能立刻叫对方来支援。内森·卡加索夫的办公室就在电梯旁边的"险恶"之地，如果有人想惹他，巴里能立刻冲进来用乌兹冲锋枪摆平一切。还好他从来不需要这么做。

尽管安保严密，枪火齐备，抢劫、盗窃在附近一带依旧越来越成为问题，用巴里的话说，这些人尤其把"穿着西装，拿着公文包，戴着传统圆顶小帽"的男性视为目标对象，但没人敢动巴里。一部分原因是他绝不会拿着装满现金或者钻石的公文包大摇大摆地在街上走，当然还有很多人害怕他，也景仰他。

珠宝行业的抢劫通常是假的，是为了敲保险公司和其他珠宝商的竹杠，让他们认为珠宝货物是因为抢劫而损失的。"有很多假抢劫，"巴里说，"事实上，如果没人被打成重伤或中枪，我是不会相信是真的抢劫。曾经有个人，我记不清名字了，他是真的被抢劫了，也中了枪，但他还是一回来，就弥补了每个人的损失（被抢劫的部分），因为他就是这么仗义。如果我没记错，最终他还是在什么地方被杀害了。"

当假抢劫发生时，其他珠宝批发商如果刚好有寄售的货物弄丢了，那么他们将遭受巨大的损失，这是经常发生的事情。有一次，一个不老实的批发商溜出了洛杉矶，让巴里损失了差不多 8 万美元。多年后，这人想偷偷回城里参加他母亲的葬礼，于是先给巴里打了个电话结清他的债务，确保他们之间是两清的。"就是一次保险诈骗。"巴里说，"如果有人欠我钱，然后出了事，他们会确保先处理好我这边的问题。因为他们害怕，虽然这听起来令人难以置信，但其他人就算生意失败也得接受这个事实。你会产生一种幻觉，一种我让你想象出来的幻象，就好像我有将近3米高，300磅[①]重，走一步、说句话地球都要抖三抖。在我自己的意识里，我是个传奇；在所有人的意识里，我也是个传奇。"

1983年的普费弗曼丑闻（Pfefferman scandal）是一个很有名的假抢劫案，在这场事件中，一对父子珠宝批发商精心设计了一场对自己的抢劫，然后拿着保险赔款逃之夭夭。这桩丑闻虽然造成了很大的损失，却给我制造了机会。我们分行在这次事件中损失惨重，直接导致借贷部门大洗牌——所有的借贷专员都转到其他部门——这使我以及一些杨百翰大学的毕业生得到了工作机会。当时我的银行老板常开玩笑说，为了给珠宝借贷部门增加一批老实人，他们招了一堆摩门教徒和一个从迪士尼乐园来的人。

* * *

日复一日，拿撒勒带着越来越多的现金来银行报到，一旁好胜心不减的乔治和理查德兄弟也从未停止在我耳边吹风，他们始终认为拿撒勒不断攀升的业绩背后一定有不法动作。公平点说，乔治其实还好，想法比较激进的是理查德，他还动用周末志愿警察工作的关系，对拿撒勒的生意进行强制执法。他说服自己的上司严肃对待这些指控，他们还轮流联系联邦缉毒总署。理查德声称我告诉过他拿撒勒有可疑行为，很可能参与了洗钱活动。这些指控都与事实大相径庭，不管别人如何质疑拿撒勒的成功，我都在一直维护着他。

尽管如此，一天下午我还是接到了理查德的电话，说联邦缉毒总署的人在他办公室，他们想找我谈谈。还没到他的办公室，我就已经知道他们想谈什么了。

[①] 1磅约合0.453 6千克。——编者注

理查德问我问题的时候，一个大块头、方下巴的缉毒总署探员坐在一旁听着，就好像《希尔街的布鲁斯》里一集的场景。当时乔治并不在场。"你认为拿撒勒·安多尼安的钱都是从哪儿来的？他是怎么跟你解释这些钱的来历的？每天他带到银行的钱有多少？当你去他办公室时，看到过什么人与他来往吗？"

我诚实地回答了每个问题，因为我觉得没有什么好隐瞒的。但当我大声说出答案时，总让人感觉有些许可疑，这让我开始感到紧张，但我知道自己没做错什么。每一次拿撒勒来存大额现金时，都是由我接收款项并填好超过1万美元存款所需的表格的，所有文件手续都是在我们的中心办公室办理的，然后报备给联邦政府的相关工作人员。这里的一切流程我都是严格按照培训教的进行的。理查德是没少给我讲关于拿撒勒的荒唐八卦，但我很确定这些都是为了给更成功的对手黄金商抹黑而编造出来的无稽之谈。大家都知道拿撒勒爱财如命，喜欢金钱带来的奢靡放纵，而且他也大方展现出自己对金钱异于常人的热爱，但他是个特别善良的人，这么体贴、精明、野心勃勃的人是不会让犯罪行为毁掉自己的。虽然缉毒总署的事还没有最终结果，但我始终相信拿撒勒。

那天晚些时候，我去他的办公室，坐在正对他桌子的椅子上，拿撒勒面向另一个方向站着，看着文件柜里的一个文件。

"嗨，克里斯宝宝，你好吗？"他笑着回过头，然后继续翻看着文件。

"嗨，拿兹，我很好。"

"星期四晚上一起吃饭吧？"

"好啊，没问题。"我停顿了一会儿，但没法停顿太久。拿撒勒是我的朋友，他应当知情。"我觉得应该告诉你一件事，"我说，"但我确定没什么好担心的。今天早上我被叫去问话了，问了一些有关你存款的事，有缉毒总署的探员在场。"

他转过身面对我，笑盈盈的眼睛沉了下来。他向我走来，把手里的文件放在桌上。"你怎么跟他们说的？"他低沉的声音中带着些许紧张，"都问了些什么？你怎么回答的？"我就好像被注射了一剂肾上腺素。我这位乐呵呵、有着菩萨心肠的朋友瞬间变成了危险又难以捉摸的人，我还从来没见过他的这一面。就在那一刻（不到5秒钟）一切真相大白：这家伙在洗钱，而我竟然蠢到没有发现。

拿撒勒向我坐的椅子靠过来，热情全无。我知道我得机智应对并且保持冷静。我复述了一遍缉毒总署探员的问话，并没有提理查德在场的事，而且我还反复强调没什么可担心的，但我身体的每一个细胞都想尽快离开这里，还得让自己看上去不像是被吓傻了。我在被这场对话搞得筋疲力尽后，回到了银行，坐在我的办公桌前，盯着寥寥几页文件放空，直到下班。还好他没问我缉毒总署的这场问话是怎么安排上的，去他办公室之前我可是什么托词都没准备，毕竟当时我还百分之百确定拿撒勒是清白的。一夜未眠，第二天一早我把整件事报告给了我的上司。

* * *

差不多有一年的时间，我都住在我父母在橘子郡的房子通勤上班，后来多亏了一位西方学院的老同学，我幸运地搬进了位于圣莫尼卡的一间公寓。我妈妈并不是很赞成我搬出去，她不明白为什么要花钱租房子，从我们家去上班开车只要一个小时，而且交通也很通畅，但我早就准备好自己出去住了。每天早上，我开着我的二手1978年的雪佛兰凯普瑞斯（随想曲）去上班，听着KROQ电台里播放的朋克和新浪潮音乐，一路总是很堵车，也许这15英里[①]和我走着去花的时间也差不多。有那么两回，堵到我都熄火看起了报纸。

[①] 1英里约为1.6千米。——编者注

1987年10月的第一天，我在10号州际公路上缓缓前行，脑子里想着头一天和分行经理的谈话内容。有一条小道消息从区域办事处传来，美国银行计划不再向珠宝商贷款，限制其在高风险行业的敞口。所以分行经理让我想一想，我的70个客户里有哪10个是值得留下的，其余的全部舍弃。

　　这可不是个容易的决定，整件事让人郁闷。我的客户都是由父母亲掌管的家族生意，这也是这个行业的本质，他们生意的运营非常依赖向银行借钱，我不想把他们都打发走。

　　巴里是我最想留下的客户，但银行却不这么认为，因为他的借款时间从来不超过一个星期。他不像其他客户那样需要我们，但我需要巴里这位坦率、真诚的咨询顾问。我无法这么跟我的上司解释，他保守的惯例做法本是优势，但在目前这个情况下，却成了劣势。我本想用"巴里是这个行业的元老、洛杉矶珠宝圈的标杆"这类说辞来说明放弃他是个错误，虽然这句话不假，但我不知道这样做能否说服区域办事处的人，毕竟他们已经完全不接触本地业务了。难以想象的是，正是我所接受的银行培训教会了我在所有要素中首先重视的是道德品质，而现在银行却脱离了这个基础概念法则。我在心里给我的其他客户按重要性排了个名，好让我到了银行后能开展工作。由于我已经跟上司汇报了缉毒总署在调查拿撒勒的事，他们似乎急切地想要和他脱离干系，这一点我也是赞同的，我会争取留下巴里和乔治，其他人我都可以让步。

　　州际公路的路况稍微好转了一些，我的速度能上30千米/小时了。突然我的车开始在路上乱窜起来，我想肯定是车轴断了，我奋力地想要控制住车，减速让车摆正方向，我周围的车也都乱成一锅粥，就好像所有人都陷入了同样的窘境，等我终于在车海中镇定下来庆幸自己没有偏离车道，只不过停在了一个奇怪的角度时，才明白发生了什么——我们遭遇了地震。我们都握着方向盘静静等待了几分钟，没人敢继续开，然后大家都从车里出来，前后走动彼此交流。我从来没注意过 10 号州际公路是高出城市海拔而建的，大家都在想要不要弃车，步行至更安全的地方，但想在公路上行走并不容易。市区南部方向升起了一股不祥的黑烟。大家等了一会儿，然后前面的车开始缓缓行进，大家就都从下一个出口下了高速公路。

那天早上我迟到了，后来我才知道那场地震有 5.9 级，持续了 20 秒，震中在往东几英里的惠蒂尔窄地，8 人在地震中死亡，造成了上亿美元的损失。在此之前，我曾经历过几次地震，但这一次的地震格外令人不安，就好像我生活中的好多东西同时从根基裂开。上一分钟我还在 10 号州际公路上穿梭，跟着比利·爱多尔的《许多许多》（*Mony Mony*）比画着打鼓，摇下车窗，想着前一天的事；下一分钟我却在柏油路上和一群陌生人感受着震荡，担心着脚下的路会坍塌，隐喻意味也太强烈了。

在银行从珠宝行业抽身之际，我成功保住了大部分想要留下的客户，虽然过程并不容易。他们想放弃巴里，但最终还是我赢了。对于他们来说，在搞清楚拿撒勒的生意是否干净之前，他是个更有吸引力的客户。令人难以想象的是，留下有着黑暗一面的拿撒勒比留下品行有保证的巴里更容易。尽管培训告诉我道德品质更重要，但我不禁开始怀疑银行到底是不是真的在乎道德品质这回事。

在接下来几周里，我的通勤变得更加困难了，因为 10 号州际公路开始了维修施工。我依然每天钻进我的雪佛兰，系好安全带，打开收音机，跟着回响在那个冬天每个角落的 R.E.M. 乐队的新歌哼唱："好极了，一切从一场地震开始了……"迈克尔·史帝普这么唱着，就好像他知道我生活里正在发生着什么。"这是正如我们所知的世界末日。这是正如我们所知的世界末日。这是正如我们所知的世界末日。我觉得挺好。"

第一章　愚人之金

* * *

弗农市是南加州的货车运输工业和肉类加工业中心，大概是全美国最丑陋的城市。尽管它比邻洛杉矶市区，而且该州两条最繁忙的高速公路在此交会，但最近的一次人口普查显示，弗农市常住人口不到100人，这里到处是污染、水泥、噪声，弥漫着工业气息。

当银行从珠宝行业抽身后，我也离开了。他们把我升职到弗农市分行，负责更大的客户，而我毫不犹豫地接受了。于是我离开了珠宝、黄金和钻石客户、能持续两个小时的午餐还有奢华的晚宴，浮华闪耀的珠宝行业让位于污秽、难闻的弗农市的废墟，在这里，你经常会把一种叫"辣椒上浆"的东西当饭吃，就是将汉堡碎肉饼浸在一碗辣椒里。对货车司机来说，这可是一顿丰盛的午餐。虽然我很想念珠宝行业的客户，但这个改变在很多方面来说都是好的。我知道自己没做错什么，只是想想曾经那么靠近拿撒勒的犯罪活动，就足以让我夜不能寐，脑子里跑马灯似的回闪着我们曾经的对话与场景。与此同时拿撒勒也把他的业务转移到了富国银行。

初到弗农市时，我没有可以去拜访的客户，因为他们全都开着18个轮子的大货车全国各地跑，几个月才到银行一次，所以我的大部分时间都在办公室和新同事聊天。很多老职员在股价下跌时大肆购买股票，视股市调整为绝佳的买进机会，他们惊讶于我从未炒过股。就算我跟他们说我才24岁，投资经验为零，存款也少得可怜，他们还是没放过我，直到我同意买点股票才罢休。

与其他公司相比，作为我雇主的美国银行是我最熟悉的，所以我找了一位证券经纪人，买了100股美国银行的股票。对我来说，这可是一笔不小的买卖。那是1987年10月16日，一个星期五，我带着第一次投资的兴奋过周末去了，但很快，兴奋的感觉变成了焦虑，当10月19日星期一，股市开盘的时候，华尔街遭遇了历史上最大的单日崩溃，这一天的跌幅几乎是大萧条时期跌得最狠时候的两倍。后来，这一天被称为"黑色星期一"。

恐慌随之而来。在股票市场暴跌的时候，恐慌带来最多的是抛售，进而导致更大幅的股价下跌，从而触发更深层的恐慌。"黑色星期一"最引人注目的地方，一方面是它的波及范围相当广，另一方面就是触发它的原因。这是历史上第一次股市暴跌不是受人为因素影响，而是由计算机引发的。在科技的力量进入金融领域之初，当我们刚开始尝试用电子表格代替黄色表格纸时，一个叫LOR的公司提出了一个名为"投资组合保险"的概念，为的是保护机构投资组合不遭受巨大损失。这个概念的实现主要是利用一系列计算机算法，当某种特定情况发生时，它们会自动触发抛售，当市场重新调整完毕时，它们会触发自动买进。但是在"黑色星期一"这一天，算法却起了反作用，由计算机激活的抛售速度大大超过了股票交易员可以承受的人工处理能力，结果触发了更多由算法激活的抛售，如此反复。计算机算法不知道该如何处理没有买家买进的情况，于是将出价压得越来越低，为的是能找到一个可以接盘的价格，最终造成价格直线下跌。

"黑色星期一"之后的几天，我也加入了恐慌大军，把买进的美国银行的股票卖掉了，因为我觉得自己只能承受这么多亏损之痛了。我的第一次投资就这样以亏损收场，感觉自己像一个傻瓜。我不知道是该进行自我谴责还是公开声讨金融系统侵吞了我的血汗钱。是应该怪自己对股票市场一无所知吗？还是责怪金融系统？一些超出基本金融原理的东西造成了股价的波动。我不知道这些问题的答案，也不确定今后是否会知道。当时的我并不明白，在这个计算机进入大众金融市场的华丽开端里，我只是微小的一分子。

* * *

在搬去弗农市之后，我还是会时不时地回到珠宝区找巴里和乔治。如果我需要给女朋友或者母亲买礼物，就是一个很好的回到曾

第一章　愚人之金　　031

经熟悉的地方，花上1个小时和老朋友聚一聚的借口。我再也没去找过拿撒勒，理查德非常自信地告诉我，拿撒勒那个案子正在稳步调查中，联邦调查局的人在他的办公室装了摄像头，还录下了他和妓女一起数上百万美元钞票的视频。纵然我希望这一切都不是真的，但也慢慢开始相信了。

我在弗农市只待了差不多1年，并不是大把的辣椒把我给辣怕了，而且我也挺喜欢和卡车司机相处的，哪怕他们不像珠宝商那样有趣。我只是清楚自己对企业信贷这一业务并不是很感兴趣，所以是时候继续前进了。我申请了沃顿商学院，这所学校的学习经历是进入华尔街的敲门砖，当时的我感觉自己就好像在全宇宙的中心。

在沃顿商学院学习的第一年，有一天晚上我和室友一起看全国新闻节目，看到了拿撒勒·安多尼安戴着手铐被带走。那时，我对他从事不法生意这个事实已经丝毫没有怀疑，但并不知道他的涉案规模有多大。后来我根据《洛杉矶商业周刊》上的一篇文章，知道了不少细节。

拿撒勒参与了美国历史上最大的洗钱案件。1989年2月22日早上，联邦探员包围了珠宝区，几个小时之内抓获了近40人，一并缴获的还有各种文件、点钞机、黄金、3 000万美元现金，以及各种相关物品，人赃并获，它们被一股脑塞进卡车车队带走。就好像一个舞台布景被迅速拆除一样，地扫干净了，灯也熄灭了，到了第二天，整个街区的生意恢复了正常，就好像一切都没有发生过一样。

第二年，案件进入法庭审判阶段。电话、传呼机、汽车全都被安装了窃听器，甚至使用了跟踪设备，联邦调查局还以假珠宝商的名义，在拿撒勒办公室周围租了不少房间，用来安置监控设备。整栋楼里装满了微型摄像头，联邦缉毒总署还想方设法进入了安多尼安的个人安保系统，于是在他们为期13个月的盯梢调查里，能时时监看在拿撒勒办公室里发生的一切。他们把这个案子称为"极冠行动"。

拿撒勒在帮哥伦比亚大毒枭巴勃罗·埃斯科巴的麦德林贩毒集团洗钱。这场精心策划的犯罪活动涉及美国好几个大城市犯罪组织成员的协同合作，主要在纽约、洛杉矶和亚特兰大（这也解释了外来妓女的存在），贴着"旧黄金"标签的装着零散现金的盒子被运到安多尼安兄弟公司，再由拿撒勒清点钱数，通常都有妓女在旁边帮忙。政府的书面证词在描述拿撒勒的办公室到底经手过多少现金时是这样说的：任何小于 20 美元的钞票都被他办公室的点钞员扔向墙角，因为不值得花时间清点。一旦钱数清点无误，拿撒勒就将自己的抽成部分扣除，然后将剩余部分存到银行。之后，这些资金将被经过多次转账，用来满足货源和买家之间的联系，而利润最终会回到麦德林贩毒集团手中。这个洗钱系统是如此的高效——足足有超过 12 亿美元被洗白的赃款回到了哥伦比亚——大毒枭把它称为"矿井"。拿撒勒靠假装开始做黄金分销生意来掩盖自己的行径，当初他展示给我看的那堆金条很可能是镀金的铅块，他的大多数收据也是伪造的。

这场审判比洛杉矶联邦法院历史上审理过的任何案件用时都要长，拿撒勒和他的兄弟威赫分别被判处 25 项洗钱罪名和 1 项同谋罪名，处以 505 年监禁，不得假释，是当时被判得最重的案件。安多尼安兄弟目前被关押在加利福尼亚州的一间联邦监狱里，位于内华达州雷诺市的西北方向。还有另一个珠宝商也卷入了麦德林贩毒集团的洗钱活动中，他也犯了相同的罪，但目前已经刑满释放了。有小道消息传闻，安多尼安兄弟找的律师太差劲，所以基本可以肯定他俩的余生将在监狱里度过。

* * *

在拿撒勒一事败露之时，他已经和美国银行没有任何瓜葛了，所以大部分关于他案件的审理过程以及由此产生的新闻报道都聚焦于富国银行。当时在沃顿商学院的我知道自己不会被要求出庭做证，因为监控资料还有各种其他证据已经能非常清楚地证明他的犯罪事实，根本不需要我。我也不担心自己会受到牵连，虽然我确实曾经帮他把给哥伦比亚的上亿美元的贩毒赃款洗白，但我已经向缉毒总署全盘坦白，也没有违犯任何法律条例，再说当时的我根本不知道发生了什么，直到我与拿撒勒正面对质。我被骗了！现在回想起来，我应该从一些警示性的细节中注意到拿撒勒可能没有我一开始想象的那么正直。但我还是什么都没发现，也许是潜意识让我这么认为的，毕竟当时的我刚刚涉足这个陌生乐园，有什么资格对这个乐园里的礼仪和习俗进行审判呢？

你可能很自然地想问，我是不是被拿撒勒利用了？我会不会因此感到很受伤？到头来我们的友谊只是逢场作戏，他告诉我的一切只不过是谎言？我和他的家人一起吃过饭，坐过他开到 140 千米/小时的黄色莲花跑车，虽不情愿但心存感激地成为他在拉斯维加斯的客人，还和他聊过不知道多长时间的天。但我并不觉得自己曾被他怠慢，他从没要求过我违规操作，或做任何超越工作职责的事。拿撒勒钻了金融系统的空子，虽然我是这个系统的一分子，但在某种程度上，他保护了我，让我置身事外。或许是因为我在迪士尼乐园的工作经历，或许是因为我 22 岁青涩的面容，或许是因为我总是拒绝和他一起去亚特兰大找乐子，又或许最有可能的是，他需要我让这整个链条运转起来，他需要和银行保持清白的关系，不管是出于哪种原因，他没让我蹚这浑水。但就算我错认为拿撒勒堂堂正正地做生意，我也一直清楚他不是什么圣人，他不仅疯狂而且草率，包养情妇，还喜欢带着南方口音的妓女。我对他的品行并没有很高的评价，但在此之前，我从没有认识过他这样的人，因此我被迷惑了。当时实在是太年轻，还在试图弄清楚拿撒勒在圈子里处于什么样的位置。那个时候，我并不知道他做了哪些越界的事，我还在学习每个人的行为是如何影响他的道德品质评估结果的。

现在的我更加成熟，也和各种各样的人物打过交道，我确实有些同情拿撒勒。我能想象他离开贝鲁特的那一天，满怀着对未来生活的憧憬，离开那个生存就是生活全部的地方，来到美国试着闯出自己的一片天地。当一个人的状况从"只有挣扎"转换到"满是机会"，他的道德标准怎么也跟着改变了呢？在我看来，拿撒勒不是一个有道德的人，但他怀有一颗正直的心，他想要过更好的生活，渴望成功，同时也涉世未深，再加上野心勃勃，眼前摆着一条看上去似乎没那么险恶的路：拿钱，存钱，留一部分给自己就完事。如果你是他，很可能也会找到各种合理的理由说服自己踏上这条路。

有一次当我在看这个案子时，突然想起在一次晚宴上他跟我讲过的一个故事，当时听起来还挺有趣的。他带着家人一起到波拉波拉岛度假，结果连着下了三天大雨。拿撒勒是个精力充沛、活跃有干劲的人，可外面下着瓢泼大雨，哪儿都去不了，什么事也做不成，他被困在豪华酒店里简直抓狂。要知道他可是个没法静静地坐着保持5分钟的人。"这完全是对我的折磨，"他说，"简直像是坐牢。"

我就这样离开了珠宝和货运行业，奔向了沃顿商学院和华尔街，却没料想一头扎进了一个由很多个拿撒勒组成的世界，在这个世界里，有人握手言和，有人心怀鬼胎，有人粉饰罪恶，魅力、欺骗、野心交织在一起。那时我更没想到，在职业生涯中，我会如此近距离地接触到这么多人，尤其是一些有名的公众人物，前一秒他们还高高在上，下一秒就突遭浩劫落入深渊。

还好在美国银行的工作没有摧毁我对人的信任感，但我再也没让自己盲目地过于信任任何人。在那份工作中，我知道了诚信和品行是多么无价，这对我今后的各个职业阶段都适用。一切从培训的第一天开始，从"信用5C分析法"开始。作为一个信贷专员，发放一笔或成功或失败的贷款的唯一不同，或者说对于生活中的任何事情，做一个或好或坏的决定的唯一不同，是你评估道德品质的能力。

我很幸运能从珠宝行业开启自己的职业生涯，"道德品质"是这场游戏中最重要的一环。通常一个看上去或感觉上是最诚实的人，往往都不可信，他们只不过想让你觉得他们值得信任。钻石有自己的一套"4C"标准，买过钻戒的人应该都知道：切工（Cut）、净度（Clarity）、克拉重量（Carat）和颜色（Colour）。但那个隐形的第五个"C"——道德品质——在钻石交易中同样重要。你得相信卖给你钻石的那个人，因为这将是你做过的最不对等的交易，在这场交易里，你没有任何可参考的信息，对方说什么就是什么。销售员能做到完全的主导，对你微笑，让你感觉舒服，然后卖给你任何他想卖掉的东西。不过买钻石情况比较特殊，基本很少或没有可能从不断重复的购买中建立买卖双方的信任关系，你得相信销售员的个人品质才行。

这是个很极端的行业：那些获得长久成功的人都是值得信赖的人，走歪门邪道的人可能也存在，只不过很短命，而其他所有处在两者之间的人只有失败一条路。像巴里那样的人——说话时每两个词之间都要夹杂脏话，总是让你吓到不知所措——可能并不是那种你用诚意就能结交的人，只能另辟蹊径。不过就巴里来说，正直和名望是他的一切，他卖的不仅是钻石，还有信任。这听上去可能让人感觉整个行业打交道的方式不那么正统，至少在我看来是这样，但他的品质是毋庸置疑的。

直到今天，巴里依旧在做钻石批发生意，就算如今互联网已经取代了大部分本地的批发商和经销商。"曾经钻石商只是一小撮人，都是从家族内部成长起来的，"他说，"但之后就扩大了，我关闭了我的办公室。现在我再也不用去那该死的市区——不好意思——那个阴沟一般的地方。"巴里没有将生意传给他的任何一个小孩。"曾经的时光已经结束了。网络基本毁掉了一切，没有了忠诚，没有了信任，没有了从前那种供货商关系。我不想让他们过这样的生活。"

没想到的是，从我在美国银行做信贷专员开始之后的30年里，巴里和我一直保持着朋友关系。我带着妻女去见他，我不下百次地推荐同事、朋友去找他买钻石，我们经常通电话，每年我生日时，他都会打电话来表示祝贺。随着岁月的增长，巴里也慢慢沉淀，但不是红酒的那种沉淀，他更像是一瓶陈年威士忌：酒精含量依旧很高，依旧充满了烟和火，但棱角平滑了些许。

第一章　愚人之金

第二章

欢迎来到丛林

华尔街的合伙制公司轮番上市,使它们能够获得所需的资本来壮大规模,为不断扩大的公司和客户群提供所需的产品和服务。然而……风险与责任制的分离导致了监管的弱化,反过来引起破坏性行为的发生,包括用别人的钱进行风险性极高的投资。

根入地狱，枝耸天堂。

——弗里德里希·尼采

当我第一次踏入耸立在曼哈顿岛南端纽约广场一号著名的所罗门兄弟证券交易大厅时，混乱感扑面而来，但这是一种有序的混乱，就好像是看到了群鸟在以一种奇怪的组织方式乱飞。在两层楼的开放空间里，证券交易员在一排排长长的工作台上工作，台面上闪烁着无数灯光，电话铃不停地响着，香烟在燃烧，咖啡散着热气，还有闪烁着的屏幕和股票行情表。似乎所有的一切都在运行当中。椅子旋转着，手臂挥舞着，交易员正冲着电话或彼此大喊些什么。他们说的内容我完全听不懂，我很确定他们说的是英语，除此之外，我一无所知。"十位刚刚上升了两个点……利差在扩大……我需要最后那笔交易的颜色。"

当你看得更仔细些时，就会发现这些家伙根本不是鸟类，而是食肉动物。狩猎的味道在空气中弥漫——汗水混着雄性激素——这味道如此浓烈,让你很难不把自己联想成猎物。虽然这是我在所罗门兄弟公司上班的第一天,但我已经在想象这份工作将如何收场了。我保持静止不动,感觉好像任何突然的动作都会招惹到"满口垂涎的狮子",让他们发现"可口的羔羊"就在身边。当交易员仿佛跳着极具攻击性的"交易"之舞在大厅里回旋时,我始终保持着"隐形"状态。

1989年的暑假,我得到了一个实习机会,对商学院即将升入二年级的新生来说,一份带薪实习的工作,就算不能承诺入职机会,也相当于一个3个月长的面试了,这是我无法拒绝的探险经历。受到来自斯巴达的母亲潜移默化的影响,我学会为了获得成长和学习经验,哪怕置身逆境也在所不惜。但当我迎着6月的晨光走进交易大厅的一刹那,我觉得自己犯了一个致命的错误。迈克尔·刘易斯后来在他的书《说谎者的扑克牌》里写道,在他和华尔街证券市场具有决定性意义的相遇,即来到所罗门兄弟公司的第一天,他觉得自己好像是去领中彩票得的大奖,而不是去上班。我觉得自己则像是要上刑场。

我在沃顿商学院的同学形容所罗门兄弟公司的固定收益部是全世界最狂野、最优胜劣汰的部门。这家1910年创立的投行公司的确是华尔街"丛林"里的"狮穴",处在金融"食物链"的顶端。然而,我——一个从迪士尼乐园和商业贷款业初出茅庐的小子,一个拿着文科学位的橘子郡男孩——就这么来到了这里。而就在一年前,我还根本不知道投资银行是干什么的。我的朋友——沃顿商学院的同学本·吉斯这个暑假也到所罗门兄弟公司来实习了,但是他去了文明得多,也讲究得多的投资银行部。他说:"我难以想象你在交易大厅的画面。""你确定这是个好主意吗?"其他同学也有类似的担忧。显然他们都觉得我不够强悍,无法在固定收益部存活下来。我可能是第一个赞同他们想法的人，但是不管怎么样，我还是接受了这份实习工作。

销售与交易是固定收益部最主要的两种工作。销售人员替客户买进及卖出债券，这些客户中包含其他投资银行和商业银行，也不乏一些大型机构投资公司，像是富达还有太平洋投资管理公司。销售人员的工作时间几乎都花在了打电话上，交易人员管理库存，他们负责在公司的资产负债表上列满资产，以便销售人员可以及时将其提供给他们的客户。销售人员代表了需求，交易人员代表了供给，与任何公司的销售和生产部门一样，两者相互依赖，缺一不可。

实习的第一天，当我还在熟悉环境时，一个交易助理拍了拍我手臂，打了个响指让我的注意力跟着他，接着他把我带到了一间会议室。公司给我们6个暑期实习生安排了一个小型迎新会，由招聘部门的领导主持——一位我们在面试时见过的女士，就是那位给我们发放录用通知的女士向我们解释，这个暑假会是一个"现实模拟"，这意味着整个夏天多半将会无架构、无指导，想"征服"这层楼，全要靠自己。我们得找一把折叠椅和一套耳麦，然后去征求各部门交易员和销售员的同意，把折叠椅架在他们旁边，听他们是怎么和别人打电话的。

她的这番动员讲话还给我们提供了一些特殊的"鼓励"：我们当中只有1～2个人能在实习期满后得到全职工作的机会。理论上来说，我们所有人都有可能被录用，但如果我们没人值得被录用，公司也很乐意一个都不招。"认知就是现实。"她说，"想象自己是一只股票，起伏的行情就展示在你脑门上，你的价值一览无余。每当你张嘴想说点什么，你的股价是涨是跌，完全看你所说的内容是聪明的还是愚蠢的。"我想知道我这只股票的发行价格是多少，但我有自知之明不去问，因为价格高不了。

她在走之前给我们留下了最后一条指令："尽早向潘恩·金做

自我介绍。"说完,欢迎会就结束了,她也没告诉我们潘恩·金是谁,或者在哪儿能找到折叠椅和耳麦。

我们拖着步伐回到了交易大厅,为了安全起见,我们紧紧挨在一起。我看到有一把椅子远远地靠在墙边,但为了一把椅子而做百米冲刺一般的争抢,总觉得有失体面。

我们6个暑假实习生里最年轻的是一位肌肉发达的拉丁裔卫斯理大学的本科生,叫维克多。他是通过教育机会项目资助而来的,这个项目的目的之一是促进华尔街雇员的多元化。我们回到交易大厅后过了一会儿,维克多打破僵局,找了一个人问了问潘恩·金在哪里。然后我们全都带着些敬畏又有点担忧的神情,望着这个无畏的20岁小伙走向潘恩·金做自我介绍。"金先生,我是维克多,新来的暑假实习生。"潘恩·金个子很高,金发,而且我们立刻就发现他是个传奇的政府证券销售员,名声享誉华尔街内外。作家汤姆·沃尔夫的畅销书《虚荣的篝火》的主人公"宇宙之王"谢尔曼·麦考伊正是以他作为原型。

潘恩·金低头看了看维克多,露出和蔼的笑容,伸出一只手和他握手。当维克多自信地问自己能不能坐在离他不远处的一把空椅子上时,我们远远地看着他们,试图隐藏自己的嫉妒。那可不是一把折叠椅,而是一把真正的椅子,而且是有扶手的那种。维克多坐下并满意地喘了一口气。他向后稍微倾斜椅子的靠背,忍不住咧嘴露出胜利的笑容。这小子不赖,我们心里想着,是真不赖,他都还不是MBA(工商管理硕士)呢!

维克多刚坐稳没多久,他面前的电话就亮了起来。(交易大厅这层楼的电话都没有铃声,只会亮灯,一直闪烁,直到有人接听为止。)周围的交易员冲维克多点头示意可以接听,他拿起话筒说道:"所罗门兄弟公司。"

"维克多,我找乔。"

"可以告诉我你是谁吗？"

"见鬼，醒醒吧，维克多！"潘恩·金站在他背后，拿着电话听筒就好像拿着一根猎海豹的铁棍一样。

"什么？"维克多差点从椅子上跳起来。

"告诉我，维克多，"金咆哮着，"这里除了你刚认识的人之外，谁知道你那该死的名字？有谁会给你打电话？"

维克多小心翼翼地转头，看着那个高大的金发"杀手"，在金把电话听筒摔回座机之前，他给了维克多最后一句所罗门欢迎语："孩子，如果你不赶紧打起精神好好干，是没法成功度过第一天的。"

剩下的一个星期时间，维克多基本上是以轻度休克的状态度过的。在所罗门兄弟公司，有一种说法是，不管你是谁，不管你有多成功，总有一枚写着你名字的子弹在空中飞，早晚有一天这颗子弹会找到你，让你在这家公司的前途戛然而止，而且颜面扫地。维克多受的伤并不致命，但是他绝对被这枚子弹给"擦伤"了。

暑假实习生里还有一位从南卡罗来纳州要塞军校毕业的名为波的男孩。他说话带一点南方口音的拖腔，还喜欢不停地拨弄他的军校戒指，就好像他不想忘记，或者不想让其他人忘记，他是从这所尊贵院校毕业的。在附近的一家酒吧里，波建议大家制定一个"生存策略"，这家酒吧大概是他从要塞军校校友那里得知的，位于南街海港——一个修建在旧码头上的户外商业街区，离所罗门兄弟公司总部不远。

"你确定这么做是明智之举吗？"当我们沿着河岸走时，罗恩问。罗恩是另一个暑假实习生，之前在IBM（国际商业机器公司）做销售员，他打扮得有模有样，头发梳得油光锃亮，穿着正装衬衫、笔挺的蓝色西装并打着领带。

"不确定，"波咧嘴笑着说，"但是如果我们想要成为交易员，那么必须要有个交易员的样子。"

实习第一天中途就跑出去喝啤酒好像并不是明智的职业发展之选，但我十分期待和其他暑假实习生建立团结一致的同志情谊，同时也不抗拒任何可以拖延时间的事，让我越晚去参加"找折叠椅并求人让我听电话"的活动越好。我们喝了几轮啤酒，一边望着东河和布鲁克林大桥附近几艘高耸的古老船只在码头边微微荡漾，一边讨论着免遭"枪炮攻击"的小伎俩。在喝掉第二杯啤酒上的泡沫后，罗恩提出一个让我们都吃了一惊的建议。他建议我们整个夏天都待在南街海港，只在每天快下班的时候回去打个招呼。"拜托，伙计们！"他举起手里的啤酒杯，一些啤酒从边缘溢出，"没人会注意到的！"这还真是个诱人的建议。

* * *

能得到所罗门兄弟公司的实习机会是出乎我意料的。我之所以能进入最后一轮面试，很可能是因为他们把我含糊其词、懵懂无知的回答理解为我不是很在意能不能得到这份实习工作。招聘部门的领导，也就是后来给我们开迎新会的那位女士说："大家好像挺喜欢你的，但是我们担心你没有做销售的'本能杀气'。"

"好吧。"我耸了耸肩，准备向命运低头。

"但是等一下，"她说，很显然，我越是表现得不想要这份实习工作，就越是对他们有吸引力，"让我们再安排你和固定收益部的领导奥利瑞见一见，做最后一轮面试。如果你能让他觉得你有销售能力，那么你就能得到这份实习工作了。"

她带我穿过大厅，来到奥利瑞的办公室门口。

"进来，"他大喊着，招手让我坐到他对面的椅子上，"听着，瓦雷拉斯先生，除去所有在华尔街工作的浮华表象，我们真的就是销售员，我们必须得确定你能把东西卖出去。几年来，我总是让人在面试时卖点东西给我。"

"好的,"我说,"您想让我卖给您点什么?"我扫了一眼他的桌子,看到一支铅笔,我想应该从这支铅笔开始。

他把他的椅子向后滑过硬塑料地垫,举起双臂说:"卖给我这把椅子。"

我从坐着的地方看过去,奥利瑞劲头十足地在我面前把椅子滑来滑去,这就是一把普通的高档办公椅。

"这个,"我说,"您好像很喜欢带轮子可以滑动的椅子。"

他侧眼看着我,在想我是不是在自作聪明。"对,我喜欢可以滑动的椅子,那又怎么样?"

"是哪一点让您觉得满意呢?是滚轮的流畅度?还是灵活性?您喜欢随时能自由转动的滚轮,还是喜欢可以固定在一个位置锁住的滚轮?"

他低头观察椅子腿的侧面,就好像第一次看见似的,问:"你说的是什么意思,固定在一个位置锁住?"

"那个,"我双手的十指相扣,说道,"我们有个功能,是让您在不想要椅子滚动时,扳下一个小机关就能锁住轮子。"

"噢,我肯定想要那个功能。"

"好的,那这样的话,您需要聚氨酯的万向轮,而不是塑料的。这样才能有您想要的滑动感,同时又很稳固。"他大笑地看着我。我继续说着不同的滚轮和万向轮,材质、轮杆,还有其他可选性能。我甚至还说了几个顶级万向轮制造商的名字,只为了听上去更厉害些。"我们会全部为您准备好的,奥利瑞先生,没问题。"

当我说完时,他大笑起来:"瓦雷拉斯!我不知道你是怎么编出的这些鬼话,但这是我听过的最好的答案。"

"谢谢您,先生。"

"现在我得买把新椅子了。"

其实我没说,我父亲的公司就是制造滚轮和万向轮的,并把它

第二章 欢迎来到丛林　　047

们配给一切需要带轮子的东西，从担架推车到垃圾桶，超市推车，再到高档办公椅。我学生时代的好多个暑假都在给他帮忙，刚好知道了这些足以让奥利瑞先生惊艳的关于轮子的知识。当然他以为我是个编瞎话大师。直到多年之后，我才告诉他真相。

* * *

所罗门兄弟公司由阿瑟·所罗门、赫伯特·所罗门和帕西·所罗门于1910年创立。因为三兄弟的父亲费迪南德拒绝在安息日工作（尽管那时候股市在星期六上午还是开盘的），于是他们自立门户。第一次世界大战期间，三兄弟靠售卖为支持战争开支而发行的联邦自由债券在业界出了名。政府债券市场在当时是新兴市场，发展得很快，所罗门兄弟就此成为行业领头羊。

作为大众投资者和政府的中间人，所罗门兄弟公司扮演了一个至关重要的角色——一个很像巴里·卡加索夫在珠宝行业的角色。如果一个人想买一枚订婚戒指，他不会打电话去找南非的矿山，而是找巴里或者其他像他这样的珠宝商，那些开拓了珠宝市场，把宝石从源头传递到顾客手里的人。债券也是一样，当政府或者企业必须借贷资金，它需要某个机构，通常是一家投资银行，去发行债券，然后形成二级市场，这时就该所罗门兄弟公司上场了。由所罗门兄弟公司作为中间人的政府债券市场的存在是必要的，如此一来，政府能筹集到资金完成其使命，而对公众来说，受益之处是能以最少的支出和最有效的回报来完成对政府的资助。

所罗门兄弟公司之所以能安然度过1929年的股市大崩盘以及大萧条，靠的是保持着谨慎和看跌的心态。其他公司就没能做得这么好。政府债券市场在二战期间及战后显著增长，所罗门兄弟公司也一直处在行业发展的前列。之后，在家族继承人比利·所罗门的带领下，公司业务扩展到其他业务领域，包括市场研究、大宗交易和证券承销。到20世纪60年代末，在从一家规模不大的贴现公司起家的60年后，所罗门兄弟公司、雷曼兄弟公司、布莱什公司和美林公司跻身华尔街"令人畏惧的四巨头"（Fearsome Foursome）。

从一开始，一直到1981年，所罗门兄弟公司都是私营企业而不是上市公司。当著名的市政债券交易员戴尔·霍洛维茨1955年加入所罗门兄弟公司时，他的起薪只有55美元/周。后来他成为公司合伙人之一，但是公司合伙人在当时也有非常严格的薪酬限制。他们大部分工资都被周转回公司，为所罗门兄弟公司的发展所用，只有在紧急情况下，或是做慈善，他们才被允许提取额外的现金。如今华尔街令人熟知的巨大风险和丰厚奖金在当时的合伙人制企业里是不存在的，因为合伙人就是持股人，公司的成败关系到他们的口袋。

戴尔回忆自己当年不那么风光的职业开端："过去，没有哪家华尔街公司有资金，所以每个人都前一天找银行借钱来周转库存，隔天早上还清借款，隔天再借。你得用手头的债券和股票作为抵押，办公楼里有一个巨大的保险箱，每天下午5点，你得在华尔街推着那种带轮子的车，上面放着箱子，把抵押品运到银行，然后第二天早上8点，再去银行把抵押品推回办公室。

"刚来的第一个星期，我就是个跑腿的，推着车在华尔街上来来回回。傍晚当你把抵押品送到银行时，他们会给你一张500万美元的支票，或其他等价数额的支票，不然你的公司就没法运行下去了，因为你没资金。和我一起的另一个职员就是专门做这件事的，是他告诉我该去哪里，等等。他跑去一个窗口，他们给他一张500万美元的支票。这让我永生难忘，那时谁见过500万美元的支票长什么样啊？"

逐渐地，华尔街上的合伙人制公司走到了尽头。所罗门兄弟公司是最早一批结束私有制的，1981年公司上市。从私有转为公有这一举动改变了一切，并且直接或间接地导致了随之而来的金融体系的动荡和滥用。它向所罗门兄弟公司灌输了一种新式西部大蛮荒文化，营造了一种"人人为己"的氛围，在这种氛围里，员工为可能得到的丰厚回报下了巨大的赌注。之所以风险会出现如此大规模的转变，是因为所罗门兄弟公司的交易员不再是拿自己的私人资金，而是用的"庄家的钱"，玩的是上市公司的资产负债。不再用自己口袋里的钱也就意味着，在事情搞砸时，他们能承受更高的风险和更大的损失。

投资银行上市的原因有很多。其中一个主要的原因是，通过融资和承销能得到足够的资金，从而扩大业务以满足客户需求。全球化以及大型跨国企业的出现催生了能够承担越来越巨大的债务和股权发行的金融机构，同时也需要能够承受如此规模的股权交易和分析的机构，而这些是传统合伙人制企业所做不到的。另一个原因则比较贪婪，上市能让合伙人拿到钱，只要卖掉他们的股份所有权，就能换取巨大的价值，这也是从前的合伙人制无法做到的事，新一代合伙人能将前任合伙人几十年辛苦打造的成功企业变现。

一旦上市，也就没有合伙人这一说了，只有年薪越来越高的员工。为了吸引和保留人才，投资银行被迫调整薪资结构，将大头基于业绩的奖金分给顶尖的交易员和银行家。这也就意味着，这些员工头一次可以挣到大把的钱，而且是真的挣到进入自己口袋的钱，于是刺激了更多人愿意冒更大的风险。华尔街有一句俗语是这样描述这种新风气的："正面我赢，背面公司输。"一些主流的投行，比如所罗门兄弟和高盛，资产和负债接近1万亿美元，有了这样的规模，单个交易员的交易就有可能为公司要么赚要么亏上亿美元，有时甚至是超过10亿美元。

世界上或历史上，没有其他地方比所罗门兄弟公司的交易大厅聚集着更多的风险投资者。之前，所罗门兄弟公司的交易员只需要管理好仓库，确保手上有足够的库存就可以了，但当他们可以动用公司的资金,有公司的资产负债表在手时,他们开始拿诸如利率、石油价格走势,还有美元汇率等作为极端赌注。如果某个东西的价格浮动不定,并且存在于一个巨大的交易市场,这些交易员就能做出交易,他们的交易行为可能会影响整家公司、整个市场,某些情况下,甚至还会影响整个金融环境气候的变化。

* * *

一缕阳光洒在我脸上,我醒了过来,口干舌燥,右太阳穴好像被动物的角给戳穿了一样。我睁开了一只眼睛,但马上就后悔了。一片粉红色的怒海上搭着十几道彩虹,白色的花边和蕾丝缠绕着我的双脚,四面八方有大群睁着大眼睛的迷你小女孩冲我咧嘴笑。她们非常高兴,而且全无睡意。我扔了一个枕头,希望能赶走其中一些。在我头顶上的粉色海洋里漂浮着一只微笑的独角兽,估计就是它在夜里"攻击"我。我感觉很糟糕。

我住的地方在上西区一栋赤褐色沙石建筑里,房东是哥伦比亚大学的教授,暑假出去旅游了。安排暑假实习住所的人最后才把我加进来,只剩他小女儿的房间还空着了。前一天晚上,也就是暑假实习第一天的晚上,我和我的室友本很晚才睡。本是达特茅斯学院的本科生,一个非常能喝啤酒的家伙,而我真不应该在回想当天交易大厅的惨痛经历时和他比着喝。他滔滔不绝地讲他在马路对面,所罗门兄弟公司投资银行部的情况,比我们轻松得多。他说起了劳伦斯·波尔德——和他一起进行暑假实习的既聪明又有魅力的21岁法国女生。我们喝得越来越多,她的名字听起来就越像拉里·伯德。当然,作为土生土长的马萨诸塞州人,我可是波士顿凯尔特人队的忠实球迷。

夜里某个时候,我肯定是爬回了我的粉色房间,然而现在,在强烈的日光的照射下,明亮又活泼的房间装饰格外有辱我的士气。我坐起来,把脚伸出小床的边缘,向独角兽点头示意早上好,然后跌跌撞撞地走向房门。倾斜的房顶太矮，我没法站直，就像住在一个大玩具屋里一样。

虽然好像整个沃顿商学院的学生暑假都在纽约实习，但和我一起住在赤褐色沙石建筑里的是弗吉尼亚大学法学院的学生，是本在迪尔菲尔德中学和达特茅斯学院的旧友。其中一个人一直在加班，虽然我们在同一屋檐下生活了3个月，但直到我们为暑假实习结束举行庆祝派对时我才第一次见到他。睡在一个小女孩的房间里让我略微感觉有失颜面，但和整天在交易大厅受到的羞辱比起来，这个小房间已经是逃离所罗门兄弟公司高强度生活的避难所了。

本经常通宵工作，准备第二天早上投行需要的汇报资料，而我在交易大厅的工作通常都是在白天，股市开盘的时候。很多个清晨，我和他在楼梯间擦肩而过，他刚回家，我出发上班。但也有很多个夜晚，我们坐在家里一起喝着啤酒聊着过往的经历，漂亮的"拉里·伯德"也常常加入我们。"别浪费你的时间，"本在我第一次见到她时就警告我，"你根本没机会。"本说得对，但是后来我和她成了非常要好的朋友。

* * *

20世纪80年代后期，我在所罗门兄弟公司进行暑假实习的时候，公司从合伙人制转向上市公司制已经差不多有10年时间了，有一位政府债券交易员差点让整个公司垮台。这位交易员叫保罗·莫泽，他违反了联邦证券拍卖规则，并向美国政府撒谎，这一丑闻成为金融界的经典案例，也永远地改变了所罗门兄弟公司和政府证券交易市场。

1955年，保罗·莫泽是纽约市一名劳动法律律师的8个孩子之一，和莎士比亚同一天生日。莫泽曾梦想着成为摇滚乐队的鼓手，甚至还进入伯克利音乐学院学习，后来意识到自己或许没有那么高的音乐天赋，于是退学，转学经济与管理。但他对音乐的喜爱从未停止，他办公桌上一直贴着一张吉米·亨德里克斯的照片。莫泽24岁时被所罗门兄弟公司芝加哥办公处录用，1983年夏天，他被转入纽约政府债券部门。对政府债券市场来说，20世纪80年代是个好时期，利率一直在降低，因此美国财政部发行了越来越多的债券。莫泽所在的新部门是公司杰出的部门之一，毕竟几十年前，所罗门兄弟公司就是靠在政府债券交易市场上取得的成功，才在业界站稳了脚跟。

当美国政府需要发行债券时，会举行拍卖会，向有资格的买家卖出超过10亿美元的国库债券，这些买家再将这些债券依次卖给其他金融公司以及私人买家。政府几乎每周都会发行新债券，所罗门兄弟公司通常都是最强势、购买力最旺盛的出价者。

20世纪80年代末，莫泽已经升任所罗门兄弟公司政府债券组的领导了，那时，一位所罗门债券交易员每日经手的国库债券价值，已经超过了整个纽约证券市场所有股权的总价值。1990年，美国债券市场总价值超过7.5万亿美元，和它相比其他任何交易市场都相形见绌。作为全球金融系统中最大、最安全也是最稳定的资产种类，债券对每个投资银行、商业银行、保险公司还有资金管理人来说，都是不可或缺的金融工具，无论这些公司、机构规模如何。莫泽和他手下的交易员了解债券的高需求性，于是他们通过大量买空在售债券的方式主导市场，压榨其他投行，坐等它们前来乞求施舍。

其他竞争投行开始投诉。莫泽格外擅长大量买断国库债券，竞争对手投行控诉他操控市场，左右价格，也就是说垄断了市场。这些投诉引起了联邦政府的注意，最终政府规定一家投行在每场债券拍卖会上购买的债券数量不能超过总量的35%，这个限定后来被华尔街称作"莫泽法规"。

所罗门兄弟公司的很多人都认为这条新法规的设定既不公平，

又很武断，毕竟为了赢得拍卖，你得成为最高竞拍者，在国债拍卖会上，最高竞拍者意味着向政府提供最低的利率。对美国财政部来说，获得一个相对低的利率是好事，对纳税人来说同样是好事，利率越低，动用到的税款也就越少。但联邦政府担心的是，美国政府债券这样一个规模巨大又易于变现的市场，会受到所罗门兄弟公司中少数强势的交易员的人为影响，其中之一就是保罗·莫泽。政府官员无法对这样一个重要的市场变得腐败堕落坐视不管。

莫泽和美国财政部的关系越来越紧张，他对组织举行拍卖会的联邦官员丝毫没有尊重之心。1990年末，他曾两次违反35%的限定，财政部官员警告他下不为例，但被新限令激怒的莫泽转而公开指责财政部，他的言论被媒体大肆引用，财政部官员当然不满意这些负面评论，要求所罗门兄弟公司高层处理这个问题。

所罗门兄弟公司的老板找到公司市政债券首席执行官戴尔·霍洛维茨，让他说服莫泽低调行事，修复与财政部的关系。霍洛维茨与当时财政部主管国内财政事务的副部长鲍勃·格劳伯关系非常好，他想利用这层关系让格劳伯和莫泽握手言和，也缓和公司与政府的关系。霍洛维茨安排了一场早餐会，好让莫泽向格劳伯道歉。霍洛维茨回忆说："我对保罗·莫泽说：'听着，这不是你怎么想的问题，而是关系到我们公司的业务，你必须向这个人道歉。'然后我们一起去了早餐会。坐下后，我们喝了果汁，吃了麦片还是什么的，喝了咖啡，莫泽依旧一句道歉的话都没说出口。最后我们差不多吃完早餐了，我说：'保罗，你没有什么想说的吗？'他说：'哦，对对。'然后他道了个最无力的歉。"

结果，作为回应，财政部反而做了更加严格的限制规定，任何公司在一场拍卖会上哪怕竞购超过35%的股份都将被认定是违法行为，更别说购买35%的股份了。莫泽悄悄地改进了自己的策略，按规定的最大限额在美国财政部举行的拍卖会上购买债券，然后假借客户的账户非法竞价，以大量购买超出限制的债券。一开始他的行为没有被发现，直到一些所罗门兄弟公司的客户发现自己的名字被用来购买政府债券，但他们并未许可过相关交易。情况和 2016 年富国银行的丑闻如出一辙，富国银行曾在客户不知情的情况下给客户开设新账户，为的是完成业绩。

1991 年 4 月，莫泽向他的导师、著名交易员约翰·梅里韦瑟承认自己在政府债券拍卖会上的胡作非为，梅里韦瑟向所罗门兄弟公司传奇 CEO 约翰·古弗兰报告了此事，古弗兰仅将此事告知了公司总裁汤姆·施特劳斯和公司法律总顾问唐·费尔斯坦。通常来说，一件如此规模的违法事件被发现，高层管理者会召开紧急董事会议，并自行上报至美国证券交易委员会，以便使公司免受责罚，而放弃犯事者。这是作为董事长兼 CEO 的古弗兰应该做的，他还应该提醒所罗门兄弟公司的其他领导层，公司遇到了棘手问题。但是他没有这么做，他反而同意不把整件事通报出去，仅在公司内部讨论，让少部分人参与其中。

当时公司高层不知道的是，莫泽扰乱了不止一场拍卖会，在其他一些拍卖会上，他设法累积到了超过 90% 的在售债券，而这一切都发生在制定了 35% 法规的联邦政府眼皮子底下。而他的老板也并没有意识到事情有多严重，他们只是小小地惩罚了莫泽，并让他承诺不再继续这么做，然后让他回去继续担任政府债券组的领导，他可以继续代表公司从事债券拍卖活动，也没有适当加强监管。

* * *

约翰·古弗兰 1953 年加入所罗门兄弟公司，从初级职位做起，几十年后，他被《财富》杂志评为"华尔街之王"。对于当时 23 岁的约翰来说，这是一条意料之外的职业道路，他成长于一个纽约市郊区的家庭，爸爸是屠夫，后来成了一名非常成功的肉类批发分销商。约翰没有继承家族生意，而是去了欧柏林学院学习英语专业，希望能成为一名文学教授。他于 1951 年参军，在朝鲜打过仗，退伍时，他爸爸的一位高尔夫球友比利·所罗门给了他一份工作。

约翰接受了统计部门培训生的职位，很快他就一步步地往上爬升，从市政债券部门到交易大厅，在那里他成了一位有才华、有名气的交易员。他还是个非常节俭的人，"当我挑选约翰成为继承人时，"比利·所罗门 1988 年在接受《纽约时报》的采访时说，"毫无疑问，他是合伙人里最保守的一个。在你上交报销清单时，比如你说要请客户去卡拉维尔餐厅吃饭，约翰会反问你是不是真的有必要。我觉得这对所有孩子来说是个好的榜样。"1978 年，古弗兰升任 CEO。3 年之后，他带领所罗门兄弟公司上市，虽然上市并不是比利·所罗门想要的结局，他期望古弗兰能保护好公司合伙人的利益。

古弗兰的形象在华尔街很出名，一个圆脸，戴着大框眼镜发福的男人。他的妻子苏珊是前泛美航空空姐。苏珊经常出现在八卦消息和社会新闻中，她喜欢举办各种奢华的派对，花大价钱买房、买古董、买名牌服饰。她曾租下巴黎卡纳瓦雷博物馆，为她不苟言笑的丈夫举办 60 岁生日派对。她还买了两张协和式飞机的机票，让她喜欢的蛋糕师傅带着生日蛋糕从纽约飞过来。这种炫富式的奢华生活和她丈夫的性格是完全相悖的，她丈夫抽着雪茄，和债券交易员混在一起，也和他们一样话语粗俗。《女装日报》把这对夫妇戏称为"交际花苏珊"和"冷面汉约翰"。

虽然古弗兰有一间办公室，但他很少使用。他喜欢身处交易中，所以他在交易大厅有一张专属的桌子，我有幸坐在他旁边，另一侧不远处是所罗门兄弟公司的另一位强人约翰·梅里韦瑟，这得益于招聘主管决定暑假实习生在不观察某个特定交易员时，需要一个集中的"驻扎大本营"。

我听说过古弗兰给新人交易员的著名忠告：每天清晨醒来都要随时准备好"与熊决斗"。我期待他能在我实习的过程中再丢过来几句类似的话语，但是整个暑假他只跟我说过一次话，当时他刚看完一份年度报告，随手递给我，让我也好好看看。谢过他后，我带着十二分的热情准备完成大老板下达的任务，结果发现报告是用德文写的，我一个字都看不懂。我看了古弗兰一眼，以为他会对这个小恶作剧报以善意的微笑，但他早就转过头干别的去了。

我的主管给我布置了一项任务，列出所有在高收益债券市场上发行过的债券。我不太确定这到底是什么意思，但还是很高兴地接受了这一任务，因为我可以借机和几个高收益交易员打交道。其中有一个交易员问我做错了什么事要被安排在 DMZ 区域，即指古弗兰和梅里韦瑟"两军对垒"的"非军事化区域"。

我天真地对他回以微笑："我觉得能坐在古弗兰旁边是非常好的机会，能旁听到不少很酷的东西，而且他看上去也是个很友好的人。"

那个交易员摇摇头走开了，回头冲我说："可能你是安全的，我没见他对菜鸟'开炮'，你甚至还无法进入食物链。"

这人说得对，虽说所罗门兄弟公司是在以一种达尔文式的适者生存法则运营，但还是有一个不成文的默契：只把"枪口"对准和自己同等级的对手。他们会这样解释："狮子不会猎杀松鼠。"资历老些的员工会拿年轻员工开涮，以教化或者玩乐的名义小小捉弄、羞辱一下新人倒是无伤大雅，但是如果真的针对一个资历比你浅很多的人，会被认为是懦夫的行为。我的保护伞就是我的初级状态。

我还在 1989 年那个夏天得到了一个让人耳目一新的观察结果：没有什么比才华更重要。我原以为交易大厅里会挤满受过常青藤教育、阳刚的白人男性，他们击败了竞争对手，登上了华尔街的巅峰。虽然每家公司都有这样的人存在，但所罗门兄弟公司的人员组成要多样化得多。尤其是女性销售员和没有大学文凭的交易员数量让我惊讶。公司似乎并不在意员工的种族和性别，体重和外貌也往往被忽视，它们真正看中的是智慧，是干劲，是能用金融证券赚钱的能力。华尔街总是以一种男人的世界的姿态存在，整个金融行业也是一样，不过所罗门兄弟公司并没有官僚主义作风，也没有森严的组织结构，这在无形中造就了一种"人才至上"的氛围。有时，它可能显得粗俗残酷，甚至有性别歧视，但最终它成了华尔街的巅峰。

* * *

因此，沃顿商学院的教育经历没能给我带来任何优越感，我在交易大厅的日子并不好过。暑假实习的前半段时间，我没有一天是顺利的。我不敢想象自己脑门上显示的股票股价到底是多少。我被分配到的导师不想和我有半点关系，我偷偷给他起了个绰号叫"阿折"——"折磨者"的简称。他觉得管理层让他来照看一个无用的菜鸟MBA学生简直是对他的侮辱，而且这学生还疑似翘班跑去南街海港喝啤酒。

但是最终我还是有了一张真正属于自己的办公桌，负责接听电话，我得盯着一排电话机上的灯，等着其中一个亮起来，并尽可能礼貌地接听。

"下午好，我是所罗门兄弟公司的克里斯·瓦雷拉斯，有什么可以帮到您？"

当我第三次这么接起电话时，我的这句话是对着自己空空如也的手掌说的，因为手里的话筒被"阿折"一把夺去，我转头看向他时，只见他一脸嫌弃地看着我。

"这是什么鬼？"他问道，"你回答'所罗门'，只回答'所罗门'，如果可能，精简到两个音节'所——门——'，你说一遍给我听听。"

我练习着说道:"所——门——"其他人都盯着我看。

我确定自己看起来和听上去都像个傻瓜,因为我感觉自己就是个傻瓜,学会正确地接听电话都花了比正常人更多的时间。在所罗门兄弟公司的企业文化里,效率高于礼节这一点对我在迪士尼乐园熏陶下成长起来的神经来说,是一种暴击。我习惯于华特·迪士尼和我妈妈都看重的礼貌的待人之道,但是在华尔街,礼数是一种职业瑕疵,在争分夺秒追求利益的过程中,人是没法顾及礼数的。

那天晚些时候,我给我妈妈打电话,问她对此是怎么看的。老实说,我最不担心的华尔街文化就是礼节,但感觉这是个可以探她口风的安全主题,即使我知道她会如何回答。她总是认为举止文明是作为人类最基本的信条。

"这是什么意思,没时间说'下午好'?"她说,"听起来这像是个疯狂的地方。"

"妈妈,这是个快节奏的世界,每一秒钟都很重要,人们没有时间注意这些细枝末节。"

"克里斯托奇姆,"妈妈喊着她给我起的希腊小名,意思是"我的小克里斯","你必须得找时间做到讲礼貌,这是我们和动物的区别,也许你得离开那里,记住,和'斗鸡眼'生活久了,你也会变成'斗鸡眼'。"

"斗鸡眼"这个说法,我小的时候听她说过上百回了,特别是当我和她不喜欢的小孩在一起玩的时候。虽然我赞同她的观点,但是我始终认为局外人是没法理解所罗门兄弟公司的文化的,除非亲身体验过。不过我也怀疑自己是不是在找借口。

***

为什么保罗·莫泽要干扰财政部的拍卖,将整个公司置于风口浪尖?在所有人的印象里,他不是一个会干坏事、不讲道德的人。他个头不高,长相斯文,但好胜心非常强,尤其喜欢自己跟自己斗，从他业余打网球和华尔街的事业上都能看得出这一点。莫泽有7个兄弟姐妹，所以也许是好胜的天性导致了他最终的行为，他只不过性子急，想嘲弄一下财政部的人，就算最终需要他自己来承担后果也在所不惜。他太聪明了，以至于他觉得自己可以逃过一劫。

或许，莫泽的行为是所罗门兄弟公司随心所欲的企业文化造成的。在所罗门兄弟公司大家认为与其请求允许，不如乞求原谅。他也许觉得自己能被原谅，他甚至可能会觉得自己会因为赚了大钱而被奖励，况且他还抓住了一个系统漏洞。又或许，还有其他原因，这得从1983年莫泽调入政府债券组，还有他和约翰·梅里韦瑟的渊源说起。

梅里韦瑟是公司里极有权势的几个人之一，是副董事长兼高风险自营交易业务线负责人。大多数销售员和交易员是为客户服务，并从代理用户的交易中获取佣金，梅里韦瑟和他的自营业务交易员是使用公司的资金，代表公司交易，他们的业务经营规模比起其他交易员大得多，也就是说所罗门兄弟公司基本上变成了自己最大的客户。就好比拉斯维加斯的一家赌场，一般为客户提供的基本佣金交易就像是很多台老虎机，是一分一厘稳定增长的利润，而自营交易业务，则像是在21点牌桌上独自豪赌的豪客，每一把都下巨额赌注。这位豪客的输赢决定了赌场的收益，老虎机对收益的影响并不太大。如果梅里韦瑟押对了赌注，所罗门兄弟公司的季度财报将非常风光，如果押错了，不论其他销售和交易利润如何，业绩都将非常惨淡。虽然客户的委托交易是必要的存在，为的是维持公司万亿美元级别的资产负债表，但最大的交易还是梅里韦瑟的自营交易业务。

20世纪80年代末，梅里韦瑟说服公司对薪资结构做了改变。他大步走进古弗兰的办公室，说自己和手下为公司赚的钱比其他所有人都多出很多倍，因此他们的薪酬也应该与他们所创造的收益对等。古弗兰默许了，在仅告知了其他9位公司执行委员会成员中的两位后，他同意梅里韦瑟和其手下可以获得由他们盈利部分的15%构成的奖金，而公司其他部门可分的奖金池子要小得多。公司历史上从来没有这么分配过奖金，这一改变产生了深远的影响。等其他部门知道此事后，当然也向公司要求同样的薪酬结构。如此一来造成的不良后果是：薪酬开始与个人表现挂钩，于是没人会再过多关心公司作为一个整体到底运营得好不好了。

"合伙人制度刚流行那会儿，"霍洛维茨回忆着说道，"如果你的部门比其他部门表现得更好，你就会挣得更多，但不会多到过分，因为我们相信所有工作能顺利完成都是公司作为一个团队努力合作的结果，这也就培养了一种合作精神。打个比方，如果你想买一辆豪华汽车，你跑去跟比利·所罗门说：'我可以从我的现金账户支出点钱吗？我真的很想买那辆车。'他会笑话你，说：'首先，钱是所有合伙人的。其次，我们也不想要我们的合伙人过那样的生活。'"

但公司上市后，梅里韦瑟渐渐向公司灌输了一种"论功行赏型"的奖金制度，他一直非常自豪地维护自己的由数学家和常春藤名校教授组成的团队，他们基本上成了他的套利专家组。保罗·莫泽在调入政府债券组之前，曾是梅里韦瑟团队的一员，所以在自营交易业务的交易员口袋迅速鼓起来的同时，莫泽觉得自己被排除在外了。给梅里韦瑟团队制定的新奖金制度秘密执行了好一阵，但当他们坐拥8位数的年薪时，消息立刻就传开了。1990年，莫泽在政府债券组的奖金差不多能达到500万美元——这当然不是什么被嘲笑的事——但当听说以前同在梅里韦瑟团队的拉里·哈利布兰德奖金有2 300万美元时，他一定觉得自己被轻视了。这就很容易理解莫泽的愤怒是如何将他引入歧途的。

"早餐会的时候，"霍洛维茨在回忆莫泽和财政部官员的那次失败的会面时说道，"我们不知道他已经隐瞒了很多事情。在那么多人中，他为什么偏偏选择欺骗、玩弄美国政府？我想说，贪婪就是贪婪，这是没办法绕开的事。贪婪是一家公司的最终结果，因为它最终变成了别人的钱，而这就是结局。"

* * *

交易大厅的时间是按秒计算的，市场的反应是非常迅速的，你需要在各种数字或新闻曝光之前，准备好自己的应对行动。为了保持敏锐，交易员会玩一个名为"如果"的游戏，如果某种情况发生（通常是灾难性的），他们会相互挑战如何买进或卖出。一个交易员提出问题，其他人喊出自己的答案。

"阿折"抛出一个问题："如果东京遭受核反应事故被摧毁，你会怎么做？"

其他交易员开始喊出答案："卖空日元，买进美元！"

"还真是显而易见！"这个缺乏想象力的答案得到了一些负面评价，即使如此，这对我来说还算很有启发性，因为我才开始学习要怎么以金融的视角分析全球事件。

"看好美国和德国的汽车制造商，是因为它们的主要竞争对手刚刚出局。"（看好意味着买入。）

"我要做空迪士尼，"几张桌子外的一名交易员喊道，"它们刚损失了一半的顾客。"

我禁不住为这个说法连连点头，而且希望自己能先想到。

每个星期一早上，我们会召开一次全公司层面的会议，来探讨本周将公布的经济数据，差不多每天都有新的经济数据被公布，并不断影响市场的波动。几百个交易员聚集在纽约广场一号的大礼堂里参与讨论，比方说，新的就业数据会在星期五早上 8 点半公布，所有资历深的老员工会坐在前排，来自集团组、政府组、外汇组等各个部门的专家,在舞台上来回踱步,展示华尔街对这些数据共识性的解读,以及它们对市场产生的影响,之后交易员会回到自己的办公桌,相互讨论将采取什么措施以及为什么采取这些措施。

每到星期五就业数据发布之前,交易员之间的讨论就会热络起来,我在旁边看着,一位交易员说:"我觉得如果就业率高,收益率就会升高,因为这预示着通货膨胀压力,政府很可能会提高汇率。"另一个人喊道:"胡说,收益率会下降,因为这预示着增长,而且我不觉得就业率会高到使工资增长,从而导致通货膨胀压力出现。"然后他们开始辩论如果公布的就业数据比期望值低会发生些什么,和刚才一样,总有人随时准备对同样的消息导致的结果进行反驳。

8点28分,数据会在两分钟后发布。波跑到我身旁,眼睛睁得浑圆,问道:"他们都怎么说?"然后在我身边的空位上坐了下来。

"我不知道,他们像是在说另一种语言,有人说如果就业率高,收益就会上升或者下降,也有人说如果就业率低,收益率也会上升或下降。看起来他们都是在猜测。"

"你待错地方了,兄弟。"他侧过头凑近了些看过来,"我刚刚听到梅里韦瑟的手下打赌这次的数据会高,他们觉得会是30年期的美国国债,而且非常肯定。"

"梅里韦瑟怎么会知道数据是高?这些人似乎对数据是多少、将会产生怎样的影响全都有不同的看法。"

"因为他是大神约翰·梅里韦瑟,所以他就是知道。"波自以为是地拍了拍我的背。

"如果他错了的话会发生什么?"

波笑着摇了摇头,并没有回答我的问题。

在最后的几分钟里,所有的销售员都在和他们最重要的客户打电话，所有的交易员都准备要买进或者卖出。波一边观察着这些交易员，一边心不在焉地玩着他的军校戒指。直到最后的几秒钟，大家都安静了下来，就好像新年夜的倒数似的，然后数据出现了，人群中爆发出说话声、兴奋的尖叫声，还有叹息声。我看了看波，他靠在椅背上，嘴巴微微张开，把交易员叫喊着、比画着的所有场景都看在眼里。他好像喜欢这个场景里的一切，而我感觉自己在观看一场很难理解的异国盛会。

  我并不知道那天早上梅里韦瑟的猜测到底是对是错，这都无所谓，他的天才之处基于一个简单概念：市场终归会趋于常态。当利差扩大，他会认为接着要收紧；当利差前所未有地收紧，他赌它们会扩大。有所罗门兄弟公司巨额的资产负债表在手，他就有足够的钱一直等到自己猜对的时候。

  英国经济学家约翰·梅纳德·凯恩斯有句名言："市场保持非理性状态的时间可能比你保持不破产的时间更长。"有所罗门兄弟公司的小金库和好运气常伴左右，梅里韦瑟证明这句名言终于有一回不正确了。他在离开所罗门兄弟公司之后，成立了一家对冲基金——美国长期资本管理公司，在那里他依靠同样的理论做赌注，但再也没能取得成功，因为他的投资模型（毫无疑问是通过计算机构建的）有缺陷，他的赌注超出了他的新资产负债可以承受的范围。这迅速导致了惨痛的结果，由于美国长期资本管理公司与很多华尔街公司有业务往来，其失败几乎将整个行业置于风险中。十多家银行不得不联手拼凑出一项补救计划，以免在更大范围的全球金融市场造成更多损失。美国长期资本管理公司仅存活了4年，这场惨败的经历成为梅里韦瑟传奇职业生涯的污点，也让他和其他合伙人损失惨重。

* * *

  为什么约翰·古弗兰在发现保罗·莫泽的违规行为时选择不

举报，至今仍然是个谜，直到 2016 年古弗兰去世也没有说出这个秘密。熟知这个事件的人都说，他只不过没想到事情会闹那么大。还有人说他自然是知道事态的严重性，但他保持冷静，装作无辜或毫不知情的样子。还有部分人，包括所罗门兄弟公司的助理总法律顾问扎卡里·斯诺，认为是约翰·梅里韦瑟说服古弗兰不声张，因为梅里韦瑟一直对将莫泽从自己团队剔除感到愧疚，于是争取保住他。

1991 年 7 月，当莫泽再一次被联邦政府逮到在债券拍卖中故意超出 35% 的限制时，财政部官员终于摸清了他的违规行为。政府对此展开调查，所罗门兄弟公司也展开内部调查。古弗兰、施特劳斯和梅里韦瑟立刻发现，虽然莫泽做出过承诺，但他依旧拿债券拍卖规则当儿戏，5 月时还曾在一场拍卖会中购入了 87% 的债券，这一行为导致其他公司遭到挤压，有的损失超过 1 亿美元，有些小型公司直接破产。古弗兰最后不得不将此事报告给所罗门兄弟公司的其他高管、董事会和联邦政府当局，但他还是隐瞒了不少关键性的细节——包括他已在 4 月知晓此事的事实——以至于他基本上注定了自己的命运。

也许古弗兰选择不举报这件事是因为他的自大，他是屠夫的儿子，英语专业出身，一步步爬到华尔街的金字塔尖，他很可能觉得无人能撼动自己的地位。他在一个内部会议上向高管报告此事时说："我不会向任何人道歉，事已至此道歉没有任何意义。"

当这件事见报时，很多人觉得所罗门兄弟公司会倒闭。联邦政府轻易就能让公司运营不下去。古弗兰给他的好朋友沃伦·巴菲特打电话，这位著名的亿万富翁前些年曾向所罗门兄弟公司投资了 7 亿美元，而且是公司的董事会成员。巴菲特对莫泽的行为表示震惊，并且对古弗兰没能很好地处理这件事感到失望。但他也意识到如果所罗门兄弟公司想要渡过这个难关，必须有一个受人尊敬和信任的人站出来为公司背书，显然没人比他更适合。而且他心里也清楚，如果所罗门兄弟公司倒闭，全球市场将受到巨大冲击，更何况投资一家因丑闻而以失败告终的公司，也会给他的声誉造成污点。所以巴菲特答应出任公司的临时董事长。

为公司效力40年后，古弗兰递交了他的辞呈。时任副董事长的梅里韦瑟也离开了，一同离开的还有总裁汤姆·施特劳斯，因为公司必须对他知道莫泽的违法行为但选择保持沉默做出惩戒。这帮人带领所罗门兄弟公司进入现代化时代，从合伙人制到上市公司制，不管这样是好还是坏，最后都成为由自己亲手树立和培养的企业文化的牺牲品。比利·所罗门虽然早已不在公司任职，但仍然享有资深荣誉头衔，他在接受《商业周刊》的采访时说："我非常乐意把自己的名字从办公室门上擦去。"

保罗·莫泽于1991年8月17日被解雇。当刑事审判完结时，他承认了两项重罪，涉及在所罗门兄弟公司客户名义下进行的虚假拍卖。而紧接着的一场民事诉讼表明，他至少篡改了7场不同的拍卖会记录，涉及的虚假拍卖金额达到135亿美元。在一项和解协议中，他同意终身被禁止参与证券行业的工作，而其他惩罚相当轻，包括4个月的监禁和110万美元的罚款，这只是他通过篡改拍卖记录所获得的利益中的极少一部分。他于1993年1月入狱服刑，等到所罗门兄弟公司门口人行道上污秽的残雪完全融化，他就能回家了。

* * *

整个夏天，华尔街的各大银行都为来自各地的实习生举办鸡尾酒会，为的是增加他们和各大公司接触的机会。有时，我们在路过一个酒会的时候会顺便停下来玩玩，虽然这些酒会通常都很无聊，但至少我们的曼哈顿之夜能从免费畅饮开始。我的室友本很少加入我们，因为他在投行的工作经常需要加班到很晚甚至通宵，但当摩根士丹利举办酒会时,他说什么也要参加。本梦想着有一天能到摩根士丹利工作。如果说所罗门兄弟公司是销售和交易的巅峰,那么摩根士丹利可以被认为是投资银行界的制高点。

那晚我刚好没什么事,所以也一起去了。本对活动的到来有些焦虑,但我对摩根士丹利并不怎么关心,事实上,在刚到纽约的那几个星期里,我一直把摩根士丹利叫成"士丹利摩根",心想这应该是创始人的名字,直到一个觉得我的叫法很好笑的交易员当众纠正了我的错误。酒会在位于洛克菲勒中心65层的奢华彩虹大厅举行,我估摸着,至少开胃小点心会挺不错的。

当电梯把我们带到光鲜亮丽,有爵士乐队、水晶吊灯还有奢华的鲜花装饰的宴会厅时,本立刻冲上前和摩根士丹利的投行大佬攀谈起来,剩下我独自一人在窗边徘徊,看着中央公园、上城区、河流还有远处的城区,景色真的相当壮观。

"从上面看下去好像一切都变小了,是不是?就像一幅微缩的景观图。"

我转身看到一位年轻女士站在我身边,她一头齐肩棕色长发,留着刘海,戴着方形眼镜。

"简直不像是真的。"我说。

她伸出一只手,自我介绍说她叫简,在瑞银普惠公司销售部门实习,她脸上带着愉悦、从容的微笑。

"很高兴认识你,简。"我也伸出手握了握她的手,并进行了自我介绍。

当她听到我介绍自己在哪家公司实习后,眉毛猛地抬高,那种表情是我在那个夏天经常见到的。

"所罗门兄弟,"她重复道,"哇哦。"

只要你告诉别人你在所罗门兄弟公司固定收益部工作,你立马就会被当作狠角色,甚至还会有人觉得你有点危险。

我们俩单独聊了一会儿，然后又和一帮摩根士丹利的资深银行家聊了聊，我们就离开了酒会，转场到中城区的猴子酒吧，位于爱丽舍酒店楼下。我听说过这个地方，十几年前这里曾是曼哈顿文学和音乐豪杰聚集的地方，我一直想来看看。往里走的时候，我告诉简，田纳西·威廉斯就死在楼上爱丽舍酒店的套房里，是很奇怪地被一个眼药水瓶的瓶盖给噎死的。

"谁？"简摇晃着靠过来问道。

"一个作家。"我早该想到不该向一个华尔街人提文学话题，只要说起世界上的任何金融概念，她都能拉着我说上好几轮，但是文学是金融圈鲜少提及的话题。

猴子酒吧很亮堂，比我想象的要破旧一些，不过有一种旧时老派纽约的魅力，被踩旧的木地板，皮质的卡座，红白格纹的桌布，黄铜质地的壁灯，褪色的壁画里猴子们在玩着牌、喝着酒。楼上的酒店有个花名叫"爱你睡酒店"（Hotel Easy Lay），因为那里备受婚外情者欢迎。在猴子酒吧，你能感受到被遗忘的文化历史遗留下来的气息，还有深埋在红色卡座里的那些游离在法律之外的对话。

我们点了啤酒，在吧台角落找到两个位置，有一定的私密性，又不妨碍我们观察来往的人群，这些人大都衣着风格保守，有一定的年龄感。简和我交换了个人信息，从哪里来，在哪里上学，等等，然后便开始分析近期的金融新闻，而这完全超出了我的经验和理解范围。

"你觉得明天的CPI（消费价格指数）会怎么样？"她问我。

"明天？难说。"我迷糊了，"你怎么看？"

"我觉得会高，但是对通货膨胀好像没什么影响，政府大概会降低利率，刺激经济扩张，所以债券价格会走高，收益率会下降。"显然，简认真做过功课。

"对。"我一口喝掉了半杯啤酒,"照例说是会这么发展。"

她歪着脑袋看着我说:"继续说。"

"这种情况不是第一次发生了对吧?"我继续即兴发挥,"但世事难料,不是吗?如果发生完全相反的情况,我也不会觉得奇怪。"

她脸上泛起微笑,我以为她要当面揭穿我根本不知道自己在胡说些什么,但她却很亲密地把一只手放在我的膝盖上,我感到如释重负,一道电流划过心间。她还没有戳穿我的假面孔。

我喝光了啤酒,示意服务员再来一轮。所罗门兄弟公司负责招聘的女士在第一天迎新会上的声音在我脑海中回响:"认知就是现实。"说得多对啊,我在想,吸引着简的是所罗门兄弟公司交易员的神秘感,而不是坐在她面前的文科书呆子和前迪士尼乐园员工。这样的印象和现实很微妙,有时无意间就让你赢得了一位素未谋面的漂亮女士的青睐。我看着她一直放在我膝盖上的手,被酒吧的灯光所笼罩,这是个多么神奇的新世界啊!

"跟我说点疯狂的事。"她凑近我小声说道,"我想听著名的所罗门兄弟公司交易大厅的疯狂的故事。"

"嗯,让我想想。"

"劲爆点的。"

"好,我想到了一个。"我开始沉浸在扮演由简给我分配的这个角色里了,"事实上,这是今天发生的。当我在股票交易大厅时,他们在一只股票上搞了件大事,我不能说是哪家公司,就叫它 X 公司好了,还挺疯狂的。"

她凑得更近了:"然后呢?"

从一开始我就怀疑是不是不应该说这个故事,希望隐藏这家公司的名字能保险一点。倒不是会有什么违法的行为发生,但是当我听着自己描述整件事的经过时,我开始觉得这件事有些疑点重重。

股票交易员在所罗门兄弟公司的员工层级中并不怎么受待见,

特别是与债券交易员相比起来。所以，为了显示自己的能耐，他们精心设计了一场能带来一笔意外之财的策略，但需要几个事件能够精准发生。

一开始，他们悄悄地大量买进X公司的股票，然后，一个交易员通过电话放出小道消息：所罗门兄弟公司需要大量X公司的股票来填补一个缺口。这当然是假消息，因为所罗门兄弟公司积累X公司的股票的唯一目的就是使计划成功。小道消息散播得很快，正如他们所想，其他公司开始争相购入尽可能多的X公司的股票，为了能敲所罗门兄弟公司一笔，如果它们手上有所罗门兄弟公司想要的、供应量稀缺的股票，他们就能为这笔资产开个额外价格（非常像莫泽用政府债券干的事）。策划这场游戏的小组成员围在一台科特龙证券行情报价机前，注视着X公司的股价随着疯狂被买进而不断攀升，他们要等到精准的时刻去"拔掉插头"。在这场操控股票的游戏里，时机是关键，如果撤得太早，会错失将要到手的利润；如果等得太久，可能会全盘崩坏。普通交易员焦急地回头看策划这场游戏的资深股票交易员。"还没，"他静静地说，"还没。"然后，就在股价又跳动了一次后，他终于大喊道："抛！"交易员一头扎进电话里，开始拼命抛售X公司的股票，他们既要赶在自己的抛售行为对股价产生下降影响之前将手中的股票抛售出去，又得谨慎行事，不能暴露自己的计划。整个抛售过程持续了大概6分钟，当最后一个交易员放下电话时，大家全都跳起来欢呼，他们成功地赚取了一大笔快钱，血脉正在偾张。

简听得嘴巴微微张开，手紧张地放在我的膝盖上。我给故事润过色，用上了我能想到的所有戏剧色彩。当我说完时，她站了起来，把外套夹克搭在臂弯里，牵起我的手一句话也没说。不到半小时，我们爬上了我住所的楼梯，推开我卧室的房门，"啪"的一声打开灯。我有点退缩，因为我实在没准备好让她看到房间里的粉红色、蕾丝、荷叶边、独角兽和各种玩偶,她肯定会觉得我是个大骗子。但她脸上却挂着大大的笑容。"你们这些所罗门男孩,"她说道,"一定是疯了。"

* * *

那天,股票交易员成功获取的利润并不是什么新鲜玩意儿。那种形式的投机买卖——拿股票下赌注以及操控股票——从股票市场诞生以来就一直以这样或那样的形式存在着。在规范条例出台以约束各种不道德行为之前,一个常被用到的赚快钱的玩法是通过股票池来实现的,在股票池里几个有权势的投资者聚拢他们的资源,找来一个同谋者到交易大厅,在某一只股票上制造假的兴奋点,让其价格攀升,大众是这场游戏的受骗对象,稀里糊涂地买进了股票,以为它的价值在增长,只要股票池开始清算变现,股价将会骤然跌落,而这几个投资者每人都将从大众口袋里分得丰厚的收益。

股票池在20世纪20年代非常盛行,以至于大众最终学聪明了。但人们非但不反对,反而乐在其中。他们似乎也想尝试这种玩法,觉得自己只要能掌控股市野蛮的波动,肯定可以从中赚到钱。但其实他们之中鲜有人能成功,因为掌握的信息量太少,不足以操控整场游戏。有些股票池成员级别高到有包括像查尔斯·施瓦布、沃尔特·克莱斯勒、洛克菲勒家族成员,还有一些高级政府官员和大银行高管这样的人。尽管这种游戏被大众和金融界巨鳄所接受,也并不是所有人都认为这是合乎道德的。1927年,一位叫威廉·泽比纳·雷普利的哈佛大学教授出版了一本名为《大众与华尔街》(*Main Street and Wall Street*)的书,书中对于操纵股票市场是这样写的:"首要职责就是面对事实,事实是有情况发生……我意识到事情不对劲。房子并没有倒——这一点不用担心!但是有奇怪的小噪声,就好像墙里有老鼠,木头里有蛀虫。"

然而,这些股票操纵行为可能并不是美国大众第一次公然受到华尔街行为伤害的实例。可以说，这一"荣誉"属于保罗·莫泽和他的政府债券拍卖丑闻。几十年来，华尔街一直在利用股票池这种骗局打压和欺骗普通投资者，但是20世纪90年代早期莫泽的所作所为造成了更广泛、更深远的破坏：他败坏了一个庞大而重要的市场，侵蚀了公众对金融体系的信心。从来没有一家大型华尔街公司从根本上威胁到像政府债券市场这样对普通民众来说意义重大的东西。莫泽的丑闻是所罗门兄弟公司从合伙人制到上市公司制转型过程中的自然结果，它证明了当风险与责任脱节时会发生什么。

看到这里我们可以很容易得出这样的结论：华尔街的每个人都既腐败又贪婪，看看莫泽和古弗兰这样的人吧！但是这样的观点并不准确。我每天在所罗门兄弟公司看到的事情中，有超过99%都是合法、道德且光明正大的，公司8 000名员工中的大部分也都是正直的。意料之中的是，公司高层会更普遍地存在权力滥用情况，他们手里掌控着极大的权力，但需要承担的责任却越来越少。

如果在合伙人制度下，莫泽还会干出这些事吗？或者更确切地说，他还能做到这样的事吗？合伙人制度建立在一种团结精神和分担责任的企业文化之上，因此人们会进行自我监督，确保其他人不会冒不必要的风险。这些控制措施在公司上市后就消失了，然后你可能会遇到一个像莫泽这样的"老鼠屎"——哪怕1 000个员工里有1个——他的行为足以毁掉整家公司。

沃伦·巴菲特清楚地知道莫泽的行为对所罗门兄弟公司造成的伤害，他也明白要重新赢得公众和政府的信任是一项艰巨的任务。尽管美联储接受了巴菲特作为所罗门兄弟公司临时董事长的意愿，但这一过渡并不顺利。一连串的刑事指控和罚款依旧像龙卷风一样席卷了所罗门兄弟公司，每当联邦政府对所罗门兄弟公司实施新的惩罚措施，希望能够引以为戒时，公司的股价就会进一步下跌。政府禁止所罗门兄弟公司代表客户参与拍卖竞标，但并没有禁止其继续为自己竞标。有了这项禁令，再加上公众的反感与日俱增，导致大量顾客逃离所罗门兄弟公司。在情况最糟时，所罗门兄弟公司的资产每天减少 10 亿美元。

巴菲特向国会做出大胆的宣言，承诺将清理所罗门兄弟公司的"西部大蛮荒"文化，以恢复公司的声誉。他在声明里这样描述自己的领导愿景："让公司亏钱，我可以接受。如果给公司的名誉带来丝毫损失，我将会毫不留情。"与此同时，他向全公司 8 000 名员工发送了一份备忘录——其中包括了他的家庭电话号码——要求大家直接向他报告一切非法或不道德的行为。他在《华尔街日报》上刊登整版广告，发表了一封致所罗门兄弟公司股东的公开信，承诺对公司的管理和企业文化进行重大改革。他本可以直接将这封信寄给股东，但当然，他是想公开展示。巴菲特明白，只有恢复大众和政府的信任，才能拯救所罗门兄弟公司。

虽然这花了一段时间，但最终客户开始回归，公司的股价开始回升。1992 年春，巴菲特引退，距离莫泽首次向约翰·梅里韦瑟承认自己的错误已经过去了 1 年。

从许多方面来看，这一丑闻并不令人感到意外。从时间的角度来看，我们很容易看到从所罗门兄弟公司合伙人制黄金时代的早期，到巴菲特在国会做证，请求拯救公司的完整过程。所罗门兄弟公司曾经是一家合伙人会用自己口袋里的钱为自己的头寸融资和承销证券的公司。然而，世界变得更大，公司需要更多的资金来保持相关性，所以它成为一家上市公司，其资产负债表上的数字成倍增长。与此同时，资深员工发现：我们为何不拿公司的资金做赌注，往自己口袋里赚点钱？于是就有了梅里韦瑟和他手下那群自营交易员。他们开始创造巨额进账，并最终要求获得与他们创造的价值相匹配的酬劳。管理层不得不同意，然后其他人也眼红，于是他们受到启发开始试探公司的底线，认为自己必须成为独立的利润制造引擎，而不是团队中的一员。随着合伙人制度的结束，道德感和约束力也逐渐没落，变得人人为己。从 1981 年公司上市到 1991 年莫泽差点以一己之力毁掉公司，这是利己主义驱使下贪婪欲望疯涨的 10 年。从此公司再也没有完全恢复。

尽管随着华尔街及其服务的市场规模和复杂性不断增加，对问责制的需求也在不断增加，但问责制的执行力度却在不断减弱。当责任的缺失在更广泛的范围内出现时，华尔街和普通民众便被推入混乱之中，2008 年全球金融危机的种子就是这么被种下的，而且在不到一代人的时间里便开始发芽。

* * *

有一天，我喝完咖啡回来，看到年轻的实习生维克多正把双脚放在桌面上，和潘恩·金一起吃中餐。他们看起来就像兄弟会成员，说着黄色笑话，大笑着互相逗乐。但其实，他们正在庆祝维克多在金的指导下完成的一笔交易，这是暑假实习生从没完成过的任务。就在这时，扬声器里传来了一个声音："'括约肌'维克多又搞定 100 万美元债券！"

我想，这对维克多来说是件好事，他甚至得到了这样一个贬损的绰号。这小子真的脱颖而出了。

当我宣布固定收益交易并不适合自己的时候，没人为此感到惊讶。基于宏观事件做出瞬间决策还挺令人兴奋的，但它给我的感觉是随机猜测，或者充其量是试图预测他人对某件事的反应，而不是这件事本身产生的直接影响。而且我也不希望押注公司数百万乃至数十亿美元的资金，看 30 年期的美国国债是否会因为一些看似毫不相关的经济指标而上下浮动几个基点。这是一个令人着迷的、有趣的也让人害怕的地方，但我知道自己的本事——不管它们是什么——会在其他地方得到更好的利用。

1989 年的那个夏天，还有一件事困扰着我，就是我觉得自己并没能贡献任何价值，而不仅仅是没能对公司贡献价值，这是个不争的事实，但总的来说，作为一个人，我没能为社会创造任何价值。并不是说我要跑去做志愿者，但我想要成为一名对社会有贡献的人，而不仅仅是金钱机器上的一个齿轮。我看着这些交易员，在他们中周旋着，我想知道他们所做的一切中究竟有没有好的成分在。他们中的大部分人从事这个职业是为了追求刺激和赚很多钱。对于他们中的大多数人来说，动机是从当下开始并随即在当下结束。

但随着时间的推移，我对这个行业的理解加深了，我开始认识到这些债券交易员实际上在以某种复杂的、有历史意义的方式参与某些重大的、有益的事情，不管他们进入这个行业的动机是什么。债券市场最初是政府和市政当局用来筹集资金修建公路和学校、资助战争、建立和维护我们的社区赖以运作的基础设施的一种工具。到2018年，美国债券市场规模已经膨胀到超过41万亿美元，而1990年时这数字还不到8万亿美元。政府需要有人来运营这个系统，管理债券发行并将其分发给买家和其他交易者，从而创建一个活跃且高效的市场。这就是金融机构出现的原因。它们创造了市场，使交易成为可能，从而有助于促进增长。它们是机器运转所必需的润滑油。由金融机构创立并维护的二级市场同样重要：如果人们不想再持有自己的政府债券，他们可以到所罗门兄弟公司或者其他投资银行出售这些债券。市场越是有效和稳健，投资者就越容易进入，这使得筹集资金的成本更低，需要更少的税款来支付利息。

因此，我发现成千上万的交易员和销售人员虽然微不足道，却是机器运转的关键零部件。其中许多人看上去疯狂、好胜或贪婪得不可估量，但实际上他们正在为社会增添价值，为社会做出贡献，即使这只是他们行为的副产品，因为市场本身对于一个欣欣向荣、不断发展的社会来说就是至关重要的。

但随着从合伙人制向上市公司制的转变，以及资产负债表与责任的分离，金融体系迫使人们提出新的问题："好"的新标准是什么？为行正直之道，我们要肩负起哪些责任？鉴于人类的本性，如果我们不再为失去资本的威胁所束缚，我们还应该被指望成为好人吗？鼓励和监督个人行为的新参数和新约束又是什么？最大化一个人的长期最佳利益，似乎需要控制其不良行为，但由于有巨额报酬的诱惑，企业在从传统合伙人制剥离的过程中，承担的金融和声誉风险变得让人跃跃欲试。

＊＊＊

我的第一个暑假实习还在如火如荼地进行中，8月终于到来了，这意味着所罗门兄弟公司的招聘鸡尾酒会的时间到了。其他公司安排的聚会大都相当保守，但所罗门兄弟公司的派对是个例外。

当我走进为这次活动租用的酒吧时，我看到一个交易员站在吧台上，手里拿着一个迷你篮球，周围围着一群男人，一边挥舞着手里的钱，一边高声喊叫着。这位交易员正在赌他是否能成功地从远距离"一击即中"，下注的金额高达上千美元。我的左手边，十几个销售员和暑假实习生正围成一圈，一杯一杯地喝干酒杯里的酒，他们的桌上散落着空玻璃杯和翻倒的啤酒瓶。

"拉里·伯德"出门时在门口遇见了我，她穿着她五颜六色的香奈儿套装中的一件，看起来棒极了。

"这么快就走了吗？"我问道。

"对，"她说，"回去工作。我明早有个汇报要做。"

"派对怎么样？"我扫视着这热闹的场面。

"很所罗门风格。奥利瑞在女厕所闲晃呢。"

"什么？"一个迷你篮球从我们头顶飞过，赢得了交易员的阵阵欢呼。

"奥利瑞，"她平静地说道，就好像在说一件再寻常不过的事，"他在女厕所里。"这时，一位在我的认知里很受人尊敬的总经理从我们旁边经过,他把自己的领带系在头上,像兰博的头巾一样。

"他到底在里面干什么?"

"不知道,"她说,"但我得走了。"

我看到一个交易员瘫倒在角落的地板上,靠着香烟贩卖机昏睡了过去。我说:"好吧,也许你很幸运能离开这里。"

她离开的时候,给了我一个疲惫的眼神。

几分钟后,我正在吧台想要一杯啤酒,奥利瑞走了过来。我听见一个交易员问他为什么一直在女厕所待着。

"听着,"他说,"我被告知要集中精力多招募些女性员工,见鬼的,那里是女人出没的地方。"

"进行得怎么样?"那个交易员问他,嘴角带着一抹笑。

"特别好!"奥利瑞喊道,"她们全都愿意来!"然后这两个男人笑弯了腰。

暑假实习就快结束了。我马上要回到沃顿商学院,开始我在那里的第二年,也是最后一年的学习,这所学校被认为是保证华尔街价值和使命的智囊团根基。然而在交易大厅里忙活了几个月之后,我有点不那么确定这句话是否属实了。

我喝了一口啤酒,准备去找本,但根本找不到他。我也试着找其他暑假实习生,或者任何我认识的、能说上话的人,但每张面孔都是陌生的。他们甚至都不像是在互相说话——他们喝酒、他们呼喊、他们赌钱。我站在房间的一角,房间里挤满了和我一起工作了几个月的人,但不知怎么回事,我根本不知道他们的名字,这样一群狂欢者,稀里糊涂地出现在一个好像永远也不会结束的失控派对上。在他们的世界里,永远没有最后一轮,灯永远不会被打开,他们对此深信不疑。他们挥舞着大把现金,不可思议地赌上一把,冒着巨大的风险去碰碰运气,也许,只是也许,其中的一个"一击即中"被抛向空中,划着弧线穿过酒吧,他们都抬起头,仰望天空,打翻手里的曼哈顿鸡尾酒，追随着那个飞舞的橙色小球，小球奇迹般地躲过了灯具和天花板的横梁，消失在最黑暗的深处一秒钟，然后又出现，最后掉进了那个小小的篮筐里，这时，篮板上金色的闪光灯和红色的胜利警示灯像炸开了锅一样亮了起来……

就这样，财富在输赢之间流转着，沸腾了整个房间。而一位交易员在点了一轮又一轮酒水的同时，爬上吧台，用脚尖顶着球，然后——带着年轻人对变得富有的永恒信心——球飞了起来。

第三章

牛奶和气球

"企业狙击手"和主动型投资者通过让管理团队对他们的业绩负责,为美国和全球的企业重新注入了活力。然而……当企业被迫将股东价值放在高于一切的位置上时,就使利益优先于人和产品的不合理的管理决策合理化了。

连怀旧都不是以前那个味儿了。

——彼得·德弗里斯

在迪士尼乐园的奥尔良咖啡馆工作,并不是一个典型华尔街人会有的入门职业,但是这件事就发生在我身上。1981年的夏天,我高中毕业,获得了一份"女领位员"(录取通知上是这么写的)的工作,因为我的名字在工作申请过程中被误认为是女性的名字。我热爱这份工作——在轮班开始的时候,当兴奋的游客涌入园中时,穿越美国小镇大街,遇见来自世界各地的人们,和同事们围着领位台忙活,成为一个有爱、有故事的机构的一员——哪怕在我去西方学院读经济和哲学后,还继续利用暑假和节假日在那里工作。1984年6月8日,即我在迪士尼乐园工作的第四个暑假,美国著名的美国小镇大街与华尔街发生了"碰撞",不仅震惊了迪士尼,也改变了现代商业的轨迹。当时我对此一无所知,但它将成为我走向金融服务行业职业生涯的重要催化剂。

那天早上，报纸上出现了一些令人不安和困惑的消息。一个叫索尔·斯坦伯格的"企业狙击手"正在对华特迪士尼公司（以下简称"迪士尼公司"）进行恶意收购。没人知道这是什么意思，因为我们以前从来没听说过"企业狙击手"和"恶意收购"这两个词——大部分美国人也都没听说过——但我对这个消息很感兴趣，于是尽可能多地从报纸和电视报道中收集相关信息。我了解到，虽然迪士尼公司并没有公开对外出售，但有一种渠道是，资金充足的投资者可以购买一家上市公司足够多的股票，从而在一定程度上获得影响公司董事会的权力。到那时，只要有了董事会的支持，他就可以采取行动裁掉高管，安插自己的员工，然后从根本上接管这家公司。接下来他就可以制定新政策，可能包括拆分公司和出售部分股份，但几乎都是为了增加利润以及丰盈他和他支持者的口袋。

那天下午晚些时候，我和一位名叫特丽的领位员坐在休息室的桌子旁。特丽是加州州立大学的学生，总是活力十足，我们亲切地叫她名字的首字母缩写 T.C.，在我们看来，这是"特别俏丽"的简写。另一个领位员也加入了我们，她叫格蕾丝，长得漂亮，气质贤淑，她的传教士父母在日本把她抚养长大。她能把我们涤纶材质的红白波点制服穿得像是最高级的时尚单品。格蕾丝喝了一口茶，开始谈论索尔·斯坦伯格和他对迪士尼采取的行动。她关注新闻并且能够理解新闻里说了些什么，我喜欢她这一点，因为很多季节性员工对时事的关心程度远远低于全职员工。

一个叫马特的传菜员坐到了我们旁边的位置，开始拆他的午餐包装，特丽正在一边用叉子扒拉着她盘子里的水果沙拉，一边问道："这人怎么能买迪士尼呢？"

"是啊，"马特嚼着嘴里的腊肠三明治说，"迪士尼乐园不是政府所有的吗，像是国家公园。"

格蕾丝捂着嘴小声地笑了起来,虽然她身高超过 1 米 8,金发碧眼,从外貌上看比在座的人都要更美国,但在日本长大的经历令她举止优雅而矜持。"我不认为迪士尼归政府所有。"她说。

"对,"我说道,"就像球队一样,是归个人所有的。"

作为回应,马特咬了一大口腊肠三明治,是非常意味深长的一大口。

格蕾丝说她曾看到过有关斯坦伯格以及他对迪士尼感兴趣的介绍。

"这很奇怪。"特丽一边叉上一块菠萝一边说。

"确实,"马特说,"这人是谁?"

"不,我是说菠萝,"特丽说,"看它的颜色,它被蓝莓染色了。"

马特笑了起来,然后突然安静下来,这时"白雪公主"和仙境里的"爱丽丝"走进了休息室,一起在"未来世界"那一桌坐了下来。

一个低低的声音从我们背后响起:"你们俩怎么会知道这么多?"我转过我的椅子,发现一位"宇航员"正在从微波炉里拿玉米煎饼。

"我知道的并不多,"我说道,"只是报纸上报道过的那些。格蕾丝比我知道的多。"

"不,克里斯是学经济学的。"格蕾丝说道,一边冲我眨了眨眼。我觉得在她的注视下我的脸唰地红了起来。西方学院的课堂尚未讨论到恶意收购,所以我真的只知道报纸上报道过的那些内容。

"宇航员"重重地坐在"未来世界"那桌的椅子上。"我知道一件事,"他说,"这艘'宇宙飞船'正在改变航向。"我佩服他就算是在休息的时候,依旧活在自己的角色里。

特丽推开她的盘子,从包里拿出一片口香糖,这可是一小片"违禁品",在整个乐园里口香糖都是被禁止的。"但是,伙计们,我们会失去工作吗？我不能在夏天结束之前丢掉工作。秋季开学我还得买书，这家伙最好等到9月份再说。"

马特指着特丽不要的水果沙拉，问："你还吃吗？"

我们根本不知道这位"宇航员"的话的可信度。随着斯坦伯格一直针对这个有着传奇色彩，并且深受人们喜爱的机构，他的行为被媒体描绘成是对美国梦、美国人民所珍惜的记忆以及美国人民童年的侵犯。20世纪80年代中期，华尔街酝酿着一些新事物，整个市场似乎一夜之间就诞生了。恶意收购和企业狙击手开始了他们灿烂而辉煌的10年职业生涯。当时，没人能够预料到斯坦伯格与迪士尼之间的斗争会引发公众意识、舆论以及企业战略的巨大转变。

* * *

华特·迪士尼因其创造才华得到了当之无愧的赞誉，但他对美国商业最持久的贡献可能是彻底革新了客户服务领域。到迪士尼乐园来的游客一般不会注意到客户服务的存在，这当然是很重要的一点。比如，园中每间隔27步就会精心摆放一个垃圾桶，这是迪士尼经过详尽研究后得出的一位游客在扔掉一件垃圾之前会行走的平均距离。一名《纽约时报》的记者出于对迪士尼乐园环卫工作人员的敬畏，在1965年的一篇文章中写道："据计算，一个被丢弃的烟蒂在被拾起之前，静置在地面的时长不会超过25秒。"这种级别的服务水平，还有上千名员工每天微笑着迎接每一位游客，正是迪士尼"魔力"的精髓。

很多人可能觉得迪士尼乐园是一个天然形成的充满创造性的地方，其实这样表述并不准确。在迪士尼乐园，大多数员工的组织构架和工作环境是极其严格和程式化的。在奥尔良咖啡馆工作的5年间，我一直都是唯一的男领位员。有人可能会觉得，在政策被打破之后，招聘程序会有所改变。但是迪士尼不是一家能够包容和允许改变的企业。所有东西都有它的规定——着装要求、头发长度、配饰、与客人交谈的方式、工作表现等方方面面。不鼓励个性化的表现，不允许偏离程式。除非得到明确许可，否则你什么都不要做，也不欢迎任何改进建议。我们被告知只需微笑，然后扮演好自己被分配的角色，打造地球上最快乐的地方。这些严格的标准促成了迪士尼长久以来的成功，当然，你也可以说，它后来的衰落也是因为完全不愿意调整和改进，使得公司在不断变化的时代下变得脆弱，且不堪一击。

华特·迪士尼白手起家。1901年，他出生在美国芝加哥，20世纪20年代早期，他开始为堪萨斯城的一家电影院画漫画和动画短片。虽然一开始他只是在当地小范围内有一定的名气，但他有足够的自信进军好莱坞。1923年，他和哥哥罗伊一起在好莱坞创立了迪士尼兄弟动画工作室。

这个工作室后来变成了华特·迪士尼制作公司，20世纪中叶，它发展成为历史上最大的电影制作公司。1955年，兄弟俩开设了迪士尼乐园，作为"家庭观"和"美国梦"的实体承载形式，这两点正是最受迪士尼经典影片推崇的价值观。一个能说明华特对这些创始原则坚持的例子是，园中的牛奶和气球一直保持低价。他坚信所有来到迪士尼乐园的孩子都应该得到一个气球——哪怕他们口袋里的硬币再少——而且每个孩子都应该得到一杯牛奶。

人们有个普遍的认识，觉得华特是一个长着络腮胡子的爷爷，温柔又可爱，会让人联想起小鹿斑比还有高飞这样备受喜爱的角色。这种认识并不算错，但他同时也是一个冷酷无情、野心勃勃的商人，一心想着激进地扩张自己的商业版图——从电影、主题公园到酒店、房地产。也许对华特商业头脑最好的证明是他将迪士尼乐园开到佛罗里达州，这么做在很大程度上是为了利用大量游客带来的房地产商机——从住宿到餐饮，再到交通——这些他都没能在全球首个位于美国加利福尼亚州阿纳海姆的迪士尼乐园建成后实现。在公开宣布打造迪士尼世界的计划之前，这个项目一直处于保密状态，内部将它称为"X项目"。华特的团队创办了多家幌子公司，华特通过这些公司购买了超过两万英亩[①]的土地。要是这些毫无价值的佛罗里达州沼泽地的主人知道他们的土地后来被建成娱乐圣地，那当时地价一定会飙升的。很多当地人后来声称自己是被骗去卖地的。

让人感到讽刺的是，华特既是一个积极健康的娱乐帝国偶像，也是一个凶残的生意人和满嘴脏话的烟鬼。1958年，他告诉《华尔街日报》："我想我成功的公式大概是：梦想、多元化，以及从不错失任何一个有利可图的机会。"他是一个复杂的人，一个真正的美国人。

* * *

正是因为华特迪士尼公司不愿与时俱进，才吸引了索尔·斯坦伯格的注意，成为他锁定的目标。华特一生都在不断探索商业、娱乐和贸易领域，其中包括为迪士尼世界和未来世界做奠基工作，迪士尼世界在华特去世后的几年时间里建成开园，未来世界则是美国首个由私人投资数十亿美元开发的项目。就像许多有权势的人一样，他也有一群仰慕自己的"门徒"，1966年他死于肺癌，死后他将公司的大权留给了他们。

迪士尼长久以来一直被认为是让人有安全感的合家欢娱乐场所，华特的继承者们也乐于被笼罩在这种印象中。那些珍贵的电影，比如《木偶奇遇记》《白雪公主》和《小飞象》，被保存在档案库里，每隔7年才公开放映一次。电影工作室的利润在下降，电影票房一场不如一场，因为愿意出来看迪士尼电影的年轻人越来越少了。1983年，电影工作室首次出现亏损，金额达到3 330万美元。

[①] 1英亩约为4 046.865平方米。——编者注

那些昔日的迪士尼铁杆粉丝现在已经成长为青少年，虽然他们是看着迪士尼动画长大的，但在20世纪80年代，他们已经不会"死守"迪士尼电影这一棵"树"了。迪士尼品牌已经失去了吸引力，公司管理层要么没有意识到文化环境的转变，要么没有决策力和想象力去应对这种转变。公司只是在靠着自己的历史过活。当公司停止了创新——不管是什么公司——都会变得脆弱不堪，通常会表现在下跌的股价上，随即就会被"企业狙击手"盯上。

1984年春天，索尔·斯坦伯格坐在他位于曼哈顿的办公室里，迪士尼公司资产不断下跌的事实就摆在他眼前。从4月到5月，他开始购入迪士尼公司的股份，直到累积到一定数量，这引起了迪士尼高层的注意并开始担忧。一场商场博弈就此展开。公众根本没意识到一个伟大的美国企业正遭受着威胁，但这场"战役"的双方已经全副武装。

迪士尼高层问自己："如果是华特会怎么做？"这不是一个没来由的问题，在任何涉及迪士尼政策的讨论中，对答案的预设都是从决策者角度出发的，从牛奶和气球的定价，到应该由谁来执导下一部电影。他们以一个已经离开人世的人——不管他有多伟大——的观念出发，必然会导致保守政策的实施和公司发展的停滞。从这一点来说，你也可以反驳，如果华特还在，他会保护公司不受外界侵犯，他会照顾好手底下的员工，他会拼尽全力与华尔街"狙击手"们抗争，因为这些人一心只想赚钱，对他60年前手握一纸一笔在堪萨斯城创下的事业根本毫不关心。

不过从另一个角度来看，很难不佩服斯坦伯格犀利的兴趣点，迪士尼公司充斥着机遇，特别是在不受传统束缚、勇于创新求变的投资者眼里更是如此。同样的问题——华特会怎么做？——很轻易就能成为斯坦伯格发起行动的诱因。华特很注重利润，所以他会把事情闹大，迫使管理层提高工作效率，同时推进开拓新的领域。华特绝不会坐以待毙，眼睁睁看着自己的娱乐帝国走向衰落。

归根结底，华特身上汇集了两种对立的特质，他是主流社会和华尔街在一个人、一个国家内矛盾共生的缩影。也许他的伟大之处正在于对两者进行了平衡，单这一点就足以让他创造出一个真正有别于其他企业的商业帝国。但如今，他去世18年后，这两者都在为争夺主控权而战。

1984年6月8日，当收购企图被公开宣布后，收购行动迅速展开。留给迪士尼高层的路越来越窄，最终他们被迫接受了一项他们一直企图避开的方式——向斯坦伯格提供溢价回购，这基本上等于给钱让他放过迪士尼。6月10日，距离斯坦伯格公开宣布自己的收购意向仅过去48小时，迪士尼内部开始协商溢价回购斯坦伯格的股份，并于第二天完成交易。斯坦伯格和他的投资者总共获得了3.255亿美元，他的个人团队则迅速获利超过5 000万美元。

公众和新闻界被激怒，纷纷抨击"企业狙击手"的贪婪。但恶意收购就是这样操作的，并且逐渐成为收购行为中常被用到的手段。斯坦伯格凭借其汇聚支持力量的能力，对迪士尼构成了实实在在的威胁，他只需要持有足够多的股份威慑迪士尼公司，就能从中获得巨额回报。

迪士尼受到的影响很快就显现了出来，尽管来自斯坦伯格的威胁被解决了，但如何阻止其他"狙击者"对这个管理不善、业绩不佳的企业再度下手呢？7周内，董事会解散了管理团队，并投票决定让迈克尔·艾斯纳掌管公司。艾斯纳曾是派拉蒙影业公司电影工作室的总裁兼CEO，他一上任便迅速做出了一系列改变。他解除了对迪士尼经典电影的封存，这些电影被制成录像带公开发行。主题公园的门票价格上涨，正如艾斯纳所预测的，尽管提了价但入园需求依旧保持稳定。迪士尼商店开始遍布全球，出售周边产品，并将品牌融入流行文化。艾斯纳还凭借其优越的好莱坞背景和人脉，招揽到不少才华横溢的电影人为迪士尼制作新电影，成功打造了好几部卖座大片，从而拓宽了观众群。试金石电影公司是迪士尼旗下的一个子品牌，专注于制作以成人观众为受众的电影。在艾斯纳的领导下，该公司很快取得了一系列票房佳绩，影片包括《金钱本色》《家有恶夫》《乞丐皇帝》和《早安越南》。迪士尼股价一路看涨，牛奶和气球的价格也在上涨。

* * *

5年后，当我成为沃顿商学院的学生时，近距离围观斯坦伯格企图恶意收购的记忆仍萦绕在我脑中。在一堂金融学基础课上，我们讨论收购和"企业狙击手"的兴起，极具讽刺意味的是，这堂课的上课地点是斯坦伯格-迪特里希大厅，正是用斯坦伯格通过掠夺像迪士尼公司这样的企业获得的收益资助修建的。我，一个来自橘子郡和西方学院的年轻人，大概是在场所有人里专业知识懂得最少的，大多数学生都来自迪尔菲尔德学院、安多福菲利普斯学校、埃克赛特大学，或是已经上过常春藤学校，自出生那一刻起就对华尔街了如指掌。沃顿商学院早早就出现在他们的待办清单上，而那时我还不知道一个人应该有自己的待办清单。

一天，我们的课程围绕恶意收购展开，特别以斯坦伯格针对迪士尼的行动为案例，教授抛出了一个概念，这个概念在其他学生看来可能是毋庸置疑的，却与我的经历截然相反。教授提出，当迈克尔·艾斯纳掌管迪士尼公司后，他所实施的改革政策挽救公司于水深火热之中，所以归根结底应该感谢斯坦伯格这位侵略者，他迫使管理团队要么采取积极措施，要么被汰换。

我对"应该感谢斯坦伯格"这个说法感到愤怒，他的行为所造成的混乱和伤害是不可以被辩护的。

"你可以认为，"教授对全班同学说道，"艾斯纳接任后，他的革新成果显而易见。因为迪士尼已经是一家管理得非常不善的公司，所以或许任何一位聪明的 MBA 学生都能采取相同的举措。或者也有可能是我高估了你们。"教室里传出阵阵笑声。"然而，"他继续说道，"斯坦伯格对迪士尼的攻击迫使这个转机出现，在旧的迪士尼管理团队里没有人会提出这些点子，但斯坦伯格这么一搅和，在某种意义上，给了迪士尼改头换面的机会。"

我没办法不说点什么，我说："美国的普通民众可不这么看。"

教授笑着说："那时候你去玩过？"

"我在那里工作过。"

"太棒了！"他拍手说道，"我们中间有一个内部人士，请告诉我们，瓦雷拉斯先生，美国的普通民众都怎么看？"

"那时大家都很担心会丢掉工作。很难理解正在发生的事，也不知道为什么会发生这样的事情，但我可以向你保证没人会觉得索尔·斯坦伯格是个为公司和员工最高利益着想的好人。"

"那并不重要。"塔克转过身来面对我说道。他是我们班里的白人老大，有钱的预科小孩，在来沃顿商学院学习之前，已经在华尔街工作过好几年。"那些像斯坦伯格一样的'企业狙击手'，就像改革催化剂一样给美国企业注入活力，他们只需要简单说一句：'你们这些管理层别把事情搞砸，否则我们会盯住你们不放。'"

教授没有插话，所以我回应道："但斯坦伯格的动机是什么呢？他一点也不关心迪士尼，他的目的并不是给迪士尼注入活力。"

塔克自以为是地笑着说道："你没抓住重点，瓦雷拉斯。他的动机并不重要，重要的是结果。人们保住工作了吗？迪士尼是否依旧坚挺？是不是比以前更好了？是的，是的，是的。所以这些都要归功于索尔·斯坦伯格，没有他，迪士尼就死定了。"

"也许在挣扎，"我小声说道，"但没死。"

"随便吧！"塔克说着，挥了挥手停止了我们之间的对话。

***

刚到沃顿商学院时，我以为我会畅游在对未来生活和事业充满无数可能性的"海洋"里，但现在，在来到这里的第二年也是最后一年里，在结束了所罗门兄弟公司交易大厅的暑期实习的几个月后，我意识到我的选择还填不满一个小水坑。

尽管我在所罗门兄弟公司的暑期实习是在交易大厅工作，但它们还是让我在投资银行部度过了实习的最后几周。直到那时，我才给人留下了印象，我的工作机会就是从那里来的。我相当肯定我会接受这份工作一直到我对德崇证券公司产生了兴趣。十几年前，在华尔街高耸的金融丛林中，德崇公司不过是一小丛灌木，但20世纪70年代，德崇公司从沃顿商学院招揽到了一名才华横溢的学生迈克尔·米尔肯，此后一切都变得不一样了。

在沃顿商学院时，米尔肯发现了一个简单的市场低效性问题——信用评级较低的公司无法有效地获得融资。它们并不是经济效益差的公司，其中很多只不过是负债太多，足以威胁到公司的偿付能力，但它们仍然有可能存活下来，并偿还债务。米尔肯发现如果有人肯将注意力集中在那些被大部分华尔街人舍弃的"流放者"身上，那么发行和交易这些被认为风险更高的债券所产生的更高额的费用可能会带来巨大的收益。

那就是米尔肯带到德崇公司的点子，并通过整个20世纪70年代对这一方法的实践，围绕这些高收益债券，形成了一个爆炸式的强大市场，它们通常被称为"垃圾债券"。米尔肯将垃圾债券的收益用来支持另一个迅猛发展的市场——兼并与收购，德崇公司从而摇身一变成为华尔街的"种子选手"。米尔肯从自己创建的新市场获得资金的能力日益增强，他的人脉也相当广泛，以致他有能力迅速召集一帮"企业狙击手"。在垃圾债券基金的支持下，这些"企业狙击手"可以瞄准任意一家陷入困境的公司，不管它的规模有多大。这就是索尔·斯坦伯格如何获得"火力"并步步紧逼迪士尼的原因。德崇公司凭借米尔肯的高收益债券市场，成为恶意收购者的首选投资银行和服务商，德崇公司也在华尔街赢得了"耗尽它们、烧光它们、揍扁它们"的称号。米尔肯则成为华尔街的红人，人称"垃圾债券之王"。

迈克尔·米尔肯在洛杉矶郊外的圣费尔南多谷长大，作为一个会计师的儿子，他在很小的时候就接触到了数字和金融。他的野心不知疲倦，是个不折不扣的工作狂，即使读高中时，他每晚也只睡3～4个小时。他参加篮球队，还是啦啦队的队长（想象一下他得在比赛暂停时换制服），他还在一家当地餐厅打工挣外快。业余时间，他还尝试练习魔术。

1969年，米尔肯作为暑假实习生来到德崇公司时，他的同事知道他是个聪明人，但他这个人太难相处，以致有一段时间被调配到后台办公室。"他非常傲慢，"他的一位前同事评论道，"他无法收敛自己的能力，因为无法阻止自己的能力而变得既有威胁性又伤人……他会认为自己已经解决了问题并可以继续前进。他在团体里，在任何需要集体决策的情况下，都变得一无是处。他只关心如何揭露真相。如果迈克尔没有从事证券行业，他本可以引导一场宗教复兴运动的。"

当德崇公司把米尔肯从后台办公室放出来，让他参与特别项目，同时小心谨慎地允许他使用越来越多的资金时，他创造了一个全新的资产类别，并以超自然层级翻倍增长。很快公司会发现，他可能真的引领了一场"宗教复兴运动"。随着米尔肯成为推动德崇公司收入、文化和运营发展的"金融先知"，皈依者和追随者蜂拥而至。恶意收购和"企业狙击手"在美国商业画卷的最前沿出现，靠的就是"救世主"米尔肯。

在取得了早期的成功之后，他告诉他在德崇公司的老板，他将组建自己的小型交易部门，搬到西边——他的家乡洛杉矶。对于一家大型金融机构来说，这是非常反传统的总部设置地点。他的业务规模越来越大，然后一切都倒塌了。到我在那里面试一份工作时，米尔肯已经被德崇公司赶了出去，并被指控包括诈骗、欺诈和内幕交易在内的98项罪名，德崇公司也面临着一系列相关的刑事指控（纽约南区联邦检察官鲁迪·朱利安尼对其进行了调查和起诉）。尽管存在这些问题，但德崇公司依旧表现出色，成了一家陷入困境的热门公司，所有人都在谈论这件事，这种感觉既让人激动又令人担忧。

* * *

有一天晚上，我刚从德崇公司洛杉矶总部面试回来，就和我在沃顿商学院的室友保罗·海尼克到艾布纳餐厅吃牛肉芝士三明治。保罗是一个天才怪人，会多门语言，是著名天体物理学家、不明飞行物学家约瑟夫·艾伦·海尼克的儿子。保罗更关注沃顿商学院在创业方面的教育，他曾公开贬低沃顿商学院以提供金融服务而闻名于世的做法。他来到沃顿商学院时，所掌握的会计学知识可能比学校历史上所有招收过的任意一名学生都要少，但他毕业时绝对是带着荣誉学分离开的。他公开表达过自己对从事金融行业的人的厌恶，而且还用自己造的词来描述这些人。"这些咨询师血吸虫，"他跟我说，"风险资本家沼泽原住民和投资银行家臭鼬。投资银行家是一群浑蛋，他们什么也不做，只是掠夺，我的意思是说，这就是随便开开玩笑，但是，他们就是一群只对钱感兴趣的A级浑蛋。"

我对德崇公司之旅的感觉不是太确定，因此保罗是最适合探讨此事的人选，毫无疑问，他会在米尔肯和德崇公司的背后猛插刀子。能在沃顿商学院有一个对金融业的一切都持怀疑态度的朋友还是挺好的。

德崇公司安排我和其他候选人来到位于比弗利山庄的四季酒店，并为我们组织了一场晚宴，好与公司的人见面。在那里，我们接受了不同行政人员的面试,并在玻璃办公室里参观。给我安排的接待人员叫格蕾丝,是一位毕业于沃顿商学院的女校友,也是一位令人印象非常深刻的年轻女性,尽管她看上去和我差不多大,但已经是VP级别(泛指高层副级人员)了。

在回来的飞机上,我读了康妮·布鲁克的新书《垃圾债券之王》,这本书讲的是米尔肯和德崇公司打造垃圾债券市场的故事。用一个特别有料的故事描绘了米尔肯和他手下在比弗利山庄举办的为期4天的年度会议,邀请了1 500位顶级客户——投资商、"企业狙击手",还有各大公司的CEO,这场会议被米尔肯和他的合作伙伴称为"掠食者的盛宴",会上有演讲、豪华晚宴,还有像弗兰克·辛纳屈、戴安娜·罗斯这样的明星演出,每年这几天中的一个晚上,还会为最有权势的客人举办专属的鸡尾酒会。酒会在比弗利山庄酒店豪华的8号皇家套房举行,与会的金融大亨会得到亲自挑选的陪同女伴,以回报他们的忠诚。

格蕾丝一定是对公司的阴暗面有所耳闻,即使不是从布鲁克的书中看到,至少也听同事八卦过。当她带着我参观办公室时,我想问问她女性投资银行家都在8号皇家套房酒会上做些什么。我想知道这些事情是否会玷污格蕾丝对公司的感情。就算会,她也不会告诉我。"KKR(老牌杠杆收购企业)选择我们完成RJR(美国雷诺烟草控股公司)的交易是有原因的。"当我们穿过交易大厅时,她一口气说出了两个对我来说毫无意义的由三个字母构成的缩略词。我们在米尔肯著名的X形办公桌前停下来,就算他早已离开了公司,这张桌子依旧伫立在交易大厅的正中央,就好像标注出这个地方曾埋藏着宝藏。格蕾丝一定是想到了我知道这张桌子,她把一只手放在桌面上说道:"德崇公司现在不再只围绕迈克尔·米尔肯转了,我们是唯一一家能高效分销高收益产品的公司。我们仍拥有数据、知识、顾客和客户。"她很卖力地宣传。

保罗吃完了他的牛肉芝士三明治，听着故事，没说太多话，然后擦了擦嘴站了起来。我们走到垃圾桶旁，他倾斜托盘，让吃剩下的消夜滑进桶里。"该死的臭鼬！"他说道。

* * *

在已经得到的两份工作中，我相当确定我会去所罗门兄弟公司，但我仍然对德崇公司的活力和其在洛杉矶的地理位置很感兴趣，所以还没有拒绝它。我犹豫的部分原因来自马克·艾伯特——我在德崇公司的主要联系人，在我们的会面和几次电话交谈中，他表现得十分聪明、热情、开朗、乐观，我几乎想要接受这份工作，只为能和他一起工作。我们在1990年2月13日聊过一回，马克向我展示了支持和反对我进入德崇公司的正反两面观点。

我记得日期是因为在那之前的一周，德崇公司公布了1989年的财报为41亿美元，同比损失4 000万美元。马克直截了当地提到了这则新闻，他似乎并没有试图编造一个故事或者隐瞒什么。他解释说他并不担心——德崇公司正在从其他银行获得信贷额度——他重复了德崇公司是我最佳选择的所有原因，以及我如何肯定会参与到大型的、令人兴奋的交易项目中去。我有点纳闷他为什么这么想说服我。我只收到了两家公司的录用通知，所以我知道自己不是紧俏型人才，也基本确信自己不是德崇公司的最佳新员工人选，但它们好像非常希望我答应。它们是不是很难招到人，所以放低了标准，而且变得过于激进？马克的言语中透着一丝疲惫，好像他并不完全相信自己所说的话。

"听起来都不错，马克，谢谢你的美言，但实际上我更倾向于所罗门兄弟公司。"

"真的吗？"他说，"但是德崇公司依旧是投行宇宙的中心，没有人做的相关项目比这里更大了，没人比我们的同事挣得更多了。你不想分一杯羹吗？"我能听到他那头背景音里一个女声用扬声器通知大家不要从公司拿走任何文件。

"那是什么，马克？"

"老实说，我并不确定发生了什么，等我搞清楚了再跟你说。"

"你那边一切都还好吗？"

"是的，是的。"他停了一会儿，"我不知道。"

我听到他那边传来低沉的喊叫声，同时还有另一个扬声器的声音在通知着什么，我听不太清，只听到一句"将被起诉"。

"听着，克里斯，我得挂了。"听筒里的杂音渐渐变大，"仔细考虑一下，我会马上再找你谈的。"

然后，断线了。

第二天，报纸刊登了相关消息，由于无法获得其他银行的融资，德崇公司拖欠了总计1亿美元的贷款，并根据美国《破产法》第11章的内容申请了破产保护。尽管德崇公司创造的金融产品改变了美国的商业模式，但公司还是倒闭了。见证它的衰落教会了我一些值得在整个职业生涯中一遍又一遍学习的东西：仅仅因为你开发了一款伟大的产品，或者开创了一项伟大的事业，并赚了一大笔钱，也不代表你一定能活下来。德崇公司就这样成了历史上的一笔墨迹。

* * *

渐渐地，几乎是在不知不觉中，我开始同意我的同学对于"企业狙击手"和恶意收购的价值的看法。这种信念的转变让我担忧。难道我是被沃顿商学院这个培养华尔街门徒的奢华乡村俱乐部给"重新编程"了？这是教育还是洗脑？我担心自己正在与西海岸以及普罗大众的根基相脱离，但另一部分的我在想，这是不是仅仅意味着成长。我开始意识到这些问题，这些我曾经如此坚信的问题，其实比我以为的更微妙也更复杂。

我一直在想，迈克尔·米尔肯通过引进一种方法来改善业绩不佳的管理层，从而振兴美国企业，在这一点上他或许比其他任何人做得都多。这种强制功能——管理层对利润负责——将使美国在20世纪90年代及之后具有全球竞争力。米尔肯的垃圾债券为后来的电信业、有线电视行业以及有人可能会说整个科技行业的崛起提供了筹资工具。如果没有垃圾债券，这些行业就不会像现在这样飞速且成功地建立起来。

"米尔肯是我认识的杰出人士之一。"马克·艾伯特几年后告诉我，"好吧，他是个重刑犯，但他改变了美国，改变了美国人做生意的方式，通过资助无法从银行获得传统资金的企业家和企业，通过创造不存在的市场，通过在出现卖方之前创造买方，因为他知道总会有卖方存在。真正让我们信服的是迈克尔的远见和理念，我们是其忠实的拥护者。这是资本的自由化，我们认为资本不应该仅仅给AAA级企业，而是给那些想要创业的企业家，这样做是为了他们，也是为了我们自己。"

我花了几年时间才完全懂得并赞同马克和我在沃顿商学院的同学们的观点。虽然在学生时代，我厌恶默许这个观点，但我已经越来越难以否认米尔肯创建的高收益债券市场对美国乃至全球经济做出的不可估量的贡献。

* * *

在20世纪80年代以前的好几个世纪，金融服务行业都是以一种幕后形式存在的，这是个必要但是大部分时间都处于"隐形"状态的行业。一个银行家的工作并不比一个商贩或者一个铁匠的工作更光鲜，而且你还可以说这个职业并不需要经过那么多的基本训练。就算到了20世纪70年代，当时最大的金融公司——所罗门兄弟公司的交易员还很少，他们顶多只有大学学历。当然，想要在这一行做出成就还是需要特殊才能、智慧和驱动力的，但在交易大厅闯出名堂的人鲜有在他们的小圈子之外出名的。直到20世纪80年代，一切都变了。

20世纪80年代后期，娱乐行业的热门趋势反映了当时人们对华尔街与日俱增的兴趣与了解。获得了好几项奥斯卡提名的影片《上班女郎》（1988年）的背景就设在一家华尔街投资银行的并购部门。另一个很受欢迎的例子是迈克尔·J.福克斯在情景喜剧《家族的诞生》里饰演的角色——拿着公文包、穿着西装的华尔街狂热分子、高中生亚历克斯·P.基顿。他的志向是上一所常春藤名校，当一名投资银行家，赚大钱。华尔街接受并包容了大众对金融世界新的定义，从没想过这种定义会在多年后成为问题所在。1987年的影片《华尔街》的意义不仅在于该片是奥利弗·斯通和迈克尔·道格拉斯的职业高光点，迈克尔·道格拉斯还因为该片成为奥斯卡影帝。它同时也使美国人的文化和意识发生了一次巨大转变，奥斯卡小金人是可以颁发给一位饰演"企业狙击手"的演员的，这在几年前是无法想象的事情，那时的人们对金融行业知之甚少。20世纪80年代，随着华尔街从阴影走向台前，我们对财富积累的痴迷也逐渐膨胀。正是因为走到了台前，金融服务行业在接下来的30年慢慢走向终结。无论是好还是坏，它都成为这场演出的明星，而不是操纵灯光和幕布的幕后人员。

1984年斯坦伯格对迪士尼的攻击是20世纪80年代华尔街的"贪婪即是好"文化首次引起大众关注的事件之一。因为迪士尼是备受大众喜爱的企业，这场威胁到其生存的事件成为轰动全美的新闻，这件事也让许多美国人对这个曾经陌生的世界有了快速的认识。华尔街一下子被塞进美国人的认知里，仅三年后，奥利弗·斯通就在他的电影里用上了诸如"黄金降落伞"这样的专有名词，以及"贫穷没有高贵可言"这样的台词。他知道观众能看明白，并理解他想说的。

在一直备受人们喜爱的电影《风月俏佳人》（1990年）里，理查·基尔饰演的爱德华·刘易斯是一个"企业狙击手",他来到洛杉矶准备对一家苦苦挣扎的船运公司进行恶意收购。在洛杉矶,他遇到了由茱莉娅·罗伯茨扮演的薇薇安——一个心地善良的红灯区妓女,并花钱让她用一周的时间陪伴他。这的确是个老套的故事,但冷酷无情的商人爱上了活泼、不体面,却意外可爱的女孩,并且最终他们的相遇彻底改变了一切。他决定将她从糟糕的职业中解救出来,最后——为了完成爱德华的个人蜕变——他放弃了恶意收购计划,转而决定留下并帮助管理这家濒临破产的公司。这里所暗示的是爱德华对薇薇安的爱激励着他成为一个更好的人,我们应该把它解释为爱和道德的胜利。在电影的结尾,爱德华乘坐白色豪华轿车从一大群白鸽中驶来,他从轿车天窗里探出身,面朝薇薇安居住的廉价公寓挥舞着一束红色玫瑰花。

  我是在沃顿商学院的最后一学期,放春假回家看望父母时,去西木区看的《风月俏佳人》,这部电影是当时大热的片子。我和三个西方学院的老同学一起去的:布鲁斯,我还在美国银行工作时在圣莫尼卡的室友,他也从西方学院经济专业毕业,后来在NASA(美国国家航空航天局)的喷气推进实验室工作;泰,正在攻读大气化学专业的博士学位,师从弗兰克·舍伍德·罗兰,其对臭氧层空洞的研究后来为他赢得了诺贝尔化学奖;汤姆,也毕业于西方学院经济专业,就职于固安捷公司,做企业设备销售。

  看完电影,我们决定去位于圣莫尼卡的老地方——狐狸酒吧,一家德国啤酒馆,就在我们旧公寓的对面。我们好几年都没有回来过了,这里没有电视,也不必装模作样,这里只有野餐桌、一架钢琴,还有便宜的酒水。这地方由一个叫比尔·"狐狸"·福斯特的国际知名啤酒大王掌管。就是因为他,人行道上总是有顾客排着长长的队等着进去。他可以举起1品脱[1]啤酒，喝干它，再迅速放下酒杯，整个过程比大多数人把酒杯拿到嘴边的速度还要快。"狐狸"可以在3.5秒内喝完一罐40盎司[2]的啤酒。这听起来似乎不大可能，但确实是真的。他曾在电视上表演过几次这个技能，我们也在他的酒馆里看他表演过很多回，每次都是掌声雷动。"3.5秒内喝完一罐啤酒对大多数人来说都太快了。"狐狸"说道，"他们不相信，他们觉得我不可能做到。所以他们说'嘿，你能再表演一次吗？'于是我就再喝一次。但是两罐之后，就全部结束了。地上都是啤酒，我衣服上也是……"另一个吸引人们来到狐狸酒吧的原因是想与酒吧钢琴演奏者所演奏的一首首香艳四溢的情歌一起歌唱。这些原因使这地方成了打卡胜地。

我们在去狐狸酒吧的10分钟车程里谈论着《风月俏佳人》的情节。我的感受很复杂，我以为布鲁斯和汤姆会和我有同样的感受，因为他们都毕业于经济专业，但我错了。虽然茱莉娅·罗伯茨饰演的角色很有魅力、很性感，看理查·基尔饰演的角色养活了我近期频繁接触的世界也确实有趣，但我发现这部片子的愿景——当基尔想要加入快倒闭的公司为了"一起造船，造大船"，而不是继续他的收购时——其实是为了宣扬傻傻地搞不切实际的浪漫。

"所以基尔的角色，"布鲁斯一边说，一边把他的旧宝马开进车流里，"是一个'企业狙击手'，那是你以后会从事的职业吗，克里斯？"

"不！"我说道，"我要么是在融资这一方，代表像基尔这样的人，帮他们筹集收购所需的资金，要么会帮造船公司的老板抵御被收购。"

---

[1] 品脱为英美制容量单位，英制1品脱合0.5683升，美制1品脱合0.4732升。——编者注

[2] 盎司为英美制重量单位，1盎司约合28.3495克。——编者注

泰摇下了车窗,他总是坐在副驾驶的位置,因为他身高将近两米。"像电影《华尔街》那样吗?那是你要做的事吗?"

"并不是,"我说道,"我更像是《上班女郎》。"这句话引发了一阵笑声。"《上班女郎》讲的是兼并和收购,是我接下来要做的事,《华尔街》讲的是销售和交易,还有'企业狙击手'。"情况常常是好莱坞电影在形成公众认知,以及传播对金融服务行业的理解方面,可能比其他任何方式更有效,即使是对于像我的这些朋友这样的聪明人来说也一样。

"拜托,克里斯,"布鲁斯说道,"你去沃顿商学院读书就是为了和那些认为洗劫公司是好事的人为伍吗?沃顿商学院的存在就是为了帮助你们为华尔街做的蠢事辩护。"

"不是这样的,"我说道,然后在心里想是不是这样,"至少我不这么认为。"

"那么告诉我,"泰说道,"基尔在最后做了一件好事,救了造船公司,对吧?"

"不!"我回答得比我想象的更有力,"这绝对是胡说八道。造船公司已经快倒闭了,所以它应该被收购,或者至少被迫执行。基尔饰演的角色不会决定加入它的,永远不会,这是好莱坞的闹剧。"

"但这是一家诚实的好公司,至少我们看到的是这样,"布鲁斯说道,他在后视镜里皱着眉头看着在我们车后按喇叭的人,"这是个家族生意,而且基尔有办法救它,为什么是件坏事呢?"

我靠在前排座椅中间的空隙,说:"因为那些'狙击者'——像基尔那样的人——正站在重振美国商业的最前沿,他们是变革的催化剂。"

"天啊!"汤姆在我身边咕哝了一句。

我没理他,一边说一边拍了拍中间的扶手,说:"而且他们是靠说'你们这些经理千万别把事情搞砸了,不然我们不放过你们'

第三章　牛奶和气球

来办到的,他应该拿下这家公司,因为改变就是进步。"

"好吧,伙计,放轻松,"布鲁斯说道,"这只是部电影。"

"抱歉。"我说,"嘿,你们还记得茱莉娅·罗伯茨穿着浴袍坐在桌上吃着早餐,基尔在看报纸的场景吗?"

"当然记得。"泰说。

"你们注意到基尔手里拿着的《华尔街日报》背面有所罗门兄弟公司的广告了吗?那就是我要去工作的公司。"

汤姆说道:"我们到底为什么要看理查·基尔在看什么?茱莉娅·罗伯茨正穿着浴袍坐在旁边呢!"

我耸耸肩,说:"我觉得还挺酷的。"

布鲁斯把车开到第26街和威尔郡大道的拐角,停在了狐狸酒吧前面。外面没人排队,里面也没有灯亮着。

"这是怎么回事?"我们下车时,汤姆说道。门上贴着一个停业的标识和一小张告示,写着"谢谢大家的惠顾,给我们留下了美好回忆"之类的话语。狐狸酒吧就这样没了,关门,被卖,马上要改成其他店铺了。我们试图隔着窗户往里看,但里面只有一片漆黑。

"见鬼,"泰说,"酒吧没了。"

"但是为什么?"我说道,"这地方可是个传奇。"

我们站在威尔郡大道上朝两边望去,交通信号灯一会儿变绿,一会儿变黄,一会儿变红,如此交替,车辆来回穿梭。街角有一个加油站,另一边有一家连锁便利店,中间穿插着一些无聊的小店,卖快餐什么的,数量不多。

布鲁斯向前一步站在我身旁说:"改变是进步,对吗,'上班女郎'?"

他们喜欢拿我开涮,但都无伤大雅。"来吧,"布鲁斯一把揽过我的肩,"在华尔街把你生吞活剥之前,让我们换个地方给你弄杯小酒。"

※ ※ ※

2015年，在《风月俏佳人》上映25周年之际，编剧J.F.劳顿的原始剧本被公开，和后来我们看到的电影成片从基调到视角都大相径庭。在原始剧本里，理查·基尔饰演的爱德华并没有拯救造船公司，而是奇袭了它，后来甚至开始计划他的下一个目标——北美钢铁公司。在这个剧本里，薇薇安是个瘾君子，记得当爱德华闯进顶层公寓的卫生间，以为薇薇安在吸毒，结果她是在用牙线剔牙的场景吗？在原始剧本里，这里可没有牙线，只有毒品。在他和薇薇安最后的镜头里，没有了豪华轿车和玫瑰花的催泪场景，而是爱德华把她赶下车，当她在路边哭泣时，他往她手里塞了一个装满钞票的信封，然后开车离开。她对他说的最后一句话是："去死吧！我恨你！我恨你的钱！我恨死了！"当茱莉娅·罗伯茨读完原始剧本后，她的评价是："这是一个关于两个恐怖的人的暗黑、郁闷、可怕又糟糕的故事。"

有一个很有趣的巧合，《风月俏佳人》是由迪士尼旗下专门制作成年人影片的试金石电影公司制作的，电影的推出时间距离索尔·斯坦伯格攻击迪士尼公司刚过去没几年。这很容易让人对故事产生联想——一个"企业狙击手"从曼哈顿飞到南加州的目的是对一家传统公司进行恶意收购——这可能和迪士尼的情况有点类似，对剧情和人物的大量更改可能是为了刺激斯坦伯格和他这类人，电影最终变成了一部描述现代道德观念的故事，讲的是一个"企业狙击手"意识到自己行为的邪恶，并最终被"拯救"于道德败坏的途中。但更有可能只不过是迪士尼想要一个完美的结局。讽刺的是，迪士尼始终坚挺并成功制作了《风月俏佳人》，可能正是因为斯坦伯格的攻击逼迫迪士尼革新，从而使迪士尼公司变得更赚钱且更高效。

华特的卖点是"怀旧"，一个创立于过往时代的品牌，向19世纪末期的美国小镇致敬。迪士尼乐园被打造成"地球上最幸福的地方",但是随着时间的流逝,直到20世纪80年代,当幸福的定义变得陈旧过时,当一个地方不再"幸福"时,会发生什么?或者,对迪士尼来说,当这个品牌不再能制造大家都想要的幸福时,会发生什么?

那些掌管公司的人总是抗拒做出改变以适应对不断变化的幸福的定义,或者他们不知道要怎么适应。所以通常需要一个外部因素来迫使改变发生。对于迪士尼公司来说,这个因素就是"企业狙击手"。这种变化带来的紊乱一般很少令人感到愉悦。对于现任管理者以及其他前途未卜的员工来说,这些干扰者坏透了。但是他们带来的改变是公司生死存亡的关键。

在"企业狙击手"出现的在20世纪80年代以前,大多数公司的目标使命都聚焦在创造最好的产品或提供最好的服务上。然后,"企业狙击手"的出现迫使管理团队将股价看得高于一切,股权价值最大化成为新的口号。在做出管理决策时,那些负责人只需要问一下这个决策是否会提高公司的股价,说白了就是能否提高利润,如果能,那么这个决策即正确的选择。

增加利润当然不是一件坏事,这对任何公司来说都是至关重要的目标。股权价值最大化的模式是我们在做出艰难管理决策时的一盏清晰简明的指路灯。它通过集中行动进行商业改革,使全球企业的管理变得高效、高能,这是在此前商业世界里从未见过的,为全球化世界创造了令人难以置信的经济增长和就业机会。

然而,面对这样的混乱局面,总会存在一种风险,那就是应对这种混乱局面而做出的改变可能会过头。在从专注于创造最好的产品到股权价值最大化的转变中,一些重要的东西丢失了。商业变得薄情寡义、百毒不侵。我们再也不用亲自解雇鲍勃或苏,现在可以将一切归咎于RIF(裁员),这个首字母缩写让我们远离了不得不面对的现实,即鲍勃和苏的家庭要依靠这份工作来过活。现在,除了盈利能力以外，考虑其他因素的余地缩小了。以往被认为是粗鲁或冷血的行为，现在用"不是针对个人"和"只是公事公办"这两句话就能解释。个人的缺失，打破了雇主和雇员、公司和顾客之间暗含的社会契约。管理决策被简化为风险和回报的成本收益分析。

如今，当你打开任何主流报刊的财经版块，都会发现公众对"企业狙击手"的看法发生了难以置信的变化。媒体把他们描绘成无赖的日子已经一去不复返了。他们甚至已经不再被称作"企业狙击手"而是"主动投资者"了。总体来说，他们被视为好人，因为他们使管理团队保持坦诚和积极。我去看过一场旧金山巨人队的棒球比赛，猜猜是谁为他们开的球？我们的前英雄现因犯迈克尔·米尔肯，观众放下手中的热狗和啤酒热烈地为他鼓掌。在因多项重罪入狱两年后，他改头换面，成为一名慈善家，就连他从前臭名昭著的"垃圾债券之王"的历史现在也被拿出来歌颂。只不过现在已经不再提及垃圾债券的说法了，更为大众所接受的说法是"高收益债券"。所以迈克尔·米尔肯再一次成了英雄，"垃圾债券"成了"高收益债券"，"企业狙击手"成了"主动投资者"。这标志着自斯坦伯格攻击迪士尼的时代至今，美国商业的一个重大转变。

虽然这些主动投资者肯定能带来积极的结果，但一个不幸的后果是，管理团队已变得高度关注利润——特别是短期利润——往往是以从现在开始3～5年内的投资和最优产品的创造为代价。他们实际上别无选择，因为他们的运营环境要求他们提供强有力的短期成果。这种运作似乎不是建立地球上最幸福地方的方法。那么我们怎样才能找到一个中间地带，让管理者既不会变得自满，又不会为了今天的利润而发愁，从而牺牲顾客、雇员和股东明天的幸福呢？我们有可能找到平衡吗？

如今有很多舆论给上市公司施压，要求扩大它们的使命以包含更多的东西，而不仅仅是利润和股权价值最大化。互益性企业是一个很好的例子，它证明一个以营利为目的的实体是自愿通过做好事，来达到更高的透明度、问责制和业绩标准的。"利润"不应仅仅包含盈利结果，而应从更广泛的社会目的出发，尽管它已开始在商界内外引起共鸣，但这一概念在任何无法对其竞争地位做出妥协的实体中都难以获得支持。我们仍然处在一个持续获得盈利的财务业绩对于生存和可持续发展来说都至关重要的体系中。

尽管我们为了给企业赋予更广泛的权利而做出了种种努力，但事实表明，普通的投资大众完全满足于股权最大化模式，满足到已经因此而放弃了去影响管理团队或让他们负起责任的意愿或能力。目前，大部分对公开交易证券的投资都是通过被动型交易所交易基金，即 ETF（交易型开放式指数基金）完成的。ETF 是一种已经被应用了超过 25 年的金融工具，投资者可以购买多样化的投资组合，以尽可能低的成本获得市场或行业回报。

尽管 ETF 也许让大众投资者获得公开市场回报的成本降低了，但它也将他们与所投资的企业隔离开来，他们因此失去了对管理团队评估的需求和能力。投资者毫不怀疑地放弃了这项职责，因为股权价值最大化模式是全世界都认可的。大众现在相信一个管理团队必定会专注于利润和股权回报。这种信任促使股东"租用"公共股权，来为他们更广阔的投资目标服务，同时他们几乎完全不希望承担所有权带来的责任。目前，绝大多数所有权和交易量都是被动的，或者是基于计算机控制的交易算法，这使得很少有股东能够成为问责制的监督者。这些责任大部分由主动投资者承担。曾经他们被认为是坏人，现在他们变成了公共市场的守护者。

在《风月俏佳人》被舍弃的原始剧本的最后一幕，薇薇安和她的室友兼最好的朋友琪特坐在长途大巴上，琪特也是一个妓女。爱德华将薇薇安抛弃在马路边，而现在这两个姑娘准备去挥霍薇薇安给爱德华当一周女伴挣来的钱。她们能去的最讽刺的地方是哪里呢？迪士尼乐园。琪特问，等她们到那里之后她能不能买一个气球，"你知道，就是有耳朵的那种"。薇薇安很累，神情放空，情绪低落。"你可以买气球，"她说，"有耳朵的那种。"然后电影结束。这是个邪恶的结局，但也尖锐地把 20 世纪 90 年代普通老百姓的两股分支冲撞在一起，通过迪士尼乐园来呈现的几乎如清教徒田园诗一般的传统美国，被这个国家迷失、堕落的年轻人入侵，表现形式为两个吸毒的妓女。但从另一个角度来看，这也可能是这部电影的结局感人的部分。在与爱德华相处的一周里，薇薇安曾经对虚假的浪漫抱以幻想，希望她的生活能够出现转机，但这些希望都破灭了，她被抛弃在路边。一个女孩上哪可以佯装找回一些纯粹的、善良的、天真的快乐？当然是去"世界上最幸福的地方"。

* * *

在奥尔良咖啡馆，每次轮班都会安排一个服务员去当收银员，我们大多数人都不愿意做这件事，因为得坐在角落里结算支票，给其他服务员找零钱，基本上没有与顾客互动的机会，更没能有助于增加轮班同事的情谊。你还得进行大量数学计算以保证最后抽屉里的钱数是对的。

尽管确实很枯燥，但我其实并不介意做这个工作，我在旧收银机前一坐就是好几个钟头，然后开始胡思乱想——想着那些漂亮的女孩（比如格蕾丝，她从来没和我们认识的人约过会）、我们学校的运动队，以及有什么办法能更高效地整理桌子和餐厅的其他部分。我甚至想出了 10 种偷钱但不被抓包的方法，当然我永远不会这么做，而且为了表明我的忠诚，我把这些想法写成报告并交给了我的经理。从他们的系统中偷现金是如此容易，以至于我知道他们会做出必要的调整来保护公司的利益。

经理看了看我的报告说："我们不信，你做给我们看看。"

于是我照做了，解释说由于收银机没有交易记录，收营员可以

第三章　牛奶和气球

决定不把一张小票录入系统，或者不进行录入然后继续结账，我还演示了其他 8 种敲公司竹杠的简单方法。

"好吧，很好。"一位经理说道，"不要给其他任何人看这个。"

我点点头，为能帮助公司改进这个系统而感到高兴，但随后他把我的报告折了起来，说："我们不想打乱这个系统，这样做是有原因的。"

我看上去一定很惊讶或是很沮丧，因为另一位经理用安慰的语气说："这些服务员不是真的能成功干出这些事的类型，克里斯，不用担心。"

我无能为力，只能作罢。

当我做收银员的时候，通常晚班的最后一轮需要加班把一整天的销售额算出来，然后把钱和总收入送到现金控制中心，就在飞越太空山的后面。新奥尔良广场在公园的另一个对角，如果你保持一个稳定的速度，走到现金控制中心大约需要 10 分钟。我在迪士尼乐园打工的 5 年时间里最值得怀念的时刻，就是这些能够深夜漫步在公园，灯光闪耀、音乐悠扬的平静夜晚。游客和大部分员工都早已回家，但是清洁员工还没来，所有的一切都 24 小时不停歇，不管有没有人群围观。此时，就好像这些灯光和音乐是属于我一个人的。如果时间够晚，我还能看到维修工人在边域世界重新粉刷射击场的后墙。他们几乎每天晚上都要给墙重新上色，填补白天的"神枪手"用玩具枪制造的弹坑，为第二天创造出一个全新开始的美好想象。有些夜晚，我会绕道经过白雪公主许愿井，那里《我希望》这首歌会悠悠地从井里飘上来（"我希望我所爱的人在今天……出现……"）。有时我也会在明日世界游乐场停留一小会儿，玩任何我想玩的游戏。

一天晚上，我正准备去弹珠机还有立体空战附近，在经过位于美国小镇大街的广场餐厅时，我看见一名女员工坐在一根栏杆上哭泣，我一部分出于担心，另一部分出于好奇走向了她。我一直是一个人在公园里溜达，而现在出现了一位深色头发的年轻女孩，她穿着粉白相间的草原裙——广场餐厅的制服，在"地球上最幸福的地方"轻声哭泣着。

我走上前去轻轻地问她："你还好吗？"

她转过身，示意我不要打扰她，说："是的，我很好。"

"有什么我可以帮忙的吗？"

"没有，谢谢。"她说道，她的肩膀几乎是不知不觉地在颤抖。

"我很乐意聊聊。"我说道。

我经常和奥尔良咖啡馆的服务员讨论恋爱关系和其他个人问题，所以我觉得自己能帮得上忙。但是她没再说话，只是单纯地面向另一个方向，直到我离开。

我把钱送到现金控制中心后，去服装部换了一套全新的制服，然后把它挂在了我的储物柜里。整个过程，我都在回想穿着草原裙的女孩，想知道她是谁，还有她为什么哭。我希望自己能帮她的忙。

我换上日常服装，回到广场餐厅，但她已经离开了刚才的地方。也许是我受到迪士尼经典画面的影响——落难的少女和身披闪亮铠甲的骑士什么的，所以也许我的动机并不完全是无私的。我从周围的灌木丛探出头来，扫视着庭院，然后走到前窗，往空无一人的餐厅里看去，一时间竟被自己的倒影吓了一跳，因为我的日常服装和这个地方实在不太搭。我完全没一点儿地方像骑士。我走回美国小镇大街，希望能找到那位姑娘，但她已经走了。

视线范围内再也看不到人影。旋律随着穿堂风从四边八方吹来，混合成一种瞬间的不和谐之音，像是出了故障的旋转木马。声音渐渐散去，灯光照在空旷的路面上、一排排越靠近马路就被修剪得越矮的树丛上，以及同样高度递减的建筑物上，这么设计是为了让美国小镇大街看上去更长。这个地方的"魔力"消失了一会儿。

第三章 牛奶和气球

一切都让人感觉不太对劲，甚至给人一种不祥的感觉。那一刻，我看清了迪士尼乐园的真面目——一个精心设计的以营利为目的的产业，而不是一个纯粹为了撒播幸福种子的魔法王国。我转身从游客出口离开了，绕着城堡的外墙一路走到员工停车场，我的车孤零零地停在远处的角落里，然后我上车，开车回家。

"我的天啊，伙计们，我被吓坏了。"

无论什么时候，只要有不寻常的事发生，特丽都会被吓坏。在一次难得的休息时间里，我们聚集在领位员休息区，讨论大家几乎都听说的一个消息——麦克尔·艾斯纳和他的新团队下令对奥尔良咖啡馆进行"重组"。一个领位员同事凯西·康威从一个助理经理那打听到内部消息，说我们的餐馆要改成提供自助餐形式的服务，顾客将沿着一个长长的柜台排队，从各种食物中挑选自己想吃的。我们猜想是像中学食堂或者时时乐牛排一样，用蒸汽或者加热灯在下面给食物加热。

"有人能掐我一下吗？我是说真的。"特丽愤愤不平地轻声说，"他们为什么要这么做？"

格蕾丝靠过来："我猜这样能省不少钱，形成流水线，就能招待更多的客人。"

"但是我们该怎么办？"特丽大声说道，"领位员怎么办？还有服务生、勤杂工，还有这个地方该怎么办？"她伸手向凯西讨了个拥抱，说："我爱这个地方。"特丽说到点子上了，奥尔良咖啡馆的员工关系非常亲密，而且不知疲倦，园内其他区域的员工都很羡慕我们，从我们持久的友谊到保龄球馆派对再到我们在迪士尼内部的垒球和独木舟比赛队。在之后的人生里，回想起这些时光，特别是在知道一般餐馆员工多多少少会在轮班时带着点愤恨和讽刺的心情时，就会觉得我的记忆很不真实。但那是我们独特的相处方式，我们互相关心，心系奥尔良咖啡馆，也心系整个公司——迪士尼。我们环顾整个餐厅和外面的露台，感叹着这家餐厅为了平稳运营而投入的细致用心，服务员和后厨工在地板上游走，像跳着上菜探戈，餐具碰撞叮当作响，酒足饭饱的食客谈笑风生；后厨出餐准时，水杯和冰茶能够被随时提供，用完餐的桌子立刻被收拾干净并重新布置。我们大多数人至少在一起工作了好几年，而且我们的工作也做得很好。想象一条长长的自助餐台和顾客排队用餐的场景，让人心情低落。一些重要的、无形的、有人情味的东西将被牺牲掉。

但我们是唯一注意到这个变化并深受其困扰的人吗？当管理层聚焦提高工作效率时，这种类型的重组并不少见。然而，随着时间的推移，迪士尼创立的顾客服务宗旨似乎将被淘汰，奥尔良咖啡馆的流水线看来是这种宗旨走向衰落的一小步。

格蕾丝转身去招呼刚进来的一行四位客人，然后她走向正在排队等位的人群，就像我们经常做的那样，确保大家都满意。其中有一群日本客人，讲着他们自己的语言。格蕾丝用流利的日语加入他们的对话中，他们很自然地回应，然后突然意识到这位穿着红白波点装的漂亮高妹能像他们一样说一口流利的日文，于是全都震惊了。我们已经对客人因惊讶而升高的声调见怪不怪了。

这是我在迪士尼乐园度过的第 5 个夏天，也是和格蕾丝、凯西、马特、特丽在一起的最后时光。从我们几个相遇起，就一直半开玩笑地互相问对方一个问题："你真正想做的工作是什么？"那时我刚从西方学院毕业，很快要去给珠宝商当贷款专员；格蕾丝要去当空乘，专飞跨太平洋的南加州到亚洲的航线；凯西·康威要去当牙科护理员；马特则要将波点制服换成褐色制服，做一名 UPS（美国联合包裹运送服务公司）送货司机；特丽则和一位富豪订婚，马上就要开始当衣食无忧的家庭主妇了。我们知道我们在迪士尼乐园的日子即将结束，所以不必担心餐厅的重组问题，然而我们还是有一种自己好像在这个地方进行了个人参股的感觉。

到 1985 年的夏天，艾斯纳掌管迪士尼差不多有 1 年时间了，表面上看，自从他上任以来好像并没有给迪士尼带来多大变化，除了几乎所有的东西都涨价了。但公司上下绝对存在不少忧虑。当你要解决的问题与一家建立在美国基石之上、以悠久传统为中心的公司有关时，改变看上去是一件可怕的事情。人们普遍认为迪士尼公司正在成为一种商业模式，尽管斯坦伯格的收购企图使公司利润上升，但一些员工并不确定他们对此作何感想。我们想知道，这付出了什么样的代价。斯坦伯格显然毫不在意迪士尼公司，以及其历史或者华特的愿景。作为迪士尼完美的反派角色，他只是在追逐万能的金钱。然而现在，据我们所知，新的管理团队貌似更关注盈利，而不是顾客体验。

我们最后的夏天即将过去，穿着波点制服的我们站在一起，脸上写满年轻。太阳落山，只能看到头顶上模糊的星光。特丽说："9 点 29 分了。"我们都聚集到门口的露台，咖啡馆的灯光渐渐变暗——我和马特、凯西、格蕾丝、特丽站成一排，我们的肩膀基本挨着对方，然后那个熟悉的声音从大喇叭里传来，那个每天晚上同一个时间都会在园里响起的声音，那是 1955 年华特在迪士尼开幕式上的演讲："所有来到这个幸福之地的人，欢迎你！迪士尼乐园是你的乐园。在这里，年长的人可以重温过去的美好回忆，年轻的人可以享受挑战，许诺未来……"我的眼睛扫过想象中的自助餐台，想象着一排排的客人用勺子往盘子里舀食物。

那个声音继续着："迪士尼乐园致力于创造美国的理想、梦想还有残酷现实，希望它能成为全世界快乐和灵感的源泉。"残酷现实，创造了美国的残酷现实。尽管这个演讲内容我已经听过上百遍了，但我从未注意它提到了"残酷现实"。华特到底想说什么呢？我想知道是什么样的痛苦、困难、牺牲或不得人心的决策，构成了建立这个地方、这个王国、这个国家的残酷现实？华特·迪士尼是否预料到残酷现实最终会碾压他所建立的帝国？还是说这是他从天国对我们说的话？他在第一场开幕式就预言，我们将不得不面对未来的残酷现实？

  这没关系——或者也许是有关系的，但那时候我已经随它去了。7月的夜晚，那些人和那家咖啡馆还在我心里，哪怕只有片刻的时光。

  第一个烟火在我们头顶的天空绽放，我们全都抬头仰望这转瞬即逝的美丽，那些绚烂的色彩和星火只能持续几秒钟，但是明天还会继续，后天也会，下一个夏天也会，今后的许多许多日子都会——希望如此——不管我们会不会在那里看到它们。

第四章

天空的征服者

速度和精度使新产品的创造成为可能，并使市场更高效，途径更多，且成本更低。然而……在所有金融领域内，速度、效率和感知精度已经取代了全面、详尽的分析，包括那些最需要分析性思考的领域。

美国就是速度。热辣的、讨厌的、惹不起的速度。

——埃莉诺·罗斯福,电影《塔拉德加之夜》

"在以前,如果我想杀你,先生,"演讲者用手指了指观众中的一员,然后拿着手持麦克风走下讲台,"我得炸掉整个宴会厅。"他挥着手臂,画了一个大大的弧线,"大肆屠杀"了整个宴会厅和它里面的6张圆桌,这些桌子周围坐满了机构投资者和分析师,有男有女,西装革履,一边享用着精美的鸡肉一边大笑不止。"为了杀掉这一位男士,你们所有人都会被牺牲掉。"演讲者吉姆·罗什是诺斯罗普公司(今诺斯罗普·格鲁曼公司)的高管,也是前美国上校。他一边穿过全神贯注的观众,一边说:"然后战争的科技含量提高了,但我仍然需要炸掉他那一整桌,连同其他9个人一起干掉。"桌子周围的人纷纷做出搞笑的表情,坐在那位"被判了死刑"的男士对面的一位投资者,把手放在脖子上,伸出舌头,做了一个

"死亡"的表情，惹得众人笑声不断。"然后科技更发达了，我可以在仅伤及他左右两侧的两个人的情况下干掉他了。但是现在，"他边说边在大厅里慢慢走动，直接来到"被判了死刑"的男士背后继续说道，"现在科技可以精确到我只取他一人的性命，预期做到或者说必须做到无其他伤亡。"

伴随着大厅里餐盘碰撞发出的叮当声，他从人群中走回讲台。"沙漠风暴行动，"他继续说道，"改变了一切。我们往中东运送了5 000个运尸袋，为美国的伤亡人数做准备，但我们损失的士兵非常少，其中很多是在炮火中丧生的友军。这改变了人们对战争的整体期待，现在我们相信自己可以打没有伤亡的战争。"

这场特别的午宴在曼哈顿一家酒店的宴会大厅举行，是一场路演的第四站，活动的目的是套近乎，传播公司的背景故事，展示一些很厉害的武器、小装置和新技术，希望能炒热气氛，激发投资者的兴趣，从而提升股价。通常来说，一位所罗门兄弟公司交易团队的资深员工会在午宴开始时上台介绍演讲者，有时我的同事彼得罗斯·凯索斯会充当主持人，他让我印象非常深刻，因为我俩都是初级投行人，我在所罗门兄弟公司才干了几年，刚开始接触大客户，所以我在路演上还帮不上太大的忙，只需要在门口迎接宾客，闲聊几句，然后我们就和宾客混在一起围坐在圆桌旁，品尝鸡排、肋排或者烤三文鱼。我在面包上涂了黄油，然后转向坐在我旁边的一位来自富达国际的女士，她正小心翼翼地将柠檬挤进冰茶里。"所以，"我面带微笑地说，"你之前听说过诺斯罗普的'杰达姆'精确制导炸弹吗？"

* * *

表面上看，所罗门兄弟公司的投资银行部和交易大厅处在完全不同的世界。在投资银行的世界里，至少是有人类文明的光辉存在的，三件套的西装，玻璃墙办公室，总比喧闹的开放平层要好得多，还有《财富》世界500强企业的客户花钱来做专业咨询。但是类似的侵略性和潜在的紧张氛围依旧触手可及。和交易大厅很像，这里也是充斥着自由放任的企业文化，并带着很强的竞争意识和个性鲜明的各色人物。

其中一个是刚从密歇根卡拉马祖来的新人迈克·索恩。他可能是我遇到的唯一一个对华尔街职业生涯准备得比我还要不足的人。

迈克家有4个兄弟姐妹，他是老大，在底特律郊区长大。他的妈妈科琳是一位牙科护理员，他的爸爸唐在福特汽车做引擎设计。在他们家迎来了第四个孩子时，家里需要更多的收入，于是唐开始晚上在桌球酒吧工作，每天凌晨两点才下班回家，太阳升起时，再去福特汽车公司上班。最终，他买下了属于自己的酒吧，然后是一家更大的，拥有并经营了一家可以容纳1 500人的音乐表演场馆。小时候，迈克总是待在场馆里，穿着一件宽大的酒红色安保制服外套，在头排或者二楼阳台观看蒂娜·特纳、哈里·查宾、霍尔&奥兹、警察乐队、琳达·朗丝黛等人在密歇根坎顿的演出。周末的早上，一般前一天晚上表演乐队的乐器还留在台上，他会偷偷溜上台，试一试这些乐器。之后他会帮他的爸爸算算账，然后去银行存钱。"约翰·麦伦坎普差点死在我们酒吧。"迈克回忆道，"那是一件大事！在一个新年前夜的演出上，约翰·麦伦坎普正在唱歌，他的吉他手做了一个旋转吉他的动作，吉他末端正好打在他头上，就把他给敲晕了。"

高中毕业后，迈克去了距离坎顿以西几小时车程的卡拉马祖学院读经济学专业。1992年当他完成课业时，他在日本一家三级汽车供应商处找到了一个实习机会，但差不多在国外住了半年后，他开始对那里的工作感到厌倦，而且确信这不是他想要从事的职业，所以他回到了卡拉马祖学院，但对自己接下来的生活没有任何计划。这时他觉得华尔街看上去是个不错的地方。

"每个人都知道在那里可以赚大钱。"迈克说道,"我的高中——底特律天主教中央高中,有卖那种介绍每位毕业生以及他们在哪里工作的册子,我也买了一本,没抱着什么希望地把每一页都翻完了,想找到一个跟华尔街有关系的人,向他了解华尔街附近都是些什么公司?什么样的人在那里工作?和我一个高中的马沙利克双胞胎兄弟是那种特别完美的人,长相出色,在常春藤名校读书,橄榄球队队长,是绝对的风云人物。他俩中的一个在所罗门兄弟公司工作,他比我高三级,所以从来没听说过我,但我们学校的人都挺团结的。所以我给他写了一封信,这人给我回了个电话,说:'既然你是我们高中毕业的,我想我应该试着给你安排个面试。'"

有了这样热情的支持,迈克便来到所罗门兄弟公司面试。他的明显优势是找工作的时间点不是毕业季——当他还在日本时,所罗门兄弟公司的企业并购部门需求激增,急需初级员工的支持——所以迈克无须和一群常春藤名校的候选人进行残酷的竞争,但整个过程并非如春风般和煦。

"我大概在两天内经历了13场面试,而且你能看出他们并不关心你。你只想得到一份投行里最基层的分析师的工作。招聘一个分析师还需要进行面试这件事本就已经很让人心烦了。你进去5分钟就出来了,他们只需要在表格上画钩表示他们面试过了。我的最后一轮面试的面试官是大卫·威蒂格。"

威蒂格自从在1986年上过《财富》杂志封面后,风评就一直不是很好,封面上他傲慢地叼着一支雪茄,上面的标题写着"华尔街高薪年轻之星"。文章一直在讲他赚了多少钱——一个对华尔街来说非常禁忌的话题。自登上《财富》杂志封面之后的7年,他升职至所罗门兄弟公司并购部门最高职位。他是20世纪80年代华尔街"宇宙之主"精神的典型代表——目空一切、自命不凡、虚张声势——他不够温文尔雅,不足以胜任《虚荣的篝火》里面的角色,但他似乎正在试图扮演这个角色。迈克·索恩——一个刚从卡拉马祖坐飞机来的小伙子，拿着一个空公文包，一个接着一个面试地跑——在此之前他从没听说过大卫·威蒂格这号人物。

迈克在面对大办公桌的一把椅子上坐了下来，威蒂格从桌面上滑过一本摊开的活页夹给他，问："你知道这是什么吗？"

迈克向前探了探身，一栏栏看起了像代码一般的字母和数字，其他栏里写着一些公司的名字。"我不知道，"他说，"这是什么？"

"尾号。"

迈克从来没听说过尾号。他不知道所有负责运送行业巨鳄进出纽约的商务客机都是可以用尾号来识别的，这样就能知道谁来纽约了，他们有可能在做大生意。他坐在椅子上，试图假装自己知道尾号是什么。"对，"他说，"尾号。"

"你愿意每天坐在泰特伯勒看看有哪架商务客机进出纽约，然后告诉我都有谁来谁走吗？"

迈克的眼睛从活页夹上离开，抬起头，看着威蒂格，想确认他不是在开玩笑。迈克并不知道尾号是什么，他也从来没听说过泰特伯勒，他无法猜到泰特伯勒是不是在纽约方圆 1 000 英里之内。

"当然。"他说。

"你愿意做这些？"威蒂格说。

迈克带着希望被听起来是从容、自信的口吻说："是的，是的，我愿意。"

"好的，"威蒂格问道，"《华尔街日报》什么时候印出来？"

"这是什么意思？"

"几点纸质版本的报纸被从印刷厂里运出来，然后把印坏的版本扔进垃圾箱？"

"我不知道。"迈克说。

"他们凌晨 3 点半开始印，你知道自己为什么需要知道这些吗?因为你得钻进垃圾箱,找到印坏的报纸,然后在我起床之前把头条给我总结好。"威蒂格停了一下,看了看迈克说,"这是成功需要付出的代价,你愿意去做吗?"

迈克点点头,好像是同意了一个完全合理的指令。他太渴望找到一份工作了。"我不知道威蒂格是不是想把我吓跑,"他后来回忆道,"也不知道他说的是不是真的。结果他说的没一句是真的,因为我从来没被叫去做过这些事。总之,威蒂格最终看着我说,'我觉得你有那个劲头'。我对华尔街一无所知,我真的没办法告诉你一个证券经纪人和一个投资银行家的区别,但所罗门兄弟公司录用了我。"

* * *

当我接触诺斯罗普项目时,我已经在所罗门兄弟公司工作几年了,但还是个级别很低的员工。诺斯罗普是一家致力于航空航天和国防工业公司,以制造 B-2 隐形战略轰炸机和其他武器及战斗机而闻名。所罗门兄弟公司的角色是给诺斯罗普提供金融和战略咨询,不论它们需要的是什么类型的金融服务。由于航空航天和国防工业在 20 世纪 90 年代进行了不少整合,所以我们客户关系中的核心是为其提供一切关于企业兼并与收购的指导,例如:是否要收购其他公司?如果是,那么收购哪一家?如何回应他人的收购要约,以及是否卖出公司?

航空航天和国防工业是高度机密的行业。为了避免冲突和保持机密性,每家银行只和一家主流航空航天企业合作。比如所罗门兄弟公司合作的是诺斯罗普公司,贝尔斯登合作的是马丁·玛丽埃塔公司,高盛似乎是唯一一家绕过这个系统的公司,但几乎为每一笔航空航天交易的双方都提供过咨询服务。我第一次参与的高级别谈判是由我的老板迈克尔·卡尔和高盛的吉恩·赛克斯主导的。他们在讨论一个关于诺斯罗普和另一家航空航天企业麦克唐纳-道格拉斯之间的潜在交易，赛克斯正是这家企业的代理人。虽然这笔交易最后并没有完成，但给我留下了深刻的印象，因为在此之前我从来没有参与过关于并购细节的谈判，那些你来我往，对立场和目标的闪躲，各种条款术语、战略杠杆、每个用词都经过了精心处理。我并不能完全理解卡尔和赛克斯所说的话，但是我记得当时的自己在想，天啊，我真想学会像那样的话语。

在之后的一段时间里，我们接手了诺斯罗普公司的好几个其他项目，赛克斯总是坐在谈判桌的另一端。他是华尔街的传奇人物，穿戴讲究、打扮帅气，而且他从来不会看上去给人感觉过于刻意。他是高盛合伙人里最年轻的一位，就算是这样，他也总是对我非常友好而且尊重，尽管我在所罗门兄弟公司的级别很低。

当诺斯罗普公司开始和一家类似的航空航天企业——格鲁曼公司进行友好的并购谈判时，还是他——吉恩·赛克斯坐在谈判桌前，代表着另一方。两家公司都是由飞行员在两次世界大战之间创办的，它们对军用飞机的关注，使它们自然而然地成为彼此最适合的兼并对象。两家公司之间的谈判一直进展得比较顺利，但后来沟通中断了。诺斯罗普公司的CEO肯特·克雷萨给格鲁曼公司的CEO雷索·卡珀瑞里打过好几个电话，但都没有得到回电，后者的秘书总是说他的老板在滑雪。

沉默在企业并购中从来都不是个好兆头。我们担心会发生最坏的情况，并试图与在高盛的联系人沟通，渴望得到任何表明交易还在继续进行的回复，但都未果。在这种情况下，沉默很可能意味着有人在格鲁曼公司高层耳边吹风让他们产生了怀疑，要么试图说服他们退出并购，要么转而与其他人达成交易，或者他们只不过是想借机卖个更好的价钱。沉默总是一场谈判中最难应付的局面，我们很快在诺斯罗普公司位于洛杉矶的办公室召开了一场会议，商量接下来该怎么办。

这场会议由所罗门兄弟公司企业并购部门的主管爱德华多·梅

斯特雷主持。他出生于古巴，他的家庭在他年幼的时候从古巴搬到了阿根廷，他和几个兄弟姐妹被送往美国上学，然后他就一直留在这里，最终来到华尔街，进入所罗门兄弟公司，一路升任至总经理和投资银行的最高职位。他每天早上起得很早，会在上班前锻炼身体。他身材瘦削，穿着讲究，而且他对每个人都很严厉，不论这个人的资历深浅，但他身上有很多值得学习的地方。爱德华多在每次会议召开之前都会问我们，将要展示的内容有什么独特之处，以及它与我们的竞争对手可能提供的其他10种报告有何不同。

大概就在这段时间，我的妈妈在位于阿纳海姆的家中被确诊患有脑癌，并开始接受治疗。为了抓住一切回去看她和我爸爸的机会，我提早飞去洛杉矶参加在诺斯罗普公司召开的会议。我在所罗门兄弟公司位于洛杉矶的办公室里工作，尽可能多地开车去阿纳海姆吃晚饭或者回家看看。在飞机上和在酒店里度过了很多个安静的夜晚，在好几周的时间里，我靠着阅读托尔斯泰的《战争与和平》挺了过来，每晚睡前我都会看一小会儿。拖着一本1 300多页的小说在全国来回穿梭，似乎是一种不合乎情理的自我惩罚，但它当时却是我人生中完美的陪伴。

爱德华多也提前到了洛杉矶，忙着一笔与索尼公司有关的交易。团队里剩下的人计划坐会议当天的第一趟航班过来。他们会带着报告陈述书，那可是初级职员通宵准备出来的。但是肯尼迪国际机场遇到了大雾，航班被取消了。爱德华多和我在所罗门兄弟公司洛杉矶办公室碰面，商量解决方案。我们知道得说服诺斯罗普公司如果想生存下去就必须先站稳脚跟，但这种方式违背了这家公司的本性。

"见鬼，"爱德华多说道，"就没有什么办法能拿到一份报告陈述书的副本吗？"

"来不及了。"我说道，看他踱着步子，一边思考着这个问题，一边发脾气。我试图舒缓他的心情。"这可能帮不上什么忙，"我说道，"但是我发现有人在办公室隔间里挂着的一块签饼[1]，似乎总结了我们目前的处境。"

"你在说些什么鬼话？签饼？"

有人用复印机制作了签语，我借用了一下，给自己也做了一个，鉴于诺斯罗普公司对于格鲁曼公司沉默的担忧，我心想爱德华多可能也需要一个。"对，你看。"

爱德华多从我手里接过签语，反复读了好几遍，然后把它放在桌上。"好吧，我们就照着它来。"

"照着它来？"

他的回答似乎在说他的耐心已经被全部耗尽。"对，见鬼的签饼。把这个签语多复印几份，我们就照着它说的来做。"

一小时之后，我们拿着十几张复印纸走进了会议室，纸张的中心是一张印在签饼上的签语的图片，侧面还画着笑脸。这是我们与诺斯罗普公司召开这次重要会议的唯一文件，而且我们试图通过这份文件说服它们改变自1939年公司成立以来的做生意方式。诺斯罗普公司在一个重要的转折点上——管理层的决策将决定公司的成败。我觉得在这种重要的会议上，只是拿着一张签饼里写的陈词滥调简直是太疯狂了，但我暗暗激动地想知道爱德华多会拿着它怎么说。尽管他是一个狠角色，但他总是很具煽动性，而且在客户面前，只要一有机会他就会变成一个巧舌如簧、充满魅力的人。

在我分发复印件时，爱德华多开始为切入主题做准备。"先生们，我们所有人都对格鲁曼公司的沉默感到不舒服，这几乎可以肯定地表明，我们与它们的交易正处于危险境地。"一些诺斯罗普公司的高管把复印纸翻过来，想找到我们的数据和分析过程。有人在

---

[1] 签饼，中国餐馆提供的薄脆饼，内有预测命运的小纸条。——编者注

窃窃私语。爱德华多站在桌子前的主席位说："是的，这是一块签饼的签语，但是这上面有一些与我们有关的信息。就我个人而言，我希望自己被排除在这笔交易之外。"他拿起他的那份签语复印件开始大声朗读："不满足是一个人或一个国家进步的第一步。"爱德华多环顾会议室四周，与每个人进行眼神交流。

"先生们，"他继续说道，"我可以拿着一堆数据还有幻灯片来这里。我可以向你们展示所有能做的分析，但那只会模糊我们对真正重要的东西的关注，真正重要的是：当事情不按我们的意愿发展，我们该怎么办？是认输吗，还是这只是我们迈向更伟大目标的第一步？诺斯罗普公司想成为收购者，还是被收购者？你想让自己的名字就像半个多世纪以来那样被留在这扇门上吗？"接下来这一段，他压低了声音。"诺斯罗普公司是美国伟大的企业之一。它是否有未来将由你们决定。"爱德华多把纸张举过头顶，使劲地挥舞，"先生们，这个才是最重要的。把你们的不满变成有意义的东西吧！"

有那么几秒钟，会议室里唯一的声音就是爱德华多摇晃复印纸时发出的诡异哗啦声，然后他继续着他的演讲。

"数字、分析、增值和稀释全都行得通。不要担心那些细节。你需要决定的，"他把签语放回桌面上，"是你希望诺斯罗普公司的未来是怎样的。"

一小时后，我在诺斯罗普公司的走廊里一路小跑，试图跟上大步流星的爱德华多。"太神奇了！"我说道，"你只带着一块签饼中的签语走进房间，就说服了诺斯罗普公司的高管选择公司不被收购。"

"是的，挺棒的，"爱德华多毫无热情地回答着，他按了按电梯的按钮，"但是你知道遗憾的是什么吗？"

"是什么？"

"没有人在场目睹这一切。"

"什么？"我说，"我在那里啊！"

他耸了耸肩，皱了皱眉。

"我会告诉每一个人你做了一件多么厉害的事。"我说。

"嗯——但那不一样。从你嘴里说出来没有一点意义。"

我花了很多时间回忆那场会议的过程，我一直在想：如果纽约的雾散了，报告陈述书被准时拿到了会议室，我们会表现得更好吗？我们的团队花了几十个小时建立了在各种收购场景下极尽详细和精确的模型——与诺斯罗普公司标榜的精确程度没什么两样。这笔交易发生在1994年，当时的华尔街也已经具备了这种精确性，每个因素都可以被极其精确地分析，以评估该笔交易是否有价值。如果报告陈述书被准时到达，我们会把大部分的注意力放在研究上百页的册子上，剖析增值 - 稀释分析、估值、对竞争对手的影响，等等。我们已经陷入了那些细节的泥潭，还会将时间放在大方向战略层面吗？可能不会。然而因为报告陈述书没有被准时送达，我们把所有的时间都放在了大方向上，事实证明，到最后，全世界所有的分析都不及了解和明确指导方针来得重要。

尽管那时我们知道应该分配更多的时间，围绕长期战略进行深思熟虑的分析，但仅仅带着签饼的签语走进诺斯罗普公司的会议室是难以想象的。我们都希望一切尽可能精确，如果一个东西是可以被测量的，那么一定要追根究底找到正确答案。但是你只能在自己掌握的已知正确值的基础上做到准确，而且再精确也不能保证准确性。金融学与其说是门科学，不如说是门艺术，是在面对不确定的未来时，利用有限的信息选择最佳路径的本领。

多年以后，当我成为一位资深的银行从业者时，我经常在会议上不做任何展示性陈述。我们已经做了所有的分析来帮助制定将要给出的建议，但是我并不觉得有必要带着那本写满数字和图表的陈述书进行展示。事实上，我觉得它反而是一种阻碍。客户几乎一致认为，进行"关于什么是重要的对话"是一件令人耳目一新并且富有成效的事情。一个客户甚至告诉他们公司的董事会成员，他雇用我们正是因为我们不做展示性陈述。

至于爱德华多，我尽最大努力告诉办公室里的每一个人他在诺斯罗普公司的精彩表现，很快，著名的"签饼会议"就传开了。但是当我告诉爱德华多大家的想法时，他只是耸了耸肩。相反，他借此机会向我描绘了他的个人哲学。"我把世界分成三类人群，"他说，"马、鸟和松饼。马总能把事情搞定；鸟儿跳来跳去，看起来很忙，但实际上它们什么也没做；而松饼只是放在那里占空间。"

我站在原地盯着他。

"我对你有种感觉，"他说——似乎满怀希望——但之后，"我觉得你绝对是松饼类的。"

我什么也没说，他就走开了。

* * *

在格鲁曼公司的长时间沉默之后，1994年3月7日，我们的担心成了现实，《华尔街日报》上刊登了一个更大的竞争对手马丁·玛丽埃塔公司向格鲁曼公司开了价，然后双方很快就达成了协议，只剩下诺斯罗普公司举着枯萎的康乃馨站在体育馆的边缘。以这种方式发现我们被甩的感觉十分糟糕。我们猜想高盛说服了格鲁曼公司不要太把诺斯罗普公司当回事儿，大概因为早些时候赛克斯和我们谈过一笔失败的关于麦道公司的交易。报纸文章说格鲁曼公司被马丁·玛丽埃塔公司广泛的业务基础所吸引。马丁·玛丽埃塔公司实际上是一家电子产品公司，主要为军舰和直升机安装雷达与传感器系统，同时还生产导弹、航天器和相关产品。

不管这些航空航天企业的侧重点在什么方面，都得益于美国一系列高昂的军事防御合同。而仅在一年前的1993年，举行了一场被称为"最后的晚餐"的重要峰会，国防部高级官员与大约15位大型航空航天和国防工业企业的CEO共进晚餐。列克星敦研究所在一篇文章中描述了这次会议："正如时任马丁·玛丽埃塔 CEO 诺尔曼·奥古斯汀所述，当时的国防部长莱斯·阿斯平告诉工业界的所有巨头，随着苏联解体，他们计划削减国防开支，因此没有足够的资金让所有人生存下去。结果就是，阿斯平宣布它们需要兼并。"阿斯平的警告促使诺斯罗普公司急于与格鲁曼公司合作，或者寻找其他大型交易，以避免被更大的竞争对手吞并。

如马丁·玛丽埃塔、洛克希德、波音、格鲁曼和诺斯罗普这些大型公司的高管本身就是退伍军人，所以这个行业是在某种绅士行为准则下运作的。这些 CEO 是一个名为"天空的征服者"秘密俱乐部的成员，该俱乐部早在 1937 年就在亚利桑那州的一个度假牧场举行了首次聚会，自那以后的几十年里，这一聚会每年举办两次，他们会聚集在纽约或是西部举办周末牧场派对，在那里，这些人穿上牛仔装，参加一系列游戏比赛，包括飞刀投掷、骑野马比赛、狩猎、德州扑克、法式滚球。俱乐部成员用马匹、西班牙征服者服装、火把和烟花精心制作了一个入会仪式，这些成员包括来自航空航天企业和零部件制造商的高管，他们甚至有一首官方的饮酒歌，歌词是这样的：

> 我们是征服者，快乐的征服者，
> 我们都是有着精美羽毛的飞鸟！
> 我们是快乐的朋友，无论去到哪里，
> 一个，二个，三个，我们总是在一起。

在这些周末的聚会活动中，高管有时会私下讨论商业交易，这是被 SEC（美国证券交易委员会）明令禁止的行为。最终 SEC 试图解散该组织，但据说直到今天他们仍在举行"地下"会议，通常是在高尔夫球场或奢华的怀俄明州农场。

尽管诺斯罗普公司在其年度战略评估会开始时总是以这句话作为开场白："再一次，女士们、先生们，我们相信战争的未来；尽管航空航天和国防工业生产了战争工具和运载工具；尽管这些公司本身的运营方式也类似军事化管理，但高管们并不乐意在彼此间发动金融战争。"绅士的行为准则是他们商业关系的基石，就好像他们需要极度的文明礼节来抵消他们设计和制造致命武器这个可怕的事实。格鲁曼公司一宣布与马丁·玛丽埃塔公司达成协议，我们提醒诺斯罗普公司必须排除万难做出决定——不能继续袖手旁观了，必须主动出击，即使这会打破航空航天和国防工业长期以来一直遵循的礼节。

* * *

所罗门兄弟公司的投资银行部门是以一种传统的等级制度进行管理的。初级员工玩命工作，他们必须奋力拼搏才能赢得资深员工的尊重和关注。他们流血流汗，满足上级的每一个要求，不管这些要求有多么无理，工作时间有多么长。同一时间兼顾好几个项目是常有的事，每个项目都需要和不同的交易团队合作。作为初级员工，从来就没有提前准备客户会议或陈述报告的时间，所有事情都处在随时待命的状态。资深员工会在一天快结束的时候给你个大致的指示，告诉你客户想要什么样的分析数据，然后你得通宵工作得出结果。通常你的截止期限是在第二天清晨，客户陈述会都被安排在第二天，你只有足够装订20份陈述书的时间，然后回家洗澡换衣服，坐飞机去会议召开的地方（不管在世界的何处）。

对于交易员来说，一切都在高速运转，白天股市开盘的时候，所采取的行动是被宏观因素驱动的。而投行的工作通常发生在夜里，节奏一时疯狂，一时平静，一时又再度疯狂起来，行动是由微观分析和缺乏华尔街经验的、睡眠不足的大学毕业生的思考所推动的。像他们这个年纪的孩子大都在纽约城的各个角落享受青春，各种犯傻，而这里的分析师和他们的同事在摩天大楼的会议室里工作到凌晨3点，装扮成金融世界的征服者，提出可能会影响公司声誉甚至左右公司命运的建议。

最郁闷的是，到了半夜你突然发现自己算了一半的数据与预期的结果不符，或者数据无法支持资深员工预先的设定，以及想在当天晚些时候向客户提出的观点。这时摆在你面前的通常有两个糟糕的选择。要么改变陈述书的主题，从而与数据相匹配，要么选择含糊其词，让数据看上去符合主题。还有第三个选择，也是最糟糕的一个选择——打电话叫醒你的总经理，这从来不是个好主意。所以你通常会选择修改收入假设值或是利润假设值，只改一点点，不让修改看起来太明显，但是总体上能得出你想要的盈利能力和收益增长，来证明这笔交易是合理的。"界限在哪里？"你会疑惑一小会儿，"主观的商业判断和操纵数据之间的界限在哪里？"然后你会打着哈欠，看着时钟回答自己："谁在乎呢？"

不管你有多仔细，筋疲力尽的状态总会导致错误的出现，而且通常发现时为时已晚。有时是因为我们所说的"F9错误"。那时候，计算机运行的速度非常慢，你不想每次一有修改，电子数据表程序就自动重新计算。你会直接关掉这个功能，但是得记住在最后按F9键，它会触发整个模型重新计算数据。总是听说有分析员做了一大堆修改但忘记按F9的故事，导致陈述书上印的全是错误的数字。他们有可能是在给客户做陈述报告的过程中发现的，也有可能是在报告会结束之后才发现，而且一直用的都是错误的数据。这些模型特别复杂，一般没人会注意到有错，但是人们是基于这些错误的信息做出各种重大决定的。我们不禁会想，有多少交易是在这些错误数据的基础上达成的，或者有多少人因为缺觉的分析员把模型搞错而丢了工作？史蒂夫忘了按F9键，一万人因此被炒了鱿鱼。

当然，如果这些数据分析能够至少提前一天进行准备，一切都会变得更好，这样团队就会有足够的时间进行讨论，为客户提供最佳建议，但在当今时代的银行业，这是不能被满足的奢侈要求。随着复杂程度的增加，相继出现了应对的工具和产品，用于分析和制定策略的时间急剧缩短。我们会哀叹，联邦快递的出现要求我们在第二天早上就把报告呈现在客户面前。20 世纪 90 年代华尔街的每个分析员都有过与联邦快递时限赛跑的荒谬经历。然后，传真机出现了，时限从"明天"变成了"越快越好"。"传真过来，"你的客户会这样要求，"然后我们电话讨论。"等到语音留言出现时，当你回到办公桌听到客户的留言时，你已经超时 30 分钟了。电子邮件和手机更是把我们推进了一个毫不留情、随叫随到的世界，完全无法躲避或拖延。距离和边界被抹去，技术的进步大大提高了效率和便利程度，但这些进步也使复杂性激增，人们对分析的精度和更快速的时间框架有了更高的期望，而这些往往都不会促进做出明智的决策并产生最佳的结果。

毫无疑问，速度在方方面面都创造了真实的价值，无论是通过优步的动态可用性和定价，还是通过有效的价格发现，都允许交易界的买卖价差缩小，而速度为新产品打开了大门，同时促进了传统业务领域的创新。速度渗透到金融世界的每一个角落，但在某些角落里，速度似乎对任何一方都没有好处。对于任何需要进行分析或战略思考的金融业务来说，速度都是不受欢迎的。古罗马演说家西塞罗在 2 000 多年前就明白了这一点，他说："伟大的成就，靠的不是肌肉、速度或身体的灵巧，而是思考、性格的力量和判断力。"速度只会带来更快的速度，为加速决策的制定过程服务，好与其他同样在此大环境下的竞争对手抗衡。金融世界从分析、权衡多种可能性以做出万全的抉择，到第一件事是先问："留给我们的时间有多少？时限是什么时候？"然后根据时限来决定自己能做些什么。现实已经不再是让信息沉淀，进而利用这些信息推断出结果。时间成了金融系统在决策制定的过程中最具主导地位的考虑因素和变量。

* * *

在我参与的第一个交易项目中，我们试图为一位非常重要的金融投资人寻找收购目标。在我到华尔街工作之前，我可能会称呼他为"企业狙击手"，而不是"金融投资人"，但是当这个人雇用了你，并可能为你提供可以大赚一笔的差事时，你对他的称呼就会缓和很多。那时候我的经验比一名实习生多不了多少，很幸运的是团队里有个非常厉害的分析师，而且他不介意有我这样一个新手给他添堵。他的名字叫帕帕，来自塞内加尔，那一年是他参与分析师项目的第二年。

当我们在专心研究一大堆可能成为客户的潜在收购对象时，我总会知道凌晨3点的到来，因为那时帕帕要和在伦敦及非洲的家人打群聊电话，由所罗门兄弟公司来支付高昂的电话费。帕帕会打开免提，这样他就能一边工作一边听家人们说话。

当我每整理好一家公司的资料，就会拿给帕帕让他在计算机上跑一遍，评估是否能成为潜在目标，我们将这个过程称为"公司排查"。

我们会仔细检查公司的经营情况，运营数据和财务数据都会看，这时候帕帕会把电话调成静音。

他会先问："达到标准了吗？"

"也许，"我说道，"如果近期的利润率不太糟糕的话。"

另一边，帕帕的妈妈在电话里警告他的姐姐还有表姐妹约会的危险性，"伦敦的男孩，"她说道，"和塞内加尔的男孩可不一样。""但是，妈妈，"其中一个姐妹反驳道，"大卫人很好。"

"他只是不择手段罢了。"妈妈说，"这些英国男孩可能愿意投入时间，但结果总是一样的。告诉她，帕帕。"

帕帕迅速伸出手,越过一堆资料按下电话静音键,"不是所有的男孩都糟糕,"他说道,"那我呢,妈妈?"

我想着,每天在全世界为了追求更好的生活、工作还有教育而分隔两地的家庭里,类似的对话都要发生个上千遍。

"帕帕,"有天晚上我问道,"这些电话的费用很高吧?"

"可能吧。我想它们混在水电杂费账单里了,我已经这么干好几个月了,也没人说什么。"

"但如果被发现了,你会怎么办?"

他指着角落里的一个褐色纸箱说道:"如果有人过来跟我说:'帕帕,我们得谈谈你的电话账单。'我会举起手说:'停,不用说那么多。'然后我会把所有个人用品都扫进纸箱,走出大楼,他们再也不会看到我。"他挥舞手臂做了个扫的动作,就好像这一时刻在心里已经演练过好多次了。

"所以你愿意为了打这些电话而丢掉工作?"

他耸了耸肩。和他工作过一段时间后,我开始明白为什么他会冒这个风险。虽然我对这份工作感到非常兴奋,但我感觉帕帕是靠着晚间的电话撑过来的。我们过的是一种在高强度、高压下的孤独生活,这些越洋电话能让他和现实世界联通,保留那么一些工作之外的私人领地。再说,这份工作造成的极端工作时间和孤独感给他带来了痛苦和怨恨,从公司拿回点东西似乎也是合理的,毕竟公司从他身上榨取得太多。

第一次交易项目的团队合作令人兴奋。项目结束后的一天,下班时我走进电梯,看见团队里一位资深级别的同事正站在电梯里,手臂上搭着夹克外套,手里拿着公文包,准备回家。"嗨,鲍勃。"我笑着说道,本来我指望我们会回顾一下项目,拍拍彼此的肩互相为辛勤的工作鼓劲儿。但他什么也没说,甚至都没看我一眼。我们沉默地乘电梯到了一楼,他便走开了,根本没表现出认识我的样子，更不用说肯定我为项目付出的6个通宵和上百个小时的时间。那时我明白了，这些人并不真的在乎我或其他任何人，只管把工作完成。这是一个发人深省的领悟。

因为工作需要，想在工作之外结交朋友基本是不可能的事，我试过，但是当放鸽子太多次之后，别人就不会再给你打电话了，我也不想当一个不靠谱的、总是取消约会的朋友，所以我也不再给他们打电话。我在公司的同事似乎也有同样的困扰，我们在项目团队里有短暂的友谊，在其他地方也有家人，比如我的家人在3 000英里之外，帕帕的家人在地球的另一端。

* * *

所罗门兄弟公司有一个职位叫分析师雇员，我在进入公司的第三年得到了这一职位。我的职责就是将分析师分配给合适的项目团队，他们有的老实温顺，有的经验丰富，但都已对工作生厌。这就需要配对，而且要考虑很多因素——个性、经验、优缺点、擅长的领域、此前的工作关系、档期安排等。为了做好工作，我必须满足资深同事和分析师的需求和愿望，目的就是让每个人都满意和高效，或者，在特别忙的时候，让每个人的不开心程度都差不多。公平和公正是分析师的武器。

很多人觉得这是个有权力的工作，因为你手上有很多可以供掌控的资源。但我不这么认为，我认为这是一项严肃甚至痛苦的工作。最沉重的负担是选择毁掉谁的周末和假期，我讨厌在星期五的下午收到周末加班的需求，然后做出将这份工作分配给谁的决定。"对不起，"我告诉不幸被选中的人，"不管你有什么计划，都泡汤了。"我尽量公平地分配占用大家的私人时间，这样每人都能感受到一点痛苦，但没有人会承受比其他人多的痛苦。从很多方面来讲，分析师雇员都是唯一关心分析师心情和满意度的人。华尔街不是一个兜售同情的地方，这里的节奏太快太凶残，根本没有讲感情的余地，但我还是尽量做到对每个分析师都公平，就算我总是需要被迫做出不幸的选择。

当迈克·索恩来到所罗门兄弟公司时，企业并购部门正不堪重负，急需帮助，于是当他为期一个月的培训项目刚进行到第四天时，就被塞进了交易团队。"我们将在'烈火'中训练你。"他们用非常所罗门兄弟的方式对他说道。作为分析师雇员，我觉得我有责任保护迈克，尤其是我可以看出他完全没有准备好胜任这一工作时，我担心他可能撑不过几周。我把他安排在一个交易团队，希望把他放对了位置，虽然我没办法做更多的事来保护他避免遭受潜在的危险。他有可能被丢进了"火坑"。

迈克的第一个任务是与芭芭拉·赫夫南一同工作，赫夫南是一位非常精明的总经理，作风强硬，令人生畏，但也以做事公平、讲理著称。客户是一位年轻的墨西哥企业家贝纳多·多明戈斯，他有兴趣收购威斯汀酒店，但没人知道他是不是认真的。

芭芭拉让迈克去做数据分析，看看是否值得收购。她让迈克做一个DCF（贴现现金流）分析，但是迈克并不知道这是什么。她想要可比公司估值和一份业务约定书，迈克同样被难住了，而她以为迈克知道该怎么做。

尽管迈克一无所知，但他明白在所罗门兄弟公司工作的初期，给人留下好印象有多重要，所以他一头扎进去，整整三天几乎没合眼。当他完成后，他认为自己创造了金融界的大师作品，他确信自己做到了。

芭芭拉叫迈克去她的办公室，迈克的大作被摊在她面前的桌子上。"听着，"她说道，"我有个问题。"迈克笑了，渴望通过芭芭拉的帮助来提升他的分析报告。"我想知道你是愚蠢，还是懒，还是两者都是。"

迈克呆住了，他停顿了一会儿，不知道该怎么回答，但觉得还是得说点什么。他想知道正确的回答是什么。

"在你说话之前,"芭芭拉说道,"我希望你认真思考一下你的答案。"

迈克头皮发麻。他坐在那里心想:完蛋了,难道这就是传说中华尔街的虐心游戏吗?

过了很久,芭芭拉继续说道:"好吧,我来给你答案。别说懒,因为懒我无能为力,说蠢,我还有办法。"

过去的3天迈克基本没怎么睡,他知道不管芭芭拉桌上的数据分析有什么问题,都不是由于不够努力造成的,他说:"那就是蠢了。"

迈克继续在年轻的墨西哥企业家的项目上工作着,但最终因为没有足够的资金,项目没能达成。最后关头,另一家大型酒店集团也加入竞购威斯汀的项目,将价格抬高至超出预期范围。

芭芭拉打电话通知迈克,周末她要去滑雪,需要由迈克来主持会议。那个星期六,迈克见了酒店集团的 CEO、CFO（首席财务官）、业务发展部门经理,还有其他刚刚乘坐私人飞机从伦敦飞过来的公司高层。他们在33层的一间会议室召开会议,迈克——公司和华尔街的新人——是唯一出席的所罗门兄弟公司代表。

他们在桌前安顿好,一位高层问道:"我们的交易条款是什么?"

迈克会意地点点头,说:"交易条款,对,让我们想想该怎么办。"他从第一个问题开始就完全迷失了方向。

他们带了一些以供讨论用的文件,问迈克能不能找人复印几份。

"没问题!"他话语中饱含的热情可能有点过头,"我让我的助理去复印。"一分钟后,迈克在复印的时候,复印机卡住了,他使劲儿地把墨盒拔出来,墨汁喷得他满衬衫都是。另一个初级分析师汤姆·普赛尔在旁边的格间里坐着,"嗨,汤姆,"迈克气喘吁吁地说道,"我有客户在,刚才我跟他们说我的助理会来复印,但其实是我自己来印的,现在墨汁喷了我一身,他们会发现我只是个分析师,我得借用你的衬衫。"汤姆不得不答应,很快迈克就带着一沓复印件回到会议上,穿着和几分钟前离开时不一样颜色的衬衫。

不出所料,这次会议进展得并不顺利。

只有在华尔街,在所罗门兄弟公司,一个初出茅庐的 25 岁愣头儿青才会被安排坐在主流大公司 CEO 的对面主持一笔交易。"高管可以直接甩手走人的,"迈克后来说道,"但是你被视为合格的,因为你在所罗门兄弟公司,所以他们可能会想'哇,这人一定是它们年轻有为的干将'。他们不知道我来自卡拉马祖,甚至不知道要怎么使用复印机。"

如果高盛和摩根士丹利占据华尔街门第观念和精英阶层的一端,所罗门兄弟则在遥远的另一端。当高盛招人时,公司会从此人的毕业院校、家庭情况、历史背景和人际关系等方面进行考虑。所罗门兄弟公司可不管你从哪里来,只要你足够强硬不被淘汰,并愿意为工作付出努力,谁在乎卡拉马祖是哪!

"在所罗门兄弟公司,"迈克说道,"有更多的蓝领阶层使劲儿往里挤。所以在最顶层的人会说:'先说清楚,我会折磨你。我会问你一个关于尾号的问题,就是为了看你会作何反应。我会告诉你,你很蠢,就是想看看你会如何回应。如果你连这些都能很好地消化,那么我们就会让你参与交易的运作。'"在威斯汀项目还没失败之前,迈克主导与会者就价格和条款达成了协议。虽然这笔交易最终没能成功,但是芭芭拉对他的努力很满意。"有一种感觉,她没有把整件事看作完全打了水漂。"迈克说道,"我不是一定会失败。不可否认,我失败的概率很高,但所罗门兄弟公司就是建立在高风险的赌注之上的。几乎每一个登上顶峰的人都是险中取胜。"

***

差不多就在这个时候，我的妹妹莉娅来到所罗门兄弟公司成为一名暑期实习生。那个夏天的最后一项活动是在长岛蚝湾举行的高尔夫郊游，3年前我也参加过这个活动。

那一天的一开始对莉娅来说就是一场灾难。本来暑假实习生计划在办公室碰头，然后坐巴士去蚝湾。莉娅除了在科德角玩过迷你高尔夫之外，从来没打过高尔夫球，她穿着新买的高尔夫服装就去了。"你在干什么！"她的上司满腹狐疑地在满屋子同事面前羞辱她，"你在办公室这么穿不合适。"他们以为她会穿着职业装出现，然后半小时后再换上她的乡村俱乐部装扮。

等他们一到高尔夫球场，立刻被分成多个四人小组，每个小组由两名暑假实习生和两名经理组成。对暑假实习生来说，和资深银行从业者在球场里走上个几个小时，为他们提供了绝佳的了解你的机会。如果你的高尔夫球打得很好，那么这可能是你展示自己的机会，给那些最终决定你是否能得到这份工作的人留下深刻印象。如果你不会打高尔夫球，那么得用其他方式给他们留下印象——幽默、魅力、口才、勇气……任何你有的特点。

大卫·威蒂格——傲慢自大的企业并购部负责人，曾经把迈克·索恩折磨得够呛。他趾高气扬地走上球场，大喊道："我们这里需要一名暑期实习生。谁是最差劲的高尔夫球手？"知道她从来没打过高尔夫，几个人指了指我妹妹，所以她最后加入了威蒂格和另一位经理的三人行。

在整个打球过程中，威蒂格和另一位经理一直在教我妹妹，给她各种指点，但是莉娅不是来一次就能学会打高尔夫的。她觉得他们对她缓慢又蹩脚的打法感到厌烦。他们终于打到了第十八洞果岭，是最后一个到达的小组。一堆已经打完的经理和暑假实习生围过来，在他们靠近时嚷嚷着让所有人都过来。这对暑假实习生来说还挺吓人的——一帮吵吵闹闹的同事和银行家在一旁指指点点、各种捉弄，就好像一群傲慢的小丑。

当他们打完最后一洞，还站在果岭上时，威蒂格——一个从来不会浪费拥有一群观众机会的人——讲了一个关于前一年一位暑假实习生的故事，他的球离球洞只有 1 英尺①远，为了捉弄他，威蒂格说："你愿意把你的未来堵在这一杆上吗？如果你打进了，我保证给你一份工作；如果没打进，我们就再也不见。"那人不得不接受挑战，但是他在一群人面前太紧张了，球在洞口转了一圈并没有进，引得在场的各位发出一阵讥笑。

当威蒂格讲这个故事时，一直站在他旁边的莉娅说道："能给我同样的赌注？"她在离洞口有 15 英尺的地方放下了自己的球。威蒂格和其他经理惊讶地笑着，以为莉娅在开玩笑，但她却连笑都没笑。

"当然。"威蒂格说道。他知道这一杆可不容易打。

莉娅弯下腰，像一个职业高尔夫选手一样观察球场地形，然后上前一步，牢牢握住球杆，照着球洞推杆。所有人都屏住了呼吸，球滚过球场，径直进入洞内。

我不是经理，资历也不够去和暑假实习生打高尔夫，但我去了之后的派对。每个人都在讨论她那一杆，停下来听她重复当时的情景，与她握手："祝贺你成为第一个获得工作的人。"好多人都这么跟她说。不少人拍着我的背说："你妹妹可比你有胆量多了。"

几周后，莉娅得到了这份工作。（顺便说一句，那个没打中的小孩也得到了工作。）莉娅明白，她能不能打中那一杆其实并不重要，她敢于证明自己有胆量、有自信去冒这个险，就意味着她已经赢了。这正是所罗门兄弟公司赞赏的行为。

---

① 1 英尺约合 0.304 8 米。——编者注

* * *

爱德华多用签饼的签语有效地说服了诺斯罗普公司对格鲁曼公司发起有力的收购竞价，使得马丁·玛丽埃塔公司与格鲁曼公司的协议岌岌可危。这激怒了马丁·玛丽埃塔公司CEO诺尔曼·奥古斯汀，他是一位极具好胜心的商人，也是五角大楼前官员。"诺斯罗普公司的进攻，"奥古斯汀在一份声明中这样说道，"破坏了美国国家安全产业内部建立的合理性和完整性。"他在声明中称自己"对诺斯罗普公司选择发动敌意攻击，试图破坏马丁·玛丽埃塔公司和格鲁曼公司之间的友好合并协议深感失望"。奥古斯汀承诺，他的公司将做出回应。

马丁·玛丽埃塔公司对格鲁曼公司的收购价格为55美元/股，我们团队为诺斯罗普公司出的价要再高5美元/股，即60美元/股，合计20亿美元（一个在当时看起来很庞大的数字，与一架B-2轰炸机的造价很接近）。诺斯罗普公司CEO肯特·克雷萨与奥古斯汀展开了一场公关战。克雷萨称，他并不是试图破坏已成型的收购协议，但诺斯罗普公司别无选择，只能继续出价，因为诺斯罗普公司与格鲁曼公司的谈判此前正是被马丁·玛丽埃塔公司中断的。

随后，媒体纷纷猜测马丁·玛丽埃塔公司可能会将它的金融"导弹"对准诺斯罗普公司，以压制诺斯罗普公司对格鲁曼公司的行动。《新闻日报》刊登了一篇关于此事的文章，题目是《猎人被猎杀了吗》。如果文章内容属实，那么这将是一次典型的"攻击攻击者"行动。诺斯罗普公司董事会很快会将矛头指向了我们，责怪我们将他们置于风口浪尖。他们说，如果董事会成员知道此举会让他们成为众矢之的，他们就不会这么做了。

事态发展得非常迅速，马丁·玛丽埃塔公司首次宣布与格鲁曼公司的交易是在1994年3月7日，3天后，诺斯罗普公司就以更有力的竞价做出回应。到了3月17日，克雷萨被迫针对诺斯罗普公司的收购企图做出回应："我们一再声明,我们没有期待任何出价,我们也没有鼓励任何出价行为。如果有人开价,显然我们需要考虑。"根据美国《公司法》的规定,克雷萨不能公开拒绝收购出价,只是表示收购条款必须"极具吸引力"。几个星期前,诺斯罗普公司还和往常一样正常地运作,稳步前进,制造武器和战斗机,脚踏实地地迈向未来。而现在,它忽然对一个主要竞争对手发起了敌对行动,结果自己却成了传闻中一个更大的竞争对手的收购目标。

航空航天和国防工业企业经常与政府有合作关系,为政府制造武器,这可能需要大量人员经过多年的努力工作。机密性问题可能会被上升到国家安全的高度。诺斯罗普公司找遍了所有的合作伙伴,包括我们,而这一切全都在一种近乎偏执的机密状态下进行的。所有参与这个项目的银行工作人员全都被要求签署保密协议,我们从未为其他客户这么做过。每当我们在诺斯罗普公司洛杉矶总部会面时,都得出示身份证,安全级别在当时那个年代非常少见。而且会议时间总是被定在星期六,所以我们进进出出并不会引人注意,其他人不知道我们在干什么。这意味着我们得坐热门航班回纽约,彻夜不眠地在星期日早上抵达,然后继续工作一整天,为星期一的电话会议做准备。这个项目进行期间的工作时间总是很折磨人。

所罗门兄弟公司的一个上了锁的壁橱里安置了一台秘密传真机,只有爱德华多·梅斯特雷的助理弗兰能拿到钥匙。如果你想给诺斯罗普公司发传真,你得找弗兰申请钥匙,给诺斯罗普公司打电话告诉它们有东西要发过来,在得到许可后,你才能去所罗门兄弟公司的壁橱把传真发送到诺斯罗普公司的壁橱里的另一台传真机上,诺斯罗普公司的壁橱安装的是一把钥匙和密码二合一锁。

在格鲁曼公司与诺斯罗普公司分享其非公开信息后,就有重要的调查工作及其他细节需要进行整理了。我们在诺斯罗普公司洛杉矶办公室、格鲁曼公司长岛办公室和我们的曼哈顿总部之间来回奔波。尽管高度保密,但还是有部分交易的细节被泄露给了媒体,并最终被刊登在了报纸上。迈克尔·卡尔是所罗门兄弟公司的一位总经理,也是我们团队的负责人,与肯特·克雷萨会面讨论交易的下一步事宜,并提到了泄密事件。

"肯特,"卡尔说道,"你得和你的团队成员谈谈安全问题,堵住这个漏洞。这对我们没有任何好处。"

克雷萨扶了扶眼镜,然后用平静而谨慎的语气说道:"这么跟你说吧,在我们创造 B-2 隐形轰炸机时,那可是当时世界上最大的制造项目了,我们有 1 万名员工为此工作了超过 10 年时间,而没有出现任何泄露情况,一次也没有。这回的交易,有 8 个人知道细节,一半的人在你们公司,你觉得泄露的源头在哪里?"

让诺斯罗普松了口气的是,马丁·玛丽埃塔公司并没有真正进行反击。在 3 月 29 日,格鲁曼公司表示它需要两家公司给出最终也是最高的出价,并将进行拍卖。马丁·玛丽埃塔公司和诺斯罗普公司有两天的时间做出回应。

* * *

在差不多来到所罗门兄弟公司的一年多之后,迈克·索恩遇到了一个女人,我们叫她丽莎。

在华尔街想谈恋爱可不是件容易的事情。工作时间往往会给制造浪漫和求爱造成阻碍,而那时也没有现在这么多便捷的通信工具。为了和人约会,你得早早做出计划,但有这样一个随叫随到的工作日程,为约会做计划几乎是不可能的。迈克越过重重阻碍,在一天晚上下班后,与丽莎在一家酒吧里碰面了。丽莎是保诚保险公司的经理人,非常仰慕迈克在所罗门兄弟公司的工作。"我们约会有差不多 6 个月了,对我这样一个从密歇根卡拉马祖来的小子来说，这足以让我宣布我有个纽约女朋友了，我可以跟我的父母说我的女朋友在保诚保险工作，这对我来说是件大事。"

对迈克来说，这是一段令人兴奋的日子——曼哈顿、新工作、新女友、高薪。有一天，他来到办公室，在语音信箱里发现了一条陌生女人的留言。她哭着说："我知道你是谁，我和她聊过，你得知道我们在一起了。她是我此生挚爱，这一点永远也不会变，"这女人开始抽泣，"而且你也没法改变。"这段留言非常真挚，也非常悲伤。她旅行回来，在公寓里发现了一些迈克的东西，当面与她的女朋友对质后，整个事件败露了。迈克知道丽莎有个室友，但他从没见过她，更不知道她俩的关系已经超越普通室友。每一次迈克去公寓时她都刚好不在。"你最好从现在起就停止这段关系，"她在留言中恳求道，"请你不要再联系她了。"

在20世纪90年代初，尤其是在金融行业这样有着保守文化的行业里，这种关系是非常不寻常的。对迈克来说更是陌生。"我甚至从未想过自己会遇到这种事。我来自卡拉马祖，我知道那是什么'鬼'。"迈克喜欢丽莎，喜欢到跟我们所有同事都提起过她，所以对他来说，这不是玩玩而已，当然他也不是有意想要伤害另外那个不知名的女孩。他不知道该怎么办，于是向周围格子间里的兄弟征求意见。

那时的通信技术刚刚发展到你可以把一通电话留言转发给另一个人或一群人，所以迈克把这个女人的留言转给了他的5个邻座同事，寻求帮助。他们听过之后开始快速商量对策，直到午饭时间也没能达成一致。

当迈克吃完午饭回到33楼时，穿过办公区来到他的座位，发现十几个笑嘻嘻的脑袋从周围的格子间探出来，看着他。其中一个从来没和迈克说过话的人，大声喊道："就是他。"迈克来到他的桌前，爱德华多·梅斯特雷的助理弗兰刚好经过，说道："哇，迈克，我不知道你还有这个本事。"迈克坐了下来,估摸了一下目前的形势,想着,天啊,大家都知道了。

但迈克并不知道事情闹得有多大。那天下班的时候,整个公司的人都听到了那条留言,并且被传到了其他公司。"我觉得大概最多48小时,"迈克说,"全华尔街都听到了这条留言。因为其中一个人可以转发给另一个人,然后他再转发给外公司的人。大家都说'你得听听这个',这是我人生第一次经历病毒式传播。"

这还是在互联网普及之前,智能手机诞生之前,社交媒体尚未出现之时。就连"病毒式传播"这个词都还没出现——这个词是在几年后互联网普及时才兴起的。在语音留言技术出现之前,我们通过一顿饭或一杯咖啡或在饮水机旁分享八卦故事。有了转发语音留言功能,很多人能直接分享原声,听故事主角的真实声音,而不是听另一个人转述的"二手"故事。所以人们会觉得自己也参与到其中,这种经历是以前未曾出现过的。到了第二天,几乎每个华尔街人都在议论这条语音留言,有传言说霍华德·斯特恩在他的电台节目里播过,甚至讨论了迈克该怎么做,如果是真的,那么这条语音就已经从华尔街流向了出租车司机、建筑工人甚至更广阔的纽约人群。所罗门兄弟公司交易大厅的大人物——总经理纷纷下到33层,踏进之前从没来过的投行部门,找到迈克,"我想和你握握手。"他们说,"你知道你得怎么做,对吧?"每个人都带着同样的建议而来。

"对。"迈克说道,听从着命运的摆布,"我得试试三人行。"

"好样的。"

迈克和愤愤不平的女友玩了两天电话追踪游戏,他们互相在对方的电话留言机留言,最终定了个时间电话沟通。星期四的下午4点,他要向这个素昧平生的女人提三人行的事。同一时间,他在所罗门兄弟公司的同事——还有,再扩大点范围,全华尔街和一大半纽约市民——都在实时关注这个故事的走向,就好像在追明星八卦

第四章 天空的征服者 145

一样。"每个人都知道电话的事,"迈克说道,"离约定时间还有5分钟的时候,大家开始涌向会议室。"企业并购部门的人最多,还有其他投资银行部门的人也凑过来想加入。迈克不想把事情闹得太夸张,但他级别太低,压力巨大。会议室里放了一个静音的扬声器,迈克在他的小隔间打电话的时候,围观的人可以偷听。"打电话前,我感觉良好,每个人都在给我鼓劲儿。但我不知道的是,他们其实根本一点都不在乎,他们只是想找乐子,对吧?我有100万个理由不去打这通电话,但我知道我没有退路了,在所罗门兄弟公司,我这么做就能得到赞赏。"

迈克坐在他的桌前,深呼吸,然后拨通了电话号码。"大家都在会议室,然后我接通了她的电话,开始掏心掏肺地说:'也许我们应该见面聊一聊,感觉我们彼此喜欢——我喜欢她,她喜欢我,你看起来人也不错。'我不想搞得目的太明显,你说是吧?我不是在提议三人行,而是提议让咱们见面聊一聊也许能改变些什么,对吧?整整15分钟,我的路被堵死,完完全全被堵死,基本上处处埋着雷。然后,有那么一刻的温情,她说:'你不知道这有多伤人,我都不知道如果见到你能不能站得起来。'我说:'我不是故意伤害你的,我并不知道你的存在。但也许我们能见见面,好好聊一聊。'但我得到的答案仍然是坚决不。所以我只好挂掉电话,在全楼层人的注视下败下阵来。"

表演结束,大家离开会议室,回到自己的办公桌前。"但是以真正所罗门兄弟的方式,"迈克说道,"每个人都过来跟我说,干得好,这正是我们对你在不确定情况下做出反应的期待,那时候你有可能完全怯场了。突然间,那个从卡拉马祖来的小孩——我,拥有姓名了。华尔街议论着我,合作伙伴对我产生了兴趣,我开始有勇气拿起电话商讨更大的提议要求。这件事让我成为众人关注的焦点,每个人都知道这件事。它给了我筹码,让我有了一席之地。"

如今迈克在讲这段故事时，为把另一个女孩的委屈、情伤变成同事们的娱乐消遣而感到懊悔，但在当时，他并没料到她会有此反应，而且他觉得自己也没有什么选择的余地。我们都没有选择的余地。病毒式传播产生的结果席卷而来，我们都无力抵抗。我们中的任何一个人都可以对一个从根本上来说无情且麻木的场景说不，我们可以说，这是无法接受的，根本不可能发生，然后挂掉电话，但那种意识和敏感度在那一天并不存在，更何况是在一个不以这些品质而闻名的行业里。实际上，我们的思维处理方式是反过来的。因为我们亲耳听到了留言，就觉得那个故事成了自己的故事，并给了我们光明正大参与并围观全程的权利。事情发展得相当快，也相当出乎意料，我们根本来不及去思考它们产生的影响。于是，我们应对高速和病毒式传播的训练就这样开始了。

"委屈情人"故事在很多方面都和诺斯罗普公司的处境类似。迈克一直满心欢喜地和女朋友约着会，突然另一个女人出现，让他滚开，然后他不得不说服自己表现得十分自信并提议三人行，而不是被动地躲到后面。迈克是个来自卡拉马祖的可爱孩子，如果不是来到华尔街，他永远都不会厚颜无耻地提出三人行这个建议。他会感到失望和受伤，因为别无选择，所以只能离开并继续前行。同样地，诺斯罗普公司也一直在向格鲁曼公司示好，然后遭到马丁·玛丽埃塔公司无情的阻拦，所以诺斯罗普公司不得不说服自己要表现得自信，而不是被动地躲在背后。从概念上来讲，诺斯罗普公司对侵略性行动很感兴趣，但是由于它存在于一个绅士文雅的行业里，侵略性并不是公司的本性，华尔街的存在就是用来认可这种背离协议的行为的。

* * *

迈克崩塌的爱情故事可能是病毒式传播事件的开端，而且是我们认识到有些东西可以病毒式传播的开始。信息流动的速度不断加快，使得信息出现病毒式传播的可能性提高，增加了在信息和评估时间都很有限的情况下迅速响应做出决策的压力。很快，每个人都觉得有必要以最快的速度获取信息，否则他们将处于明显的劣势。随着金融世界传播本质的不断演变，人们现在害怕被排除在外，害怕被落在后面。

随着技术的进步和对速度的崇尚，人们在实施投资策略时不再考虑基本价值的驱动因素，如潜在的长期增长和价值，已成为一种公认的做法。只有在可获取的信息显示这是个不错的投资时间时，一个投资者才会持有一种证券。这造成了大规模且无法预见的结果——投机行为的兴起和被接受（投机行为是在信息有限或缺失的情况下做出的投资，有可能造成重大损失）。贸易和交易曾是经过仔细衡量的，但随着市场准入和信息获取速度的加快，投机本身更值得作为一种符合情理的金融行为来考虑。

一旦其被接受，如果不是必须，基于一个新出现的简单事实及其如何影响价格而快速做出决定就成了新的玩法。能够对一系列事实做出最好的即时分析的投资者往往能获得丰厚的回报。这也为对冲基金的出现铺平了道路，对冲基金是对相对排他性合作关系的专业称呼，这种合作关系以从事有侵略性和高风险的投资策略而著称。投资的时限被缩短到仅仅几秒钟。不久前这还被视为一种投机甚至是赌博行为，现在被提升至谨慎投资的地位。习惯于旧价值体系的投资者觉得自己能抓住时间点就能够获得足够的安慰。但不幸的是，对他们来说，这个时间点并未到来，取而代之的是随着新信息的不断出现而波动的短期价格。长期价值投资成了那些有耐心或者固执的投资者的专属。

很多对冲基金（和后来的定量基金）把速度看作它们商业模式的信条。给出一个不到 1 秒钟的机会，交易员得采取极速行动，相信他们的计算机和算法能够利用这个瞬间的机会。金融业开始流行不使用基本指标，如利润和现金流，来作为证券交易投资策略的基础。相反，动量策略变成了可以接受的策略，似乎并没有人在担心许多交易已经脱离了标的资产本身。价格反映了时间和速度的限制，而不是与传统价值评估有关的任何其他因素。在时间的挤压下，价格与现实发生了脱节。

* * *

管理和完善个人形象是对信息和感知的控制欲的另一种表现方式。从20世纪80年代到90年代，"投资银行家"的形象可谓深入人心——不断被真实和虚拟的人刺激巩固，像是大卫·威蒂格和戈登·盖柯，也像《虚荣的篝火》和《门口的野蛮人》这样的书籍；还有靠演员们的演绎来造就大众想象的，如《美国精神病人》里的经典画面，一群华尔街人坐在一间会议室里，用名片的设计和质量来互相攀比，且赌注高得惊人。在这些年里，越来越多的银行从业者开始注重打扮并扮演好自己的角色。一个人看起来的样子，动起来的姿态，说话的方式成为一种身份的象征。你想当一个"大佬"，或者是"宇宙之王"，没什么比这个更厉害了。

所罗门兄弟公司的经典银行职员形象——听到这个公司的名字就能自动在头脑中生成的形象——一直是大嗓门，没教养，永远醉醺醺，衣服上沾着芥末酱。但是华尔街对光学和感知的痴迷已经渗透到粗鲁、庸俗的所罗门兄弟公司，迫使员工转向成熟，并开始注意自己的形象。

与此同时，我始终未曾察觉这些压力。一天，在处理诺斯罗普公司的交易时，团队的总经理迈克尔·卡尔告诉我，我很幸运，因为我可以做自己。

"这是什么意思？"我问道。

"你不用去尝试塑造一个不同的形象。你的状态就挺好。"卡尔看上去就像行走的华尔街杂志广告，衣着无懈可击，头发总是梳得整整齐齐，笑容灿烂，似乎生来就穿着西装打着领带。

我盯着他，感到不解，说道："我不知道还可以另外塑造一个形象。"卡尔听后笑着离开了。

在我们准备对格鲁曼公司做尽职调查的时候，团队中的两位资深银行家爱德华多·梅斯特雷和卡尔都由于家庭原因无法出席，所以我被派往诺斯罗普公司洛杉矶总部主持一场大型会议。爱德华多明确表示，他对于让我负责这件事不是很满意，但他别无选择。

我和诺斯罗普公司的交易团队一起，为格鲁曼公司以及合并后的公司做收入和现金流预测。尽管这类预测通常是根据经验来做出的，但在航空航天和国防工业行业，对未来的预测会更简单一些，因为一家此类公司的大部分业务都围绕着公开的美国军事合同展开。爱德华多并没有意识到这一行业优势，所以当他得知会议进行得很顺利时，感到非常满意。几周后，当我的预测被事实证明相当准确时，他再次表示非常满意。

当休假完回到办公室时，爱德华多到我的隔间对我说："干得漂亮，瓦雷拉斯。我需要为你创造一个新的类别。"

"好的。"

"你是一匹伪装成松饼的马。"

我不由自主地向他表示感谢。

在格鲁曼公司开始进行拍卖后，我们有两天时间拿出最佳和最终报价。交易发展到这一步是令人不爽的，因为我们已经提交了最高报价，所以本质上是格鲁曼公司逼迫我们出更高的价格。如果不提高出价，我们有可能会错失交易，输给马丁·玛丽埃塔公司，我们也不知道它们会出多高的价格。肯特·克雷萨跟媒体开玩笑，挪揄拍卖规则，说他们公司更偏爱马丁·玛丽埃塔公司，还想使"不公平的竞争环境"永久化，但都无济于事。我们出价的日子还是到来了。

我们的策略是在报价中隐藏一个紧急预案，在一定数额内，我们将给出高于马丁·玛丽埃塔公司任何报价 2 美元/股的价格。我们在 3 月 31 日的最后期限前提交了报价，第二天，格鲁曼公司联系我们，正式宣布我们获胜。马丁·玛丽埃塔公司维持了 55 美元/股的报价，我们将价格提升到 62 美元/股，最终完成了交易。格鲁曼公司董事会全票通过了这项决议。这一消息将在周末过后对外公布，给了两家公司几天时间敲定兼并协议。这笔交易于 1994 年 4 月 5 日正式完成，合并后的新公司名为诺斯罗普·格鲁曼公司。

在收购对外宣布两周后，举行了"天空的征服者"年度聚会。我在所罗门公司的一位同事佩特罗斯·凯索斯也参与了此次合并案，他和诺斯罗普公司的肯特·克雷萨聊了聊关于在对格鲁曼公司发起进攻，并使马丁·玛丽埃塔公司受挫后，面对其他"征服者"时的感受。"肯特的决定是要带着歉意去牧场，"佩特罗斯说道，"还是把一切都怪罪在高盛和贝尔斯登（分别负责格鲁曼公司和马丁·玛丽埃塔公司的银行）头上，并说：ّ看，我们是实业家，它们是服务人员，它们想赚钱，而我们是在重建整个行业。'他在脑海里分析来分析去，觉得并不需要解释自己的意图或为自己辩护。"克雷萨知道，他为自己赢得了一个"不好惹"的名声。

* * *

几个月后的 1994 年 7 月初，我接到父亲的电话说我母亲剩下的时间不多了。她已经与脑癌做了两年斗争，然而——尽管她很坚强——这场战斗还是接近尾声。我不愿意承认，我的第一个想法是，在不疏远交易团队的情况下，可以请多长时间的假。并不是我不愿意去橘子郡和她待在一起——这是我唯一想做的——但华尔街文化对于这类事情的同理心和灵活度非常有限。对于请假并没有明文规定，但一般来说，只有少数几件人生大事可以让人有正当的理由短暂离开办公室——婚礼、蜜月和亲人的葬礼。哪怕是小孩出生也只让当爸爸的请一天假，而且关于新妈妈在离开产房不到一周就回到办公室的事迹也层出不穷。哀悼离世的父母以及参加必要的仪式，需要差不多一周的时间是公认的。

我带着内疚和不安离开纽约，飞回加州。我讨厌自己有这样的感觉。正如电话里父亲跟我说的，我母亲的情况很不好。那时她在安纳海姆做安宁疗护，时而清醒时而昏迷。当她醒来的时候，显得很冷漠。我最近刚读完《战争与和平》，在书里，我读到了令我觉得最真实的死亡场景。当人濒死之时，他们往往抽离开来，几乎像是一种过渡。这种感觉很残酷，并且令人很不安，如果我没有读过小说，我想我并不能理解发生了什么，我会觉得父亲、妹妹还有我簇拥在母亲的床前，但她好像并不在意我们。

她是一个骄傲的美国人。虽然她在希腊斯巴达出生和长大，但她生命最后的几十年都是在美国度过的。每当有人言辞不善，她都会极力捍卫她的第二故乡，还严厉地对待她觉得工作不够努力的移民者，对她来说，这一点是不可接受的。一部分原因是她来自困境重重的希腊，那里经济萧条，政府腐败不堪。她常常提醒我们："你们不知道你们拥有的东西有多好。"

7月4日晚上，她永远地离开了，在我们陪伴她度过最后一刻的地方，可以听到几英里外迪士尼乐园传来的低沉爆竹声。13年前的这一天，我开始在迪士尼乐园当领位员，而现在，在另一个重大时刻，耳边依旧萦绕着迪士尼乐园的独立日烟火声。

那一周剩下的几天时间我也留在了橘子郡，之后才飞回纽约。在洛杉矶国际机场，我穿过航站楼，陌生的脸庞如海水般从我身边经过，不同年龄、身型、肤色，在这个十字路口——无人知晓的地方，我们是从某个地方来的旅行者，要去另一个地方，我们所有人都停在这个中间地带。

回去工作让我兴奋——我开始了第5年的工作，那股兴奋劲儿丝毫没有减弱——但我也有点害怕，必须忍受同事们的一一悼念。

我的母亲是我永不疲惫的支持者，敦促我努力工作，但也会批评我的过分工作。她总是在我需要聊聊收入之外的话题时，在我需要被提醒世界不止眼前的团队和客户时支持着我，我会给她打电话，而现在她不在了。

一个空灵的声音从上方传来，回荡在航站楼里，提醒我该去登机口了。到达登机口后，我在人群的边缘找到一个位置坐下，对着窗户，看着停机坪上升腾的热气和烟雾，折射着片片断断的光影，被跑道上的飞机来回打断，缓缓地，笨拙地，像一头被囚禁的大象。

有太多的迪士尼经典电影描写了关于失去或缺失父母的情节：《小鹿斑比》《灰姑娘》《小飞侠彼得潘》《美女与野兽》《人猿泰山》《小美人鱼》《狮子王》，等等。我掏出一支笔，在我的机票夹背面胡乱列了一个表。

在此之前，我的职业生涯基本上就是服从上级和客户的指令。随着资历的增加，我在道德伦理方面的考虑也会越来越多。我想知道，在接下来即将登场的好戏中，我将扮演什么角色，以及我将如何面对这些挑战？我周围的乘客开始排成长队，最终我也加入了他们。一个穿着花纹背心的男人扫了扫我的机票。"欢迎登机，瓦雷拉斯先生。"

"谢谢。"我说道，并挤出一个微笑。30岁、疲惫、丧母……我把包挎在肩膀上，走向机舱，登上飞机，飞向金融世界的高楼大厦和一个未知的未来。

第五章

现代艺术

对上市公司年报的要求提升了金融体系的透明度,在为所有投资者创造公平竞争环境方面取得了进步。然而……这个年报要求进一步压缩大众投资者和管理团队对公司财务业绩的考量期,而这一切都以牺牲长期性投资和目标愿景为代价。

说实话，我撒了个小谎。

——杰克·吉特斯，《唐人街》

    几十间工厂的工人聚集在新泽西州一家工厂的三楼，有的人额前顶着一副护目镜，有的人握着手套，有的人因为站累了而不停地换脚。马上就要到周末了，过去这几天过得忐忑又漫长。星期一有消息从管理层传来，说公司被收购了，没有人知道这对他们的工作来说意味着什么。这些都是工会的人，他们中的一部分以前也曾经历过类似的混乱。工厂会缩减人员规模吗？他们会被裁员吗？工厂会关闭吗？生产会被转移到海外吗？

    他们观察着上前来跟大家说话的加州富豪，这位富豪身穿蓝色正装衬衫，但很奇怪地没有将衣角掖进裤腰里，卡其色裤子，乐福鞋，圆形眼镜，一头银发，还有西海岸特有的古铜色皮肤。他看上去显得和整间工厂格格不入，就好像白宫在为法国总理举行宴会一样。这个空降的新老板是谁？有传言说，他是当天下午乘坐私人飞机抵达，然后带着安保人员进入公司，解雇了公司总裁、副总裁和其他四五名高管。倒不是说工会的工人对原老板有多同情，但空气中似乎弥漫着一股"杀戮"的气息，让每个人都很紧张。

"我是迪克·汉克曼，美国美净公司的首席执行官。"这位富豪说道，"我知道你们中有些人对正在发生的变化感到紧张，有些人甚至很气愤，但是帮我个忙，在下结论之前，请你们先听听教练是怎么说的吧。"

迪克·汉克曼往后退了一步，然后卢·霍兹走上前来。传奇！历史上最伟大的橄榄球教练，在这里，在他们的工厂里！他到底是从哪冒出来的？工人们虽然有点不知所措，但是抵挡不住自己的热情在高涨，掌声雷动，叫喊声连连，响彻工厂。

霍兹教练说："有些人可能认识我。"然后开始细数直到1996年退休前，他在巴黎圣母院橄榄球队和其他球队的执教经历。他风趣幽默，直视着每个人的目光，马上就让在场的工人放松了下来，投入他的讲话中，他谦虚的态度和放低身段的姿态让他们放下了戒备心。

教练知道他们对收购的担忧，他也给予他们尊重。他描述了自己在弗吉尼亚州西部的童年——在一个地下室里出生，与姐姐和父母住在只有一个房间的家里，从来不确定还有没有足够的食物可吃。他理解生存的挣扎，理解站在他面前的这些人。但是他为什么会问他们是否想要过斗争的一生？

"我认为过苦日子是不对的。"霍兹教练一边说着，一边在工人的附近走动，"我们都遭受过不公平待遇——由社会造成的、由爱人带来的。但是你们知道吗？不要过自己觉得苦的日子，不要过那种没朋友的日子。做对的事！我认为拥有出色的、积极的态度是对的。女士们先生们，请尽情享受生活。你会遇到困境，因为那是生活的一部分。但是如果你做有趣的事，人们也会在你周围一起快乐着。每天当我走上橄榄球场时，我说：'好家伙，多么好的一个工作日。'而且我是真心这么认为的。不要让其他人左右你的态度。"

教练接着讲了一堆关于橄榄球的故事，在场的所有人都听得津津有味。他描述了自己对迪克·汉克曼——这个站在他身后的加州男人的信心，还有对美国美净公司的信任，这家工厂现在归这家公司所有，教练还讲到了他关于正直心、团队合作、过充满爱和勤劳一生的信念。这些想法从来没有出现在这家工厂里，人们几乎没说过"爱"这个字，除非是在说"我爱腊肠比萨"或者"我爱我的新割草机"。但教练说到了这样一些事："在巴黎圣母院橄榄球队有一尊我的雕像。我想他们可能需要给鸽子一个落脚的地方。但如果你去看它，只需要看它基座上刻的三个词：信任、承诺、爱。这是我对我的孩子和队员要求的三条规则。"教练说完这些话的时候，好些大块头猛男都落泪了。

教练说他愿意再多待一会儿，他可以给想要签名的人签名。然后加州人汉克曼走上前来，为这场集会做总结性陈词："听着，我想让大伙都回家过周末，好好想想教练所说的话。如果你不想续签合同了，就勇敢点不要再出现，因为如果你来了，而我再听到一句你说以前是怎么操作的，或是你为被我们解雇的人感到抱歉的话，我会当场解雇你，我们不会容忍类似行为的。"

在当天晚餐时，霍兹对汉克曼说："老天，干得好。我想知道会有人来吗？"

到了星期一，每个人都来报到上班了。汉克曼回忆道："有一半的人都戴着巴黎圣母院队的球帽，穿着巴黎圣母院队的球衣。这里是新泽西州，所以他们不会上来就说：'好了，老板，我站在你这边，我向你宣告我的忠心。'但他们发出了一个信号，那就是他们支持我。而且最后我们发现这是一家很棒的工厂。这都是霍兹教练的功劳，每次我们有了新收购的企业，他都会来待上几天。当这些在工厂里工作的人回到自己封闭的生活环境和朋友一起烧烤时，他的朋友几乎没有一个听过卢·霍兹的演讲，也没有机会和他握手，所以如果你让你的员工成为他们生活圈子里的'王者'，他们所表现出的忠诚度将非常惊人。"

迪克·汉克曼与霍兹是非常要好的朋友，当他从巴黎圣母院队退休时，迪克建议他别停下脚步，来美国美净公司工作，可以出去做演讲。美国美净公司的首席法律顾问达米安·乔治诺回忆起霍兹曾经说给那些忧心忡忡的新雇员的故事。"我想那是巴黎圣母院队1988年的团队，"乔治诺说道，"训练场上有个左后卫一直跟他作对，所以教练说：'你出局了。'然后替补队员上来填补了他的位置，教练又说：'不，你也出局了。'替补队员说：'好吧，那你现在没有左后卫了。'接着他们开始比赛，四分卫败下阵来，跑卫也败下阵来，队员们被狠狠痛批。教练说：'再来，再来，看看少一个人会发生什么。这就是我想让你们在每场比赛时都好好思考的问题。我要你们做最好的团队中的一员，知道你的角色，你的任务，知道每一次你应该做的事。'"

当一家公司被收购时，最大的挑战是在员工和新老板间建立信任关系。"教练教会了你什么？"乔治诺说道，"终极的信任。所以在每个重大的转变时刻，都少不了他，他是在迪克之后，下一个需要出来说话的人。"

* * *

迪克·汉克曼是净水处理公司——美国美净公司的掌门人，这家公司在20世纪90年代，通过大举收购数十家规模较小的公司及资产，从一无所有发展成为巨头企业。在银行界，这样的公司被称为"滚雪球"，意为利用收购多家同类型公司的手段，将自己"滚"成一家大公司。能达到像美国美净这种规模的成功的滚雪球公司，企业领导人必须要有罕见的说服力、极度的自爱和讲故事的能力。迪克·汉克曼本身就具备这些能力，而且在必要的时候，有一个像卢·霍兹这样的帮手在旁边帮助他转变怀疑者的想法。

我听说有人形容迪克是一个有远见的人，一个超前于时代的杰出企业家。他明白水是一种珍贵的资源，而且会越来越有价值，而在当时几乎没人会这么想。而且他能编出别人编不出来的故事。我不止一次听到有人说他是一个以自我为中心的"扯淡艺术家"，如果歪曲事实能帮助他扩张自己的帝国，那么他会认为这是完全没有问题的。有人称他为"无情的自恋狂""水之父""难以抗拒的魅力先生""贪得无厌的煽动者""波塞冬"。事实上，迪克综合了所有这些特点。

当他还是个小孩的时候就很有事业心。迪克出生在圣路易斯，小的时候因为爸爸在通用汽车工作的关系，经常需要搬家，"在德梅因市上高中时，"他在杰夫·贝利的一次采访中回忆道，"我给人打包杂货，送报纸。在夏威夷上大学时，我就挨家挨户卖富乐牌的刷子。1956年，还没毕业，我就去了越南，被指派到第33空中救援中队，1966年回来的时候，我没心情再去上学了，于是找了一份卖保险的工作。"在那里，迪克利用自己的军事经验为坠落的飞机制造求救信标。当那家公司因缺少专业运营知识而倒闭时，迪克借钱购入了一家制造外科手术植入物和假肢的公司。通过对收入和成本两方面的积极管理，他于1977年卖掉了这家公司，赚了一小笔钱，33岁的他退休了，到爱达荷州太阳谷滑雪。

但是，对于一个滑雪爱好者来说，他的生活也太不安分了。他在吉米·卡特总统领导下的美国小企业管理局工作了两年，尽管他们的政治观点截然不同。他在太阳谷买了一家酒店和一家出租车服务公司，还被选为当地小镇的镇长（他在204位参与投票者当中赢得了124票）。但是他在4年任期刚过半时，便辞职了，因为有人

第五章 现代艺术

指出他的出租车和酒店生意跟他的镇长工作存在利益冲突。

在此期间,他在市场上的运气不错,这点燃了他职业生涯的下一个阶段——证券经纪人。他转移阵地来到棕榈泉,开始接待客户,他的其中一位客户是弗恩·温切尔——温切尔甜甜圈的创始人和丹尼连锁餐厅的 CEO。弗恩跟迪克说,他的邻居有一家濒临倒闭的水厂,离惠蒂尔镇不远,并提议两人一起去看看。

迪克似乎有胆识、有自我、有欲望,去追求每一个在他的人生道路上出现的隐约有趣的机会。他打电话给证券经纪人公司的研究部主管格雷格·史密斯,询问水资源生意的财务概况以便投资。格雷格有些疑惑,但还是同意调查一下。

当他回电时,说道:"迪克,什么也没有。"

"这是什么意思?"迪克问。

"难以置信,"格雷格说,"除非你想买一家自来水公司,不然没办法投资水资源生意,因为没有相关的生意。"

迪克仔细考虑了一下,说:"我在想,它是地球上最广泛的资源,万物生长都靠它——人、植物、动物都需要它。没有它就没有城市,没有它就没有扩张。它是我们赖以生存的基础,我们吃的、喝的、用的都离不开它。世界上没有比水更重要的东西了,然而你却无法投资它?那时候没人想过这个问题,一个都没有。"

迪克和弗恩投了一些钱给这个挣扎中的公司,这公司的名字取得也很不幸,叫"美国有毒控股公司"(迪克总说:"这名字不是控股它,是毒害它。")。公司的情况变得更糟了,但这并没有吓退迪克和弗恩。他们开车来到惠蒂尔,和美国有毒控股公司的人碰面,见了见 CEO。"我爱上了这家公司,"迪克说,"但我觉得运营这家公司的人是个白痴,只是小商贩级别。"所以,在弗恩的帮助下,迪克买下了这家公司。他把公司名改为美国美净,为了听上去更有标志性,更成功,这是一个能督促公司变得更好的名字,于是他很快开始着手扭转公司的局面，并通过收购不断壮大。

"对我来说这真的是很简单的事，"迪克说道，"我理解水，而且我也知道它很重要。因为我是一个证券经纪人，我能告诉你主流的钢铁公司是哪家，最大的汽车企业、最大的玩具厂家、最大的生物科技公司、最大的制药公司都是谁，离开以上这些东西你依然可以活着，但5天没水，你必死无疑。可谁是最大的水资源公司？如果你是在1989年相信水将成为生活中、事业中、城市里、国家间越来越重要的资源，那么你不可能赚到那么多钱。可是市场怎么可能如此低效以至错过水资源这一重要领域呢？"

* * *

中午前，我办公桌上的电话响了起来："克里斯托弗·瓦雷拉斯，我的生活糟透了。"

我只认识一个会以这样的开头打电话来的人——马克·戴维斯，所罗门兄弟公司在洛杉矶的一位项目经理，他大学时是打棒球的，总是能随口就讲出一个有趣的日常生活烦心小故事。"这次又发生了什么事？"我问道。

"我老婆想挪游泳池。"

"是在地面上的那种游泳池吗？"

"当然不是，"他嚷道，"是一个在地下的游泳池，她决定要把它挪到院子的另一侧。好像是说阳光更好，还是什么玩意儿。"

"你要怎么挪一个游泳池？"

"小瓦，这才是年度最佳问题。她觉得你可以抬起游泳池，然后挪开它。我不停地向她解释，我们得把旧池子填起来，然后挖一个新的，这可不是件容易的事，而且费用高昂。她根本不管，她总是说：'闭嘴，挪就是了。'对了，你怎么样？"

"我很好，我不想挪任何池子。"

"知足吧。听着，我和凯撒聊了聊。"凯撒·斯韦策是另一位项目经理，常驻纽约。我一直都很喜欢他和马克，但是我们很难有机会在一起工作，因为我们侧重在不同的领域。"我们有一个提议给你，它有一点敏感。"马克说话的音量在最后那句话时明显降低了，我能听到办公室的背景音和远处传来的鸣笛声。但我没听清他说了些什么。

"你还在吗，马克？"

"在，"他说道，恢复了正常音量，"我在，对不起，小瓦，这件事有点敏感。"

"我明白，说吧。"我把听筒换到了另一只耳朵。

"你是从橘子郡来的，对吧？"他小声说道，我艰难地猜他在说什么。

"你是说橘子郡吗？是的，我是从那里来的。"

"好的，好的。你是一个防守派吗？"背景里有人发出咯咯的笑声。

"那是什么，马克？防守派？"

"保守派，小瓦，保。"

我非常肯定他说的是"保守派"。他那边的鸣笛声越来越大，听起来就好像是有人在他的办公室里为不耐烦的观众唱着难听的歌剧。

"你那边出什么事了，马克？我听不太清楚你在说什么。"

一阵杂音过后，马克的声音回来了："小瓦，还在吗？听得到吗？我们需要一个懂企业并购的人来帮助美国美净公司。"

美国美净公司……我回想着对这家净水公司所知不多的信息：通过收购来发展壮大，充满活力的CEO，仅此而已。也许马克说的是"环保派"？他们也许想在橘子郡的自然保护区开采水资源。但是为什么他们想要听取我的意见？我只是个做企业并购的。

"你是说'环保派'吗?"我问道,我对着电流的声音提高了自己的音量。

马克回答了些什么,听起来像是:"对——嘞。"

"是,"我说道,"我喜欢远足什么的,虽然我从没把自己当作环保派,但我想我是的。"鸣笛声越来越大,就好像马克所在的楼失火了一样,"为什么这么问?"

"远足?你在说些什么,小瓦?"笑声又回来了,这回就更难听清马克的声音了,"我对洪水感到非常愤怒,你是同性恋吗?"

"对不起,什么?"我把话筒紧贴耳朵,"听不清楚,你能再说一遍吗?"

"你听得见吗,小瓦?你是同性恋吗?"

"我是同性恋吗?"

"对,我们需要一个人——"一长串杂音,像是错误的电台频率。

"我不知道你能不能听到我的声音,"我几乎是在对着话筒喊,"我也不太清楚你在问什么,但我不是同性恋。"

断线了。

我放下话筒,抬头发现办公室里有几个人正盯着我看。"信号不好。"我耸耸肩说,他们回过了头。

后来我找到马克和凯撒,搞清楚了到底是怎么回事。"我们觉得你很适合这个客户,"马克解释道,"为了防止出现一些我们不了解的情况,我刚好还在做尽职调查。"大家都知道,迪克·汉克曼是一个极端保守主义者,凯撒和马克知道我少年时期是在橘子郡度过的,那里的多数居民是保守派,有钱的自由主义者,所以他们觉得这能让汉克曼感受到被接纳。

"这简单,"我说道,"一说我在迪士尼乐园工作过,应该就可以了。"

第五章 现代艺术

我喜欢马克和凯撒，尽管在互联网行业继续呈爆炸式增长的时候，各种IT（信息技术）公司的并购项目让我忙得焦头烂额，但和这些家伙一起为美国美净公司工作，听起来是件有趣的事。所以我登上了去棕榈泉的飞机，准备献上一些关于收购的点子。

* * *

安迪·赛德尔有着比常人都长的舌头。安迪最好的一点是，就算他是快速壮大并且成功的水资源公司的首席运营官，他还是愿意给大家看他的舌头。迪克·汉克曼丝毫不厌烦，坚持让安迪吐出舌头给大家看。

迪克就像是性情粗暴、难以捉摸，却还算和蔼可亲的兄弟会主席。他总是喜欢给所有人讲安迪不太光彩的职业生涯开端："他从沃顿商学院出来后的工作是负责提高纽约市新新监狱的汽车牌照生产效率。你会喜欢这份工作吗？从那里到任何一个地方，都是职业提升。他用新新监狱外的一个公用电话给我打电话，我说服他过来见我。我从一开始就很喜欢安迪。"其实他在一家咨询公司工作，帮助位于加州的索莱达州立监狱改进囚犯的家具生产工艺流程，其实并没有在新新监狱做汽车牌照那么夸张，但迪克总是很有戏剧天赋。

之后，安迪飞抵太阳谷去见迪克，并讨论工作职位。"我们去吃晚餐，"安迪回忆道，"他穿过餐厅跟南茜·克里根和阿诺·施瓦辛格打招呼。他没有把我介绍给他们。但我感觉他们好像是好朋友。这是我对他的第一印象：这家伙认识所有人。"

当迪克收购了陷入困境的美国有毒控股公司，并想把它建造成为一个帝国时，他开始召集一个小型的高管团队来帮助自己。在我和他最初的会面中，他提到了几个他团队成员的名字，几乎所有的名字听起来都很耳熟。"等等，"我说道，"这些人也是从沃顿商学院毕业的吗？"

"对。"迪克说。

"你看过安迪的舌头吗？"

"他的舌头？"迪克笑了，"我没看过。"

"你回到办公室的时候，让他给你看。"

"别告诉我你也是沃顿商学院毕业的。"迪克说。

"我和你刚提到的所有人一起上过学。"

"真是巧了。"迪克对此印象深刻，尽管沃顿商学院的文凭在商业和金融界就像阿斯普雷公文包一样普遍。

"他是那种有学历情结的人，"安迪说，"他介绍我时不会说'首席运营官安迪·赛德尔'，而是'安迪·赛德尔，宾夕法尼亚大学工程学学士，兼沃顿商学院MBA，我认识的最聪明的人'。他有很强的地位意识，他会做出类似的评价，但从内心里他是非常尊重你的，我总是对他介绍我们的方式感到无比荣幸。"

在美国美净公司的那群沃顿商学院MBA中，安迪是迪克的主要对立面，迪克是表象，安迪是本质；迪克是波动的，安迪是稳定的，这种平衡对成功来说至关重要。当和潜在投资者或华尔街分析师开会时，迪克会拿自己的故事还有宏伟的水资源帝国愿景来打动他们，然后安迪会拿出数据，向他们解释一切究竟该如何运转。

"迪克会说最精华的部分，"安迪回忆道，"让每个人都笑着，并且感觉良好，然后我们会讲讲技术层面的东西，让大家冷静下来，这样他们就会知道在他们面前的人并不只会说笑话，而是有真技术的。我总是用来添加现实主义色彩的那个。最近我看了看当年准备分析师会议时的笔记，我注意到我的部分总是很有技术含量：'这里是税息折旧及摊销前利润增长，这里是有机增长。'这就是我的角色。"

迪克因为自己在路演上的表现成了传奇——CEO向潜在投资者介绍自己企业故事的巡演。他很享受站在聚光灯下。"韦恩·休

第五章　现代艺术

伊曾加曾经让百视达火爆到不行，"迪克回忆道，"那个时候我们也很火爆，韦恩和我经常在分析师会议上碰面。我是说，有人趴在门口，坐在我们面前的地上，或者过道的两侧，在雷蒙德·詹姆斯公司，他们总是把我们俩的时间排在一起，没人想要离开，因为这些都是很棒的故事。你知道的，他的百视达故事非常精彩——直到网飞公司出现。"

然而并没有"网飞"来打乱美国美净公司对水资源行业日益紧密的掌控，随着华尔街对迪克和他引人入胜的故事的热爱，美国美净公司正在迅速扩张。

有时我也会去参加这些会议，与一个个客户见面，每当我看到迪克的名字出现在日程表上，我都会为了赶上他的演讲，而试着调整见客户的时间。他对水充满了宗教般的热忱。他像个四处奔波的传教士一样，到全国各地传播善言，会见各种各样的基金机构——富达、惠灵顿、养老基金，以及各种类型的机构投资者，基本上是任何可能购买大量股权的人。他会和任何愿意倾听的投资者交谈，向股票市场宣讲为什么美国美净公司会创造长期价值。

不管迪克是和一大群听众说话，还是和华尔街投行人士共进晚餐，他都能用他的水故事打动对方。

"看那张桌子，上面全部都是我们的产品。我的意思是说，这真的很简单，你离开我们没法生存。"

"当明尼苏达州的人冲马桶时，艾奥瓦州的人会喝掉它，因为水是顺着密西西比河而下的。我们产品最棒的一点是，每一个用水的人，每一个产品制造商，都在产生废水。你一旦用水，把它冲下管道，不管你清洗了或清洁了什么，都会进入水里。所以现在为什么不让我们来处理你的水呢？"

"水是很简单的，我们从古埃及时代起就开始处理水了。在水里，没有什么是我们不知道的，也没有什么是我们以前没发现过的。"

"地球上大部分的淡水资源都被冰封在极地的冰冠中。目前地球上水资源的总量不比地球形成的时候或大爆炸的时候多哪怕一滴，这是个闭环系统。从这个意义上说，你喝下的所有东西，都是别人的废水。最终，我们会直接接一根管道从厕所通向水龙头。当然，你得给它降降温……"他每每说到这里，观众群中就会爆发出阵阵笑声。

当一个投资者问他"你的战略计划是什么？美国美净公司未来的路要怎么走？"时，迪克会回答："在这家公司里，我杜绝任何战略计划。我们必须成为机会主义者，灵活机动。我们的目标是成为世界上最大的水资源公司。这就是我们的战略计划。"

迪克一遍又一遍地讲述他的故事，然后再由安迪和他的团队提供技术和财务方面的内容，将二者合在一起，他们俩把半信半疑的投资者变成了真正的信徒，让股价一路飙升，美国美净公司也就能持续收购更多小型企业，叱咤整个行业。安迪说："美国美净公司处在一个分散的行业里。在美国，有8万个城镇在对水进行净化处理，然后有成千上万的工业用户使用不同级别的处理水——它们要么在排放到河流之前对污水进行处理，要么生成高纯水，比如半导体产业。所以你最广泛的两个需求来自城镇用水和工业用水，而且非常分散。一家企业想要满足所有这些用水需求，需要和很多公司进行合作，成本是很高的。美国美净公司是第一家集碎片化服务和技术平台于一体的水处理公司。我们能对英特尔说：'我们不仅可以向你出售高纯水以供制造半导体芯片，还能给你提供处理污水排放的系统，而且你猜怎么着，我们还提供售后服务。'所以说，美国美净公司真的改变了水资源行业的运作。"

它们和众多大公司签署了高利润的合作协议，比如星巴克，它们为其设计了一个系统，使世界上任何一家连锁店水管里的水尝起来都是一个味道，这样就能保证不管是在布鲁克林还是博蒙特，星巴克的脱脂榛子星冰乐都是相同的味道。它们还和百威、美乐啤酒、庄臣公司等建立了类似的合作关系，在和所有这些公司的合作中，它们的核心产品就是水，美国美净公司能做到确保从每个生产地点产出的水的品质都是一致的。迪克购买了大量科罗拉多河水域使用权的股份，科罗拉多河是加州农业生产，以及洛杉矶和圣地亚哥这两座大都市最重要的水源。（他对投资人说的是，有了这些水域的使用权，利润就像装上了水龙头，可以按需想开就开，想关就关。）此外，它们还与众多科学家合作，设计了一个野心勃勃的计划，以淡化和清理污染严重的索尔顿湖，希望将该地区恢复为旅游景区。对美国美净公司来说，没有什么机遇是太过胆大妄为或骇人听闻的。凭借着勇气和贪婪，迪克·汉克曼正在建立世界上前所未有的最大的水资源帝国。

* * *

接着，奇怪的事情发生了，公司开始没有发展目标了。美国美净公司收购了太多小公司——在不到10年的时间里，惊人地收购了250多家公司，包括在它业务最繁忙的一个季度收购了22家公司，几乎是每周两家的节奏——最终没有几家可供它继续收购的公司了。一旦美国美净公司的增长速度放缓，其股价将会受到重创。这其中有一个巨大的威胁在作祟——季度收益预期。

缘由是这样的：通过定期的季度电话或会议，一家公司与华尔街的股票分析师讨论其财务前景，以便那些分析师可以报告预期收益。这家公司实际上是在进行自我推销，试图以尽可能令人信服的乐观前景来打动分析师，然后每位分析师会给出一个评级——买入、中性或卖出——也会同时给出股价目标。分析师说："这是我们认为这家公司下一季度或下一年的盈利情况。"大众股票市场的投资群体从这些分析师的预测中形成统一的认知，那就是该公司的收入预期。

当盈利目标实现时,股价的上升或下降取决于两个因素:第一,公司的表现与预期的关系;第二,下一季度的修正盈利和增长预期是什么。为了保持股价飙升,一家公司必须不断超过当前季度的预期,并提高下一季度的预期——超过再提高,超过再提高,超过再提高。

美国美净公司明白,停滞或减缓增长速度是不可能的。它们急于找出保持扩张步伐的办法,恐慌出现了。忽然之间,在经历了这么多年的成功之后,美国美净公司总是在即将搞砸的下一季度的边缘试探,但总能因为运气和决心,铤而走险,渡过难关。

有一个季度,公司被拯救于翻车的边缘,而拯救公司的却是一场真正的翻车事故。"我们在惠蒂尔有一家工厂,"迪克说道,"我们在那里生产一种巨型水处理产品,用于位于海湾的马拉松石油公司的钻井平台。它们很着急,我们把产品搞定,但是它太大了,无法横穿洛杉矶,只能在午夜到凌晨4点间运输,才不至于造成交通拥堵。它由一辆马拉松石油公司特制的卡车运输,于是司机在午夜从工厂出发,10分钟后,他们把车停在一条铁路轨道上,一辆联合太平洋公司的火车以50英里/小时的速度撞上了它,水被溅得到处都是。还好司机看到火车过来,在发生碰撞前逃离了驾驶舱。"

这本来是美国美净公司的一个悲剧事故,其造价高昂、新鲜出炉的设备就这样被一辆飞驰而来的火车给毁了。单是这一场事故,就能让它这个季度的财务报告触底。但一旦水处理设备从工厂运出,事故的责任就落在了马拉松石油公司头上。

"所以,"安迪说道,"我们的财务部门说,'这不是坏消息,这简直是天大的好消息'。公司有保险,而且马拉松石油公司让它们再造一个一模一样的设备,因为没有这个设备,它们没法让钻井平台浮起来。所以我们不仅得到了保险公司的赔款,还得到了一个急

第五章 现代艺术

单——一个替代品，于是我们把工厂所有的库存都找来，用在这笔单子上，把盈利算在项目上，而且这些都是合法的。"

"所以我们做到了，那个季度的财报表现得很好。"迪克说道，"尼克·梅莫（美国美净公司的一位执行副总裁）在波士顿看到这些数字后打来电话说：'你是如何策划那场火车事故的？'它成就了这一年，这真的是太疯狂了。"

当美国美净公司没有火车事故可指望的时候，管理团队不得不通过更具创造性和更大胆的收购想法来满足华尔街的预期。迪克把目光投向了康丽根——一家非常有名的公司，家庭主妇和喜欢在茶水间聊八卦的白领应该对它并不陌生。康丽根公司专注于瓶装水、软化水和过滤器。康丽根广告中所刻画的英俊潇洒、老式做派的送货员"康丽根师傅"是美国的标志性人物。在水资源行业，康丽根公司的知名度使其成为非常诱人的资产，但对于迪克和美国美净公司来说，这是个过于大胆的收购目标，部分原因在于它的规模，还因为美国美净公司一直扎根在工业和商业领域，而现在它将跨入消费和家用这一陌生的领域。

每当迪克有了一个新想法，就会马上变身为威力强劲、不可预测的"气象系统"，和他一起工作确实就像在追逐龙卷风。我常常觉得自己好像是气象学家，开着面包车，拿着摄像机和笔记本，沿着高速公路狂奔，试图追随迪克变幻无常的冲动。他的注意力可以被瞬间改变。他高强度的做生意方式令人兴奋，但同时也可能极具破坏性。

首先，他通常坚持自己来做交易协商，大步走进内容高度敏感的会议室，就价格和条款进行磋商。在没有并购专家、法律顾问和分析师的情况下，派遣 CEO 独自应战并不是可取的做法，但迪克的超强个性容不下多少讨价还价的余地。

在与康丽根公司召开的会议上就是这样。我们在康丽根律师纽约的办公室会面商讨交易事宜时，迪克要求单独会见康丽根母公司的私募基金阿波罗管理公司的马克·罗文。在会议开始之前，在美国美净公司首席法律顾问达米安·乔治诺的帮助下，凯撒·斯韦策、马克·戴维斯和我把迪克堵在会议室里，我们一致要求迪克不能把收购价格抬至超过 54 美元/股，他一边把手伸向门把手，一边得意地笑。

"迪克！"凯撒急切地重复说道，"我知道如果你一直听我的，如果美国美净公司还是一个不值钱的小公司，我会说服你不去做任何交易，我知道你想要康丽根公司，但我们必须坚守 54 美元/股的价格。答应我，如果他们要求加价，你不要答应，好吗？"迪克转过身，看着他的眼睛，没回应。凯撒恳切地再次确认："好吗？"

"好吧，好吧，"迪克不屑一顾地挥挥手。"54，记住了。"

迪克一走，我们就开始打赌他会接受超过 54 美元/股这个价格多少。我们的一致意见是，他会接受 56 美元/股，但我们由衷地希望他不要这么做。达米安靠在一把旋转椅里，看着窗外。作为美国美净公司的法律顾问，他得操心合同的各种细节，而每次迪克去协商时，他都很担心价格问题。在大部分公司，法律顾问必须出席每场重要会议，但是那个时候，达米安已经习惯了迪克把所有人关在门外。我作为并购顾问，任务是决定美国美净公司应该把什么样的公司作为收购目标，以及提供最适合的收购策略，进行监测分析，确定目标公司的估值，而本次的结论就是，在此般情况下，我们不应该支付超出 54 美元/股的价格。最后，我会在谈判桌上主导协商。作为项目经理，凯撒和马克处理客户关系，建议迪克应该如何筹款，最好地为项目提供资金。他们已经和迪克合作过无数次收购案了，其中大多数的案子都让凯撒和马克有些焦虑，但在康丽根公司的案子上，赌注要高得多。每股价格每上涨 1 美元，美国美净公司为完成交易所需支付的预期金额将存在巨大差异。

我们在会议室里紧张得像在产房外等待产妇出来的朋友，希望一切都别出差错，然后我们马上就能抽上雪茄。我们并不担心孩子的出生——我们期望交易达成——只是不希望孩子长得难看。

半小时后，迪克从会议室的双开门外冲了进来，脸上带着一副傻笑的表情。

"别恨我。"是他说的第一句话。

我们集体叹了一口气。

我们已经知道他都干了什么，但凯撒还是开口问了，他想知道问题糟糕到了什么程度。"我们为什么要恨你。迪克？"

"60。"迪克让价格每股多出了6美元，从整个交易来看，总价格增加了整整1亿美元，对于一个整体规模15亿美元的项目来说，真的不是一个小数目。

我们为帮助美国美净公司收购到一家巨型公司的喜悦被令人咋舌的价格压得死死的。

迪克以为迎接他的会是热情，他微笑着说道："别这样，伙计们。"他试图安抚一筹莫展的我们，但还是无法掩饰他拿下交易的兴奋劲儿，"我知道我付的钱比你们预想的要多，但这是值得的。这可是康丽根公司，现在是我们的了！我们会没事的。"

马克一手扶额，说道："这不对。"

"我觉得我没法通过公平委员会会议。"凯撒喃喃自语。

"听着，"迪克开始辩解道，"我不是傻瓜。这笔交易增加了收益。你们自己算算好吗？我们的收入正在增加。"

马克抬起头，说："是的，今年可能是这样，明年可能也是这样，但是将来——""马克，"迪克说着，紧紧地按住他的肩膀，"将来的事让我来操心。我们好得很，好吗？去吃牛排吧。"

安迪·塞德尔并不在协商现场，但他会毫不犹豫地说起为什么康丽根公司的案子以及其他类似的交易案会给美国美净公司带来麻烦。"大数定律正向我们逼近，而我们的业务发展无法达到预期。

因此，我们被迫再进行一场大型交易，以便建立账面准备，然而没有那么多大型交易可以做了，所以我们开始做一些疯狂的事。"到这个阶段，美国美净公司开始收购任何它可以收购的公司，只是为了超出季度收益预期。"康丽根公司真的和我们的核心诉求不符。我们还收购了一家叫 Kinetics 的公司，它们所做的也和我们毫无关联。我们不得不一直"拉伸"自己，投入越来越庞大的交易中，这样我们才能看起来像是在有机增长。分析师爱有机增长，因为所有人都可以买公司。每个'滚雪球'公司最终都会遭遇这个问题。"

迪克也懂得这个道理，他告诉《纽约时报》："当没什么东西可以继续'滚'的时候，'滚雪球'策略就会遇到麻烦。"

* * *

康丽根交易结案时，迪克相信这个案子会取得胜利。他支付了比我们建议的更高的价格，比公司的估价值还要高的价格。但在这个案子里，估价值并不重要，重要的是有没有胆量去冒险，行动起来，尽力争取，这是商界和金融领域永恒的主题。

"这很简单，"迪克回忆道，"但没有银行人想过这个问题。那时候美国只有一家公司能阻挡我，或跟我抬价、与我竞争——正是康丽根公司。我把它们踢出局了。不管要花多少钱，以后其他所有公司都会便宜，因为再没有其他买家了。而且它还是个很好的品牌。"

不管你怎么看这件事，康丽根公司都是一个很难啃的收购对象。但一旦尘埃落定，我们就发现自己陷入了同样的困境：持续的增长变得不可能，因为潜在的收购对象池已干涸。

我们得趁着公司还在上升时，找到一个买家并脱手，也就是说在美国美净公司增速放缓之前，卖掉它。迪克竭尽全力地反抗，他从美国有毒控股公司的废墟中建立了美国美净公司，成为他统治下的帝国。他不想放弃，但他已经没有办法让公司继续达到华尔街无情的收益预期了。我们的坚持终于奏效，迪克同意考虑出售这家公司。

在创建美国美净公司时，迪克一直在兜售希望，兜售一个抽象的概念——一个强大的产业可以围绕着水资源建立起来，而他是做这件事的人，现在也是合适的时机。和所有有远见的人一样，他构想了一个还未到来的未来。热衷于为希望提供融资机会的投资界支持他的这一愿景。在一个有才华的团队的帮助下，迪克用能力和意志力完成了这一构想，一个季度又一个季度地达到收益预期，带领公司实现巨大增长。最初概念的种子如今成了现实。但总有一天，会发生不可避免的事情，增长不可能永远持续下去，有升必有降。华尔街的季度收益预期要求太高，无法永远满足。最终美国美净公司总会有搞砸的一个季度，当那个时刻来临，一切将被颠覆。伟大的推销员迪克需要找到下一个信徒。他从把美国美净公司的愿景卖给成千上万人，到最终把它转卖给一个人，那个人就是让-马利·梅西耶。

在法国商界，让-马利·梅西耶就是王者。他是一位英俊潇洒、衣着考究的"空中飞人"，在曼哈顿拥有一套价值 1 750 万美元的公寓。他的公司拥有顶级厨师艾伦·杜卡斯的旗舰餐厅，那可是巴黎声名远扬的地标之一，梅西耶经常在那里的私人包间举行商务会议，享用长时间的奢华晚餐。39 岁时，梅西耶在威望迪集团升至最高职位，威望迪是一家法国大型跨国集团公司，专注娱乐、电信和公共事业。为更加多样化，更好地发展公司，他提出了许多大胆的想法。

和迪克一样，梅西耶也是一位雄心勃勃的企业家，有时会让欲望左右自己的判断。和迪克一样，他也魅力十足，具有远见卓识。但这两个人有着本质上的区别。梅西耶曾就读于最好的学校，并在很年轻的时候就登上了法国商界的顶峰。他品位高雅，着装也无可挑剔。他的公司威望迪，有差不多 150 年的历史，1853 年成立于拿破仑三世的皇家法令之下。而迪克是白手起家，他从学校辍学，然后凭借纯粹的意志一跃成功，亲手书写了自己的历史，在一家公司的废墟上建立起自己的帝国。梅西耶是旧法兰西共和国的缩影，迪克是纯粹的美国制造。除去这些差异，他们一拍即合，开始会面探讨威望迪集团收购美国美净公司的可能性。

威望迪集团的商业模式像一个三条腿的凳子：娱乐、电信和公共事业。它娱乐的这条腿集中在对西格拉姆集团的收购，一同到来的还有环球音乐集团。威望迪集团电信这条腿因拥有大量有价值的资产而显得格外粗壮。但是这个凳子的第三条腿——水务和垃圾处理部门非常薄弱。这个部分曾经是它业务的核心——150年以前，它是以通用水务公司起家的——所以威望迪集团一直在寻找一个关键的收购对象，能重振这第三条腿。美国美净公司正是非常适合的对象，它还能为这个法国集团提供一个横跨大西洋的立足点。梅西耶想要美国美净公司。他是个有大局观的人，凡事总是想在前面，思考如何能让威望迪集团的不同元素和谐地构建成真正伟大的存在。

"你望向窗外，看到埃菲尔铁塔，"迪克在回忆威望迪集团的董事局会议时说道，"凯旋门就在一个街区之外，还有艾伦·杜卡斯在准备午餐，所有人都穿着晚礼服招待我们。西格拉姆集团的人进来了，一起来的有环球音乐集团的史黛西·施奈德和罗恩·梅耶，然后是穿着皮裤，反戴着帽子的音乐负责人吉米·艾文，还有SFR通信公司和Canal+电视台的人。他们搞了一场盛大的展示会，因为这些都是他们特别擅长的东西。所有这些东西都应该是一体的，梅西耶有一个聚合的想法——想让环球音乐集团教Canal+电视台如何拍好电影，然后通过手机播放，这太有才了。他的设想比这项技术的实现提前了5年，所有他预言将会发生的事，现在都已经发生了。"

"这就是为什么他买下了贝塔斯曼集团，"安迪·赛德尔说道，"一家德国出版公司，和环球音乐集团——为了有内容。他一直在说人们将会用手机看书和电影。但那时候的手机还只是诺基亚称霸全球的产品，我们都觉得，'天啊，这家伙是疯了吗？'但他的想法完全正确，而且特别准确，我们那时还嘲笑他在手机上看电影这个想法，笑到满地打滚，泪流满面。梅西耶是真正的预言家，他太超前了。"

* * *

1998年末，我开始随迪克往返飞巴黎，为收购案忙碌。那时，我虽然知道美国美净公司为了达到季度收益预期，总是既有创造力又强势，但作为一家公司的外部人员，我并没有完全意识到它们为了保持如此野心勃勃的增长而进行的斗争是有多么不顾一切。迪克绝不会让人知道这艘大船有沉没的危险。"像所有伟大的企业家一样，"安迪说，"他相信会有更好的一天。他是个永远的乐观主义者。"

美国美净公司的价值并不像华尔街分析师看到得那样高，主要原因是一种完全合法的会计做法，即所谓的合股，自2001年以来不再被允许了。"合股是惊人的。"迪克说道。他在描述过去的日子时，向前探身，话语里洋溢着热情，就好像一位职业运动员在回顾一场冠军比赛。"如果没有合股，你永远不可能做到我所做的事情，这就是为什么这一做法不再被允许了。在如今的环境里，当你收购了一家公司，你必须在交易完成之日，把财务报表合并起来。你把它们的资产加到你的资产里，把它们的负债加到你的负债里。如果其中有什么坏消息，将会被迅速公开，因为我们别无选择。"

"在合股过程中，你必须符合六七项要求（例如，必须主要使用公司股票，而不是现金或债务来完成收购），如果你符合每一项要求，就可以把这些公司合在一起，就像它们本来就在一起一样。你需要回到公司运营的第一天起进行申述，就好像你从一开始就拥有你所收购的公司一样，这是无法分辨的。"这使得公司可以在收购的会计核算过程中隐藏所有负面信息，实质上就是重新设置数据，想怎么解释都可以。"如果你想确保在未来几个季度情况良好，就可以先为坏账做准备，所以你要保留所有东西。其他人无法辨认这是你的收益还是其他公司的收益。他们也无法辨认你的内部增长有多少。你只是在靠收购保持业绩增长，但你可以说，'不，我们每年内部增长 4%''你要怎么证明？''我们只知道是这样'。所以合股可以让你对公司业务发表任何看法。"从本质上讲，合股允许一家公司储备一大笔资金，这些资金可以在需要时被动用，以实现它所希望的任何季度的财务业绩。

现在再听合股的介绍，你可能会觉得很可疑，认为到处都是烟幕弹。很重要的一点是，只要做得正确，这种做法没有任何不合法的地方。实际上，合股是一种并购的会计方法，最初是为了给投资者提供一个更加清晰、更相关的财务图景。世通公司、废物管理公司和安然公司等也因滥用这一规则，而被指控违反了美国《会计法》。美国美净公司最大限度地利用了合股带来的好处，但它从来没有越过法律的界限。

"那是最好玩的藏豆子游戏，"迪克说，"豆子就在那，只是你找不到它。这就是通用电气公司连续多少个季度？……30 个季度收入增长的原因。它们每个季度都收购一家新公司，然后合股。所以，在 20 世纪 90 年代，这是个创立大公司的好方法。"

美国美净公司的 250 多个收购案经常让公司重置其会计审核，然后按需要重新绘制金融版图。而且，一旦开始这么做，就停不下来。就好像吃莎莎酱：只要你一个薯片接着一个薯片地蘸着辣酱吃，你的舌头就感觉不到辣。你可能会出点汗，但可以坚持下来，也觉得很好吃，只要你不停下来。

合股的问题在于，当收购对象枯竭后，早晚是没法再达到收益预期的，因为没法再重置会计核算，真相就会浮出水面，然后一个表现不好的季度将毁掉整个股价。这正是美国美净公司所面临的问题，一天晚上，在曼哈顿，我们坐的加长豪华轿车停在一家餐馆门口，迪克让除了我和负责威望迪集团交易的律师罗德·加拉之外的其他人都去里面等着。迪克让司机绕着街区兜几圈，然后等着下一步指示。一小段安静又紧张的时间过后，他转向罗德和我说："我们这个季度挺不住了。"

我们都没有马上做出回应。

迪克继续说道："下个季度，我们只谈到了这么多收购，我预计一年后，我们的增长率将会大幅下降，我无能为力，因为我们遭遇了大数定律，我不知道股价会如何发展，但它不会停留在26.5美元/股的水平了。"这一切终于要倒塌了。

他停下来，深呼吸，看着我们，加长轿车还在兜着圈子。

在这个与威望迪交易协商的敏感时刻，如果美国美净公司没能达到收益预期，交易很可能要泡汤了。成功的关键在于我们是否有能力在收购完成之前稳住威望迪集团对美国美净公司价值的信心。一个新的紧急事件砸向我，迪克一直在拖延，不想接受这笔交易，不甘心就这么放弃他所热爱的、从无到有建立起的事业，但现在没法再拖了。

当确定他说完了之后，我从夹克里掏出一支笔，跨过座椅，递给迪克，没说一句话。他把笔握在掌心停了一会儿，然后笑了。意思很明确了，签字吧。

没过多久，我们来到纽约哥伦比亚广播公司大楼的董事会会议室，我们这一侧大约有15个人，对面威望迪集团的人数与我们差不多，我们讨论和辩论了各种细节，一个多小时后，我们仍处于僵持之中，迪克显然对冗长的法律和财务尽职调查程序感到沮丧。他隔着桌子和梅西耶说话，问他是否愿意到楼下和他一起吃晚饭。

双方的银行人员和律师叫了起来："你们不能单独行动！我们得和你们一起去！这可是个几十亿美元的公开收购案！"

迪克看着梅西耶，然后说道："我不知道你怎么样，但没人能告诉我应该和谁一起吃晚饭。你想一起去吃点吗？"

"当然，"梅西耶说道，"我想。"

迪克和梅西耶走了，剩下我们一堆人面面相觑，律师都气炸了。

在楼下，服务员问他们要不要开一瓶红酒，迪克指着酒单上的一项说道："我们要一瓶'一号作品'。"

在服务员开酒的时候，梅西耶问道："你为什么点了这瓶酒？"

"因为它是你们最好的酒庄和我们最好的酒庄的合作产物，拉菲·罗斯柴尔德酒庄和蒙大维酒庄。它们一起出品了一瓶很棒的酒，而我觉得我们应该一起打造一瓶很棒的水。"

迪克和梅西耶碰杯，当下在晚餐桌上达成了交易。

* * *

"出发！"迪克冲着驾驶舱喊着，"让我们离开这个地方！"我们正在巴黎敲定这笔交易的最后细节。迪克情绪高涨，在我们登上飞回美国的公务机的第15分钟，他已经在喝第二杯苹果马提尼了。（迪克坚称交易里包括一项由威望迪集团支付他所有的差旅费用的内容，不知怎的，它们竟然同意了。）"60亿美元的全现金交易，跟我开玩笑吗？我们在回家的路上可以从排气管里撒法郎了！"飞机加速准备起飞。

交易完成后，威望迪集团将美国美净公司与它自己的水务和废物部门合并，根据协议，迪克成为威望迪集团董事会的一员。当威望迪集团发现自己支付给了美国美净公司过高的价格时，自然引起了一些紧张局面。但是当后来问及此事，迪克和大多数乐观的远见者一样，想不起他和梅西耶之间有过哪怕一次争斗，留下的只有那些积极正面的回忆，但我们听到的故事是，梅西耶在交易的全部内容曝光后与迪克对质，他说："我以为我们是合作伙伴和朋友。"

迪克回答说："那时候，让－马利是坐在我对面的。"最终，他们成了朋友，并且多年来在许多场合互相帮助。

尽管完成了这笔交易，迪克非常高兴，但在某种意义上，他放弃了自己的梦想。他一直视美国美净公司为一项伟大的资产，所以他从未把梅西耶当作没主见的傻瓜。迪克心不甘、情不愿地放弃了公司。一个季度接着一个季度无休止地挑战华尔街的收益预期，让人精疲力竭，而且最终被证明这是不可能的。这就是华尔街和具有远见卓识的企业家之间的复杂关系——华尔街喜欢投资希望和热血的故事，但是它源源不绝的不合理预期也让企业家感到窒息。于是，迪克在被压垮前逃离了，但他始终相信美国美净是一家伟大的公司，而且会一直是。

安迪·塞德尔上任成为美国美净公司的 CEO，他对这件事却不这么看。当法方发现情况并没有在协商时被完整披露时，安迪承担了主要责任，就算当时法方是完全有能力在长达数月的尽职调查中进行仔细盘查的。安迪后来说：

"迪克的狂妄自大使我们落入如今的境地，这一次我们必须成功。如果我们没有找到威望迪集团，会发生什么？这将会是一场灾难。"安迪接下了一堆烂摊子，但他在公司管理方面做得很好，很快便赢得了威望迪集团高层的尊重。

在商界，很多成败的关键在于时机。迪克是个很幸运的人，他在最完美的时刻建立了水资源帝国，可谓群星绕月：他选择了在正确的时间开启这项事业，那时还没有人把水资源视为有利可图的产业；他通过合股收购使公司不断壮大，而这一切刚好发生在合股这种手段被禁止之前；美国美净公司的上升期正好遇到市场的不断扩大；而当季度收益预期开始压得公司透不过气时，他选择了退出，就像印第安纳·琼斯从一座坍塌的寺庙里飞奔出来一样。

此外，让-马利·梅西耶虽然也是一位毫无疑问的、具有远见卓识的企业家，但他的失败就在于时机不对。如果他大胆的想法能在 5 年后被整合——一个集好莱坞和法国文化于一体的全球媒体帝国，通过手机移动端分发——一旦技术支持和用户习惯达到他对未来的预测，他就有可能成为法国的"史蒂夫·乔布斯"。但他行动得太早了，而且正面遭遇了互联网泡沫，所以他没能成为英雄，而成了一个具有警示意义的故事，也成为一个企业过度鲁莽的标志。虽然并不是对美国美净公司的收购击垮了他，但那绝对是压死骆驼的最后一根稻草，最终使他跌下神坛。曾是最受人欢迎的法国天之骄子的梅西耶被迫辞职，并被指控操纵股价、欺诈和滥用公司资金。通过上诉，他的刑期从 3 年监禁减少至缓行 10 个月和 7 万美元的罚款。落马后的梅西耶悄悄重新开始了他的生活，现在他是一名商业顾问。

所以，为什么一个人把握住了时机，另一个人却最终破产并身陷牢狱之灾？是机会作祟还是才华使然？是实用主义加上深谋远虑吗？对时机的把握是一种本能吗？梅西耶是真的更傻吗？还是说他只是不走运？

接连几个大的事件和失误，最终导致梅西耶的毁灭，迪克对此的解释要简单得多。迪克和运营纽约证券交易所的理查德·格拉索是朋友，迪克帮梅西耶在那里的董事会谋得一席。在 2001 年 9 月 11 日的恐怖袭击之后，证券市场的行情立刻直线下降，格拉索不顾一切地避免全面崩盘造成的恐慌。"格拉索给每个在交易所上市的大公司的 CEO 都打了电话，"迪克回忆道，"威望迪集团是其中之一，他说：'我需要你在我一开盘的时候去买进股票，因为如果你不买进，交易所就完蛋了。'梅西耶是个非常善良的人，非常重感情，这件事让他感同身受。于是他向巴黎银行借了 50 亿美元，以 60~70 美元 / 股的价格买进了股票，然后跌到了 14 美元 / 股，他无力偿还债务，这是他在法国遇到麻烦的开始。他的这笔借款并没有得到董事会的同意，因为事情发生得太快。他这么做有非常正当理由的,如果不是因为'9·11'事件,他会是一个英雄。"

威望迪集团能在纽约证交所上市是迪克的功劳,这曾是梅西耶的梦想。为了能成功上市,欧洲和美国的会计规则需要统一,也就是说美国的合股方式需要被废除。迪克说:"是我停止了合股,就为了让威望迪集团在美国上市。"他好像并没有意识到这其中的讽刺意味。迪克停止合股是为了帮助威望迪集团,但迪克正是使用了合股这一方法才促成了威望迪集团对美国美净公司的收购。

合股使得美国美净和通用电气等公司连续多个季度业绩超出预期,从而提升了大众对它们的预期。但如今,在合股模式消亡多年之后,市场仍然相信并要求企业在一段较长时期内保持高速、持续的增长,尽管企业已经没有了保持一个季度又一个季度增长的工具。这反过来又给管理团队带来压力,迫使他们着眼短期利益,专注于每一个季度的收益,而不是长期目标。为了满足一个季度的收益预期,公司可能会被迫迅速完结一项销售案,妥协于较低的价格和不合理的条件,或者,更令人担忧的是,它们会追求利润较低的业务线,因为这能提供更即时的收入机会。因此,管理团队可能无法承诺股权价值整体的最大化,但他们必须关注季度股权价值的最大化,而这两种东西几乎无法达到一致。

1970年,当财务报告首次被要求按季度实行时,主张者指出需要提高透明度以保护投资者,特别是那些个人投资者,他们可能无法获得与机构投资者相同的信息。这是一种公平竞争的方式。很难想象有人能够预料到这些善意的改变会演变成今天的样子。对于企业来说,一开始本是健康良好的,对有机增长的长期追求,被那些使用方法论——有些是合法的,有些不是——挑战极限的人所破坏,所推动的增长模式超出公司正常运作的范围。通用电气公司、美国美净公司,还有安然公司使得大众市场相信并且期待一家公司可以永远达到并提高预期收益,一季又一季的不停息。而我们已经无法回到那个动机和响应都适量的年代了，就好像我们的金融遗传基因被改变了一样。

如今，公开上市的公司越来越少——差不多是巅峰时期数量的一半。更多的公司选择保持私有制，放弃公开上市的好处是避免了公开报告带来的成本和压力。这多有所指，尤其在投资者介入方面。普通投资者很难直接接触到私营企业，这限制了私人股本公司、机构和有钱的个人的投资机会。所以，在透明度方面我们有所收获，却失去了更广泛的投资机会。由于通过这种方式，市场坚持要求企业满足并提高季度预期，民主的公开股票交易量便减少了。

* * *

在我们与威望迪集团交易完结后的几个月，我漫步走过湿地棕榈泉水上公园的前门。我低下头，让一个穿着花朵图案比基尼的女人在我的脖子上戴上花环。通常，一家公司庆祝被收购的完结派对是一场正式晚宴，有十几、二十人参加，高管、律师，还有银行人员，就是那些执行收购案的人。但对迪克来说这些都太无趣，所以他租下了水上公园，找来沙滩男孩乐队，聚集了大概300多人，包括美国美净公司的员工、律师、银行人员，还有很多多年帮助公司的人，全部穿着夏威夷服装。他还从模特代理公司找来一堆女人，反正是由威望迪集团买单，所以迪克想为什么不搞大一点？也从来没有人觉得他是个节俭内敛的人。

这是一场经典的南加州沙滩派对——汉堡、热狗还有酒。迪克给每个客人准备的礼物是统一的T恤——一件印着一条鱼和一只青蛙正在交配图案的T恤。这个卡通图案从解剖学上可能无法解释，但是从寓意上来看还是很清晰的：美国美净公司和美国人对威望迪集团和"法国青蛙"有办法。T恤上还印着一句法语：Merci pour le bon temps！（意思是：谢谢你给我的美好时光！）

安迪无意中听到了美国美净公司的销售副总裁史蒂夫·沃特尔

第五章　现代艺术

和海滩男孩麦克·洛夫的对话。

"伙计,"麦克说,"这里热吗?我们整个下午都在排练。热得要命。"

"等一下,"史蒂夫说,"你们为什么要排练?你们已经唱了40年了。"

麦克·洛夫说:"哦,那是药物作用。"

迪克手拿装着鸡尾酒的塑料杯,在人群中欢快地穿行,咧着嘴向人们打招呼,还不时地指向乐队。一小撮狂欢者在跳扭摆舞,安迪记得当时"舞台上有许多白人舞者"。在经历了与市场预期长达10年的斗争、数不清的收购案、火车事故和险些失败后,随着一笔传奇性的交易把公司卖给了法国人,人们开始放纵自己,就好像他们在离开大学之后,就再也没喝过酒,没听过现场音乐一样。

"迪克爬上舞台,向人群讲话。那时他就是热爱生活,"安迪说,"我不太记得他说了什么,我们都有点醉了,但我想他搂着麦克·洛夫的肩,就好像他们认识了很久一样,然后说了这样的话:'我最好的朋友麦克·洛夫和我都经历了很多。美国美净公司对我来说意义非凡,我很高兴他能来到这里表演。这是多么好的方式来向这个南加州公司史诗般的故事告别。我们都是摇滚巨星。'我记得当时我在想,这是一个很棒的方式来给这个疯狂的行程画上句号。迪克对策划这样有仪式感的东西很在行,他能让一切都变得令人难以忘怀。"

派对一直持续到深夜。每隔一小会儿,就有人被毫不客气地抓起来扔进水池里。"我记得有几个大个子抓住了我,"安迪说,"他们跟我说:'要么来软的,要么来硬的,反正你都得下水。'我放弃了挣扎,他们把我扔下水。大伙都醉醺醺的,跟着那些模特,就好像她们是吹魔笛的人。"

我拿着啤酒站在一边,看着眼前的光景,借这个机会回想曾经在美国美净一起工作的那些狂野的日子。它们大量购买公司，最终在败露之前将自己卖给法国人的这种方式，让我不禁想问，在现代金融时代，一个靠谱的公开上市企业主理人应具备些什么？金融系统的要求似乎过于苛刻，还轻易不饶人，被设计成注定失败，或者至少是鼓励次优行为。成功不仅需要有远见和对远见的执行力，还需要有在火箭坠毁回落地球前及时退出的意识或运气。在我看来，我们的公开市场正在往一个不健康的方向发展。

为增加股权价值而施加在管理层身上的压力，应该要为利益关系人带来长期积极的结果才对，但事实往往不是这样，因为管理层被迫需要使自己的想法在三个月内得到回报，如果无法继续执行这一系列想法，那么就只能将其出售。

更让我困惑的是我对金融体系的新认识，似乎金融体系越来越需要对真相的延伸。我想知道界限在哪里？这些界限由谁设定？目的又是什么？也许这些都不重要，因为最终的胜利者会因为他们的洞察力而得到奖赏，而输家则会因为失败而受到惩罚。我们的金融体系是否还有别的运作方式？

当我刚入行时，我想要相信金融体系是可以建立在绝对的真实和透明度上的。但生活并非如此。在多少婚姻中，夫妻双方是了解对方的每一个小细节的？卖过几套房子，卖过几辆车，或是进行过其他任何开诚布公的交易？企业并购顾问的酬劳很高，他们负责尽最大可能为客户和交易润色。我们一般会以描绘未来美好蓝图为开端，然后根据目标导向，阐述一些更为细微的论点和观点。知道推进什么、延伸什么——以及延伸到什么程度——是需要非常多技巧和经验的。在行外人看来，这些似乎是暗箱操作的范畴。而且当然，像"听着，孩子，现实世界就是这样的"这样的辩护或解释是不可接受的。我们当然想要纯粹的事实，但现实世界要比这复杂得多。从理智上讲，我欣赏这一系统的利用率，它通过利用所有参与者的自身利益最大化来创造巨大价值，但是，美国美净公司的交易还是有些极端，它让我陷入了不想再次陷入的境地。但是，这在一个似乎要求人们必须这样做的行业里，是不可改变的。

在退出美国美净公司后的几年里，迪克没有失去创建公司的渴望。他在 K2 运动——一个生产专业滑雪设备的公司担任 CEO。他依然在使用美国美净的发展方式，只不过规模小了很多，通过凶猛的收购使 K2 的规模扩大了好几倍，再一次创建了一家"滚雪球"式的公司，然后卖掉它。

他总是爱讲一个在美国美净－威望迪收购案结束后接到霍兹教练电话的故事。一开始，教练拒绝了美国美净公司开出的任何薪酬，当迪克施压一定要他收下点什么作为对他帮忙的回馈时，他答应只接受股票期权。教练在某天早上醒来时，突然发现自己银行账户里多了好几百万美元。"我接到电话，"迪克说，"教练在电话里悄悄地说：'迪克，问题严重了。'然后我问：'怎么了？'他说：'我的股票经纪人刚给我打电话，说我账户上的这些钱都是从美国美净公司赚来的，我觉得这弄错了，我不想因为这些鬼东西被征税，你得把这个问题给我解决了。'我说：'教练，那是你的股票期权利润。'他停顿了一会儿，说道：'股票期权是什么？'他不知道股票期权是什么。他只是非常吃惊。差不多两年之后，我来到 K2，给他打电话说：'你想加入 K2 的董事会吗？'他毫不犹豫地说：'只要我能拿到股票期权。'"

安迪可能是最喜忧参半的人，因为收购后的烂摊子落在了他的头上，但他依旧认为 20 世纪 90 年代在美国美净公司工作是决定他职业生涯的经历。"毫无疑问，这是我职业生涯里最好的事，而且根本没有后来者可以与之媲美。我真的很为我后来管理和运营过的一些公司感到自豪，但是在美国美净公司的那种干劲儿，那种年轻的激情和狂野的西部氛围，还带有一点疯狂，以及会给你极大的自由去做事情的老板令人永生难忘。迪克会让你觉得自己绝对处在世界之巅，不管你有多累，也不想让他失望，就算是在美国美净公司最后的日子里也是这样。他是一个好的领导者。当你还年轻的时候，能够用难以想象的资产负债表和财务能力去做这些事，在各种运营问题上考察自己的才干，简直是每一个 MBA 梦寐以求的。经理们和我会时不时聚一聚，我们互相看着对方，然后说，我的天，我们有多幸运！能恰好在这个时刻从商校毕业，然后实现几乎每一个梦想。谁会在短时间里收购那么多家公司，然后把它们升华成现金回报？你在逗我吗？这简直是难以置信，且绝无仅有的。"

达米安·乔治诺——美国美净公司的首席法律顾问，也是曾经的高管之一，哪怕在威望迪交易案过去几十年后的现在，还会时不时来参加聚会。"不管你怎么想迪克，"他说，"他对市场时机把握得无懈可击。他有远见，而且没人能阻止他。他有着坚定的信念。一路上确实遇到过很多奇奇怪怪的事，但是在最后，他创造了一些现在仍旧以各种形式存在的东西。威立雅公司（威望迪集团的衍生公司）一直是一个水资源企业。还有西门子旗下的水处理技术业务被卖给了当年的美国安盈投资公司，现在改名为懿华，是一家上市公司。康丽根、HD Supply，都可以算是美国美净公司的孩子，现在都是市值 10 亿美元以上级别的公司。我在美国美净公司学到了怎样创立超速发展的公司，怎样给它们提供资金，怎样管理它们，怎样建设团队，我们在美国美净公司所取得的成就、建立起来的友谊，全都是受到迪克的指引。其中有不光彩的地方吗？当然有。但是我们建造了一家没人可以复制的公司，一家在水资源行业被树立为行业标杆的公司。我们继续寻找着可以继续探索的目标，但不再能拥有当年我们所拥有的那种环境了。"

我离开了派对，在人群中漫步，安迪全身湿透站在水池边，和迪克一起因为一些傻事笑着。

已经很晚了，但派对还在继续。在儿童泳池中，一位会计和一个租来的模特激烈地打起来。沙滩男孩看上去筋疲力尽，他们一定是把歌单都唱遍了，但还在继续表演着。这一次他们一定累坏了。

一首歌接着一首歌，美国美净公司的员工一直在扭着舞着，一点点慢下来，动作也糊弄了起来，啤酒桶还在流淌着啤酒，似乎永远也不会干涸。一群律师跳着瓦图西舞，一个办公室助理在舞台上跳土豆泥舞，就在麦克·洛夫的旁边。我在所罗门兄弟公司的一个同事在树丛里跳着游泳舞。每一个人都不想错失任何狂欢的机会，直到湿野公园叫停并把我们都打发走。在我的左边，一个康加舞队按照蛇形曲线移动穿过一条通道，滑向舞台。当他们穿过人群进入我的视线时，我看到迪克站在前面——身穿冲浪衬衫，手里拿着鸡尾酒，双脚四处乱踢着，脸上带着极度幸福的微笑——带领着康加舞队消失在夜色中。

第六章

猎象记

金融超市的建立创造了一个平台，有效地为全球化大环境下日益庞大、复杂的国际企业和市场提供了所需产品的广度和深度。然而……金融超市的出现，催生了一系列极其难以管理的金融机构，同时也导致了企业文化的堕落，难以培养和维持理想的行为模式。

> 我突然明白了,我非得射杀那头大象不可。大家都对我如此期待,让我非这么做不可;我可以感觉到他们两千个人的意志在不可抗拒地把我推向前方。
>
> ——乔治·奥威尔

当汤姆·斯马奇乘坐的飞机在肯尼迪国际机场降落时,他打开手机,发现自己的语音信箱被塞满了。这通常不是个好兆头。他刚从中国飞回来,在飞机上也没怎么好好睡觉,他缓缓地拖着步子,和其他被时差折磨着的人一起前往海关入境处,不禁琢磨着在他飞行的这段时间里,什么事能触发几十条语音留言。两侧墙上贴着的标语提醒他,电话是被严禁使用的。

所以汤姆等着,猜想着是什么原因导致电话和信息涌入。作为伟创力集团高级财务副总裁,他被安排第二天一早和同事一起在直播电视节目中敲响纳斯达克的上市钟,以庆祝公司上市 10 周年。

第六章　猎象记

少数公司高层已经抵达纽约在等着他了。手机又在口袋里响了起来，他掏出来迅速看了一眼，是一条来自财务办公室同事的信息："你到底在哪儿？"是简短又温馨，还是不祥又紧急？汤姆太累了，以致他无法进行判定。他非常想听听语音留言的内容，搞清楚到底发生了什么，但自从"9·11"事件发生之后，人们在机场都有点紧张不安，尤其在纽约。人人都提高警惕，渴望着一个充当英雄的机会，所以汤姆遵守标语上写的规定，把手机放回口袋里。无尽的荧光灯在他头顶嗡嗡作响，模糊难辨，他需要睡眠。

他想也许是敲钟的计划出了岔子，也许这些电话是想说别的事，最近伟创力集团遇上了一起普通的公司诉讼案，他们被加利福尼亚州的一家医疗设备制造公司给告了。这家公司宣称伟创力集团涉嫌合同违约，关闭了一家工厂，影响了其产品交付的能力。

汤姆踏上了一条又长又缓慢的自动扶梯，上面载满了旅客和行李箱。他看见扶梯下面一个安保人员正满脸狐疑地扫视着人群。他的电话又一次在口袋里响了起来。这回他能感觉到是一通电话。他计算着还要多久自动扶梯能到达安保人员所在的底部，他推测差不多还需要整整1分钟。为什么不呢？他思索着，抓起电话接了起来。是戴夫·帕提诺利，伟创力集团的一位财务副总裁。

"得说快点，戴夫，我准备过海关，本来不能接电话的。"

"是诉讼案，"戴夫说道，"非常糟糕。"

汤姆不明白怎么会这样。这件案子要求公司赔偿对方300万美元的损失，伟创力集团的年收入有几十亿美元，所以没有人太关心会产生怎样的后果。这是一件汤姆和其他高层管理人员都知道但没太在意的事，因为这件案子真的很小。伟创力集团的律师一直跟他们说没什么好担心的。

"我们损失了300万美元？"汤姆问戴夫。

"更糟，糟太多了。"戴夫报告说，"法官不仅判原告胜诉，获赔 300 万美元，还决定作为对被告的惩罚，增加赔偿医疗设备制造公司 10 亿美元。"

"等等，什么？"汤姆说，想知道这是不是在开玩笑，"你是说 10 亿美元吗？"

这时候，底下的安保人员看到汤姆正在打电话，冲他喊着让他挂掉，几个人回头看向汤姆。

戴夫确认了判决结果，并开始说细节，这边安保人员一直让汤姆挂电话，冲着人群不停地喊着，就好像汤姆携带着武器一样。他完全专注在了诉讼案的细节上，再加上时差，他有点顾不上周围的人了。

当他努力想听清戴夫的说话内容时，站在前面低一级台阶上的老人因为安保人员的关系，变得焦躁不安起来。他不断发出强烈的抗议，从厌恶地摇头，到开始发表反对言论，再到大声吼叫，全程不过 10 秒钟。他回头对着汤姆的脸，就好像在执行逮捕令一样，但汤姆依旧试着从戴夫那里搞清事情的细节，于是他举起手挡在他们俩的脸之间，试图让老人安静下来。

汤姆听着电话，脑子里却被这一噩耗给搅乱了。为了有权提出上诉，他们必须缴纳与赔偿金等额的保证金。然而，就算伟创力集团的收入再高，其财务结构也不允许公司拿出 10 亿美元的保证金。如果公司在这周之前拿不出保证金，那么索赔就到期了；由于公司支付不了赔偿金，有可能会被迫破产。等他见到自己的同事之后，还有更多的细节要去分析，但此时此刻他明白了一件事，那就是破产是一个真正的威胁。

汤姆回到了现实，发现在他举起的手的另一侧，那个老人还在喊着。他和机场保安都像疯了一样，就好像汤姆是恐怖分子。

然后——"砰"的一声——突然间，老人向后踉跄了一下，然后对着汤姆的肚子狠狠地打了一拳。汤姆弯下腰，但他并没有倒地，因为他知道在自动扶梯上摔倒会引起多米诺效应，导致一大片人倒下。他关上手机，抓住橡胶扶手，叹了口气，随着自动扶梯向未知的未来沉下去。

* * *

第二天早上，汤姆和伟创力集团的同事站在纳斯达克交易所。他们考虑过取消敲钟仪式，但如果取消会让本来就很糟糕的情况看上去更糟，所以他们还是来了，倒数着时间。"我们看起来像是全世界最坏的坏蛋，"汤姆说，"表面在电视上微笑着挥手，内心却在说，'伟创力集团刚被判罚10亿美元'。我觉得真是尴尬极了。"当他们在上面强装热情和乐观时，伟创力集团的股价一路暴跌。

纳斯达克敲钟仪式一结束，一位记者拍了拍伟创力集团的CEO迈克尔·马克斯，为直播电视做惯例采访。"但是当然，"汤姆说，"记者没有提任何关于敲钟的事，也没问为什么要敲钟，他们马上展开攻击，问迈克尔关于医疗设备制造公司诉讼案的细节，暗指我们伤害了病患。他们试图让我们看起来越糟糕越好。"

隔天，汤姆回到了他位于圣何塞的办公室，他们即将面对的可怕现实正迎头砸来。他们只有几天时间——也许最多两天——找到10亿美元，不然公司将面临财务灾难，很可能导致破产。作为高级财务副总裁，汤姆的任务就是找到钱。"所以我打电话给全世界所有和我们有关系的银行——所有的投资银行、商业银行——所有人都像躲避瘟疫一样躲避我的电话，因为没人想蹚浑水，拿出这笔保证金给我们造成了巨大的财政困难，没人知道我们能否挺过这一劫。"

在纳斯达克的敲钟仪式仅仅两天之后，伟创力集团就很有可能要面临终结。汤姆看着桌上的电话，真希望它能响起来，他急需有人回电。但是电话静悄悄的，没有声音，没有光亮，也没有救赎的承诺。然而汤姆就快没时间了。

***

在桑迪·威尔坐上金融世界头把交椅，成为历史上最大的投资机构花旗集团 CEO 之前，曾在纽约做过一段时间的电话销售员。他的童年很穷苦，在布鲁克林的森赫斯特长大，是波兰移民的后代。学生时代的他很懒惰，最终被送往军校，然后一鼓作气进入康奈尔大学，毕业后他本是要进入空军行业工作的，他也做过一些零散的工作，满纽约游荡，直到 1955 年的一天，一次幸运的邂逅改变了他的命运，《旧金山纪事报》是这么描述的："当桑迪经过一家充满活力的证券经纪公司时，他跌跌撞撞地进入了金融世界。他向他的父亲询问有关行业的情况，然后得到了一份贝尔斯登公司的工作。刚开始他在后勤办公室，一个月赚 150 美元，午休的时间待在证券经纪人工作的'大开间办公室'里。他喜欢这份工作，并成为一名证券经纪人。1960 年 5 月，他和他的一位邻居合伙开了自己的公司。"

那家公司就是后来的希尔森·勒布·罗德斯公司，他和他的合伙人将其发展成为一家强大的证券经纪公司，并在 1981 年以近 10 亿美元的价格卖给了美国运通。被收购之后，桑迪做了几年美国运通的总裁，然后在 52 岁时离开。弗朗西斯·斯科特·基·菲茨杰拉德坚称在美国人的生活中没有第二幕，但桑迪是个例外。他已经创建并卖掉了一家有着巨大成就的公司，却没有躺在荣誉和利润上睡大觉，他决定从头再来一次。在 20 世纪 80 年代，他收购金融和保险公司，最终收购了二线投资银行美邦，并于 1993 年以 40 亿美元收购了旅行者集团，以及德崇证券公司和安泰保险公司的部分股份。然后他买回了自己的老公司希尔森雷曼，并在 1997 年收购了所罗门兄弟这家汇集了流氓、怪人还有大人物的传奇公司。通过收购这些公司，桑迪成了我的老板，而他所创立的这一庞大帝国就是旅行者集团。

而他的"疯狂购物"还没有结束。他的梦想是打造一个他心中的"金融超市",一个令人生畏的一站式商场,可以提供全方位金融产品和服务,这会成为旅行者集团的象征。桑迪希望金融超市模式不仅能让他的公司更有效地与其他银行抗衡,还能最终占领行业领头地位。他想创造一个强大的平台,使得大型客户不得不与旅行者集团合作:如果一个客户想要来个银行需求"自助餐"——全球现金管理服务、商业银行的信用额度、证券分析、贸易支持、债券承销等——那么,桑迪的公司就可以利用其规模,赢得客户利润丰厚的高利润率股权和并购业务。这将是一种以平台为本的模式,而不是以人才为导向,这将削弱人力因素的重要性,但从传统上来说,人力因素一直是投资银行业的核心。在新的金融超市体系下,我们的感觉就像是一个庞大而复杂的车轮上的小辐条。

1998 年 4 月,桑迪做出了最大的动作,合并了旅行者集团和花旗银行,起名为花旗集团。这是有史以来最大的合并案,价值达到 830 亿美元。他称之为"金融服务业历史上最大的交易,我事业的巅峰"。这是一次势均力敌的合并,桑迪和花旗银行的领导人约翰·里德共同担任 CEO。

为了能合法创建金融超市,桑迪首先需要废除一项有着 70 年历史的法律,即《格拉斯-斯蒂格尔法案》,该法案自 20 世纪 30 年代以来一直是美国银行业监管的基石。在经济大萧条最严重的时候,《格拉斯-斯蒂格尔法案》的制定主要是用来将投资银行和商业银行区分开来。两者被区分开后,零售银行不得再使用储户的资金进行风险投资。金融服务业在这种规定下运行了 70 年。在克林顿总统的支持下,桑迪成功通过游说废除了《格拉斯-斯蒂格尔法案》;1999 年,克林顿签署新法案,废除旧法案,为桑迪及其他华尔街高管组建金融巨头公司铺平了道路。"不要把时间浪费在小交易上。"我们的老板这样告诉我们,"你们拿钱是去猎象,而不是打松鼠的。"桑迪现在已经组建好了他的超级银行，接下来就需要证明这个概念的合理性，用一个新的超级大客户堵住反对者的嘴。

* * *

朗讯科技公司（以下简称"朗讯公司"）可能可以成为完美的证据——它通常是摩根士丹利或高盛梦寐以求的商业关系之一，但由于它的商业银行业务和其他全球银行服务需要花旗集团，因此我们也拿下了它的并购业务。朗讯公司可能刚好就是我们要找的客户，它可以验证桑迪的构想。

朗讯是一家电信设备公司，1996年才成立，当时美国电话电报公司将其设备制造部门从其核心电信业务中剥离出来，成立了朗讯。然而，朗讯的起源可以追溯到19世纪80年代，当时电话的发明者亚历山大·格雷厄姆·贝尔建立了贝尔实验室。在过去的几十年里，贝尔实验室获得了4项诺贝尔奖，与此同时，促成了晶体管、激光器、电子数字计算机、编程语言以及其他许多具有里程碑意义发明的诞生。美国电话电报公司无法使用自身的品牌向竞争对手销售设备，于是将设备部门用一个新的品牌名称剥离出来，以提升销量。

事实证明，这是一个明智之举。20世纪90年代末，朗讯公司的股价在首席销售人员（以及未来的美国总统候选人）卡莉·菲奥莉娜的领导下上涨了10倍。在那个年代的最后几年里，公司收入翻了一番，并增加了2.2万个工作岗位。朗讯迅速发展壮大，成为华尔街极为热门并被广泛持有的股票之一，收益连续14个季度超过分析师的预期。

被从美国电话电报公司分拆出来后，朗讯公司立即聘请比尔·维奎拉创建了并购部门。比尔是一个性情平和、简单直接、聪明的古巴裔美国人，他曾在美林证券公司工作了10年，做到了总监级别。像朗讯这样的大公司在组建公司基础设施和为之后的收购浪潮做打算时，直接从华尔街挖墙脚的事并不少见。该公司鼓励强劲的并购文化，这主要是受到华尔街趋势和预期的驱使。比尔说："不管我们在很长一段时间里做了什么，股价都在上涨。我反对收购，但我们还是这么做了，第二天股价依然上涨，就有人告诉我：'看，你根本不必担心，今天股价还是上涨的，这是一笔好买卖。''那明天呢？'我会问。'明年呢？后年呢？'没人关心其他事情，只关心明天股价会怎样。如果在几个星期里我们没有收购任何一家公司，我就会收到一封来自（CEO里奇）麦金的电子邮件：'我们在做什么？为什么我们什么都不买？你能上楼来一趟吗？'这简直太疯狂了。"

1999年，当朗讯公司的首席财务官找比尔来接替刚刚空出来的财务主管一职时，一个新的机会出现了。他渴望拥有拓展并购业务之外的经验，所以他接受了这份工作。起初，他的日常工作涉及在一家大公司担任财务主管的常见事务——外汇交易、现金管理、应收款项。但是在他走马上任的第一个月里，他的雇员——其中大部分都从银行业招聘而来的——开始敲他的门，说："我们必须让你看看到底发生了什么。"早在比尔来到财务部办公室之前，这些员工就一直在与销售部门和首席财务官做斗争，反对他们认为不道德和有风险的行为。没有一个身居要职的人对他们的担忧表示关心，他们希望从美林证券公司来的比尔能理解他们所看到的。"没过多久我就说：'是的，这是一场灾难。我们守着一颗定时炸弹。'"

定时炸弹是由所谓的"卖方融资"构成的，即借钱给你的客户，让他们购买你的产品。很多公司有效地利用卖方融资取得了颇为积极的结果，但朗讯公司用起这个金融工具之粗心和不加节制，就好像参加狂欢节的人在一把一把地甩串珠。

"假设一笔交易是5 000万美元，"比尔说，"你的客户会说：'我将购买你们5 000万美元的设备，但我还需要另外5 000万美元的营运资金，因为我还得购买其他东西。'于是在首席财务官的辅助和怂恿下，朗讯公司的销售人员会说：'我们当然会做这笔交易。我会借给你1亿美元，作为回报，你要买我5 000万美元的设备。'稍微动动脑子就能知道这不是一笔划算的交易。"

朗讯公司的卖方融资计划之所以风险如此之高，一个根本原因在于它的许多客户是新公司，而且前途未卜，因此它们偿还借款的可能性很低，但朗讯公司仍将这些交易列为收入。"我借给你5 000万美元来购买我的设备，这本身并没有什么问题。"比尔说道，"问题的关键在于没有权衡风险。如果我认为有风险，那么就不应该将其列为预定收入，要等对方确实付了钱才能列入收入。直到真的卖出去了，我才能告诉全世界刚刚做成了一笔5 000万美元的生意。事情发展到这个地步，销售人员已经上瘾了，因为只有提供融资，他们才能达成买卖协议。"

在担任朗讯公司财务主管的第一个月里，比尔的员工向他阐述了问题的严重性。他立即意识到有可能引起灾难性的后果。"我跑去问主计长，为了应对这些灾难性的后果我们预留了多少钱，然而几乎一美分都没有。我们有大约100亿美元的借贷承诺，其中有几十亿美元已经借出去了。显然，所有这些都是风险极高且违约的，每一笔交易都存在某种程度的违规行为。"

比尔权衡了一下他的选择余地。他没想到，自己在刚上任不久就尝到了预言末日来临的滋味，但他没有其他选择。在担任财务主管两个月后，他被邀请参加董事会会议，他觉得自己应该利用这个机会通知决策机构，资产负债表出现了重大问题。

比尔来参加会议，并确信一旦他做完陈述，就会引起一片混乱。"我的衬衫全都被汗水浸透了，因为我马上要走进会议室告诉董事会，我们正坐拥一堆垃圾，所有这些不良贷款都是违约的。我们需要把这些东西从资产负债表上删除，我们得阻止新交易的发生。我肯定会被钉死在十字架上。问题不是我造成的，但这些问题会让我死得很惨。"

就在开会之前，比尔正在办公室做最后的准备工作，这时他被拉进了一个由新上任的北美地区销售主管，还有其他销售团队成员召开的电话会议。"他们都在对我大喊大叫，要我们为一个客户提供资金。我之前已经拒绝过5次了。我告诉他们，我不会在这笔交易单上签字——这是一笔5 000万美元还是1亿美元的交易。但是他们不放弃——我并不为此感到骄傲，但是我的内心非常坚定——最终，我对北美地区销售部门主管说：'尼娜，闭嘴。'在朗讯公司，大家不会这么说话，这里有着非常礼貌的企业文化，好吧，最起码不会当面说。我在朗讯公司学到了一个在其他地方都没听过的词，他们已经掌握了这词的使用技巧，那就是'笑咒'。当着面，他们对你微笑；背地里，他们诅咒你。总之，我受够了。这么说是个巨大的错误，但确实让所有人都闭嘴了。'谈话结束。'我告诉他们，'我得去开董事会了。'"

比尔擦了擦汗，收拾好材料，走进会议室。他开始了他的"末日绝境"PPT（演示文档）陈述，给十几名董事会成员和其他十几位高管放映幻灯片，向他们展示事实和数据，以及如果问题得不到及时解决，可能发生的最坏情况。然后他紧张地准备迎接他们的提问。"我等着各方向我开炮，却没有得到任何反应，什么提问也没有。'非常感谢你，比尔。'仅此而已。但是第二天我却得到了让尼娜闭嘴的反馈。我要进入办公室，就不得不经过公关和国际关系主管的办公室，她可是朗讯公司一个非常有权势的人。'比尔，进来。'她说道，'昨晚你是不是跟尼娜说让她闭嘴了？'现在才早上8点钟，而她已经听说了此事。'别再这样做了。'所以这就是故事的全部。"

多年后，当回想起为什么当时董事会和高管未对他的陈述做任何反应时，比尔觉得要么是他们不理解其中的风险，要么就是他们不想发现风险的存在。"如果他们承认自己意识到了风险,那就意味着要拔掉收入增长的插头。拔掉收入增长的插头,就等于拔掉股价上涨的插头。而拔掉股价上涨的插头,所有的一切就会像一座纸牌屋一样崩塌。因此,承认我的发现——被收录为收入的并不是真的收入,根本不应该被收录在案——将加速最终注定要发生的事情。这会在顷刻之间引发股价的动荡。"

于是,比尔回到了日常的工作中,与销售队伍及其对卖方融资永无止境的渴望做斗争。如果他不能解决这个问题,那么他至少下定决心不能让这个问题更为深入地发展了。当一位新的首席财务官上任时,比尔一瞬间感受到了希望,也许她能意识到即将到来的灾难,但是她并没有。"我想她认为我过于消极。"比尔说道,"她从我这里听说这件事情就快要失败了,但每个人都告诉她这是一个很好的发展机会。所以她用自己人取代了我,然后他们让我回去管理并购部门。我做了一段时间,然后在2001年辞职了。我内心的感受是,这种做法不可能会有好结果。一有机会,我就卖掉了我手上所持有的朗讯公司的股票。"

* * *

2000年的第一周,朗讯公司宣布未达到其季度收益预期,股价迅速下跌28%,公司市值缩水640亿美元。接着,菲奥莉娜和她的销售团队在收入报告和使用卖方融资上有所隐瞒的事也遭到曝光。《财富》杂志后来写道:"一点会计方面的雕虫小技,借贷资金开始作为新的收入出现在朗讯公司的收益报表上,而这些危险的债务则作为所谓的固定资产被隐匿在资产负债表中。但事实根本不是这样。"朗讯公司不得不承认犯下了重大会计错误,股价进一步下跌。CEO里奇·麦金被迫辞职。而此时,菲奥莉娜已经跑路了,作为把朗讯公司带上倒塌之路的人,她完全没受到任何惩罚,反而在1999年被授予惠普公司CEO一职,成为第一位领导《财富》20

强企业的女性。同样来自《财富》杂志:"在菲奥莉娜离职后,朗讯公司在提交给美国证券交易委员会的一份文件中透露,它向客户提供了 70 亿美元的借贷承诺——其中许多客户是财务状况不稳定的初创企业,刚开始建立各种新的关系网络——而朗讯公司已经向这些客户借出了 16 亿美元。"

"股市上发生的事情,"比尔·维奎拉表示,"是最终导致朗讯公司垮台的重要原因。你遇到了一场完美的风暴——股市在奖励本质上并不好的商业行为:定价过高的收购、卖方融资、低质量的收益,而你的管理团队从根本上并不理解经营一家上市公司意味着什么。"

在陷入困境之前,朗讯公司一直被认为是花旗集团新金融超市模式的案例典范。我们积极地为它们筹集了 20 亿美元的银行贷款,为我们并购部门的业务赢得了良好的声誉。但是当公司的业绩在 2000 年和 2001 年开始恶化时,朗讯公司似乎有拖欠贷款的可能性。这种历史级别的失败不仅会在电信业和金融业掀起毁灭性的波澜,还可能对花旗集团的新金融超市模式的战略讨论产生负面影响。

* * *

一般参加会议时,我会提前到场,特别是在与高管人员一起开会的时候。2000 年初的一个星期一的下午,花旗集团召开了一次会议,与会者包括 CEO 桑迪·威尔、副董事长罗伯特·鲁宾以及其他高管,商讨公司的网络战策略。我们知道这将是一场充满争议的会议。桑迪讨厌他看到过的界面原型,所以每个人都预感他会带着坏心情来到会议室,向与会者提出一堆尖锐的批评,利用他的权力让我们认清自己有幸在为谁服务。我带来了斯图尔特·戈德斯坦,他当时是我们小组的副总裁。

斯图尔特和我很早就来到了会议室,等待其他人的到来。出乎意料的是,桑迪比预计的时间提前了几分钟进来。桑迪是个笨拙的家伙,他讨厌沉默,喜欢用无聊的闲谈来填满空白时间。他问我们过得怎么样，然后不等我们回答，就开始向我们讲述他周末遇到的一件事。

1998年，在桑迪妻子的要求下，杰米·戴蒙被解雇，这是公司里公开的秘密。戴蒙是桑迪的门徒和密友，大家都认为，在桑迪退休后，他将成为公司最高职位的继任者。传说是戴蒙拒绝提拔桑迪的女儿杰西卡·比布里奥威茨，后者也在这家公司工作，曾与戴蒙发生过冲突。他在挑战杰西卡这件事上做得太过火，她可是碰不得的，而戴蒙高估了自己的重要性，认为自己是像桑迪儿子一样的存在。结果戴蒙被踢出局了。两年过去了，他已经在芝加哥第一银行担任 CEO 一职。

桑迪讲的故事带着一种自吹自擂的调调。"杰米周末给我打电话说：'桑迪，我想让你知道，我正在考虑接受芝加哥第一银行的工作。我得问问你，你不会收购它，对吧？'"那时，桑迪还在到处挖掘可收购的公司和银行，来创建他的巨型金融集团。桑迪对我和斯图尔特咧嘴一笑，接着说："我告诉他，不用担心，我对第一银行没兴趣。"他停顿了一下，然后说出了点睛之句："我挂了电话，心想，等他把家搬过去了，我再买下它。"斯图尔特和我不确定这是不是个玩笑，但我们还是紧张地笑了起来。

看起来桑迪好像只是在暖场，他直接开始讲第二个故事，告诉我们那个周末他与花旗集团的杰克·格鲁伯曼的另一通电话内容。格鲁伯曼是迄今为止全球最受尊敬、也是收入最高的电信业分析师，年薪超过2 000万美元。他与摩根士丹利的玛丽·米克尔、美林的亨利·布洛杰特一起，并称当时最受尊敬的3位"互联网–电信"热潮分析师。格鲁伯曼因抨击美国电话电报公司而声名鹊起，在他事业的起步阶段，曾在那里做过8年定量研究员。在那段时间里，联邦政府迫使美国电话电报公司分拆成8个地方性电话公司。2003年《纽约客》的一篇文章指出："他之所以声名鹊起，是因为

第六章　猎象记

他认为放松金融管制将使规模较小、更灵活的公司取代他以前雇主的地位——这一分析被证实是对的。1994年，他转战所罗门兄弟公司，在那里他对美国电话电报公司的鄙视之情愈演愈烈。"格鲁伯曼对美国电话电报公司的评级保持要么中性，要么卖出，但从未有过买入。因此，随着美国电话电报公司的财富在20世纪90年代末开始缩水，格鲁伯曼一路穷追猛打，同时树立了自己"证券分析师行家"的名声。

致使两人关系紧张的一个核心问题是，桑迪·威尔是格鲁伯曼的老板，同时也是美国电话电报公司的董事会成员。桑迪知道有史以来最大的IPO（首次公开募股）即将到来，美国电话电报公司将剥离其无线业务，他希望花旗集团能赢得这个IPO业务。但他处在一个尴尬的境地，一边试图获得IPO业务，而另一边该领域的头号分析师——他的手下——却给了卖出的评级。如果一家投资银行对你做出了卖出的评级，你是不可能雇用它来处理你的IPO业务的。

"你们这些投资银行的家伙，"桑迪对我和斯图尔特说道，"你们欠我一个人情。我昨晚可是为了你们而辛苦工作的。"

"哦，是吗？"我说道，"为什么这么说？"我们期待地看着桑迪。

"我昨晚帮你们搞定了一笔大生意。我给杰克·格鲁伯曼打电话，逼着他修改了对美国电话电报公司做出的评级，这样我们就能获得它的无线业务。"

"真的吗？"我高兴地说，尽管我和斯图尔特都在想，天啊，他是在公开吹嘘这件事吗？尽管证券分析师的评级是基于事实进行的分析，但大多数人都明白，这是一种可以受到影响的东西：一部分是事实，另一部分是营销。但即使如此，桑迪的言论也是对所有规则和惯例的极度蔑视。当时的市场运作得非常好，以至像桑迪这样的高管显然深信，为了银行的利益，而让证券分析师炒作股票是可以接受的，而不是提供真实、合法的评估。桑迪甚至都没有假装躲在似是而非的否认背后,他堂而皇之地吹嘘着。

他接着说:"我只是告诉他:'杰克,你必须更改你的评级,这样我们才能谈成这笔生意。'"

整个对话——从对杰米·戴蒙不经意的威胁,到对杰克·格鲁伯曼的强力部署——只用了5分钟。桑迪的语气很随意——我们只是在等待其他人到来的时候打发时间而已——但直到一个小时后,会议结束,我和斯图尔特离开时,我们仍然被之前听到的内容吓呆了。世界上最有权有势的银行的CEO刚刚给我们讲了两个故事,证实了我们对他人格的怀疑。而且他在给我们讲这两个故事时表现出的那种事不关己的态度,就好像只是在描述一场高尔夫球赛或一次周末烧烤聚会。

* * *

在电话响起之前,我就知道它早晚会来。我在所罗门兄弟公司的同事罗伯特·梅西打破了不成文的规定,接受了《华尔街日报》的采访,揭露了以前从未在公开场合讨论过的华尔街的可疑行径。我们都知道公司不希望员工出于任何原因与媒体交涉。罗伯特是加州科技部门的总经理,他并不直接向我汇报工作,但由于我人在纽约办公,公司里所有的老板都对我很熟悉,高管层不可避免地打来电话。我把电话听筒放在肩膀上,听着一段简短的训斥。老板说:"我们不和《华尔街日报》打交道的,小瓦。"就好像我是那个违反了公司规定的人。

"是的,我知道。"尽管我同意罗伯特所说的,但公司的规定就是规定。

罗伯特谴责的这种做法叫作IPO差价获益,是这样操作的:当一家投资银行在处理某家公司的IPO时,会留出溢价股票给其他颇有发展前景公司的高管的个人投资账户,然后当这些股票一上市,并在第一天大幅上涨时,这些幸运的高管就会享受到丰厚的回报。这样做是为了赢得他们的忠诚度，好在自己的公司上市时取得合作。

鉴于这个过程的参与人员众多，而且有各项文件需要签署，IPO差价获益从来不是个人行为，而是由一群人完成的。每个人都必须参与其中，而且需要得到股权联合部门、高管层和投资银行调度官员的支持。强迫一位证券分析师炒作一只股票，而不提供客观研究——就像桑迪·威尔在美国电话电报公司事件上对杰克·格鲁伯曼的所作所为那样——已经够糟糕的了，但现在，这家投资银行更是从一整个机构的层面上，决定利用炒作股票来获取未来的业务合作机会。

IPO差价获益已经成为科技界和金融界热烈讨论的话题。20世纪90年代中后期，大多数银行都悄悄地进行这项操作，而且大多数从中获利的高管同样低调谨慎，但有一些人极力为这种做法进行辩护，比如克里斯蒂娜·摩根，她是汉博奎斯特公司的总经理，汉博奎斯特是一家专注于科技领域的精品银行。"那你觉得需要带他们出去吃饭吗？"她在同一篇《华尔街日报》的文章中说道，试图为自己使用IPO差价获益的合理性做辩护，"我们举办奢华的派对，提供鱼子酱。这不也是在试图对他们产生影响，并影响他们的行为吗？我认为……那不是不道德的，只是一种商业手法。"

我觉得摩根的论证难以接受。当然，有一些带有意图的微小举动，比如为潜在客户买杯咖啡，但是把几百万美元的股票塞进他们的个人账户，就完全是另一个层面的行为了。我的同事罗伯特在《华尔街日报》上的话似乎更接近事实："'这就是贿赂，毫无疑问。'所罗门兄弟公司的总经理罗伯特·梅西认为。所罗门兄弟公司既没有经济业务职能部门，也没有从事过差价获益活动。'你付钱给他们，指望他们在交易时能给你同样的待遇。'"

由于我在所罗门兄弟公司和后来的花旗集团工作期间，一直拒绝为这种做法背书，因此我们成了所有规模公司里，唯一没有进行过 IPO 差价获益的科技团队部门——这意味着我们错过了许多股本业务。我的老板经常强迫我屈服。"为什么你不像其他人一样把 IPO 分发给潜在客户呢？这会帮助我们得到更多的交易。"

我告诉他们，这是毫无原则的。"当残酷的现实之光最终照耀在此之上时，就没有人会为这件事辩护了。"坦率地说，高管层之所以允许我如此开诚布公地放弃这种做法，而不参与其中，唯一的原因是我拿下了如此多的并购业务，他们不能冒失去我的风险。这篇文章于 1997 年末发表，当时互联网泡沫正在逐渐达到顶峰。在接下来的几年里，我的资历越来越深，实施 IPO 差价获益的压力也越来越大。但是作为这家投资银行里的高收入生产者之一，我有更多的资本来坚持我的抵抗。

那一周晚些时候，罗伯特和我聊了聊。老板已经派了几个代表去训斥他。"我希望你没有因为接受《华尔街日报》的采访而惹上太大的麻烦。"我说道。

"我只是在揭露真相。"他说道。

* * *

出售朗讯公司的光纤解决方案部门是我这一生中最糟糕的交易经历。这笔交易有着巨大的压力和紧迫性，因为朗讯公司的存亡还有花旗集团的新目标——为废除《格拉斯–斯蒂格尔法案》辩护，并证明创建超级银行的合理性——都取决于这笔大型交易的成功与否。2001 年 7 月初，我们在纽约的一间会议室召开了一场紧急会议，由花旗集团运营全球银行业务的迈克尔·卡彭特主持会议。"好吧，我们该怎么做才能拯救朗讯公司？"

我们在会议室里来回走动，每个人都提出了自己的质疑和想法。讨论的话题不断回到需要转移一项大的资产上，分割朗讯公司的部分业务并出售，将给公司注入现金。大家都知道我已经在出售朗讯公司光纤部门的案子上跟了一段时间,但是这种类型的交易需要时间。这次的交易因为三项难题变得越加复杂:随着互联网行业陷入混乱,光纤的价值每天都在下降;朗讯公司的声誉遭到质疑;市场总体上是动荡的。也就是说,我们在试图出售一项价值正在下跌的资产,同时这项资产的母公司市值也在下跌,而周遭的市场环境又举步维艰,从销售过程来讲,形势堪忧。

2001年初,当花旗集团开始到处收购时,我们预计集团可以在朗讯公司的光纤业务上获益80亿美元。但仅仅半年后,它的估值就下降到了20亿美元左右。

"我们正在想办法,"我说,"相信我,我们正在努力。""你就不能快点卖了它吗?"卡彭特半开玩笑地问道。

"我希望我们可以。"我不需要告诉卡彭特并购部门不是这么运作的。我们不能直接为其挂出"待售"的牌子。因为你看起来越绝望,完成交易的机会就越少。而这些情况他都知道。

"还有什么点可以帮助我们快速卖掉它吗?"卡彭特问道,"'朗讯'这个名字怎么样?这是个很棒的名字。或者还有别的什么。我们一起来想想还有什么?"

我翻阅着关于朗讯公司的各种文件,说:"这里没什么值钱的东西,不像你想的那样。"

"所以你是说,"卡彭特说,"这是一袋狗屎。"

"是啊,"我说,"但这袋子真不错。"

我们都笑了,紧张的气氛瞬间消失了。

我们不断地进行头脑风暴,但出售光纤业务部门似乎是拯救朗讯公司的唯一方法,尽管交易错综复杂,但团队认为,我们有两到三周的时间完成交易,得赶在朗讯公司拖欠债务之前,不然基本上等于宣布破产。为光纤业务部门找到买家意味着朗讯公司将拥有大量现金注入,这将建立公众对公司稳定性的信心,并能够巩固其财务状况，避免破产。

我们最初试图将光纤业务出售给个人战略买家，但一系列问题使其无法实现。我们花了相当大的力气进行游说，终于为朗讯公司光纤业务部门找到了一个可能的解决方案——一个精心制定的四方交易，涉及古河电工公司、康普公司和康宁公司。我们已经就这笔交易协商了几周，2001年7月23日是交易的紧要关头，因为朗讯公司大概还有48个小时就要违约了。

那天是我生日。晚上我打电话给我的妻子杰西卡，向她道歉，解释说我可能会错过晚餐，因为我可能会在律师事务所待到很晚，那里聚集了交易的各方人员，争取完成交易。我告诉她："我不确定结果会不会好。"她明白朗讯公司的未来——某种程度上也是花旗集团的未来——取决于能否完成这笔交易。花旗集团并不会因为这一次的失败而破产，但是我们的股价肯定会受到打击，金融超市模式的理论基础也将遭到质疑。

在最后关头执行任何合同都是非常困难的。而事实上这是一个四方交易，更增加了其复杂性。我们不是和一个交易方谈判，而是与三个交易方谈判，而这三个交易方还会相互之间进行谈判。每家公司的律师、银行人员和业务发展团队都在谈判桌上，人们提出了这样和那样的问题。每提一个新的点都会导致成交条款产生连锁反应，而这些连锁反应会不断加剧：营运资本调整、陈述与保证条款、谁将负责哪件事。每一方都有着不同的个性和复杂程度，以及不同的交易嗜好和风险承受能力。而且谈判桌上的公司还有着地理上和文化上的差异——从日本、美国的北卡罗来纳州到纽约州北部。

每一次问日本团队一个问题，他们都会回答"是"，即使答案绝对应该是"不"。例如，我们会问："古河公司能否完成整笔交易？"然后他们会点头并回答："是的。""太好了！"我们会说。但他们不可能完成整笔交易。据我所知，日本人的"是"背后的意思，似乎是不想公开让任何一方感到失望，或者用否定的答案让任何一方感到羞辱。康普公司的北卡罗来纳州人同样有这个问题：无法对任何问题说不，这在某种程度上是一种南方文化。我们会问他们："你们的资金到位了吗？"他们会说："当然。"但实际上他们并没有足够的资金。他们只是想讨人喜欢，并认为这是能够及时解决问题。

我们终于艰难地达成了全部的协议条款，在黎明时分签署了协议，并开了一瓶香槟。当我们衣冠不整，筋疲力尽，啜饮香槟时，已经开始有人来上班了。那天上午晚些时候，交易被对外宣布了，朗讯公司重新赢得了市场的信任，活了下来。

朗讯公司又独立生存了5年多，然后与法国电信公司阿尔卡特合并，再后来被诺基亚公司收购。

＊＊＊

我在所罗门兄弟公司工作的早期，经常得在周末加班。公司有一项政策，如果你星期六或星期日来上班，每天可以得到60美元作为餐费和往返公司的交通费。我当时的室友吉姆·克里桑蒂经常乘地铁上下班，他在办公室附近找到一家餐厅，提供价格是1.5美元的烤土豆自助餐，配料不限。

既然我们同住一个屋檐下，又都勤俭持家，我便也开始实行克里桑蒂的计划。我们一起乘地铁，大吃特吃土豆，然后把额外的110美元装进口袋。我的法国朋友拉里·伯德是另一个极端。她会叫一辆黑色的高档汽车送她去上班，然后点一顿丰盛的大餐，花掉每天的60美元。

一天，公司宣布："我们发现，你们中的一些人滥用津贴。"这说的就是我和吉姆，我们没有按计划使用它。于是他们变更了政策，要求我们提交120美元的周末加班费用明细。

"好吧。"我和吉姆说道，"现在我们开始实行拉里·伯德的计划。"所以我们也开始租车去办公室，并享用豪华大餐。

我和吉姆曾为此向公司申诉过。"你这么做只会改变我们的行为，"我们争论道，"你希望我们怎么做？继续坐地铁，吃烤土豆？如果那样，我们将无法得到公司每周末为我们支付的120美元，而且继续那样做我们就没那么快乐了。"

但我们得到的唯一回复是："你们必须遵守规则。"

"但是你没有为公司节省一分钱，"我们恳求道，"而且一半的人都很生气，因为他们不再觉得自己是放弃周末而换来了额外的100美元零花钱，现在他们不得不想办法花掉这笔钱，还得解决交发票的事情。"

像花旗集团这样的大公司的官僚作风也经常导致糟糕的政策的出台。这样一家大公司时长被迫在整个机构的基础上做决策，而这些决策不一定适用于单个业务部门。有人会想，以牺牲灵活性为代价的统一决策是否更好？这恰好展示了规模所带来的挑战，以及管理一家拥有数百个截然不同部门的大型企业的难度。例如，在2005年前后，我们公司制定了新的航空旅行政策，坚持要求员工选择最便宜的航班到达目的地，即使这意味着要经过多次转机才能到达一座较小的城市。在一个以挥霍而臭名昭著的行业里，省钱并不是一个不好的出发点，但这项政策没有灵活性可言，因此我的助理安吉拉·默里常常需要费很大气力，才能确保我能准时参加在外地召开的会议。如果我上午10点有一场会议在奥马哈召开，讨论一笔价值600万美元的潜在交易，花旗集团仍然坚持为我预订下午到达的航班，只是为了节省几百美元，这就意味着，除非我提前一天过去，否则我将错过会议。而且坐更便宜的航班通常意味着得在外过夜，于是浪费了更多的工作时间不说，还没有达到任何节约的目的，因为公司还得额外支付住宿费和餐费。我很肯定这项政策的收益是负数。

"重点是遵守规则，"安吉拉说道，"并不是所有政策都对每个人都好的问题。在某种程度上，你确实需要有人专门来确保钱花得恰到好处。但是，当你管理像花旗集团这样的机构组织时，你得明白，为了赚钱，你必须先学会花钱。有时候为了赚 600 万美元，你不得不在机票上额外多花几百美元。"

还有一个意想不到的后果，那就是如果银行人员被要求抽出整个工作日的时间，乘坐更便宜的航班，多次转机去奥马哈这样的地方，他们根本就不会再参加在奥马哈召开的任何会议。我对管理层说："公司的收入将会减少，因为没有人会浪费那么多时间去省下几百美元。他们只会选择不再在奥马哈做交易。"

这进一步证明，对这些新的金融超市的管理是基于效率和规模，而不是赋予权力和责任感。这样做的一个结果是，员工会感觉自己像是一台巨大机器中无关紧要的部分，当然会减少我们与这台机器的关联度，从而减少员工对公司未来发展状况的情感投入。

在一个不断进步的市场环境下，这种分化变得越来越显著，因为有才能的人渐渐离开花旗集团，去那些更重视人才而不是平台的公司工作。认识到这一问题，高管层于 2004 年成立了一个关注企业文化的委员会，其目标是奖励积极行为，提高员工士气，减少官僚主义作风。为了运营这个委员会，他们设立了一个新职位——"文化特使"，并任命我为公司的"文化特使"。我从全公司各个阶层拉人加入委员会，讨论公司的企业文化。我们想出了一个俗气的名字"激情计划"，目的是搞清楚"如何让激情回归这个行业"。

经过几次会议，我们在全公司范围内开展调查，起草了指导方针，制订了行动计划和使命宣言。我们确定了关于公司企业文化的核心问题，把问题一一用大头针钉在墙上并讨论："我们的身份是什么？""我们是否奖励对了人？""我们的管理有效吗？""能不能减少官僚主义？"我们的指导方针里包括这些内容：金钱不是答案，尽管它是答案的重要组成部分；小事很重要。模仿钻石的 4C 标准和信用 5C 分析法，我们提出了自己的 7C，定义我们作为个人和一个组织行为举止的核心价值观：承诺卓越、以客户为中心、公民权利、道德品质、协作、创造力和赞颂。

委员会提出了一系列新的规定和奖励措施，这些规定和措施将与晋升以及薪酬挂钩，采取这些措施的目的很简单：让花旗集团的工作环境变得更好。我们知道不能仅依靠薪酬来与其他大公司竞争。桑迪·威尔太小气，员工的薪水只够把他们留住，刚刚好卡在为增加一点薪水而跳槽到另一家公司显得不那么值得的临界点上。显然，如果公司除了薪酬之外没有其他可提供的东西，那么薪酬将成为决定某人是否对花旗集团满意的唯一因素。

企业文化委员会的建立并不是一种公关行为，不是为了获得外界的褒奖。这样做是为了鼓舞员工士气，也是为了提高收益——这两者通常是携手并进的。如果大多数人感觉更满意，他们就会创造更高的生产力，公司的发展就会欣欣向荣。投资银行部门采纳了我们的指导方针，后来这一方针又扩散到了花旗集团的其他大多数部门。

企业文化委员会实施的改革无疑产生了持久的影响，因为它将薪酬的绝大部分与一个人的文化得分挂钩，自然有利于阻止不良行为的发生。粗俗、种族歧视或性别歧视的玩笑话，或对下属大喊大叫，或不必要地浪费下属的时间等行为，都变得不那么频繁出现了。尽管这些发展明显是积极的，但它们也造成了一种索然无味的企业文化氛围，因为破坏者被迫改头换面或跳槽到别家公司或其他行业去了。迈克尔·刘易斯在他的经典作品《说谎者的扑克牌》中描绘过所罗门兄弟公司臭名昭著的企业精神，如今那些精神残留下来的小火苗全部被"激情计划"掐灭。在任何依赖变化以保持与其所服务的社会相关联的公司或行业中，破坏者都扮演着重要的角色。但是有没有可能从破坏者身上取其精华去其糟粕呢？

我曾经加入的那家公司后来变得和以前截然不同。所罗门兄弟公司一直以个人为中心，企业文化专注于创造抢眼的表现，并将其资本化。作为达尔文式英才管理制度的倡导者，所罗门兄弟公司规避了官僚主义，对张扬的个性、肆意的作风和虚张的气势予以嘉奖。而另一边的花旗集团只注重平台，个人只不过是其全球传送装置上的一颗齿轮。没有得到明确的许可，我们什么都做不了，至少我们大多数人是被这样告知并信以为真的。花旗集团是一只纸老虎，花费了大量精力管理成本而不是风险，从而培养出一大批循规蹈矩的人。这使得公司监控和管理不当行为的能力下降，这一点从它在引发金融危机过程中扮演的重要角色就能看出。所罗门兄弟公司和花旗集团代表着企业文化的两个极端，但它们都有一个明显的共同弱点：这两家公司没有任何领导班子能为有效管理任何规模、任何范畴的金融服务公司所需的个人担当做个表率。再多的规章制度、合规人员或"激情计划"也无法取代领导者树立起的榜样，并要求其他人照着做。

* * *

在桑迪·威尔向我和斯图尔特爆出强迫杰克·格鲁伯曼改变对美国电话电报公司做的评级后，花旗集团赢得了无线领域的IPO交易，净赚了近4 500万美元的费用。这场胜利引发了各方的冷嘲热讽，甚至引起了监管机构的注意。

纽约州总检察长艾略特·斯皮策从2001年开始对华尔街展开大规模调查，首先对美林公司的证券分析师亨利·布洛杰特的活动展开调查。通过大量采访、取证，并对近10万封电子邮件的翻查发现，布洛杰特与其公司的投资银行家密谋，给予客户过高的评级，让这些客户满意，以便保留他们的业务合作关系。这是以牺牲普通投资者利益为代价的，他们信任美林公司分析师的建议，尤其是布洛杰特，他在华尔街可是摇滚明星般的存在。许多人损失了大量的个人积蓄，所有这些都是为了让美林公司赚更多的钱。（当然，其他公司也在做同样的事情，但是斯皮策先对美林公司下手了。）美林公司受到处罚，同意进行多项改革，而布洛杰特则被终身禁止在证券行业从业。

1999年11月，格鲁伯曼改变了对美国电话电报公司的评级，引起了当局以及所有华尔街工作者的怀疑。由于他总是公开嘲讽美国电话电报公司，这种突然的立场转变看起来很可疑，特别是在花旗集团很快拿下规模巨大的无线领域的IPO交易时。斯皮策和他的团队对此进行了深入调研，收集了20万份文件，其中包括格鲁伯曼发给卡罗尔·卡特勒——一位和格鲁伯曼有暧昧关系的电信分析师——的一封电子邮件，似乎包含了承认罪证的内容。以下是他在邮件中写的：

"所有人都认为我升级了对T（美国电话电报公司）的评级是为了获得AWE（美国电话电报公司的无线业务）。不！我利用桑迪让我的孩子们进入第92大街的Y幼儿园（比哈佛还难进），桑迪需要阿姆斯特朗在我们董事会的投票，才能在最后的对决中给里德致命一击。一旦我们两个都没事了（也就是桑迪确定赢了，我的孩子们确认入学了），我就回到往常，对T的负面态度。阿姆斯特朗永远不会知道我们两个（我和桑迪）把他耍得团团转。"

一点背景知识：曼哈顿第92大街的Y幼儿园的入学标准一直以来都是极高的，每年只收65名学生。媒体报道和庭审文件后来披露，桑迪利用关系，向第92大街Y幼儿园"捐赠"了100万美元——用的是花旗集团的钱——推测是为了让格鲁伯曼的孩子能被幼儿园录取。我相信桑迪为使用花旗集团的钱而不是他自己的钱找到了合理的解释，因为这让公司离一笔巨额收入更进了一步。

在格鲁伯曼的邮件中提到的贿赂的另一方面涉及美国电话电报

公司的 CEO 迈克尔·阿姆斯特朗，他是花旗集团董事会的成员。桑迪和他的联合首席执行官约翰·里德的关系已经恶化到无法修复的地步，桑迪正在策划一场政变，但他需要得到阿姆斯特朗的支持，以获得足够的董事会投票，使他成为唯一的 CEO。改变对美国电话电报公司的评级将赢得阿姆斯特朗的青睐，让桑迪能"炸了"里德。

一开始，一切都是按计划进行的：约翰·里德辞职，桑迪独自登上花旗集团的最高宝座；格鲁伯曼的孩子们被 Y 幼儿园录取；格鲁伯曼提高了自己的评级，花旗集团赢得了美国电话电报公司的无线业务。然而，当所有的秘密被曝光后，格鲁伯曼被罚款 1 500 万美元，且被终身禁止从事证券行业。桑迪于 2003 年被迫从花旗集团辞职，结束了他漫长而辉煌的职业生涯，并永远地背负着污点。

桑迪选择查克·普林斯接替他成为 CEO。查克一直是花旗集团的法律总顾问，人们猜测桑迪是想让一位值得信赖的律师朋友来管理公司，因为相关部门肯定会开展针对该公司的法律行动，而且公司很可能会面临严重的处罚：让一个具备专业法律知识的人来掌舵，也可以确保桑迪不会坐牢。这确实起到了作用——除了丢掉工作，桑迪本人安然无恙地逃脱了惩罚——但是公司最终还是得支付巨额罚款。更糟糕的是，查克·普林斯现在掌管着一家庞大而复杂的银行，但他没有任何经营一家大型且具有多样化的全球性银行的背景或知识。

几年后的 2010 年，我在纽约的四季餐厅遇到了桑迪。他提到了自己对查克·普林斯的失望，并辩称，如果他继续掌管花旗集团，花旗集团就不会陷入现在的麻烦，因为他的风险意识要强得多，而且能够做好风险管理。桑迪甚至暗示，如果他没有被迫离开花旗集团，整个金融危机都是可以避免的。他在接受《纽约时报》的采访时也提到了类似的观点。我发现和他的交流从头到尾都充满着悲伤，一个陨落的战士试图通过批判别人来挽回自己受损的名誉。在《纽约时报》的文章中，桑迪声称，他的金融超市模式并非花旗集团问题的根源，问题来自管理层面的失败，他承担了部分责任，但他并非真的想承认自己的失误，他对《纽约时报》表示："我犯的一个主要错误是推举了查克·普林斯。"《纽约时报》报道称："威尔先生指责普林斯让花旗集团的资产负债表膨胀，从而产生了巨大风险。"

我想为普林斯说几句话，目前世界上所有金融工具的价值大致在2.5万亿美元左右。这是一个难以理解的数字。这些金融工具的复杂程度各不相同，产品种类繁多，这2.5万亿美元不单单是由政府债务构成，而是由政府债务、市政债务、公司债务、股票、衍生性金融产品、商业票据、期货、期权、互换，以及其他金融工具构成。单凭一个人怎么可能全方位理解在这个行业里有着最大风险敞口和影响力的公司内部到底有多么错综复杂？

在桑迪创建了他的金融超市之后，其他许多公司也纷纷效仿花旗集团，建立了自己的大型企业集团，比如摩根大通和摩根士丹利添惠。美联储前主席保罗·沃尔克称它们为"利益冲突的捆绑"。花旗集团是众多相异公司的混合体，到头来，它却没有一个明确的企业文化，只有规模和成本效率，但这些都不是企业文化的核心信条。高管层中没人对此表示关心，公司也没有让管理者负起责任来，并控制风险。尽管有一个合规部门，但没有人能提供真正意义上的监管，没人知道该如何对不同部门在个人基础上进行打分。当然，桑迪有他的缺点，但他是一个精明的管理者，并且高度关注风险控制。而查克·普林斯的领导，缺少了对花旗集团各业务部门的管理。

几年前，我加入了阿斯彭研究所，该研究所的目标是培养高效、开明的领导者。有一些每个阿斯彭研究所的参与者都很熟悉的重点阅读材料，其中之一是乔治·奥威尔的文章《猎象记》，文中描述了一名缅甸的白人警官——可能就是奥威尔本人——被当地人说服射杀一头逃跑的大象的情节。作者本不想射杀这只动物，因为当作者遇到它的时候，它正在田野里安静地吃草，但他最终屈服于压力，扣动了扳机。

在一次对我个人影响很大的阿斯彭研究所召开的研讨会上，我们讨论了这个故事。我们的话题集中在：你的一生都在被迫射杀大象，而你知道不应该这么做。你什么时候决定是否射杀大象？你为什么要做出这样的选择？我们在房间里绕着圈，大家纷纷分享自己在生活和职业生涯中的经历，或屈服于压力，做一些他们明知道是错误的或不道德的事情，或拒绝做一些本该由他们做的事情。没有人指望我——一个投资银行从业者——会举出一个正面的例子。但是我告诉了他们我拒绝采用IPO差价获益的事，这引发了一场关于金融服务业及其品质丧失的激烈讨论。华尔街人常常会被置于不断妥协的境地，在这种情况下，他们很容易为自己找到理由来实施IPO差价获益，或给出一个积极的评级以赢得新业务，或过多地进行卖方融资以提高销售额，因为周围所有人都在通过其他人的默许来维护自己的行为。

怎样才能让华尔街人不去猎杀大象，不屈服于行业惯例和期望呢？在什么样的企业基础之上才能让他们清楚底线在哪，以及如何去做正确的事？归根结底，它需要有效和开明的领导团队来坚持不向惯例做法低头，免受贪婪、自我膨胀和自我保全的诱惑。公司不可能随时随地监控每位员工的行为，监管也不可能时刻约束每个人的行为，因此，一家公司要想得到有效的管理，唯一的方法就是建立一种把客户、客户的长期利益和公司的诚信放在第一位的企业文化。正如伟大的篮球教练约翰·伍登所说："人的品质是通过独自一人时的行为体现出来的。"

花旗集团没有那种奖励专注做正确事情的人的文化。我们试图通过"激情计划"将这种文化灌输进来，但是想要真的改变必须从高管层开始，而桑迪和其他高层显然不够重视这些东西。为了应对 2008 年的全球金融危机，查克·普林斯曾说过这样的话："只要音乐没有停，你就得站起来舞蹈。"我既没有亲眼看见也没有道听途说过任何理由让我怀疑他的正直，这表明，仅凭正直，没有专业技能和企业文化的指引，不足以领导一家大型金融服务公司。

桑迪因 2008 年的全球金融危机而备受关注。早在 2002 年，《财富》杂志就宣布威尔是全国最受尊敬的首席执行官。但是到了 2009 年，《时代》杂志将他列入"金融危机的 25 个罪魁祸首"名单，并指出"规模越来越大的银行是这个国家现在主要的经济问题之一"。导致危机的因素极其复杂，究其责任应该分散到很多方面，但有一个核心因素肯定是金融超市模式，桑迪建立起这种模式之后，继而被许多其他公司迅速复制。这些大型银行变得越来越复杂，远远超出了任何管理者或企业文化所能掌握的范围，并且最终无法被有效治理。

* * *

当互联网泡沫破灭时，大多数华尔街公司要么缩小规模，要么解散它们的科技公司银行业务部分，该行业的不稳定性令它们紧张。花旗集团也受到了同样的威胁，裁掉了不少员工。电信业也受到了打击，银行业整体在 2000 年和 2001 年只能勉强维持。我之前一直在运营科技公司业务的部门工作，而现在我承担了一个更大的角色——数字新媒体产业部门的负责人，在我的职责范围内增加了传媒和电信。

有一天，我在翻阅前任负责人留下的几箱文件时，发现了一份内部备注文件，文件接受者名单上列满了所有曾向我施压要求实施 IPO 差价获益的高管——其中有许多是银行的最高级别人士——

这表明，多年来，他们曾秘密参与过媒体、电信及其他行业的IPO差价获益行为。上面列出了分配金额，详细说明了每位高管被分配的股份占比及由谁分配。

1997年《华尔街日报》那篇令很多公司老板非常不满的文章——也就是罗伯特·梅西谴责IPO差价获益的那篇——指出，所罗门兄弟公司"经纪业务部门没有从事过IPO差价获益"，这种说法显然是不正确的，但当时的我并不知情。正是那些有过上述行为的人，要求梅西为他的公开言论接受惩罚。《纽约客》2003年的一篇文章报道说，多年来所罗门兄弟公司秘密参与过许多IPO差价获益行为，例如，在1996年6月至2000年8月，所罗门美邦在21次IPO中给了世通公司的伯纳德·埃伯斯股票，使他的净收益超过1 150万美元；奎斯特公司的菲利浦·安舒茨在57次IPO中获得的股票获利近500万美元。

艾略特·斯皮策对华尔街的攻击，很快就从格鲁伯曼和布洛杰特等股票分析师的黑幕交易，转向了IPO差价获益的操作。斯皮策的团队发现，这完全是一个巨大的贪婪循环，分析师对公司做出虚高的评级，这样投资银行家就可以获得这些公司的业务，然后银行把那些热门IPO的股票作为礼物送给新晋热门公司的高管，这些高管随后再雇这家银行来执行他们的个人IPO。这家银行和这位银行家赚了一大笔钱，却骗走了那些信任这家银行的普通投资者的钱。

到2002年11月，斯皮策已经完成了他的调查，并准备对主要的金融机构开刀。所有银行都急于摆脱他，所以它们都相当迅速地通过了一系列改革措施，这些措施将有助于确保研究分析师的公正性，并帮助其避免了高达14亿美元的罚款，和对IPO差价获益的禁令。

＊＊＊

汤姆·斯马奇清楚地意识到，他和他的公司伟创力集团已经被放逐到一个满是蛇的小岛上。乌云在头顶上聚集，他用力扔进海里的每一个绝望的瓶子都漂回了岸边，没人发现并打开它们，那些卷在瓶中的求救信一封也没被人看到。

就在肯尼迪国际机场的自动扶梯上被人一拳揍了肚子的几天后，汤姆一直在给他在华尔街的熟人打电话，打了48个小时，都没有人给他回电话。一家医疗器械制造商提起的300万美元的诉讼，被陪审团裁定支付10亿美元的惩罚性赔偿金，离最后期限只剩下一天，汤姆必须提交保证金以便对陪审团的裁决提出上诉，否则伟创力集团可能会破产。

我认识汤姆很多年了，早在他的前雇主德丽科技集团于2000年被伟创力集团收购之前就认识了，当时这笔收购交易还是由我作为顾问。汤姆还在德丽科技集团时，我们经常一起工作，但当他成为伟创力集团的一部分时，这种关系就结束了，因为伟创力集团有自己长期合作的银行业务关系。即使如此，汤姆仍然是我的朋友，我一直对他的能力和品行有信心。和其他人一样，我也听说了10亿美元赔偿金的事，很容易猜到伟创力集团需要帮助来解决这个问题。一般来说，我会打电话给汤姆讨论这件事，但是因为我刚好在圣何塞出差，于是我想去他的办公室给他一个惊喜。

汤姆的秘书告诉他我来了想见他，他让我等了几分钟。他可能认为这是一次朋友间的拜访，因为伟创力集团不属于我的业务管辖范围。他身陷危机，根本没时间和老朋友叙旧，但最终他还是叫我进去了。

我进去时汤姆正站在办公桌前研究文件。"你好吗，克里斯？"他边说边往我的方向看过来。

"非常好。"

第六章　猎象记

他紧张地笑了，看起来不太好。

我直奔主题："汤姆，我知道你遇到了麻烦，我是来帮你解决问题的。"他手里的文件掉到桌面上。我继续说："花旗集团准备为伟创力集团提供100%的债券支持。我们已经为你做好了充分的准备。"

作为回应，他瘫倒在他的旋转椅上。几秒钟后，他开始大笑。我一直等到他回过神来，然后我们就细节进行了讨论。

虽然帮助汤姆和伟创力集团的感觉很好，但我只是个中间人。当然，只靠我自己是不可能支持伟创力集团的，而且没有哪一家个人、小型甚至中型公司能够合理地帮助它，这就是为什么没有人回汤姆的电话。我去找了花旗集团的高级风险经理，对他说："伟创力集团是一个重要的潜在客户，我们有机会建立合作关系。这是它面临的问题……"他说："好吧，我们来帮它。"

在伟创力集团陷入危机时帮助它，与我在互联网泡沫破灭最糟糕的时期所信奉的理念是一样的：在经济不景气的时候建立市场份额，在有价值的客户遭遇挫折时帮助它们应对挑战，然后当经济再次好转的时候，你们就建立了宝贵的合作关系。因此，尽管我喜欢汤姆，相信他和他的公司，但我们的提议也是基于合理的战略和策略。

"几周内，"汤姆后来说，"我们不仅知道惩罚性赔偿是非法的，而且原告也知道。所以我们开始与对方协商，并最终以2 300万美元的金额解决了10亿美元的问题。"

在建立大型金融机构的过程中，伴随而来的问题包括：企业文化的削弱；内部监督和控制的缺乏；不必要的官僚主义增多；如果公司倒闭，风险和损失会更大，但也有不可否认的优势。伟创力集团不应该仅仅因为陪审团的误导和最终的错误判决而面临破产，但这差点就成真了。花旗集团由于自身的规模和消化风险的能力，成为唯一能够支持伟创力的银行，所以金融超市模式还是有价值的。面对规模和全球化带来的需求，它能够救美国企业于危难之中。

但是，为大型企业客户提供所需服务，是否值得随着规模的扩大而面临更大的挑战呢？是否值得因为聚焦平台而不是个人而导致企业文化崩塌？当一家公司发展到花旗集团或朗讯公司这样的规模时，躲藏在公认的行业惯例背后，为不道德的行为辩护就变得极其容易了。我们从桑迪·威尔、杰克·格鲁伯曼、亨利·布洛杰特的不当行为，以及整个投资银行界都在使用的IPO差价获益手段中看出了这一点。比尔·维奎拉在朗讯公司对卖方融资的滥用上也遇到了同样的从众心理：其他人都在这么做，所以一定没问题。一旦花旗集团膨胀到极端的程度，公司的首要任务就变成依靠平台和维持其规模，而不是促进一种积极、道德和健康的企业文化，优先考虑个人责任和问责制。最终，文化的缺失导致了公司的衰落，而这种情况在整个华尔街都发生过。过去，当你说出所罗门兄弟、高盛、摩根士丹利或任何其他一家公司时，这家公司独特的文化会立刻浮现在你的脑海中。但是，一旦这些银行被迫采用金融超市模式来保持竞争力，文化就消退了，这些公司变成了平平无奇的组织，将规模和效率看得高于一切。

花旗集团——作为象群中最大、最平平无奇的大象，肩负着猎杀其他大象的使命——处于2008年全球金融危机的中心并不足为奇，考虑到花旗集团的规模、全球影响力以及对集中风险管理的缺乏，它比其他大公司都更应该成为众矢之的。一旦你创造了这些猛兽，要驯服或杀死它们并不容易。尽管许多人担心采取金融超市模式的公司因为规模过于庞大而不能倒闭，但它们也可能因为规模太大而难以获得成功。

第七章

触手可及

商业向云端转移,促使了新产品和新市场的诞生,其价格更亲民,更易被普罗大众所接受。然而……商业在向云端转移的同时导致了个体和群体间相互关联的缺失。

技术是一门本领，它使我们无须亲身经历就能了解这个世界。

——马克斯·弗里施，《能干的法贝尔》

20世纪80年代中期，自动存取款机是金钱世界里最热门的新事物。不管什么时候，都有顾客聚集在银行外面焦急地等待使用自动存取款机进行存取款交易。其实当时的技术并不像想象的那样尖端，因为整个过程基本上就是一位顾客将一个信封从墙这头的缝隙塞进去，然后一位银行职员从墙另一面的纸箱里找出那个信封。实际上，这几乎和把支票递给银行柜员没什么区别，只不过没有了人与人之间的接触。

柜员大多并不喜欢处理自动存取款业务，除了我。那是我职业生涯之初，刚进入美国银行参加培训项目几个星期而已，该项目要求新人在一年内掌握银行的每一个工种。我的第一个职务是在工业城当银行柜员。工业城是位于洛杉矶东部的一块狭长土地，有着数千家企业，但只有大约200名居民。其他参加培训的人都觉得处理自动存取款业务很无聊，而且几乎卑微得令人生厌。但这是我22岁大学毕业后的第一份工作，所以我喜欢一切新鲜的经历，不管这工作有多么机械。

每天早上银行开门之前，我都会站在柜员领班旁边，看着她打开自动存取款机背后的门，然后我们会松动存款箱，把它取出，放在一张桌子上，把里面的东西倒出来进行分类。这让我有机会和真正的银行柜员坐在一起——他们中的大多数都是有家庭的女性——和他们一起谈论他们的孩子，还有前一天晚上大家都看过的电视节目。

使用自动存取款机，无论是存款还是取款，都是客户对银行在信任度方面的一个质的飞越。记得我第一次在机器上存支票的时候，看着支票消失在未知的世界里，那种感觉就好像把它扔进了碎纸机。我不太相信它能在"旅途"中幸存下来，并最终变成我账户上的数字。不能把它交到一个大活人手中，没有一个活生生的柜员看着我的眼睛，这让我感觉自己和金钱世界的关系开始变得没有了人情味，也越来越脱节。

* * *

20世纪90年代的拉斯维加斯，和今天一样，吸引着众多稀奇古怪的文化和活力在此发生碰撞。有系着腰包或者穿着全套荧光色衣服的游客、舞女、皮条客、集会者、单身派对醉汉、魔术师、新婚夫妇，还有赌徒。

大约在1996年，小丑博佐正高举着一块看起来像是信用卡的塑料片，在灯光下半转身，变成了酷似哈维·韦恩斯坦的模样。这不是拉斯维加斯的幻象，这是一年一度规模庞大的国际消费类电子产品展览会。这个展位的老板身材丰满，个头矮小，面带微笑，面色红润，穿着一件敞开的衬衫，戴着一条金项链。他在自己稀疏的红发上方举着一块塑料片，那是大多数人都未曾知晓的未来。衣着暴露的模特围绕在他的身边——她们通常被称为"展台女郎"。这些女孩看起来就好像来自大厅另一头举行的成人奥斯卡，而事实也确实如此。她们向路人赠送 T 恤、钥匙链和小碗冰激凌，小丑博佐则向聚集的人群卖力地介绍这块塑料片——预付费电话卡——的奇妙之处。

那个长得像博佐和韦恩斯坦综合体的人名叫鲍勃·洛尔施，由他领导的 SmarTalk 公司在快速增长的预付费电话卡行业成了领军企业。站在国际消费类电子产品展览会和有着色情产业奥斯卡之称的 AVN（成人奥斯卡）颁奖典礼的交叉口，洛尔施感到如鱼得水。这两项活动恰好在同一时间拉斯维加斯的同一个地点举行。他喜欢和成人片演员、二流名人、无家可归的人混在一起，这些都是他熟悉的人。他是一个集魅力、同情心、自负和野心于一体的人。

每年，洛尔施都想在国际消费类电子产品展览会上制造爆点，他格外喜欢雇用色情明星来为他的展位充门面，在那里，她们会给走过路过的害羞程序员和各公司产品代表分发礼品和冰激凌。近年来，展台女郎的出现引起了越来越多的争议。但是在那个时候，没有人能像鲍勃·洛尔施那样毫无歉意地将产品推销和裸露的女性身体结合在一起。

他是那种大多数人第一眼看见会瞧不起的人。虽然有时他有点令人反感，但他极具个人魅力，同时又快活开朗的性格，让人很难不被他迷住。所以当鲍勃·洛尔施举起一张预付费电话卡试图引起你的注意时，你几乎不可能把目光从他身上移开。预付费电话卡并不是他发明的，却是他把它推销给了大众。

作为一名有天赋的推销员，他从在不起眼的汽车后备厢向烟酒商店贩卖香烟过滤嘴开始，然后靠兜售一种叫 Wuppies 的长着眼睛的毛茸茸的小东西发了一笔小财。这种小东西后来还变成了一种流行的促销工具，并在荷兰引发了一阵热潮。再往后，他在新兴的预付费电话卡行业里建立了自己庞大的帝国。没什么东西是这个人卖不出去的。洛尔施身上的很多东西都招人讨厌——他的长相、他的体型、他情绪化和易冲动的天性——但是他对自己所从事的事情非常在行。在1983年的世界计算机经销商博览会上，洛尔施通过贿赂酒店管家、服务员和保安人员的45万美金，让微软的Windows标志偷偷出现在两万个拉斯维加斯的枕套上。据芝加哥《每日先驱报》报道，比尔·盖茨受此启发，称洛尔施是"一位市场营销天才和魔术师，他相信一切皆有可能，而且不轻易允许别人回答一个'不'字"。和许多具有远见卓识的企业家一样，洛尔施是一个永恒的乐观主义者，用信念、热情和美好感染着周围的每一个人。

在有一年的国际消费类电子产品展览会上，我所在的所罗门兄弟公司团队在硬石餐厅占了一张21点的牌桌，7个座位中有6个已经坐满，只剩下一个位于末端的空位。很快，一位年轻的女孩走了过来，她穿着一条紧身、暴露的裙子，手臂上布满了文身，眼妆画得像是沙漠残阳。她微笑着缓缓坐到高脚凳上，用涂了指甲油的长指甲理了理筹码。"嗨，帅哥们，"她说道，在座的每个人都嘟囔着回应她，"你们都是来参加展会的吗？"

"是的，"比尔说道，比尔是一位比较资深的银行工作人员，"但可能和你参加的不是同一个展会。"他低头看了一眼自己的西装和领带，继续说道，"我们是来参加国际消费类电子产品展览会的，我想这是挺显而易见的。"

她笑了，说："我想也是，我是来参加AVN颁奖典礼的，而且其实我是为了一个奖而来的。"

"哦，真的吗？恭喜你，是什么奖？"

"最佳肛交场景奖。"

在场的人全都目瞪口呆、默不作声，然后整桌人爆发出笑声，包括那位女演员。

"能被提名已经是我的荣幸了,"她说道,"但我没有机会得奖了,其他提名者都很有才华。"

每个人都开始向她发问:你认为你为什么会被提名?一个场景和另一个场景有哪些不同?一个人如何能成为最佳?

把国际消费类电子产品展览会和 AVN 颁奖典礼安排在拉斯维加斯的同一时间举行,看起来既残酷又幽默,书呆子和色情明星的交集可是既有着悠久的历史,又极具影响力。硅谷的每个人都知道,色情产业似乎比其他任何东西都更能推动创新、趋势、发展、风险以及技术的最终应用。

* * *

1992 年,我在沃顿商学院的一个老同学威尔·弗莱明晚上下班回到家时,发现另一个沃顿商学院的同学亚当·鲁宾斯坦给他寄来了一个厚厚的信封,信封里有一份关于一款新产品的商业计划书草案——预付费电话卡,这东西几乎没人听说过。威尔在华盛顿特区做着一份安逸的咨询师工作,但是在花了一个周末的时间,经过仔细研究这份商业计划书之后,他发现自己对此非常感兴趣,于是辞掉了工作,收拾行李,搬到佛罗里达州去找亚当了。

这份商业计划书是建立在这样一个想法之上的:20 世纪 90 年代早期,绝大多数人出门在外,除了把一捆捆硬币投进公用电话外,并没有其他简单的办法可以给家里打长途电话。那时手机尚未出现。一部分人有电话信用卡,但有的人并不多。威尔和亚当发明了一种预付卡,可以存储通话时长,而且能把它放进钱包里。一些电信公司在多方试水这个想法,但还没有人成功地把这个概念引入市场。

威尔和亚当把注意力集中在便利店、连锁超市和药店——基本上就是那些在店外的停车场就有付费电话的零售商——他们俩很快就发现改变消费者行为习惯有多困难。当他们与这些商店的老板见面解释电话卡是如何操作时，他们的反应通常介于抵制和奚落之间。"他们认为我们是在瞎编，"威尔说道，"他们会说：'这是我听过的最疯狂的想法。预付电话卡不是一个产品类别，它们永远都不会是。'"

威尔和亚当让零售业的高管想想人们进店来换 25 美分硬币打电话有多麻烦，而这在忙碌的日子里是经常发生的事，很多时候当班经理不得不派一个职员跑到银行去换零钱，导致店里人手不足。威尔和亚当提出将他们的电话卡作为解决这个问题的办法，而且电话卡也能为商店赚钱。还有一个额外的优势，这款产品不会占用任何货架空间，他们还可以定制带商店名字和标志的卡片。一些高管对此很感兴趣，但大多数人仍然认为威尔和亚当要么是骗子，要么是笨蛋。

威尔在北卡罗来纳州见了一位零售业运营商，他是一家连锁便利店的老板。整个会面期间，他都把脚放在桌子上，还一直在抽烟。他承认经常有人来他的店里换硬币是一项麻烦又无利可图的业务，而且实际上花了他不少钱，但他就是不肯让步。

"不，"他挥了挥手上的香烟，打断了威尔的论述，"没有人会买这个。这是我听过的最愚蠢的事。我的顾客是不会为还没使用的东西付钱的。"

威尔指着那家伙桌子上喝了一半的可乐说："那个预付的可乐是怎么回事？"

"什么？"店主问。

"你桌子上的那瓶预付可乐。"

"这不是预付的可乐，"那人说道，"只是瓶普通的可乐。"

"不，"威尔说道，"这是预付可乐。你在喝之前就先付钱了。听着，通话时长也是一样的。"

那人的嘴角露出一抹微笑。会面结束的时候，他已经同意销售这款产品了。

威尔和亚当在全国各地奔波，试着教会零售商如何通过售卖预付费电话卡赚钱，这一举动被证实是有效果的。慢慢地，他们的产品站稳了脚跟。4年后，总部位于俄亥俄州的大型电话卡公司康凯思特收购了威尔和亚当的公司，又过了不久，该公司被SmarTalk公司收购，于是威尔和亚当被吸进了鲍勃·洛尔施的奇怪世界。

* * *

从位于洛杉矶的总部开始，鲍勃·洛尔施进入预付费电话卡领域，并成功创建了SmarTalk公司。当时我在所罗门兄弟公司任副总裁，对洛尔施疯狂且令人着迷的事迹略有耳闻，所以我同意与同事马克·戴维斯一起，在该公司上市1年左右的时间进行SmarTalk公司股权发行。

午餐时间，我们在他们位于洛杉矶的办公室见面。洛尔施冲进房间，就像没画好的漫画版丹尼·德维托一样，尽管已经有人警告过我，他不是一个传统的CEO，但我还是被我们的初次见面惊到。我们整合了标准的详细报告，分析了公开股票市场的状况、SmarTalk公司的股票表现如何、谁拥有它，等等。一位年轻的通宵达旦准备陈述书的所罗门兄弟公司的分析师坐在门边的椅子上。

我和马克分发陈述书，我说："所以我们准备了一个……"

"只要告诉我，"洛尔施插话道，"我们有格鲁伯曼吗？"所罗门兄弟公司著名的股票分析师杰克·格鲁伯曼此前曾对SmarTalk公司的上市给予了买入的评级。

"是的，"马克说道，"我们有杰克。我们在会面之前和他谈过，确认他将继续负责贵公司的事务，并支持公司股票的发行。"

"那么你们被雇用了。"洛尔施笑着说，并把他没打开的陈述书

第七章 触手可及　　235

推到桌子中间。"我们去吃饭吧。"

基于如此少量的信息就做出决定的行为似乎有些鲁莽，我能想象门边的那位年轻的分析师会作何感想，睡眠严重不足，可能还在为自己的努力工作而感到骄傲，结果看到自己辛苦制作的陈述书被扔到一边，书脊的地方连一条印儿都没留下。

当我们吃着送到会议室的外卖午餐时，马克提到我正在为那个夏天即将举行的婚礼做准备。

"别结婚！"洛尔施建议我，"糟糕，这是非常糟糕的主意。"他稍加描述了自己不幸的婚姻生活，用一串粗俗的俏皮话来升华他的故事，他说："既然能租，为什么还要买呢？如果它能飞，能浮，或者……管他的，不要结婚！"

尽管洛尔施建议我保持单身，但他已经结婚、离婚、再婚好几次了，最终还是选择了一位上了年纪的色情明星成为他的新娘。他不受控制的欲望常常被认为是商界的财富。就像迪克·汉克曼将水资源处理这么不性感的行业和美国美净公司转变为一个强有力的产业——凭借的是他的个人魅力、远见和干劲儿，以及对收购的渴望——洛尔施对 SmarTalk 公司也采取了同样的做法。他知道如何讲一个好故事，而且他说服了华尔街相信他正在做一件有前途的事。SmarTalk 最后发展成为美国最大的预付费电话卡公司。

SmarTalk 公司和鲍勃·洛尔施已经被遗忘了，特别是在这个手机通话时间无限量的时代，因此预付费电话卡现在看起来像是一个微不足道的东西，但几乎所有的进化发展都是由一系列循序渐进的变化组成的。随着我们从现金社会向无现金社会的转变，人们越来越习惯于除了纸币和硬币之外的货币形式。我们不再需要把钞票塞进钱包里，也不再需要为公用电话随身携带硬币。信用卡的普及推动了这一改变，消费者开始以不同的方式看待金钱。但是，由于信用卡不是储蓄货币，所以预付费电话卡是第一个真正意义上将日常消费货币以另一种形式储存的工具。就像北卡罗来纳州的便利店老板一样，我们开始改变对金钱和商业关系的看法。

* * *

后来在参观一个互联网数据中心时，我和接待我的人讨论了一个著名的传说，这个传说在几大数据机构间流传已久，甚至在事件发生后的 20 多年里依然如此。这是关于有一天人们在服务器机房里发现了一个裸体女人的事件。

有人说这一事件发生在 PAIX（帕洛阿尔托互联网交换中心）地下室，另外一些人则确信它发生在圣何塞高速公路的西城域访问交换点。据说，东海岸的一些工程师声称事情发生在他们的数据中心。多年来，这个传说不断被散播、放大、扭曲，甚至是篡改。它变成了一个传话游戏，故事在人与人之间流传，也随之被添油加醋。一个家伙听说那个女人在一个笼子里拍了一部色情片。另一个人则听说她只是在网络服务器前拍了张半裸照。肯定有照片证据储存在某个地方，但是没人找得到。值班经理在经过整件事的折磨后被解雇了。也许他并没有被解雇，也许他因为处事机智而受到嘉奖。一切都取决于你询问的对象是谁。

发生在 20 世纪 90 年代中后期的"服务器机房裸女"事件，已经变成一个传奇故事，一个盛传于生活在有形网络世界里的小众群体之中的传奇故事。对于普罗大众来说，这个世界是如此的虚无缥缈，而他们甚至能在数据中心里描绘出一个活生生、有血有肉的美人形象，这几乎证实了互联网物质形态的合理存在。她就在这里，在这个地方。我发誓，我知道有人见过她。

接待我的人在一个服务器前停下来，指了指它，着急地说出自己的观点："故事是这样的，她走进来，想在她的网站前——她网站的实体资产前——拍张裸照，然后他们就给她拍了。我认识的一个管理这个机构的人打电话给该公司的老板，问：'我们该怎么办？'然后就有了禁止拍照的规定。但她对此表示质疑。谁知道呢？"

几个与此事有关的人——包括那个女人——同意接受采访。他们每个人的说法都对不上，但似乎每个人说的都是真话。事实已经变得模糊不清，存在着诸多版本。

但是，那张臭名昭著的照片的真相又是什么呢？随着这件事在技术世界的不断传播，人们又乱加了哪些细节呢？多年来，这个故事已经被吹嘘得神乎其神，我们还有可能知道真相吗？

经过一番挖掘，一切变得明朗了起来。事情往往都是这样，真相要比传说有趣得多。

对于大多数人来说，互联网并不是一个真实存在的地方。这就是互联网的魔力之处。但它实际上是由一系列真实的场所构成的，一般来说都是隐匿在我们之中的没有标记的巨大仓库，在众目睽睽之下，通过数以百万计的玻璃纤维让人们彼此相连。地球上所有配置网站的公司，实际上都存在于一个或多个数据中心——互联网服务提供商和电信公司也是如此——它们在这些数据中心存储数字信息，运行服务器，并在彼此的设备之间运行着数千条交叉连接的线路。如今，我们称这种网络为"云"。我们的照片、播放列表等都被储存在那里面，我们的文件被备份在那里，我们的交易也是在云端执行的。

大部分人从来没有踏足过数据中心——他们为什么要去呢？——但是任何一个拥有计算机或智能手机的人，每天所做的几十甚至上百件事，都是在这些数据中心的帮助下完成的。每当我们发送短信、查看电子邮件、在线购物、使用地图导航、玩手机游戏、在社交媒体发照片、浏览新闻、订外卖或预订汽车服务时，所有操作都发生在这些"数据堡垒"之中——通过光纤玻璃以光速抵达，通过各种电缆和数字交接器在设备里发出信号，然后再以光速返回终端。

数据中心不仅出售存储空间，还出售安全性能。随时都有安保人员巡逻值班，所有内容在进入大楼的任何地方之前都需要经过严格的许可或者由高级人员监护。大楼的建筑结构由对位芳纶纤维加固防弹玻璃构成。有些是建在巨大的橡胶减震器上，以防止地震产生的不良影响。四周有成千上万的监控摄像头、诱捕装置，还有层层的手持几何图形读取器，一层又一层地验证身份。安全性之所以如此之高，是因为从很多方面来说，如今的数据中心就是新银行，因为货币已经变成了数据，数据也变成了某种形式上的货币。

数据中心被布置成一条条狭长的通道，通道边缘安装有金属笼子。笼子里，嗡嗡作响的服务器堆叠在柜子里。灯光昏暗，蓝莹莹的，让你仿佛走进了世界上最冷清的夜店。机房里充斥着空调发出的白噪声，巨大的冷却系统用来调节温度，以降低数千台服务器24小时不间断运行散发出来的热量（许多数据机构的电费每月超过100万美元）。

那个传闻中潜入数据中心宽衣解带的女士，是该数据中心极重要且极具影响力的客户——丹妮·阿什，她是成人网站"丹妮的硬盘"的创始人和主角，她闯进数据中心是为了向观众展示互联网是如何运作的，给大家看看她网站实际储存的地方。作为有史以来最早的成人网站，"丹妮的硬盘"以软性色情内容为主，如裸女照片和性感海报。网站建立之初只有一个简单的目的：让丹妮扩大自己的受众群，以便销售更多的周边商品。她曾在脱衣舞俱乐部巡回演出多年，但在经历了几次与龌龊俱乐部老板的不愉快经历后，她选择了退出，转而集中精力建立粉丝俱乐部，给全国各地的粉丝邮寄签名照片、杂志还有其他收藏品，在20世纪八九十年代，这可以为成人杂志模特提供一笔可观的收入。大多数晚上，当她的连锁院线高级经理丈夫从地标影院回到家里时，都会看到丹妮坐在餐桌前认真地为粉丝准备发货。签名、装带、舔边、封口、盖章……如此重复。

她和她的丈夫是个人计算机的早期使用者，那时候很少有家庭计算机。丹妮听说她的照片已经在新闻组里广泛流传——新闻组是一个原始的主题网络聊天室，早于我们今天所知的互联网——所以她开始频繁访问那些讨论页面，与她的粉丝交谈，并上传自己的照片。很快她便成了书呆子社群里的"玛丽莲·梦露"。

1995年初的一个晚上，丹妮的丈夫给她看了他们公司的新网站。"网站非常非常简单，就是个基础框架，"她回忆道，"所有的东西被同时展示在网络上，但是超文本的概念被设计成类似人类大脑的工作机制，创建了一个巨大的互联网络……当我看到那些时，真的很感兴趣，瞬间灵光一闪。"在新闻组其他人的鼓励下，她有了创建自己网站的想法，但是她不知道该怎么建，当时还没有像今天这样的网页设计和开发行业人员。她首先雇用了开发地标院线网站的人，但是那人不知道如何创建丹妮设想的超文本结构。

虽然丹妮是一个从南卡罗来纳州来的高中辍学生，但她非常聪明。在2001年《前线》的一次采访中，她这样向美国公共电视网（PBS）描述自己——"大胸极客"。在和丈夫去巴哈马度假之前，她阅读了几本使用手册，然后在海滩上一边晒着太阳一边自学HTML基础知识。回到家后的两周内，她创建了自己的网站。她在我们的采访中说："我当时正在和阿纳海姆的一家服务器托管商谈托管协议，他们打算把我放在共享服务器上，我说：'你知道，我真的觉得我需要单独的服务器。我有预感，这个网站流量会很大。'他们说：'不，不，没问题的。'"丹妮完成网站制作后，把网站链接用电子邮件发给了她在新闻组上联系过的5个人，然后她就登上前往纽约的飞机，陪她的丈夫出差去了。"第二天，我接到网络服务供应商的电话，说：'天哪，天哪，你把服务器搞崩溃了。'

消息不胫而走，很快他们就给了我单独的服务器。""丹妮的硬盘"在上线第一周点击量就超过了 100 万。在接下来的两年里，它成为互联网上被大量访问的网站之一。

然而，有一个很大的问题。早期，互联网的主干网并不够强大，无法处理如此庞大的流量。数据中心也是一团糟，组织混乱，被流量和服务器需求淹没。虽然"丹妮的硬盘"以及其他新诞生的流行网站推动了需求，但其对内容的渴望远远超过了基础设施的发展，导致了瓶颈和供需中断。进入 20 世纪 90 年代后，这些限制变得越发令人头疼，成千上万的创业者开始涌向湾区淘金。互联网的规模发展得越大，就会被其自身的体量压得越死。一些权威专家预测，互联网将不复存在。

它需要一个拯救者。

* * *

1995 年，也就是丹妮·阿什使互联网服务器瘫痪的几年后，一些公司试图找到办法，解决互联网日益严重的结构性问题。其中一家公司是 DEC（美国数字设备公司），这是一家总部位于马萨诸塞州的计算机公司，成立于 1957 年，规模堪比 IBM。DEC 派出了一位研究人员和一支工程师团队，在帕洛阿尔托一个废弃的电话总机服务大楼的地下室开设了工厂，这个地方后来被称为帕洛阿尔托互联网交换中心。他们的任务是找出互联网基础设施存在的问题，然后创建一种新型的数据中心来解决这些问题。运营其他互联网交换点的公司也出售电信服务，这意味着其中有利益冲突的影响，但 DEC 并不从事电信业务，因此 PAIX 团队成员认为，如果他们能够创建一个真正中立的空间，让构成互联网的各种元素在相互连接的同时，又没有利益冲突，这可能就是解决互联网发展问题迫切需要的基础设施。

主导这项工作的杰伊·阿德尔森和艾尔·艾弗里，虽然知道这项任务是有可能无法实现的，但仍然辛勤努力地工作着。最终他们还是取得了突破。他们相信自己已经成功找到了中立交换点模型，于是把这个概念展示给上级——这个概念很可能可以拯救互联网——然而 DEC 的老板并没有意识到需要将这个模型扩展应用到世界各地各数据机构的迫切性。阿德尔森和艾弗里知道互联网发展正处于一个关键时刻，迫切需要一个扩大规模的解决方案，所以他们决定辞职单干。他们为自己设定了一个超高的目标——在全球范围内彻底改革互联网的运作方式。他们给新公司起名为易昆尼克斯，一个集平等、中立和互联网交换于一体的混合产物，并很快就筹集到了资金。"我们知道像易昆尼克斯这样的公司必须存在。"阿德尔森说道，"总得有人来掌管这些基础设施。"

  他们的时机把握得相当好，当时正值互联网热发展到高潮。就像西部扩张时期，农场主开始抢占土地一样，如雨后春笋般冒出来的硅谷公司争相在互联网的处女地竖起自己的旗帜。这个时候，所罗门兄弟公司的高管开始给我打电话："西海岸的那些大型 IPO 是怎么回事？"他们问道，"为什么我们没有参与到那些活动里去？"协助公司上市并不是我关注的领域，我专门从事并购业务，而且一直在纽约而不是硅谷办公。但由于我的业务范围转向了科技行业，所以我在所罗门兄弟公司的老板都来找我，想知道互联网热潮是不是真的，以及为什么我们没有得到任何 IPO 业务——几乎每个小时都有公司上市。

  巅峰时期的硅谷充满了机遇。就好像每个拿着笔记本计算机、穿着连帽衫的小孩都可以在几乎任何东西的末尾加上 .com 的后缀——stamps.com，shoes.com，drugstore.com，webvan.com，eToys.com，garden.com——然后一夜之间成为百万富翁。风险投资家向这些公司投入大量资金，使他们的估值飙升。

  但是没有哪一首乐曲的高潮是不会结束的。当大多数人处在泡沫中时，自己是意识不到，或者不想意识到的。市场和行业本质上是存在周期性的。在有重大创新的阶段，期望比现实增长得更快，希望走在了未来的前面太远，而这个未来还并不存在，从而形成了泡沫。问题在于，这些初创公司的结构、时机和估值都取决于对增长的预期和野心宏大的商业计划的执行情况，而这些预期和执行往往是不合理或不可实现的。

pets.com 遭遇的灾难是众多例子中的一个。pets.com 是一个出售宠物零售用品的网站，该公司成立于 1999 年初，它们主要通过以零售价格 1/3 的价格出售商品、提供免费送货，再加上极具侵略性的广告宣传活动，迅速取得了成功。pets.com 的管理团队打赌说，如果他们能说服足够多的人开始在网上购买宠物商品，那么公司就能占有足够多的市场份额，即使每笔销售都在亏损，也能使自己成为一家得以生存下来的企业。但是随着销售额的增加，它们的亏损也随之加大。然而，它们还是坚持了下来，花大价钱为它们的袜子玩偶吉祥物竖起了一个"花车气球"（一个附着在花车上的 36 英尺高的气球），并参加了梅西百货的感恩节游行，然后以 120 万美元的价格购买了"超级碗"广告，尽管当时公司正在面临大亏损。在"超级碗"广告播出结束的 17 天后，它们以 11 美元/股的价格在纳斯达克成功上市。不到 9 个月，股价跌至 19 美分/股，它们清算了所有资产，然后倒闭了。pets.com 的整个运营过程——从"花车气球"到"超级碗"广告，上市，再到清算倒闭——仅仅持续了两年多的时间。

在互联网热潮刚开始的时候，有一种淘金热的氛围，不过它确实也唤起了人们对加州第一次淘金热的回忆，那也是一种行业泡沫。整整一个半世纪以前，一位来自新泽西州的木匠在内华达山脉的山脚下发现了黄金。成群结队的淘金者从世界的每一个角落侵入加州，带着铁镐、铁锹和洗沙盘大步迈进山里，但几乎所有人最终

第七章　触手可及　　243

都败兴而归。当然，也有一些开拓者得到了财富和成功，通常是那些对从地里挖出黄金不怎么感兴趣的人。有一句著名的格言就是这么被创造出来的：如果你想在淘金热中发家致富，那么就卖铁锹吧！

那些向矿工提供工具、服务和交通的人大赚了一笔。一位出生于巴伐利亚的商人李维·施特劳斯创办了一家企业，专门销售干货、露营装备，当然还有蓝色牛仔裤，这些都是在他旧金山的店里生产的。亨利·威尔斯和威廉·法戈创办了一家运输和金融服务公司。约翰·斯图贝克在以制造汽车闻名于世之前，曾为矿工制造手推车。萨姆·布兰南，也就是第一个在旧金山街头大声宣布发现黄金的人，他可是在买下了所有能找到的铁锹、铁镐和洗沙盘，并把价格翻了一番之后，才把这个消息传播出去的。正是这些开拓者——工具、服装、住房、道路、娱乐、食品、金融服务、交通的提供者——以及这些基础设施的创造者，让刚开始萌芽的淘金热群体和经济得以运转和繁荣，并让他们的名字流传至今。

易昆尼克斯成了互联网的"铁锹销售员"。当互联网初创公司涌入加利福尼亚州寻找它们并不确定的财富时，易昆尼克斯正忙于创建基础设施，以便一切能够正常运转。但一开始看似大好的时机很快就逆转了方向。易昆尼克斯依赖于这些创业客户的成功，到2000年，互联网泡沫破灭后，那些以希望为指导方针的公司几近倒塌，不再需要为了追求希望而购买基础设施资产。易昆尼克斯手里堆积了大量未结清的账款和日益荒废的数据中心。现在，它面临着偿还巨额债务的挑战，这些债务是它为了建设基础设施而积累起来的，而这些基础设施则支持了那些刚刚倒闭的公司。

* * *

在互联网泡沫破灭之前的火热时期，"丹妮的硬盘"迅速发展，超越了她一开始经营粉丝俱乐部的想法。丹妮在我们的采访中说道:"我参加了一个叫作'游轮胸部秀'的活动,这个活动以前是由《SCORE》杂志举办的。它们为游轮秀预定了几个模特,然后粉丝就可以付钱上船,观看大片拍摄,和模特共进晚餐。所以当我在做这个网站时——我觉得这就是我的第二次'游轮胸部秀'——我把我的网站加载到笔记本计算机上,人们就可以看到它了。"

《SCORE》的一位出版商还经营着一个大型的邮购视频业务,当他在"游轮胸部秀"上看到丹妮的网站时,他意识到互联网有潜力成为一种新型市场。他让丹妮把他的整个视频目录都放在网站上,一共有数百个标题。当然,丹妮比他抢先了一步。"我的理念是利用超文本让人们可以链接到产品上——你开始阅读某个模特的文章,然后,哦,看,她在这里有一本签名杂志;哦,看,她在那里还有一盘录像带。所以我们开始进行商谈。我说:'我得有内容,有所有这些模特的大片、简介和照片,才能卖得出去你的产品,因为这个网站就是这么运转起来的。'为了得到这些,我们不得不去杂志社,和他们达成协议,才获得了他们的所有内容,这样我就有素材来售卖这些视频了。"

因为大量有价值的内容被上传到丹妮的网站,所以在协商的过程中,创建一个付费订阅区的想法浮出水面。付费墙是互联网的另一个新概念。"那是在1996年2月推出的,这再一次让我一夜成名,令人难以置信,这让我不知所措。我每天工作16个小时,收集带有信用卡号码的订单表格,然后手动将它们输入一个软件,授权使用信用卡。那时候还没有信用卡信息实时处理技术。"

1997年前后,丹妮开始接触开发支付处理软件的公司,希望能在处理大量的销售和会员信息方面得到帮助。"他们过来的时候,我会说:'好吧,我的客户数据有多安全?如果发生这种情况了该怎么办?如果发生那种情况了又该如何处理?'我对自己得到的答案感到不舒服。从那时起,我便开始雇用软件工程师,创建自己的信用卡处理引擎。"

丹妮·阿什的传奇之处并不在于数据中心拍裸照这件事上，那只是个幌子。真正的传奇是这个聪明、有事业心的女人，她的名字应该因她卓越的技术创新而流芳百世。"丹妮的硬盘"为如何构建和运营一个成功的电子商务网站——不仅仅是成人网站，还包括所有的电子商务——提供了蓝图，她还为更有效、更安全地处理交易开发了卓越而尖端的解决方案。"创新总是出于纯粹的需要。"她说道，"它是出于急需解决的问题。并不是'我要成为一个创造技术的人'，它更像是'我急需让这一切成为现实'。"解决紧急问题常常是一家公司成功的催化剂。丹妮告诉 PBS："多年来，我们不得不开发许多技术来支持'丹妮的硬盘'的业务——流媒体视频技术、托管技术、信用卡清理技术、加工处理、客户服务。现在这些技术都运行良好，对其他公司来说也有价值，而且我们开始向其他公司推销这些技术。实际上这是我们目前业务增长速度最快的领域。"

由于性别歧视和对色情产业的成见，丹妮·阿什很少因为她的技术和创新能力得到应有的认可。科技记者帕琴·巴尔斯写道："她和其他色情产业者开创的电子商务和对安全问题的解决方案，为贝宝、易贝、亚马逊和互联网商业化铺平了道路。"

想象一下，最开始当有人从他的钱包里掏出一张卡片，并把卡片上的数字输入表格，然后将它发送到以太网，希望对方能像丹妮·阿什一样恪尽职守、诚实正直，这样的情景是有意义的。是什么促使消费者的信任得以飞跃？是承诺让他看到裸体吗？有点讽刺的是，原始的人类本能——以色情作品的形式——在很大程度上促成了技术创新，最终导致我们在日常生活中的人际互动需求的减少。我们如此渴望人与人之间的接触，以至我们想出了破坏这种接触的方法。

如今，使用信用卡在网上购物已经司空见惯，以至人们很难回想起不久前它还是一个完全陌生概念时的情景。数字交易的出现，让我们在脱离实体货币，以及减少金融世界人际接触方面，又往前迈了一步。商贸行为不再需要一个人将现金或卡片交给另一个人来交换商品和服务了。用商业术语来说，交易摩擦的消除，为许多公司带来了效率和生产力的巨大提升。然而，尽管缺乏摩擦在许多方面都产生了正面的影响，但它也是以牺牲我们与周围人的亲密度、关注度和敏感度为代价的。对于我们中的许多人来说，商业行为是我们在现代世界中为数不多的与他人互动的机会。这种损失已经在整个社会、政治和金融业产生了反响。

* * *

在1999—2000年的互联网泡沫破灭后，大多数华尔街公司尖叫着逃离了科技行业。它们在形势好的时候赚到了钱，但是现在风险太大，潜在的损失太高，"互联网"这个名词变成了不吉利的字眼，华尔街不想和它扯上任何关系。我们公司位于加州的科技行业部门的总经理也辞职了。所以我和投行业务主管见了面，并自荐担任这个职位。"你确定要这么做吗？"他问道。在大多数人眼里这是一个糟糕的职业选择，因为这个行业正乱成一锅粥。但我和妻子杰西卡一直想回到加州——我在那里度过了高中、大学和早年的工作时光，杰西卡也曾在那里住过一段时间，而且她的父亲还是克莱蒙特·麦肯纳学院的政治学教授。因此，当一队队大货车向东驶去，远离科技产业的灰烬时，我们的卡车正向西驶去。

正如许多人说的那样，浪费一场危机是一件糟糕的事。危机之下，人际关系得以巩固，特许经营权得以建立。在这个前提下，随着科技企业的上市和并购活动的速度明显放缓，正是与那些依旧屹立在硅谷焦土大地上的公司发展合作关系的良好机会。我们正在为市场复苏做准备。

我在纽约有一支忠诚度很高的团队,我召集了顶尖人马,提议大家拼一拼,一起试着去西部建立一些新的东西。他们都同意了,愿意放弃他们在纽约的稳定职位,去加利福尼亚州冒险。

当我到了那里接管办公室时,空气中弥漫着一股创伤后应激障碍的气息。他们在那里度过了最好的时光,然后一切都在眼前崩塌了,现在每个人都在担心自己会被解雇。我想从一开始就建立一个积极的环境,我想让他们知道,我会奖励完成出色的工作和合作的员工,打算营造一个健康的企业文化。

第一天上班,办公室经理拿着一张纸来找我。她看起来很友好,但是很严肃。

"瓦雷拉斯先生,您得把这份备忘录发给整个办公室,我已经帮您起草好了。"

我以为是什么欢迎信,问:"这是什么?"

她把它递给我,说:"别喂鸭子。"

"你是不是说不要喂鸭子?"

"没错。前面池塘里的鸭子。如果你给它们喂错了食物,它们的粪便会让水的颜色变混浊。"她说这句话的最后部分时,放低了音量,就好像我们在分享一个重要的秘密。

我扫了一眼备忘录,然后还给了她。

"莉,对吗?"我问道,她点点头,"莉,我很感激你这么做,但是我不会让我的第一份备忘录写的是:不要喂鸭子。也许第三或第四份可以,但不能是第一份。我们得把这一份备忘录暂时放一放。"

她似乎对此事非常认真,所以看上去垂头丧气。

"莉,你为什么不发呢?你可是办公室经理。"

"我想我可以。"她说。

我鼓励地笑了笑:"如果是你发的消息,我会完全支持。"

我的妻子杰西卡一直往返于纽约和加州，她结束了在高盛的律师工作。2001 年夏末，我们把最后一些东西搬到了加州，在希尔斯伯勒附近租了个房子安顿了下来。

2001 年 9 月的第一个星期，花旗集团在曼哈顿举行了大型科技行业会议。我记得有些人郁闷地来回踱步的情形，因为纽约就是这样一种地方，一旦你离开，就再也不会回来，但我爱纽约。那个星期的街道上，挤满了快乐的人，他们在 8 月的酷暑之后享受着极好的天气。

几天后，当飞机撞向世贸中心时，我正在加州的新房子里睡觉。那天早上 6 点，我妹妹打电话来想确认那天我没有乘坐飞机。她的丈夫埃里克当时在曼哈顿，位于格林尼治 388 号花旗大厦的第 40 层，第二架飞机刚好从他的头顶飞过。

醒来后，我知道了这个新闻，并给办公室发了一条语音信息，因为我知道每个人都会在上班前做各种确认。我告诉大家放假一天，看看 CNN（美国有线电视新闻网）新闻，确保他们爱的人都没事，做他们必须做的事情。"但是，"我告诉他们，"你们明天一定要来上班，因为我们要帮助每一个在纽约的人。他们没有办公室，什么都没有了。所以我们得成为那里的朋友的急救中心。"

* * *

在"9·11"恐怖袭击事件和互联网泡沫破灭后的一年时间里，科技行业继续挣扎。尽管所罗门兄弟公司允许我接管科技部门，与未来的潜在客户发展新的合作关系，但公司对互联网行业的警惕程度与华尔街其他公司一样高，而且科技行业的交易活动少得可怜，这意味着收入越来越少，因此我们无法维持在繁荣时期积累的员工规模。我们每个季度都会等着看是否需要裁员，期待着自己能够幸运地逃过一劫，安然等到下一个季度，但这种情况少有发生。

有一个季度，我得知不得不裁掉几个人，于是想了很久到底要将谁置于"闸刀之下",以及要怎么处理这件事。我走到墙边,从两层楼高的窗户往外看去,看着外面的人工池塘,它点缀着帕洛阿尔托的工业园区。一只憔悴的老鸭子沿着池塘岸边一瘸一拐地走着,完全没有注意到一只老鹰正从它的头顶飞过。它显然落单了。春夏两季,我会看到鸭妈妈带着六七只小鸭子在池塘周围转悠,偶尔老鹰会俯冲下来,把小鸭子叼走。到了季末,每只鸭妈妈都只剩下一两只后代,这是她唯一能保护得了的了,其他的都成为食物链上游强者的"盘中餐"。这一幕令人悲伤,但这些都是残酷而必然的自然法则,即使是在科技世界中心工业园区的人造池塘里也是如此。那是一个刮着大风的秋日,那只孤独的鸭子滑进水里,逆风游向远处的岸边。

我别无选择,最后决定解雇一个叫安迪·里戈利的员工。他的职业生涯始于中情局,曾在位于兰利的中央情报局做初级贸易和金融分析师。在那里他负责研究和撰写关于纽约金融界的文章。

几年后,他觉得只是坐在办公桌前阅读金融资料,而不是参与其中已经没法让他产生兴奋感了,于是辞去了中情局的工作,进入了他的本科母校加州大学洛杉矶分校的商学院。安迪中情局的工作背景引起了很多银行业招聘人员的兴趣,他选择了所罗门兄弟公司,在纽约工作,然后跟随科技行业投行部门转战西海岸总部,因为这是当时最令华尔街兴奋的行业。安迪在加州和我们一起工作时的主要任务是,开发最适合硅谷科技公司整合并购的模型。他很擅长这项工作,在办公室也很受欢迎,但是在工作了三年之后,他所负责的大多数科技公司都在这个行业行情触底时消失了。

在被所罗门兄弟公司解雇后的几周里,他每天泡在山景公寓楼的游泳池里,看着天上的云朵飘过,感觉自己没有了前进的方向。他冒险离开了中情局,原本期望这份工作能带他走上激动人心、报酬丰厚的华尔街职业生涯,但现在他失业了,远在距女友 350 英里外的地方，不知道是该在这个科技之都坚守下去，还是该逃回洛杉矶重新开始。

我讨厌解雇手下员工，并且尽一切可能确保他们每个人都能在别处找到另一份好工作。我觉得他们幸福与否是我的责任。在所罗门兄弟公司，我们搜罗所有客户、朋友和其他公司的关系，试图为安迪找到一份新工作，一份能发挥他分析和开发金融模型才能的工作。我们和易昆尼克斯公司合作过很多次，和它们的新任 CEO 菲尔·科恩关系也特别好，大家都管他叫 PVC。1997 年，在他还是 CompuServe（美国的大型在线信息服务机构）的一名高管时，我协助了一项三方谈判，将 CompuServe 出售给世通公司和美国在线公司。PVC 深受大家的爱戴和尊敬，每个认识他的人都这么认为。我的同事斯图尔特给易昆尼克斯公司打了通电话，看看它们是否有职位适合安迪这样的人。不久之后，安迪开始在这家几周前他还从未听说过的公司上班了。

PVC 的人品和专业度是毋庸置疑的，每个人都想成为他团队的一员。当他宣布打算离开世通公司时，CEO 伯尼·埃伯斯认可了 PVC 的价值，并暗中提出给他一笔 7 位数的奖金，试图将他留下，这是 PVC 此前从未得到过的数额。埃伯斯名声不太好，后来被判欺诈罪与合谋罪，并入狱服刑。埃伯斯不想失去 PVC，但那时 PVC 已经知道公司的情况不太对劲。"眼见我们已经积累了一系列强有力的资产，但是我们缺乏整合这些资产，并引领公司成为行业先锋的领导力和远见。我知道它早晚会因承受不住自身的重量而崩溃，再多的钱也无法改变这种状况。"PVC 把支票留在办公桌上，离开了世通公司——支票仍然密封在信封里，他不想被里面的东西所诱惑。

那时我们并不知道的是，我们把安迪从煎锅扔进了火坑。易昆尼克斯公司在互联网泡沫破灭后遭受了巨大的损失。这家公司是真的建立在为其他创业公司提供必要服务的基础之上的，而这些创业

第七章　触手可及

公司转瞬即逝。当它们消失后，易昆尼克斯公司陷入了严重的困境。易昆尼克斯公司在2000年8月上市，筹集了2.4亿美元的资金，股票上市价格为12美元/股，之后短暂上涨到16美元/股；仅仅两年后，一切都崩塌了。易昆尼克斯公司的股价跌至17美分/股，它剩余的现金储备只够支付员工一个月的工资。易昆尼克斯公司并不是在灾难的边缘挣扎，而是已经掉进了深渊。主债权人坚持要求公司宣布破产，但PVC和他的团队却计划了一个复杂且颇具野心的重组方案，并筹集了可能可以挽救公司的资金。这个方案说希望渺茫都是在抬举它，它看上去就像是个笑话，没有人相信它能成功。就在这个时候，安迪·里戈利来到了易昆尼克斯公司，满脸微笑，什么情况都不清楚，只渴望着开始他的新工作。

他到易昆尼克斯公司的第二天，被叫去参加一个会议。当他到会议室时，大多数的高层人员都在场，气氛明显有些凝重。

"坐这里，安迪。"他被安排坐在个性有点反复无常的总裁兼CEO菲尔·科恩旁边。安迪坐下后，发现面前的笔记本计算机开着，屏幕上展示着一张电子表格，上面是易昆尼克斯公司的财务模型。屏幕上的内容也被投影在墙上，这样房间里的所有的人都可以跟得上进度。

简短的开场白之后，科恩转向投影图像。"好的，"他说道，"去掉曼谷和首尔。"

安迪看了他几秒钟，弄明白他的老板想让他做什么之后，敲了几下键盘，把那些易昆尼克斯公司的运营部门给扫除了。这大概终结了40个人的职业旅途。

科恩眯着眼睛看着墙上底边的数字，接着说："现在去掉新加坡的一半。"

安迪去掉了。会议持续以这种方式进行，审查公司的盈亏状况，然后将易昆尼克斯公司全球员工和整个团队清零。

午休之后，他们继续开会。科恩继续扮演中世纪刽子手的角色，冷酷又无情。他不喜欢别人提出异议，当会议室里的一些人鼓起勇气反对部分更深层次地削减时，科恩说道："这就像在战场上诊断伤员。为了挽救病人，我们必须切断他的手臂。"

尽管这只是安迪来上班的第二天，但他再也没见过他在亚洲的任何同事了，他对执行这些命令感觉糟透了。就好像在黑手党的入会仪式上被逮住，手里被塞了一把枪，然后叫你冲着某人开枪。不管他用什么暗黑的比喻来理解当时的情况——中世纪刽子手、为战场伤员诊断、黑手党暗杀——他都只能按照吩咐办事。他对公司的财务状况也做了相应的调整，渐渐地，公司开始向可能存活下来的方向扭转。

当8小时的会议结束时，有七八十人很快就发现自己已经丢了工作。不过，挽救公司的道路似乎也变得清晰起来。"菲尔可能很野蛮，"安迪说道，"但他是有逻辑可言的，我尊重他的决定。"那天晚上，安迪回到自己的公寓，感到一阵反胃，同时又有点欣喜，但这段经历帮助他理解了为什么自己被所罗门兄弟公司解雇，他略微对易昆尼克斯公司的未来感到兴奋。他给在洛杉矶的女朋友打电话："我认为这家公司要么在6个月内破产，那么我们就得把钥匙还给房东，关灯走人，要么它的股价会飙升。"

* * *

除了在上班第一周安迪就亲眼见证了菲尔·科恩的强制裁员和"血洗"公司人员构架，易昆尼克斯公司的企业文化依旧健康向上，哪怕是在不景气的时期。这在很大程度上要归功于两位创始人杰伊·阿德尔森和艾尔·艾弗里，他们雇用了一个新的管理团队来取代自己，以确保公司继续成长、进步和发展。大多数创业者都没有足够成熟和无私的精神这么做，但是阿德尔森和艾弗里将易昆尼克斯公司和它的发展前景看得非常重，所以不会让自尊心成为公司发展的绊脚石。

PVC 在一个不利的时间接任了 CEO 一职。公司还有几个月就要上市，但是互联网泡沫已经破灭。"我记得当时网上同一时间出现了 5 家线上宠物商店。"PVC 说道，"你知道，这是行不通的。我们去路演，去参加会议，投资者在开场的时候都会问：'你为什么会在这里？你没看新闻吗？'"即使是那些残存的大型互联网公司也遭受了严重的打击，所以这当然影响了它们与易昆尼克斯公司的关系。"像 IBM 这样的主流公司，曾经想要我们每个数据中心 5%～10% 的份额，这是写在我们签订的合同里的，因为它们以为自己会建设很多网站。在第一年，每个人都在买进——它们都想在易昆尼克斯公司的网络上占有一席之地，因为那是个很好的卖点。但到了那一年年底，随着泡沫破灭，每家公司都回来重新商谈它们的合同，所以我们要开始面对这个问题。"

易昆尼克斯公司借了 1.5 亿美元来支付建设新数据中心的巨额成本，但随着客户纷纷倒闭，易昆尼克斯公司放慢了建设速度，但仍需应对无法偿还债务的威胁。银行几乎让公司关门大吉。

为了保存投资者哪怕一丝的信心，并抱着避免破产的希望，易昆尼克斯公司需要一家大型投资银行的背书，来帮助筹集公司生存所需的资金。没有人愿意接近它们，但鉴于我以前和还在 CompuServe 的 PVC 打过交道，以及我们最近与易昆尼克斯管理团队其他成员的接触，我对他们的人品和能力都充满信心。就算有了我们的支持也并不意味着它们一定能活下来，因为现在的情况对它们很不利，但我所在职位的职责就是在某个人身上赌一把，我想，还有谁能比他们这群正直的人更值得得到支持呢？在公司里树立起友善和权威的意义是什么？难道不就是在这种情况下才能体现出来吗？我甚至都不想看它们公司的财务分析报告，因为那些数字很可能会让我萌生退意，但我有更重要的理由去帮助易昆尼克斯公司。

诚信和人际关系是唯一能支撑你从破灭的泡沫中挺过来的东西。所以，在我的推荐和批准下，所罗门兄弟公司开始支持易昆尼克斯筹集资金来挽救公司。

"生存计划是在2002年中期启动的，"安迪·里戈利说道，"就在我加入公司的几个月前。如果之前我就知道这些细节，那我肯定会把自己的身家都装进我的雷克萨斯里，开车沿着海岸线去洛杉矶找我的女朋友。"易昆尼克斯公司要实施这项"壮举"的行为让人很难理解，更不用说是要完成这项"壮举"了。对于一个正常人来说，安迪在描述这一切的时候，就好像是在胡言乱语："为了避免被摘牌，我们不得不完成32对1的逆向股票拆分，以使股价重新超过1美元/股的临界值，同时与债券持有人重新就公司债务进行谈判，通过可转换债券筹集新资金，分割和剥离几项表现不佳的资产，重新商谈在房价高峰期签订的不合理租约，裁减更多的员工，并卖掉我们剩余的资产，以回到息税折旧及摊销前利润和正现金流。"如果它们能够做到上述这一切，那么下一步就是将这家现已清理完毕的公司与两家亚洲公司合并，以换取易昆尼克斯公司的股份。

"它的复杂度不是10，"PVC说，"是25！但我再一次回想起人为因素——人际关系、团队亲和力、对商业模式的承诺，所有这些都足以激励每个人说：'这件事需要继续下去，我们大家都要参与进来。'2002年12月31日，交易完成，我们的预订量从2002年底到2003年第一季度翻了两番。我们所有的竞争对手都失败了，而我们是幸存者，所以作为幸存者，所有的生意都找上门来，我们又开始扩张了。"

然而，即使在挺过了那次"濒死"的境地之后，易昆尼克斯公司仍不得不在不久之后经历另一个泡沫，以某种方式安然度过了2008年的全球金融危机。在那次事件之前的几年里，易昆尼克斯公司在金融服务业建立了强大的影响力，为我们这个时代最大的金融变革之一——资金向云端转移——提供了基础建设。

约翰·克纳夫第一次以客户身份接触易昆尼克斯公司时，还在一家叫 NYFIX 的电子交易解决方案公司工作，他对看到的一切都非常兴奋，于是他与杰伊·阿德尔森预约了一场会议，来讨论如何将易昆尼克斯公司扩大到能有利于全球市场的规模。"如果易昆尼克斯公司能成为那个枢纽中心，"他告诉他们，"或者成为纽约、伦敦、东京、法兰克福等城市的高容量互联交叉点，那么它将改变全世界人们进行电子交易的方式。"

克纳夫于 2007 年加入易昆尼克斯公司，并开始将它带入金融领域。易昆尼克斯公司在纽约市郊建设了一个新的大型数据中心。"那时我们还什么都不知道，"约翰说，"末日四骑士就要在不久的将来踏平金融市场了，所有的银行都开始崩塌。如果我们能看看水晶球的预测，知道未来会发生什么，那么我们可能就不会建设那个中心了。但是它的建成和我们的投资，真的为我们赢得了很多生意，并使我们成为金融市场的大本营。易昆尼克斯公司愿意在其他人受到金融灾难冲击时进行投资。"

易昆尼克斯公司能在金融领域脱颖而出并取得长期成功，是因为它拒绝从事广受欢迎但颇具争议的高频交易。高频交易指的是利用算法，以极快的速度买卖大量股票。在高频交易中，持股时间从来不会很长——它们的目的就是快速套利。在鼎盛时期，高频交易占据了美国股票交易量的 50% 以上。易昆尼克斯公司避开了这个机会，转而专注于支持低延迟交易——一种将决策和执行交易之间的时间缩短到微秒的方式。即使这两种做法都以速度为优先考虑对象，但低延迟交易的目的不是套利。"例如，"约翰·克纳夫解释道，"伯克希尔·哈撒韦公司可能想在几年内拥有一条铁路的大部分股份，它们可能试图在特定的时间进入市场购买股票，而且希望尽快完成交易。所以它们考虑的是低延迟，但是它们并不打算快速脱手。易昆尼克斯公司成了众所周知的智能交易中心，在这里你可以聚拢所有的信息和市场数据，然后将订单发送至你在交易所的交易基础设施。我们的口号是：'更聪明地交易，因为速度不会让糟糕的交易变好。'因此，当高频交易在 2007 年、2008 年和 2009 年达到顶峰时，我们错过了所有的增长机会。但这也带来了无法估量的幸运，因为当它在 2010 年开始走向灭亡时，我们也避免了随着高频交易一起灭亡。"

在最低点时，易昆尼克斯公司的股票价值为 17 美分/股。到 2019 年 7 月，其股价上涨近 3 000 倍，突破 500 美元/股的大关，这使它成为自互联网泡沫破灭以来表现极好的股票之一。易昆尼克斯公司现在是全球最大的托管数据中心运营商，在全球总共拥有 6 000 多名员工，从达拉斯到迪拜，从赫尔辛基到中国香港。公司的中性交换模式彻底改变了整个行业，为互联网的发展和云计算的建立提供了必要的支柱。然而，如果你随机调查 100 个人，可能没人知道易昆尼克斯公司是什么，以及它是做什么的，即使我们中的大多数人每天在计算机和手机上接触这家公司几十次。它可能是你从来没听说过的极为重要的公司之一。

* * *

在搬到加州没多久后的一天，我开车去帕洛阿尔托参加一个会议，路上发现我前面一辆破旧的保时捷的保险杠上贴着一张好玩的贴纸：求你了，上帝，死之前请再给我一个泡沫。互联网泡沫破灭的画面仍历历在目，我想知道，这个人是错过了增长期，还是赚了钱到头来又失去了一切？

不管怎样，这张贴纸凸显了一种令人着迷的思维模式，这种思维模式在硅谷仍然普遍存在：我们只是在期待另一个泡沫的出现吗？只要这场游戏一直持续下去，就能振奋我们的精神，填满我们的银行账户吗？这是一个危险的愿望。当下一个泡沫破灭时，我们将何去何从？许多代人已经见识过真正的进步和发展，但都是在现实与度量泡沫膨胀的标准不相一致的时候。希望，从其自身定义上来说，走在了现实前面太远，许多被希望驱使的公司都以失败告终。硅谷的惯例是，每一次成功都会有九次失败——高失败率是敢于冒险创新的必然结果。即使如此，这些失败过后依然会留下损失和伤亡。创业文化的卓越之处在于它的灵活性、速度和信念。然而，这些特征也可以表现为脆弱，因为它们常常导致创业者目光短浅、急躁不安和反复无常。

杰伊·阿德尔森和艾尔·艾弗里是数据中心革命背后的前瞻者，他们将易昆尼克斯公司打造成一家能在未来为互联网产业提供支柱的公司。他们还没来得及分享它的巨大成功，就退出了。艾尔去世的时候，易昆尼克斯公司还在为生存而挣扎，而杰伊后来又取得了许多令人瞩目的成就。但是，在易昆尼克斯公司之外，他们从来没得到应得的认可，他们在决定性的时刻拯救了互联网，并革新了互联网的运作方式。

"电子商务之母"丹妮·阿什在30多岁时就退出了这一行，她对网络色情业的发展方向感到失望，不愿再与这个领域的黑暗角落联系在一起。她将自己的公司卖给了《阁楼》杂志，然后搬到了西北部的一个马场。

鲍勃·洛尔施——悲摧传奇的预付费电话卡传播者，离开了SmarTalk公司，创办了一家医疗记录存储公司，并同时在好几家公司的董事会任职。他一直和他的前色情明星妻子保持着婚姻关系，直到死亡将他们分开。洛尔施永不疲倦的乐观主义精神最终被一场与疾病漫长而痛苦的斗争所压倒。2017年5月，鲍勃·洛尔施躺在家里的床上，结束了自己的生命。

这些人，无论是否被遗忘，都是现代货币发展重要步伐的代表。洛尔施的预付费电话卡让我们接受货币是能够以其他形式存在的。丹妮是将电子商务推向今天这个时代的人。易昆尼克斯公司则创造了能使金钱存储于云端的技术支柱。

金钱的形式在不断转变，以满足人们不断发展的需求。电话时长作为货币的概念近年来开始在一些非洲国家扎根，在那里，公众已经对本国政府及其法定货币失去了信心，人们开始普遍地通过移动设备来交换电话时长，或"通话时间"，相互进行支付或金融交易。《经济学人》在2013年的一篇文章中报道了这一现象："与移动货币不同的是，通话时长的价值并不直接取决于政府的稳定性，也不直接取决于政府抑制通货膨胀的能力，比如限制印钞。"金钱不再是必需的货币。这种进化在很大程度上是由于人们对政府和金融机构信任的缺失。

以加密货币的兴起为例。人们已经非常习惯货币的其他形式了，同时对传统的金融结构感到极度失望，以至他们愿意把自己的钱投入一个由匿名实体所创造的东西里去，而且这种东西几乎不可能用于任何合法活动，只能进行投机买卖和交易。人们通过抵押房产来购买比特币的故事屡见不鲜。他们可能不信任银行，但是他们却放心把存款投入一种几乎没什么历史，且合法性未经证实的货币中。我们现在变得如此偏激，如此地与传统货币形式相脱节。

硅谷有一个趋势：在筹集资金时进行ICO（首次币发行），这正是利用了加密货币的盛行。通过ICO，公司基本上可以形成自己的货币并将其出售给投资者，而投资者只能用这些货币来购买这家初创公司的产品或服务。创业领域已经充满了风险和不切实际的承诺，而ICO加剧了这些问题，向"加密"这个版图注入脆弱的新货币，进一步破坏了这个市场的信任值和完整性。

许多人认为，能在加密泡沫中幸存下来的将是基础构架，而不是货币本身。区块链原本是用来记录比特币交易的数字账簿，但是后来它被发掘出许多其他有价值的用途。区块链作为允许大多数加密货币运行的基础构架，是"铁锹推销员"，就像易昆尼克斯公司对于互联网所起的作用一样，而加密货币则是淘金者或初创企业。区块链的一个用途在于，它对财富管理和我们看待价值的方式有着巨大的影响，能够根据需要将资产分割成多个部分，然后卖给第三方。理论上，任何资产——包括你的房子，甚至你未来的收益潜力——都具备进行解析和出售的条件，在如此造就出的世界里，对现有或潜在新资产的部分持有等级将很有可能成为常态。当我们不再拥有资产的全部而只拥有一部分时，这将如何改变我们对价值的看法以及与价值之间的关系？是否和我们的投资整体一样可行并且成功？

和金钱世界的其他进化一样，最具影响力的是人与人之间的接触逐渐减少。它开始于伪自动存取款机，然后是金钱的概念转变为预付费电话卡和其他新形式的货币，最后，互联网的出现将我们推入了一个全新的领域；在短短几年内，我们只需轻轻触碰一下屏幕，就可以完成日常事务和交易——比如打车，购买杂货、衣服或书籍，订外卖，分摊支付在餐馆吃饭的账单。许多流行的应用程序和技术力量应运而生——亚马逊、优步、Venmo（小额支付款项的软件）、爱彼迎——轻易就将人类从商业活动中脱离了出来。在一些城市，你会看到及膝高的机器人——基本上就是一个带轮子的冷藏箱——在人群中穿梭，给饥饿的上班族送午餐，这种情况并不少见。这些上班族不仅不需要表达感激之情，还可以省去闲聊和寒暄的时间。这些技术发展带来的轻松和方便是多么的美妙，但也发出了一些危险的信号，因为我们离金钱和商业越来越远了。随着一些公司致力于完善无人驾驶汽车，人们很快就可以实现从家往返办公室，基本上不再需要与人接触。我们可以保护自己不受任何可能的打扰、挑战或让我们担忧的人或事的伤害。

但当下一个大泡沫破灭时，什么才能保护我们呢？在易昆尼克斯公司的案例中，是公司的品格，以及公司与员工、合作伙伴和客户建立起来的信任关系。但在一个人与人之间的互动越来越少的世界里，建立信任的机会也越来越少，我们要如何建立那种在需要时就会出现的关系呢？

曾经，当我们需要面包时，我们会去面包店。在去面包店的途中，我们会和邻居聊天。"你妈妈的髋关节手术恢复得怎么样？""你的花园怎么样？""屋顶漏水修好了吗？"商业活动让我们投入现实世界中，迫使我们出现在城市、城镇和社区中。我们会掏出钱包，在柜台上数钞票，以换取我们需要的商品，那时候，金钱是真实的、有形的货币，用纸和金属制造而成，被我们存在钱包里、口袋里、内衣里、保险箱里、床垫底下，还有后院的坑里。我们银行的质量是通过金库的坚硬程度和武装警卫的警觉程度来衡量的。然后有一天，"云"飘到了我们的头顶上。我们开始待在家里，拿起终端设备，查询余额、玩游戏、点晚餐、刷新信息。我们的人际关系、交易和净资产现在都可以在屏幕上找到，并进行管理。美国小镇大街变成了我们不再需要去的地方。我们的钱开始像清晨的露珠一样蒸发到"云"中，升高，再升高，然后消失，最后变成满是1和0的从空中落下的数字雨滴。

第八章

钻石狗

薪酬透明度的提高将谈判的筹码转移到了雇员身上，使个人能够利用数据支持在薪酬市场上要求更合理的薪资。然而……这样的透明度导致投资视野变窄，以及对薪酬产生过度关注，认为薪资高低是决定一个人社会价值的主要因素。

须知参差多态，乃是幸福的本源。

——伯特兰·罗素，《幸福之路》

我坐在老板的办公桌对面，等着他说出那个数字，宣布我的价值。他慢悠悠地翻着一叠纸，从中抽出一张，然后面无表情地说出我的年终奖数额。他可能只是在背诵夜晚的火车时刻表，但在我听起来，那是贝多芬的《第九交响曲》。我激动得不行。作为所罗门兄弟投资银行的一名新员工，这是我第一个重要的奖金沟通会。这个数字大于零，就意味着我不会被炒鱿鱼，而且这个数字和我刚进公司时他们告诉我的预期差不多。实际上，这是我此前最高工资的三倍。

我从座位上站起来与老板握手，不停地表达我的感激之情，既为公司能给我这么丰厚的报酬，也为能有机会在这么好的公司里工作。他斜了我一眼，好像试图从我的语气中找寻讽刺的意味，但我

第八章　钻石狗

的热情毫不虚伪。他把那张纸递给我，然后说："就这样吧，瓦雷拉斯。"显然我们已经谈完了。所以这就是奖金沟通会，没有对过去一年成功和挑战的回顾，没有对未来的热情鼓励。只是按照正常程序给你一笔钱和一个象征性的握手，然后走人。

回到小隔间，我坐了下来，把那张纸放在桌子上，然后俯身仔细研究它。最终，我把它塞进办公桌中间的抽屉里，将注意力转回到我之前一直在准备的陈述报告上——尽管我怀疑它可能永远不会出现在客户面前，也不会为公司带来哪怕1美元的收入——但我全力以赴，奖金让我焕发了新的活力，认为它一定是我对公司价值的证明。

这种高涨的情绪持续了几个小时。

快下班的时候，我和同级别的13个同事聚集在一个小隔间里，我拿着一张小纸条，看着凯莉拿着一顶棒球帽转来转去。"放进去，瓦雷拉斯。"她在我面前晃了晃帽子，里面的其他小纸条像泄了气的彩票球一样翻滚着。我注意到帽子上有纽约洋基队的标志，这对波士顿红袜队的球迷来说可不是个好兆头。我感觉比赛还没开始，自己就已经输了。

凯莉和比利是牵头人，让我们把那天各自收到的奖金数额写在小纸条上。管理层告诉我们绝对不要跟别人分享自己的年终奖数额，但是他们也曾教导我们信息就是力量。当然还有，作为所罗门兄弟公司的员工，我们肩负着探索极限和挑战规则的期望。所以第一年进入投行工作的所有同事都聚在这里，匿名把各自的奖金数额写在纸条上，扔进帽子里，再被大声念出来，这样我们就能知道每个人在这个群体中处在什么位置。

凯莉拿着她那顶邪恶的纽约洋基队棒球帽在小隔间里转来转去，人群里一些最狂妄、最自大的人在一边扔纸条一边发表评论。

"毫无疑问是高的。"

"中了！抱歉了，笨蛋们。"

"我只是希望等我知道你们这些没用的家伙和我拿的奖金差不多的时候，我不会太不高兴。"

我一言不发地把我的纸条扔进帽子里。我知道我的奖金数额不算高，但我希望也不要太低。

当凯莉把帽子递给比利时，我的胃部都痉挛了，他搅和着纸条，然后一个接一个地把它们拿出来。从他读的第一个数字起，我就发现我不是最高的。但是读到第三、第四个数字时，我发现至少我还有伴儿。大家事先商量好不认领自己的金额数，不过这些数字也激起不少传言和反应之声。

"我听说他们计划下周裁掉20%的第一年员工。"

"我听说可能会裁一半。"

"我可不想成为垫底的，等着被裁。"

"不，他们不会解雇初级员工的，这对招聘不利。"

我不知道该相信什么，但最后那句话的逻辑还是让我感到些许安慰。他们应该不会在发完奖金后立刻开除我们的，对吧？

比利在念这些数字的时候，我快速做了个心算，如果这些传闻是真的，我得算算自己有多大的概率能够保住工作。如果是裁员20%，我可能还能留下来。如果是50%，我很可能就会被裁掉。我们14个人入职的这一年是几年来公司招聘的新员工数量最少的一年，这也反映了市场环境的恶劣。

等所有的数字都读完时，我感到一阵解脱，我发现我们中的许多人的奖金数额几乎是一样的，只有少数出众人士的奖金比其他人高出大约15%。不难猜出得到最高奖金的人是谁。我开始根据这些新信息来评估我的同僚和我自己。我们当中奖金最少的人一定是在任何方面都没让自己和别人区别开来。

那天早上我享受到的乐观和富足的愉悦迷雾现在已经消散了，

取而代之的是失望和一点点恐慌。我从来没有过这样的情绪，至少没有达到过这种程度。

我得更努力地工作，让自己变得更优秀、更聪明，不仅仅满足于公司分配给我的项目，还需要获得更多受人瞩目的项目，与更有影响力的人一起工作。这是保证生存的唯一方法。

就在几个月前，我还对自己的薪水和在这个世界上的位置感到满意。

什么鬼，几分钟前我还很开心的。我认为我是想知道自己在同事中的位置的，但从凯莉的帽子里获得的信息让我很难有积极的想法，尽管我的薪水比梦想的多。这是我在薪酬透明化这把双刃剑上学到的第一课：在激励中获得，在知足中失去。

* * *

在接下来的几年里，我学会了不睡觉也能活。我通常是在城市里的大部分人都上床睡觉的时候，才开始吃晚饭，而且一般都是便宜的比萨或者中餐。忙的时候，我们每周连续6~7个晚上都叫外卖。疲惫的状态往往会把我们引入对幸福、目标和未来计划的哲学讨论上。

我曾和凯文·泰斯一起做过一个项目，他待在所罗门兄弟公司的时间比我长一年。有一天，我们在一个空荡荡的会议室里吃着外卖中餐。

"你的数是多少？"他在一大堆热气腾腾的外卖盒中间问我，文华中餐馆是我们很喜欢叫外卖的餐馆之一。

"我的数？电话号码吗？"我边嚼边问。

"不，伙计，你的数。你需要多少钱才算完？"

"什么才算完？"我保护性地瞥了一眼那些蛋卷。

"这些事，这些东西。"他挥了挥手里的筷子，给整个房间画了个圈。

我茫然地看着他,问:"你的意思是我什么时候退休吗?我还不到30岁。"

"不是退休,就是做点别的事。你需要多少钱才会离开,去过自己想要的生活,做一些你一直梦想做的事情。"

我说:"我从来没有想过这个问题。"

"得了吧!"凯文喊起来,"每个人都想过,每个人都有个数。"

我透过会议室的玻璃墙向外望去,看到几十个同样工作到很晚的人,他们正对着电话大声叫喊,隔着桌子争吵不休,拿着文件和交易书奔来跑去。即使是在晚上10点,这个地方依然令人兴奋、令人疯狂,它充满生机。难道这些人只是在等待时机,好跳槽去做其他事情吗?我开始怀疑投资银行部门感染力极强的活力是否真的来自对逃跑的期待。"我喜欢这份工作。"我说道,"我现在哪也不想去。"

"扯淡。"

"你在这里真的那么痛苦吗?"我问道。

"一点也不。我也爱我的工作。我又不是在数着日子说:'上帝啊,我什么时候才能拿到支票,然后就开溜啊?'但是每个人都有一个数,和他们最终想做的事情。"

我不知道该说什么好。只好耸了耸肩,然后舀了一勺米饭到我的纸盘子里。"那你想做的其他事是什么?"我问。

"你不想知道我的数吗?"

"当然。"我忍不住好奇起来,尽管感觉不应该这么随意地就分享如此私人的信息。

"400万美元。"为了做效果,凯文故意含着一口炒饭停顿了一下,"这是我知道可以舒舒服服地度过余生的钱数,能照顾好我的家人,并给他们留下点什么。"他狼吞虎咽地嚼完炒饭,擦了擦嘴,把餐巾纸揉成一团。

第八章　钻石狗

"嗯，"我说道，"你能赚到的。"

"然后，"他警觉地压低了声音说道，"我要当篮球教练，还有在科罗拉多州当个滑雪迷。"

凯文向后靠在椅子上，把捏成团的餐巾纸朝房间的角落投掷过去，纸团撞在墙上，掉到离垃圾桶几英尺远的地方。

过了一会儿，我回到自己的小隔间，审视着里面的东西——一堆杂乱的文件、陈述书、年度报告、一份折起来的《华尔街日报》、一瓶喝了一半的水。不像其他人，我没用照片、纪念品或其他任何东西来装饰我的区域，但这个地方依旧感觉像家一样，特别是因为这份工作通常需要每周工作80~100个小时。比起我在纽约的合租公寓，这里更像是我的家。在公寓里，我所有的家具仅有一张床和一台二手黑白电视机。

午夜降临，但我并没有感到疲倦。我正心满意足地分析着一家公司的潜在出售机会——这家公司修建了世界上大部分的飞机跑道，然后停下来环顾办公室。这时办公室里的人基本上都走空了，但至少还有6个22岁的分析师在创建财务模型和准备陈述材料。一个清洁女工正在一边用吸尘器吸尘，一边听着随身听。从我坐的座位，可以看到北边，朝向市中心的方向。城市的灯光围绕着中央公园的大片黑暗区域闪烁着。是的，赚钱的感觉棒极了，但是那一刻我真的觉得我应该付钱给所罗门兄弟公司，是它让我有幸能坐在这张桌前，在如此年轻的时候，就能直接和世界500强公司的领导人一起工作。每一天都是对智力的激发。

但是我应该有一个数字吗？我希望没有。即使是在那时，我也意识到，拥有一个数字可能会让我把不满的情绪带进自己正在建立的生活中，而我才刚刚进入这个令我快乐、让我感到充满挑战的职业没几年，我不想破坏它。设置一个数字，可能会把我的注意力转移到薪酬而不是工作、交易、客户和同事上。但我是不是太天真了？是不是迟早有一天，我会开始厌倦，到那时这份工作是不是只意味着一个试图达到的数字？

* * *

还是奖金日，但在十几年后。所罗门兄弟公司已经被旅行者集团收购，后来旅行者集团又与花旗银行合并。现在的我是数字新媒体产业部门——公司投资银行部最大的组织的负责人，所以由我将数亿美元分配给在我部门工作的几十个人。此刻，在硅谷工作的我，跟随着全球太阳的升起。黎明前，我就会打电话给分布在欧洲各城市和纽约的团队成员，告诉他们年终奖金的发放情况，然后我会亲自与西海岸的团队会面，最后差不多午夜时分，我又拿起电话通知亚洲地区的情况。我给他们每一个人的钱，比很多人一辈子看到的还要多。

我讨厌奖金日。

奖金日唯一能确定的就是几乎没有人会开心。大多数投资银行从业者的职责，就是对他所得到的巨额奖金感到失望。这和数额的多少几乎无关，因为他们的不满是事先决定好的。

虽然奖金沟通会标志着一年年终的到来，但它也意味着为下一年做的第一场谈判。大多数人似乎相信，如果他们在得知奖金数额时仅仅表示感谢和感激，那么下一年你就不太可能为他们多争取些什么了。然而，如果他们认为你的奖金给得太少，那么这可能会启发你在下一年弥补上一年给的不足。他们就像大学篮球教练抱怨一个未判罚的犯规，虽知道为时已晚，但希望他们此时的不满能在日后得到回报。身为承受欺凌的裁判，我倒是愿意相信这一策略对我不起作用，但有时我想知道它是否会对我产生一些影响。不管他们做出何种反应，我仍然必须努力做出最公平和最慎重的决定。

看着当天的会议清单，我试图猜测谁会很难对付，谁会相对愉快。这一天总是很郁闷，但作为一名管理者，这又是一年中最重要

第八章 钻石狗

的一天，因为这是我的员工被告知他们对公司和团队的价值的唯一场合，他们知道评估是有硬数据支撑的。一些经理人，比如我的第一任老板，只是简单说出数字，然后指指门口的方向，但其他人则利用奖金日这个机会与团队成员进行沟通，调整他们的工作重心。我向他们传达这一信息的方式，可能会成为激励他们下一年工作的动力；或者，相反，一个错误的用词或一句错误的话，可能会被放大，占据他们的思想，损害生产力、业绩和士气。奖金日那一天，大家都很敏感。

一个人会对他的奖金作何反应是由三个层次的分析决定的。第一个层次根植于现实世界的情感——几乎华尔街的每个人都会承认，他的奖金是一笔巨款，会让他的妈妈为他感到骄傲。但第二个层次的分析就进入了交替现实，有人会看着自己的奖金，想知道相对于同级别的其他人，在整个公司层面横向比较起来如何。绝对数字已经不重要了，他们关心的是自己是否比走廊那头的某个人挣得多。这个人会觉得，我比他要好，所以我的奖金能更高。第三个层次的分析针对整个行业展开，试问：与摩根士丹利或高盛的同一批人相比，我的公司给与我同一职位、同一级别、同一水平的人发放了多少奖金？在这一点上，奖金数额已经脱离了一般公众的普遍认识，尽管它们仍然在华尔街的预期和标准之内。随着时间的推移，这些人会将他们的处境正常化，不再认为他们的巨额奖金世界是现实的交替，他们会开始认为他们母亲的世界——普罗大众的世界——是一个奇怪的地方。

虽然奖金日总会带来很多苦痛，但是偶尔也会在暴风雨中看到一缕阳光。在这种少有的情况下，那些收到对于大多数人来说是一笔巨款的人，其实是心怀感激的。经过黎明前几小时的激烈通话，今天第一个与我进行面对面的会议是蒂姆——一位入职第二年的员工。在结束了短暂的寒暄后，我能明显看出来写在他脸上的紧张情绪。

"而这，"他紧张地笑着说，"就是为什么不能在西班牙吃印度菜！所以无论如何，"他艰难地咽了咽口水"我干得怎么样？"他已经看过自己的评估结果了，所以现在只是想知道那个数字。

"嗯，蒂姆，根据你的评估，你今年表现得不错。"

"谢谢，我真的很享受这份工作，也很期待明年的到来。"

我快速翻了翻资料，说："你之前的奖金是 30 万美元。今年我们给你提高到 32 万美元，差不多涨了 7%。"我想让这话听起来很厉害的样子，但其实对于一个第二年入职的员工来说，这个涨幅小得有点侮辱人，而且也比与他同级别的其他人要低一些。但蒂姆只是笑了笑。

"哦，哇，"他说道，"非常感谢您。"

"那好吧。"我松了一口气，但并没有表现出来。我没法告诉蒂姆，他就是我们今年所谓的"塞子"——为了能让金额分配得当，在其他人的奖金数额确定之后，最终奖金池里剩下的不管多少钱就是他的了。

"我父母肯定不会相信的，"他边说边站起来走向门口，握住门把手的时候停了停脚步，"我爸爸总是说，'我们了解你，你的能耐不可能值那么多钱，肯定有什么地方不对劲'。"蒂姆笑了，接着说："不管怎样，我希望您也能拿到满意的奖金。新年快乐。"然后他离开了房间。多好的人啊。我在心里默默记下，明年要多为他争取一些。

我看了一下当天剩余的奖金沟通会和电话会的名单，还剩下不到 16 个小时。我猜，也许并没有那么糟糕。

但是有时确实会很糟糕。这些人的反应通常分为 5 类。蒂姆是稀有的第 1 类，最微弱的飓风，虽然气氛也会紧张，但你知道会安然度过的，因为他是真心地为几天之后就能入账 30 多万美元而心

第八章　钻石狗

存感激。他的满足可能源于作为一名第二年入职的员工，他所经历的奖金日还没那么多。随着时间的推移和信息的积累，他很可能会变，升级到一个不那么令人愉悦，甚至更加恶毒的类别。

那天早上晚些时候，我会见了亚历山德拉，她的反应是典型的第 2 类。作为副总裁级别，她前一年拿了 60 万美元，现在我给了她 77.5 万美元。"谢谢，"她平静地说道，"我想对这个数字感到满意，所以请告诉我您已经尽力了，如果您真的尽力了，那么我很满意。"第 2 类人通常会保持文明。他们觉得没必要直接质疑我的处理方式或我得出的结论，但他们希望我保证自己确实为他们争取过。

第 3 类是最常见的，与我会面的人中超过一半都是这个类型。这一类型最主要的特征就是不停地提问，而且一般脸上会挂着一副闻到了什么不好气味的表情。他们一连串盘问的目的是让我感到不舒服，但又不想引发正面冲突。杰克是第 3 类的典型，他是董事级别，去年的奖金是 80 万美元，今年我将这一数字提高到了 100 万美元。"涨了 25%。"我指出。他不以为然，但也没有表现出强烈的不满，他只是想让我为给了他一大笔钱而感到内疚。"100 万美元？"他说道，"天啊，你没看错吧？我这一年业绩很好，区区 100 万美元？太糟糕了，我还以为公司真的很重视我。我不知道今晚回家要怎么面对我的妻子。"

我本来打算向杰克表示祝贺，问问他拿到 100 万美元的感觉如何？——我以前用这句话取得了一些成功——但很显然他并没有准备接受祝贺。在他反感的第一反应过后，问题开始如雨点般砸下来："我是最高的吗？你是怎么得出这个数额的？很难拿到这个数吗？你尽力了吗？还有多少人是最高级别的？"

对于第 3 类人，你知道他们是在演戏，但这是方法派演技：他们真的相信自己的悲伤故事，他们真的能感受到自己假装出来的厌恶。他们可能不会直接责怪你，但是他们会责怪公司，会责怪会议室里那个看不见的委员会，因为这个委员会低估了他们的价值，居然胆敢只拿出微不足道的100万美元作为他们的年终奖。

第4类，当然，带有更大的恶意。里克是一位年轻的总经理，常春藤名校毕业的领头类型小孩，带有优越感和权利感的味道。"听着，里克，"我开口说道，"你不会喜欢这个数字的。"

"哦，上帝，"他说道，"什么？"

"我首先要说的是，尽管你今年的账面业绩不错，但你的奖金之所以持平，是因为我们出台了新的政策——"

"等等，"他插话道，"您是说持平吗？您最好说的是丰厚，而不是持平。"

我又试着说一次："里克，这里面的主要因素是我们的新政策，即25%的奖金是与企业文化，还有你个人在企业内部大环境里的运作方式有关。除了纯收入，员工还会因为他们的贡献得到奖励或者接受惩罚。每个人都会受到360度评估，我们觉得你没有做出自己力所能及的文化贡献。"他和我一样清楚，这就是"你是个彻头彻尾的浑蛋"的另一种说法。

"让我把话说清楚，"他把手指放在太阳穴上，好像在试图召唤某种特殊力量，"因为我现在很难理解我们到底在说什么。"

"好吧。"我会让他想怎么说就怎么说。只有这样才能对付这种类型的人。

"所以你是说，一堆工具评估了我这个人有没有很和善，然后因为这个——尽管我今年为公司赚了5 500万美元——我的奖金保持在200万美元不变？"

"恐怕是这样的。"我平静地说，"我碰巧是那些评估你的工具之一。你干得不错，里克，但我认为你可以更注重成为一名企业文化的运载者。"

"文化运载者？"他轻蔑的态度可以给一座摩天大楼供电了，"这可不是夏令营，这是一家投资银行。"

大多数第 4 类人都和里克很相似。他们的血液会沸腾，然后威胁要换一份工作。或者，他们会干脆告诉你，刚刚竞争对手的公司给他们提供了高薪职位邀请，也许就在那天早上，只要他们想，马上就可以甩手走人。

等到了第 5 类人的时候，相当于你正面临着一场灾难级别的风暴。你本该明智点，用木板封住窗户，疏散人群，但现在一切都太迟了。咆哮着，咒骂着，愤怒着，如果有桌子，他们会举起来摔出去。你损坏了他们的荣誉，玷污了他们的名声。"但是，奇普，"你依旧试着说，"这可是 450 万美元啊……"然后新一轮飓风再次来袭。总是会有一部分第 5 类人，让你以后再也不想帮助他们了。

奇普是一位总经理，领导着一个技术细分部门。我把他的奖金从 300 万美元提高到了 450 万美元——提高了 50%——而且我非常努力才争取到了这笔钱。说真的，我原以为他会很高兴。但是很难预测谁会像蒂姆一样窝心又心存感激，而谁又会像奇普一样大发雷霆，骂骂咧咧，出言不逊。

总而言之，反应类别与奖金水平相关，一方面，第 1 类和第 2 类人通常是职场新人，薪资水平也低，但仍然既有礼貌又开心。另一方面，收入最高的人，通常工作年限更长，他们的反应往往是不满交织着自以为是，因为他们的工作目的变得更加直接，就是为了钱。因此，当钱数没有超出期望值时，他们会感到沮丧。

电话沟通会一般并不会进行得更顺利，但至少我不用看着他们在表达永不满足的情绪时的表情。终于午夜降临，我放下电话听筒，抓起我的外套。"忘恩负义的浑蛋们。"我按下电灯开关，朝门口走去。

***

让我们论述一个显而易见的事实：这种水平的奖金，以及常常伴随其而来的行为，是疯狂。据纽约州财务总监称，2017年，纽约的证券公司总共分发了约314亿美元的奖金，这是自2008年全球金融危机以来利润最高的一年。提到华尔街和银行业，公众的本能反应往往会集中在对金融业人士收入过高的坚定想法上。大多数华尔街人士也会同意这一点，即使随着时间的推移，他们可能会渐渐与这一现实脱节。好吧，这确实太疯狂了。但为什么事情会变成这样？为什么奖金数额会如此极端？

1986年的《财富》杂志封面上，一位年轻的投资银行家趾高气扬地举着一支雪茄，注视着镜头，脸上流露出冷酷的自信。封面上用红色大写字母写着："华尔街年轻高薪明星。"还有一段导语："31岁时，堪萨斯州出生的大卫·威蒂格在基德尔皮博迪的年薪约为50万美元。"（威蒂格就是后来负责所罗门兄弟公司并购部门的人，也是和我妹妹一起打高尔夫球还有面试迈克·索恩的董事总经理，一直拿泰特伯勒机场尾号和翻《华尔街日报》垃圾桶的事折磨他。）《财富》杂志的这一封面在行业内外掀起了波澜。这是第一个被公开讨论的华尔街薪酬范例，从许多方面来说，这一时刻引发了金融服务业向薪酬透明化的转变，这一转变有着深远的意义。当华尔街的人惊讶于这些数字被如此堂而皇之地呈现在公众面前时，普通民众则对威蒂格的收入感到震惊、厌恶和好奇。

"这就是我去华尔街的原因，"凯文·泰斯回忆道，"1986年，大卫·威蒂格上了《财富》杂志封面，抽着雪茄，50万美元的年薪。记得当时我坐在那里心想，什么？我在丹佛中央银行一年只挣2.4万美元。封面上的威蒂格是个象征。整个华尔街都震惊了，因为在那之前的风气是人们从不吹嘘自己能挣多少钱。但威蒂格告诉世人，在华尔街到底能挣多少钱。"

第八章　钻石狗

更高的透明度通常会产生积极的影响,但就华尔街而言,威蒂格的《财富》杂志封面及其所引发的讨论,从各个方面改变了华尔街的文化和普通民众对金融世界的看法——而且在大多数情况下并非朝着更好的方向改变。对于许多在金融服务业发展职业道路的人来说,薪酬成为他们关注的焦点,奖金数额的高低成为衡量一个人价值感和满足感的晴雨表。

随着华尔街薪酬数额透明度的提高,金融业的复杂性和不透明性也在增加。普通人越来越难以理解这些人到底为这么高的薪水做过些什么。薪酬的激增,加上模糊不清的目的,导致人们普遍对华尔街有厌恶情绪。当真的有什么事出了差错,负面报道只会突出最糟糕的方面和最不道德的人,轻易就将银行从业者变成普罗大众的泄愤对象。金融服务行业有很多事都发生在公众视野之外,不是为了掩人耳目,而是因为这就是行业工作的本质所在。例如,在大多数合并和并购项目中,优势往往来自对独家和专有信息的掌握。理论上来说,就是一个人没法实时详尽地描述自己到底都做了哪些事,来促成一笔交易的完成,也就是说被报道出来的只有最终结果和不良行为。所有其他的——细微的过程还有谈判内容——都是在公众视野之外完成的。

那么,这些华尔街人士到底在做什么?到底需要怎样的特殊才能,才能赚这么多的钱?就合并和并购而言,是需要掌握一套特殊的技能和知识的,从客户的行业和战略前景、了解推动这两个实体走到一起的动力、深入的财务分析、并购会计、交易策略、管理方式,到价格还有条款的协商。与此同时,你必须管理和安抚客户的心理、议程和自我意识,还得顾及坐在谈判桌对面的另一方。交易完成后,转角办公室的位置到底给谁,往往是一个需要首要考虑的因素,甚至比并购带来的协同效应和价值更为重要。我热爱这份工作,因为它对我的定性技能——例如建立信任关系的能力——的要求和对我的定量与分析技能的要求一样多，甚至有可能更多。

并购是一项艰苦的"比赛"，有大赢家，也有大输家，涉及的压力、复杂性和风险都极高，这与任何最高级别运动员所面临的没有什么不同。然而，职业运动员为获得报酬所做的事要显而易见得多。我们可以打开电视，看他们挥舞棒球棍，或者投三分球，或者在果岭击出长五杆。然而，华尔街不是一个像职业体育竞技或好莱坞那样吸引观众的产业，所以高薪很难被理解和证明。

但即使我们难以证明华尔街疯狂的薪酬水平是合理的，就能试图理解我们是如何走到这一步的吗？高盛和花旗的科技部门究竟采取了哪些措施来创造 10 亿美元的收入？它们承销着科技界最大的股票发行，或者商谈着科技界最大规模的交易，比如 2004 年甲骨文公司对仁科软件公司的恶意收购。这些企业希望雇用最优秀的公司、最优秀的人才来代表自己的利益，如果你正在进行一项价值 100 亿美元的复杂交易，涉及多种防御策略，以及复杂的治理问题，你会愿意支付 4 700 万美元的费用——不到交易总金额的 0.5%——来让最优秀的人才为你工作。

每个行业都是如此。有一些人在他们所从事的行业中是最优秀的，如果你是市场上最优秀的人才，能创造巨大的收益，你基本上可以从这个收益中获得一定比例的分成。如果你是世界上最顶尖的电影演员，你的表演可以让你获得丰厚的报酬。如果你是世界上最优秀的四分卫，也能让你富甲一方。如果你是最有才华的企业家、交易能手或股票交易员，你很可能会得到很高的收入——不管看起来如何，要达到金融领域的最高水准，是需要天赋的。

但是，即使你接受华尔街人士是拥有独特技能的人这一观点，薪酬是否有必要如此之高？难道人们不能接受拿更少的钱做同样的工作吗？最有可能的情况是，一旦市场决定了在工作中取得成功所必需的人才和经验的价值——这个价值总是在不断地被重新计算——就很难或是不可能回到温和的时代了。在20世纪90年代初所罗门兄弟公司发生财政部丑闻之后，沃伦·巴菲特同意出任临时董事长，帮助拯救所罗门兄弟公司，并纠正他眼中公司体系中的缺陷。他的主要目标之一就是减少奖金。他觉得——当然不止他一个人这样认为——所罗门兄弟公司的银行工作人员薪酬过高，而过高的薪酬导致了一种高风险和腐败的文化。因此，他宣布了削减整个公司奖金金额的计划。

"叛变"的威胁迅速蔓延。这件事发生在我在那里工作的第二年，那时我仍然对自己能拿到的任何报酬感到惊讶，但我记得一位更资深的同事凯撒·斯韦策曾说过，如果公司"只"给他传闻中的总经理应得的50万美元奖金，他就会走到老板面前说："去你的，我走了。"公司里的很多人都有同样的想法，而且不少人都像凯撒一样直言不讳。凯撒最终并没有受到奖金削减的影响，但其他许多人被影响了，于是他们收拾行李，前往待遇更好的地方，因为竞争对手愿意并且渴望以市场价格的佣金雇用他们。随着人才外流的加剧，巴菲特意识到自己别无选择，只能逆转这一指令，使所罗门兄弟公司的奖金恢复到与华尔街其他公司的奖金持平。他明白为了留住优秀的人才，必须为此付出代价。

* * *

1998年，凯文和我同时晋升为总经理。市场如同疯了一般地满是大型交易，这也就意味着高额的费用，而且在整个行业中，最优秀的人获得丰厚的报酬也不是什么秘密。公司之间出现很多挖墙脚行为，凯文很快就成了目标。

2000年4月，弗兰克·奎特隆邀请他加入瑞士信贷第一波士顿银行的科技部门。或者更确切地说，他收到了奎特隆的两份邀请，但他不确定该接受哪一份。任何一份都是巨大的提升，所以毫无疑问凯文会接受其中一个。他带着他的难题找到了我。

"这是个艰难的决定。两年的合同，奎特隆说我可以要么保证每年拿到 800 万美元，要么可以每年拿 400 万美元加返点，但是不准哭。"

"他真的说了'不准哭'？"这是华尔街的硬汉腔调，意思是接受自己的决定，如果最后是错的，也不要抱怨。

"对。"

返点的选项很有意思，因为这意味着凯文的收入将直接与团队的业绩挂钩。这是一个风险较高的选择，因为市场可能随时发生变化，但也可能最终超过每年 800 万美元。取决于凯文希望自己的收益有多大的稳定性。而 8 乘 2 的选项将确保 1 600 万美元的收入，不管市场或瑞士信贷发生什么情况。

"凯文，"我说道，"我不知道你还记不记得，但是很久以前，在我们还是普通员工的时候，你问过我我的数字是多少。然后你说你的是 400 万美元，如果挣到了，你就退出。瑞士信贷在两年里能给 400 万美元的 4 倍，为什么不锁定 800 万美元乘以 2 的选项呢？"

他想了一会儿。"是啊，"他有点勉强地说道，"有道理。"然后他接受了 8 乘 2 的选项。

如今他在未来几年里会赚到的数字，远远超过了他曾经的设定，我想知道，这是否意味着他将拿钱走人，最终成为篮球教练。当时问这个问题并不合适，因为他才进入一家新公司开始一项令人兴奋的挑战，但我忍不住好奇，在他超越了目标之后会发生什么。

* * *

当花旗集团允许我和我的同事开展"激情计划"以改善企业文化时，我们所实施的新的指导方针包括 55 项改革，其中最具影响力的是奖金规定。如果一个人在账面上大获全胜，却是个令人难以忍受的浑蛋，那他的奖金可能将被扣除 25%。他将接受 360 度评估，评估者包括他身边的同事、上级和下级。（我最喜欢的一条关于我们企业文化的评论是:"我的经理同时用胡萝卜和棍子鞭策我。")

在我们确立了每个人奖金的25%将取决于从企业文化视角对他的评价后,许多高级总经理认为他们可以被排除在外。尽管他们中的大多数人与我同级,但他们必须和其他人一样被评估,我绝不手软。

在一次会议上,我们讨论了一位总经理的薪酬问题,这位总经理当年的业绩表现得不错,但他的文化评估,从各个角度来看都非常糟糕。委员会却想给他最高的奖金。

"我们不能支付他那么多奖金,"我说道,"他的文化分简直是一场灾难。"

房间里的人看我的眼神,就好像我是个傻瓜。

"你一定是在开玩笑。"有人在说,"我们不会真的要把那些文化分这么当回事吧?"说这句话的人就是那些签署了新规定,并任命我为"文化特使"的高管。

所有人都转过头来,等着桌子尽头坐着的两位老板的意见,他们很快给出答案:"我们当然会认真对待,"一人说道,另一人点点头,"我们必须给公司其他部门树立行为榜样。"

但我们都知道事情的真相:公司很可能会马上做出相应的调整——暗中调整,以恢复总经理级别的薪酬。当然,在会议上老板们必须表现出自己是支持的,但很明显,当涉及制定规则的人的薪酬时,企业文化的影响就显得微不足道了。

但是我对自己手下的员工仍严格按照新规定来执行,这就是为什么里克这种第4类的总经理,即使业务表现出色,但奖金仍保持在200万美元。他非常难于合作——每个人都这么认为——所以当我们在董事总经理薪酬委员会上讨论他的奖金数额时,我们一致决定基于他的各种行为,他的奖金应该被扣掉25%,而我则要确保这个决定不会再有任何变动。最后，里克被调离到另一个不那么严格执行新文化规定的部门。尽管我们失去了一位高收益的创造者，但我相信在里克离开后，我们的团队将表现得更好，因为他的离开让我的团队明确了一点：领导者里有人重视对积极的工作环境的打造。

我认为，将个人的文化贡献与其薪酬挂钩是有效果的，因为这将平衡公司的关注点，避免员工对薪资和收入陷入狭隘的痴迷。但是大多数公司——甚至花旗集团的大部分部门——都拒绝真的对企业文化做出承诺，这对它们来说是危险的行为。

* * *

在我搬到加州的前一年，那时我还在纽约，刚被升为总经理。一天下午，我开完会回到办公室，发现几十个投资银行部的同事正围在一张桌前大喊大叫，手里还挥舞着钞票，就好像在为一场格斗赛呐喊助威。"干掉他！对，没错！你能行！"我上前一步，从人群缝隙往里看，我们的老板格雷格——并购业务的负责人——正在和一个年轻的分析师掰手腕。格雷格光秃秃的头顶上满是汗水。其他同事正在下注，不少人把钱押在了老板身上，但这群人显然在为这个年轻人加油。

格雷格身材高大，肌肉发达，是一个掰手腕的狂热爱好者，雄性荷尔蒙的代言人，他会拿着棒球棍在部门办公室里走来走去，在空中挥舞球棍，练习击球。他最大的愿望就是受人欢迎，这似乎比其他任何事都重要。掰手腕是展露男子气概的绝佳途径，格雷格会清空一张桌子，接受任何够胆挑战他们上司的人。你可能认为像他这样的人很少会输，但事实并非如此。这一天，年轻的分析师就把格雷格逼到了绝境。

这种比赛我已经看过很多次了，而且当时我还有其他工作要做，所以退了出来，走向我的办公桌。就在我坐下的时候，观众群爆发出欢呼声，那个年轻人赢了。人群散去，赌注也到手了，那些赌赢的人大声吹嘘着他们打算如何花掉这笔钱——去彼德鲁格吃牛排、和女朋友共度浪漫的周末、送妻子一件珠宝等。我瞥见格雷格怒气冲冲地走了，一边走一边放下卷起的袖子。他讨厌失败。

在那之后的一周，格雷格安排了一场会议，来找我讨论，用他的话说，我在公司里起到了重要作用，科技市场具有历史意义的创收。那是2000年5月，就像一个月前的凯文·泰斯一样，很多人都被其他银行挖走了，所以大公司纷纷想要稳住自己的优秀员工，让他们坚信自己的待遇不错。科技市场的氛围充满了躁动不安的兴奋和疯狂获利的欲望，伴随着一丝丝偏执，觉得好日子可能就要戛然而止了。尽管科技市场在那年春天已经有了暴跌的势头，但没人愿意承认这场狂欢有结束的可能性，人们更愿意相信这只是一次市场调整。我猜想格雷格和他的老板们可能是担心我会受到诱惑而离开，特别是在凯文最近被一笔巨额薪酬吸引走了之后。当时，我是他们唯一做技术类公司交易的总经理。我的离开会瓦解公司在技术市场付出的努力，这个市场太过火热，公司不能再冒险失去另一位关键人物了。

格雷格敲了敲门，没等我回答，就走进了我的办公室。"小瓦！"他大声喊道。他的管理风格是那种一家亲的类型，就好像他是兄弟会主席，而其他人都是兄弟会成员。他舒服地坐在我的一张椅子上，直奔主题："听着，你这一年的业绩太牛了，我们想让你知道我们很感激你的辛勤付出，所以我们把你'圈住'了。"

"圈住了？"我知道这句话的意思——他想告诉我，我的年终奖会有多少，防止我考虑接受其他公司的工作邀约——但我仍然感到吃惊。现在才5月，离年终奖的确定还有整整7个月时间。确实，今年到目前为止我的业绩都不错——但说实话，在互联网的繁荣时期，想做得不好都很难——虽然我猜到自己今年的奖金应该会比去年高，但我还没有考虑过这个问题。

"没错，"格雷格一边说，一边用手指关节敲着桌面，以强调他的意图，"我们已经为你'圈出'了 430 万美元。"

我满脑子想的都是天哪，这比我前一年奖金的 3 倍还要多。但是我在合并和并购部门的培训曾教会我，永远不要暴露自己对任何东西的反应，所以我的表情丝毫没有变化。格雷格看着我板着的脸，笑容逐渐消失，过了几秒钟，我向前探了探身，说道："你不告诉我数字会更好，还能留下一点点悬念，让我觉得你可能会公正地付给我奖金，而不是给我这个数字，抹杀掉所有的希望。我还以为你会做正确的事。"

我坐回椅子里，想着，我刚才说了些什么鬼话？格雷格脸上的表情也暴露了同样的情绪。他所有的趾高气扬都消失了，站起来准备离开，嘟囔着说他不久后会再回来的。我注视着门外的他，迅速在脑海里思索刚刚我的反应应该被归为哪个类型。

午饭时，我出去散了散步，释放了一下压抑的肾上腺素。花旗集团的投资银行业务部位于曼哈顿市中心附近的翠贝卡区，我最喜欢的路线之一是向南到三一教堂，然后沿着华尔街的七块鹅卵石街区（the seven cobblestoned blocks）走到东河。在刚搬到纽约时，我每完成一笔大生意，都会沿着华尔街散步，就好像是一种小型的私人庆祝仪式。有那么几分钟，我觉得自己成了书写历史的一分子，在某种意义上，我真的来到了这里。我惊讶于作为世界上最著名、最具影响力的地方，这条街实际上是如此之短，稍微走得快些，5 分钟内可以从头走到尾。但我喜欢慢慢走，惊艳于这里的古朴和典雅，古老的大理石城池、纽约证券交易所、少数几家仍在这里设有办事处的金融机构，而大多数机构已经分散到了曼哈顿的其他地区。

我思考着为什么我会对格雷格的提议做此反应。我本来对 430 万

第八章　钻石狗

美元的奖金是非常满意的，但几乎条件反射似的，我知道自己不能透露出这种满意。我总是在说不能专注于薪酬的多少，它不是我职业生涯的动力源泉。但我也不会假装自己一点都不在乎每年的加薪。这是人类的天性——无论我们是学校的老师，银行的从业者，还是长跑运动员——为自己设定目标，努力实现它们，然后再设定新的目标。每当看着不断上涨的奖金，我就会感到心满意足，因为这是华尔街对我工作表现的肯定。而且我在想，我的不在乎又能给公司带来什么好处？我是赞同"如果你不表现出你是一个会为自己据理力争的谈判者，他们就会认为你也不会尽力为客户的谈判做争取"这种观点的，但我还是忍不住问自己为什么想要得更多。

我当然不是华尔街唯一以健康的心态来看待薪酬的人。我的朋友斯图尔特·戈德斯坦每年都会在收到奖金的那一天带他的妻子安妮莎去麦当劳，以此来提醒自己卑微的出身。斯图尔特在费城长大，他的父亲是一个纸箱销售员。不管在将来的生活中能够享受到多少优越和舒适，他都不想忘记自己是从何处而来的。

然而，大多数人在华尔街工作的时间越久，就越不容易被满足，而且他们还要深入研究自己的不愉快。他们总是想从各个角度搞清楚自己薪酬的来龙去脉，找其他人来帮他们确认薪酬给得是不是够多。我记得第一次听到这些数字的时候，我说："我怎么能不满足呢？"然后人们开始告诉我为什么不应该满足："好吧，皮特的薪水比你高，你不生气吗？"我会说："不生气。"然后他们会说："你这是什么意思？你应该感到不爽。你比他聪明，比他厉害，工作也比他更努力，为什么他得到的薪水反而比你多？"在这种状况下，透明度就是不满的源头。我试图避免落入这些陷阱，我对那些为了钱而工作的人感到难过。他们通常不享受这份工作，但是他们喜欢告诉别人他们做了什么，而且喜欢显摆自己的"战利品"。

每到年底，他们似乎都会给自己买一份礼物——一辆汽车、一整套新行头、一栋海滨别墅，作为某种给自己的个人奖赏。就好像他们需要通过物质来让奖金感觉起来更真实，来证明他们又一年的牺牲是值得的。他们需要通过制造幸福感来纠正对生活失去控制的情况，比如在 1 月份买游艇。

我走到了河边，有几艘一模一样的游艇在海浪中上下浮动，轮渡离开码头一路向南，前往布鲁克林。在我的右边，曼哈顿的直升机场一片繁忙。地平线上，两架直升机缓缓映入眼帘，可能正在运送高管或政客。成千上万的出租车在路口交会，然后向各个方向呼啸而去。纽约总是人来人往，川流不息，每个人和每件事都在一直向前、向后、向上、向下或向两侧冲去。

一周后格雷格又来到我的办公室，这一次没有任何的狂妄嚣张。"好吧，"他说道，"我们考虑过了。你说得对，你对公司来说超有价值。我们给你'圈出'了 670 万美元。"当通知完修正后的报价，他并不高涨的情绪说明了他仅仅是个传话人。我知道他不想看到我拿这么多钱，但老板肯定认为，冒着再失去一位高级技术领域银行家的风险是不明智的，所以他们把数字从 430 万美元提高到了惊人的 670 万美元。

"好的，"我说道，"我接受了。这不是很有市场竞争力，但我知道要想在这家公司获得市场竞争力，你必须威胁说自己要离开。但是不换公司也是有价值的，所以我愿意给个市场折扣价，以便留下来。"格雷格看起来松了口气，在我们握手的时候，他看上去有点苦闷。1 月份，我的奖金还是 140 万美元——那是不到 5 个月前——而现在我被"圈出"了 670 万美元。我并没有感谢他，也没有微笑过哪怕一次。我变成了一个忘恩负义的浑蛋。

只要在华尔街工作的时间足够久，在某个时间段里每个人都会变成第 5 类人中的一位。在职业生涯的不同时期，我也把这 5 种类型经历了个遍。我也想相信自己比大多数人更文明、更友善，但我

第八章　钻石狗

不得不承认，为了最大限度地提高我的薪酬和上司对我的尊重，我已经走上了假装厌恶高额奖金的道路，也许我就是想让他们担心我会离开。

在这种情况下，透明度让每个人——甚至包括那些收到大笔薪水的人——都对巨额报酬感到不满。对他人收入的详细了解，促使我们想要得到更多，从而形成了一场薪酬角逐赛，导致我们的精神和心理感受更多地与薪酬挂钩，而更少地与工作挂钩。只在某一年获得最高的报酬是不够的，你希望自己每年都能获得最高的报酬。这样你才知道自己是处于领先地位的，在那些负责人眼中是最好的。与此同时，行业外的人对金融业的薪酬水平有了更多的了解，但至于这些金融人士到底做了什么来赚取这些薪酬的透明度仍然相对较低，因此外部人士对高额薪酬越来越怀疑，甚至是被彻底震惊。

事实证明，我们有充分的理由对此表示怀疑。在很大程度上，由于透明度的提高，金融服务业被病态地与年度薪酬周期捆绑在了一起。对于每一年都获得最高薪酬的渴望已经创造了反常的激励机制，直接影响了银行业和投资界的方方面面。金融业对高额薪酬的关注，以及金融业获取高额薪酬的机会，已经从投资银行转向了投资领域，短期薪酬的角逐赛已转向私人股本、对冲基金和公开市场证券经理领域。鉴于投资经理希望提高自己年度薪酬——有时甚至是季度薪酬——他们一心追求如何实现年度回报最大化的策略，而不是考虑更长的投资持有期。因此，这种年度薪酬结构往往导致短于理想水平的投资计划和更低的相对回报率，这一切都是以牺牲投资者为代价的，可以说，也是以牺牲投资经理本身的长期薪资为代价的。这种情况并不总会发生，但时常会有，而当投资策略不是那么专注于年度薪酬周期时，它发生的概率就会更低。

***

夜深人静的时候，筋疲力尽且充满自我怀疑的你，会坐在办公桌前，对自己做一个全面的解析。你为什么在华尔街工作？是为了给别人留下深刻印象吗？还是为了满足社会对成功的定义？又或者仅仅是为了钱？你会坐回椅子上，盯着你小隔间的墙壁，握着一瓶已经不冰的苏打水——如果你有的话。在等待文件的文字处理的时间里，你会用这些想法折磨自己。

华尔街不仅对你的个人生活征税，还摧毁了你在办公室外保持良好人际关系的能力。因为你根本没有时间，就连最基本的个人卫生和日常琐事都不可能顾得过来，除非你能把它们统统塞进匆忙的 1 个小时里，每天剩下的 23 个小时都用来工作，也是可以稍稍休息一下的。你又取消了计划，再一次错过了和家人一起度假，甚至是 7 个月后才想起给朋友回电话。像这样的日子可能会延长到几周甚至几个月。你可能会时不时地获得几天强制假期，但是这种休息会毫无预兆地到来，所以你没办法做出什么特别的计划。你只能很简单地度过这样的假期：在中央公园散散步，读一读《星期日泰晤士报》，似乎就是最奢侈的事了。看个电影，喝一杯卡布奇诺，原来这就是记忆里的正常生活，这就是最基本的快乐。然后你会很快被重新卷入旋涡之中，好几个月都不能体会到这些快乐。

在办公室的那些不眠之夜，你问自己为什么要这么做。在那些时刻，你是不在乎钱的，因为付出的代价似乎太大了点。尽管你自怨自艾，但清楚即使他们相信你疯狂的日程安排是真的，也没有人会同情你。这是你自己做出的选择。

但在夜深人静之时，你想知道自己是否真的有选择。不仅仅是多年学校的教育和累积的债务让你从一开始就被工作束缚；不仅仅是因为成千上万的人愿意接替你的位置；也不仅仅是需要向所有人解释为什么你要放弃，特别是在你把它当作一个巨大的成就之后。

是不是因为华尔街的工作是在城里进行的一场最酷的比赛，你不能轻易放弃？轻易放弃不就是在承认自己没有足够的智慧和耐力打主力吗？你会妥协于挑战更普通、更无聊的生活。你也知道没有回头路，因为一旦退出比赛，就再也回不去了。所以你坚持，试图说服自己这一切都是对未来的投资，总有一天你会有一个更平衡的生活，包括爱情，可能还会有一个家庭，而这些钱以后能让你做任何自己想做的事情。你可以成为一个糟糕的风景画家、写一本书、当篮球教练，做任何事情。但是，即使有一天你实现了这些目标，你就能享受它们吗？又或者那一部分的你已经死了吗？

你会想：天啊，我是不是变得太俗气了？难道我只是在模仿留存在我潜意识里的某本书或某个电影的独白吗？但焦虑确实是真实存在的。你担心这份工作可能会以某种方式改变你，而这种改变是不管多少休假和经济保障都无法逆转的。你可能会想，我是不是已经变成了金钱的奴隶，没有了把其他事置于工作之上的意愿和勇气？每当你说服自己再牺牲一年没关系的时候，你就会失去更多获得真正幸福所需的正直和能量。也许你还是应该退出这场游戏。你可以随时对自己的"金额算法"中的假设进行微调，你会想："我不需要那么大的房子""不一定非要在海滩上""假期可以过得朴实些""我可以学着自己做好吃的，而不用在外面吃饭"。

先是凌晨2点，然后是凌晨4点，然后是办公室窗外东方的天空开始蒙蒙亮。起身，往脸上拍点水，连吃早饭的时间都没有。

然而，也许就是今天，你将重新掌控自己的生活。今天，你将走进经理的办公室，缴械投降。"鲍勃，"你会说，"我喜欢在这里工作，但我需要有自己的生活。"这是很简单的！今天就是你说出那4个字的日子，那4个难以启齿的神奇文字：我不干了。

但你知道自己永远不会这么做。

* * *

在凯文·泰斯去瑞士信贷大概 8 个月后的一个周末,他给我打了个电话。那天我有幸待在家里,吃着三明治,观看爱国者队的比赛,这时电话铃声响了。

"我搞砸了。"他说道。

我的第一反应是他卷入了丑闻或者外遇,尽管以他的个性不太可能。我把电视的声音调小,问道:"你做了什么?发生了什么事?"

"应该掷色子的。"

"你在哪里?拉斯维加斯吗?"我往前坐了坐。

"不是的,伙计,我说的是 8 乘 2,我应该选返点的。"

"哦。"我又坐回到沙发上,拿起我的三明治,"你是说你的薪酬?"我咬了一口三明治。德鲁·布莱德索将一记三分球传给了特里·格伦……等一下,他接球失误了。新教练比尔·贝利奇克穿着一件连帽衫,一脸愁容地在场边踱步。

"是的,"凯文说道,"该死的薪酬。还记得吗?我本来可以一年拿 400 万美元外加返点的,但我却选了确定不变的那一个。"

"没错。"

"我早该知道,害怕输钱就永远不会赢。"这是凯文最喜欢的一句话,也是他在生活、商场和赌场上的座右铭。他说:"如果我选了 400 万美元加返点,我今年就能净挣 1 200 万美元。我不知道该怎么办了。"

"你能做些什么?"我嚼着满嘴的三明治问道。

"我想我应该给奎特隆打个电话,跟他说:'嘿,我知道我选的是 8,但是这是笔不占优势的交易。你能再给我点甜头吗?'他是个讲道理的人,他肯定清楚,就我和我的团队所取得的成绩来说,8 是不公平的。"

"凯文,"我说道,"你做出了自己的选择,开心就好,不要对你拒绝了返点这事想太多。"我甚至都没有提到协议中"不准哭"的部分,"另外,800万美元已经是很多甜头了。"

* * *

和华尔街的任何人一样,凯文·泰斯也成了追逐数字心态的受害者,等达到这个数字,却发现它还可以变得更大、更离谱,于是再次追逐它。"我记得我是从200万美元开始的。"他后来回忆道,"那时我刚从沃顿商学院毕业没几年,想着如果我能挣到200万美元,那么就足够了。然后'毒瘾'开始起作用——'毒瘾'就是薪酬——你会说,我一直以为我只买得起价值50万美元的房子,但现在我可以买价值200万美元的房子了,所以我的数字现在是800万美元,而且还在不断加码。它几乎成了一个难以掌控的梦想。我们常常开玩笑说,'再有两个奖金周期,我就不干了'。然后你干了两年,又会说,'再干两年,然后我就不干了'。你的数字会越变越大,你会一直不停地追逐它。"

最终凯文还是逃离了这个恶性循环。在华尔街工作了20年后,他离开了,搬回了家乡科罗拉多州,开始了他的滑雪迷生活,还在业余体育联合会里做篮球教练——正是多年前他告诉我他想做的事情。

尽管凯文热爱这份工作,但他已经准备好做些改变了。他说:"我放弃了一份年薪数百万美元的工作,因为我想做点别的事情。不是实力耗尽,而是因为一个任何职业都会遇到的情况,不管你是不是在当了25年牙医后想说,'我厌倦了清洁牙齿和补蛀牙'。你明白吗?我到了一个想体验新事物的阶段,我想要不同的挑战、不同的视野,我想认识不同的人,并拥有不同的经历。我经常收到朋友的电子邮件,他们仍在坚守工作,他们对我说,'你是世界上最幸运的人''我希望我有勇气做出和你一样的选择',等等。你知道,每个人都有自己的想法。"

凯文有勇气在处于顶尖地位的时候选择退出，在金融业里我很少看到有人真的能做到。大多数人不愿意或者不能够主动退出。这些人的结局通常是被发现心思已经不在这上面了，于是他们被要求离开这个竞技舞台。凯文的情况很特殊，或许是因为他出身低微，又或许是因为他接受了数字只是一个数字的事实。如果你足够幸运，达到了自己的目标，那么是时候寻找一个新的目标了，一个属于你自己的目标，一个你的会计没法计算的目标。

* * *

从华尔街开始的薪酬透明化最终蔓延到了各个行业。如今，大型上市公司高管的年薪水平像成绩单一样被张贴出来，供同事、竞争对手和普通大众研究、分析和讨论。人性如此，这些CEO——其实是所有高管——利用这些数字来为自己的加薪辩护，而董事会成员往往别无选择，只能屈服于他们的要求。"听着，某公司的鲍勃薪酬比我高出500万美元，你不能否认，作为我们公司的CEO，我做得比他好太多。"结果是，对CEO薪酬信息持续的披露，推动了高管薪酬的增长，同时激起了对于高、中和低层人员之间收入差距的民愤。

作为多家董事会的顾问和成员，我亲眼见证了领导力价值的无可争议性。沃伦·巴菲特曾说过，他宁愿拥有一家有着出色管理团队但销售着一般产品的公司，也不愿拥有一家管理团队一般但产品出色的公司。吸引和留住领导人才是董事会最重要的责任——无论是上市公司、私营企业还是慈善机构。正因如此，我们需要投入大量的时间和精力，来决定CEO和执行团队的薪酬。为了能谨慎确保薪酬水平的适度，董事会必须从其他类似的公司获得薪酬信息，这通常就需要借助外部咨询服务的帮助。

每次谈话都是这样的：

1号董事会成员说："詹姆斯这一年的表现很出色。"

"但股价并没有很出色，"2号董事会成员表示，"股价下跌了7%，在这种情况下，我们不应该给CEO如此丰厚的薪酬。"

"但你必须承认这不是他的错，他实施的所有战略举措，都为公司的未来带来了积极的结果。"1号董事会成员这样说道。

"那么，等他的这些举措转化为更高的股价，我们再支付他报酬也不迟。"2号董事会成员说道。

"要是这么简单就好了。"3号董事会成员说道，"我们的一位竞争者去年一直在挖他，我们不能冒险让它们把他挖走。"

没有哪个董事会愿意冒险失去一位优秀的CEO，而不得不寻找另一位替代者。因此，他们查看顾问的图表，同意提供一个高于中位数，但不是最高水平的薪酬，往往在75%的水平附近，这样他们就可以称，他们慷慨地将詹姆斯放在前25%的位置上。

而公众看到的则是，詹姆斯获得了一笔过高的酬劳，而他还没有实现每位CEO都清楚的目标——股东价值最大化。所以，这看起来就像是一次内部操作，假模假式的，最坏的可能性恐怕是董事会被CEO收买了，如果没这么糟，那就是美国的所有CEO的薪酬都高于平均水平。

* * *

人们对自己职业的选择是出于各种各样的原因。举个最佳的例子，教师、医生或牧师走上他们的工作岗位是出于热爱、兴趣、信念和对为他人服务的渴望，他们的工作是一种使命。还有人可能生来就注定要从事某种职业——你出生成长于一个工业城镇，在流水线上工作是你承袭而来的机会。对于教师或工厂的工人来说，薪水永远不会高到足以让他们有退出的选择。他们不会问"我的数字是多少"。就算他们心中有一个数字，也很可能是个4位数，即他们有资格领取养老金的年份或者是还完贷款的年份。

近年来，金融服务行业的一个发展趋势是，人们对从事这个行业的感觉不再良好。许多刚进入金融业的人，是把它当作通往其他职业道路的垫脚石，就好像我当初在商业银行找到第一份全职工作时所做的那样。当今的美国年轻人像过去涌入华尔街一样地涌向硅谷，因为他们可以在科技领域赚到很多钱，但他们也可以说服自己，这是一个崇高的追求。或者他们瞄准的是私人股本，那里仍然存在着赚大钱的机会。

如今，为了吸引人才进入华尔街，投资银行不得不支付更高的薪酬，因为它们不仅要与科技行业创造的财富相竞争，还要与硅谷的"魔咒"——"让世界变得更美好"竞争，每一个新的小工具、应用程序或创业公司都恨不得把它印在脑门上，也不管这种说法是否带着真心实意。

因此，随着权力中心和兴奋点的转移，华尔街不再能吸引到最优秀、最聪明的人才。很多年轻人来到华尔街工作只是把这里当作训练营，在获得经验和习得技能后，再跳槽去硅谷。1989 年，当我进入所罗门兄弟公司工作时，极少有人质疑华尔街存在的社会价值。但现在有了。非常公平地说，如今大多数在金融服务业工作的人的确还在为一个社会的正常运转做出积极贡献，但在过去 30 年间，日益增加的复杂性掩盖了二者之间的联系，以至于普罗大众根本无法将两者联系到一起。

几十年前，只有极少数人能达到财富阶层的顶点——洛克菲勒家族、卡内基家族、范德比尔特家族、福特家族——这些名字尽人皆知。而近年来，情况完全不同了。2016 年，美国有超过 500 位亿万富翁，而全世界有近 2 000 位；美国的百万富翁数量则达到 1 100 万，其中许多人是从金融服务业发家致富的。我们完全进入了这样一个时代：大批高薪人士不停地达到或超过他们所设定的数字目标，却纠结于这到底意味着什么，以及这会如何影响他们的心理状态和满足感。每个人都知道富有并不能使你快乐，而且在大多数情况下，它会让你不快乐。这也许是真的，又或许是设定一个数字让你感到不快乐。

现在，在华尔街工作的人和许多在金融服务业其他领域拥有高薪职位的人，都落进了由两条交叉弧线构成的地图里。你追求这份事业是因为它令人兴奋。赚大钱的机会就在那里，然后你开始赚到钱，于是这份工作就失去了它的光彩。就好像一场大交易的衰减曲线，一场高风险的扑克游戏，一次蹦极体验，当你越来越适应它，兴奋感就越来越低。因此，在金融行业的工作过程中有这么一个"X时刻"——你仍然投入并充满热情，而且薪水也不错的时刻——但当你向两端移动时，激情退散。这份工作变成了一份苦差事。与客户、董事会或投资者打交道让人越来越难受，它们变得令人讨厌，就好像是横在获得丰厚奖金路上的绊脚石。

在那个时候，你觉得自己像个妓女，你允许自己偶尔打开感情开关。你出卖自己，因为你不能继续躲在刚需的背后，不能继续躲在支付账单和照顾孩子的背后，也不能继续躲在爱这份工作的背后。你不知道金钱对自己享受工作的能力的影响有多复杂，但是现在已经太迟了。它已经变成了一个夺宝游戏——要更多、更大、更好的。你假装事实并非如此，却越来越难以伪装。你内心一些神圣、脆弱、本质的部分——可以称之为真诚、灵魂或激情——已经在名为"幸福"的交易大厅里进行买卖。你已经把满足感、友谊，甚至是家庭都交易掉了。

金融界的薪酬水平已经造成了人类历史上从未有过的内部斗争。个人自由和长期财务自由之间有着利弊权衡，这并非什么新鲜发现。但积累了大量财富的人——主要是从事金融和科技行业的人——使得一些更根本、几乎关乎人类生死存亡的问题成为人们关注的焦点：我如何度过一生？我为什么要工作？还有什么其他事是我应该做的吗？

金钱曾经能提供简单的生存必需品——食物、住所和衣服——以及一些快乐。树上枝繁叶茂，到处绿地茫茫，我们的春夏季就是这样的。然后树叶枯萎，飘落地面，于是我们能看到山谷对面的田野，它们看起来比我们的更好、更大、更肥沃，自然而然引得我们垂涎。空气中又添了一抹寒意，我们沉寂下来，储备柴火和补给，填满地窖，关好门窗。然后，树木光秃秃地矗立在银色的天空下，我们终于可以看到数英里之外的山丘和峡谷、农场和房子，这一切我们都想要。我们的土地突然间变得渺小且微不足道。天暗下来，我们看着玻璃上自己的倒影，并不能让我们感到欢喜。我们的不满之冬已经降临。

第九章

另一条队

市场经济接管了社会秩序,使草根阶层、民主化的广告和媒体得以发展,并为那些本来被拒之门外的人打开了一扇更广阔世界的大门。然而……市场经济对社会秩序的接管,使得精英体制和社会被对专有权和特权的不良追求所替代。

欲颠覆现有的社会基础，没有比放任货币贬值更微妙、更可靠的手段了。

——约翰·梅纳德·凯恩斯，《和约的经济后果》

我们在福桃餐厅吃完晚餐后，慢慢走出了大都会酒店。拉斯维加斯热闹的夜晚，等出租车的队伍总是很长。因为需要等超过半个小时才能打到车，我们对即将到来的夜晚的热情被瞬间熄灭。

我的朋友伊凡对"罪恶之城"的各种操作早已不再陌生，他从钱包里抽出几张钞票，将它们折起来，走向领班泊车员。

"不好意思，先生。"

泊车员看了一眼伊凡手里的钱，露出了殷勤的笑容："是的，先生。"

伊凡伸手递出钱，问道："另一条队在哪里排？"

一个熟练的动作，泊车员把折好的钞票塞进自己的口袋，示意附近的一辆黑色轿车，说道："请稍等，先生。"司机停下车，车门打开，我们4个人连车费都没来得及问就挤了进去，为不用继续等那么久而感到雀跃。

* * *

我出生于1963年，在我成长的那个年代，还没有"另一条队"的概念。在我生活的地方——马萨诸塞州斯普林菲尔德，有些家庭比其他家庭更富裕，但我们都在同一条街上骑着自行车，看着同样的电视节目，获得同样的信息，我们想要一些自己没有的，通常都是很简单而且很合理的东西，比如一辆更好的自行车，一副新的棒球手套，或者那时热门的Atari游戏；我们的父母可能想要最新款的汽车，更好用的烤箱，或者更大的房子，但这些是大家都有的愿望。我们不认识上层社会的人，也不认识坐私人飞机的人——那时候我甚至不知道有私人飞机的存在。那时没有智能手机，没有互联网，电视也只有那么几个频道。在我们小小的世界里，这就是典型的"赶上邻居琼斯"的攀比现象，但他们通常也没比自己的邻居拥有更多的东西，所以我们的愿望都更加朴实。后来出现的普遍不满情况并不是当时的社会准则。人们为了更好的生活而奋斗，但不是以一种消耗现有幸福的方式去实现。

我的家庭成员总是谨记自己希腊斯巴达的清贫出身。我父亲在波士顿的一个希腊街区长大，那里的人过的是传统的希腊式生活，他刚开始上学时甚至不会说英语。我母亲是希腊移民，20多岁时去了加拿大魁北克，然后来到美国。她通过看《摩登原始人》和《反斗小宝贝》学英语，直到完全掌握了这门语言，最后在蒙特利尔的学校里教英语和体育。

我们家是稳定的中产阶级家庭，由于在成长的过程中没怎么享受到现代化的舒适环境，我们家的生活依然恪守着经济大萧条时期般的勤俭节约：从不扔掉任何东西，鞋底有破洞就用纸板打上补丁继续穿。我父亲会给我们讲他们过去是怎么利用弹弓打鸽子吃的，我母亲则会从邻居家的院子里摘蒲公英叶子来给我们做菜，这让我的朋友们总是在晚餐时间准时逃离我家。她在斯巴达长大，那里没有电，也没有自来水。有一次我问她为什么我们不像其他人一样去露营。"我从小就在露营，"她说，"我们永远不会去露营的。"虽然我从来没有吃过鸽子，而且花了好几年的时间才喜欢上吃蒲公英叶子，但斯巴达的生活方式已经被深深地灌输在我的脑中，挥之不去。

我还记得当我意识到"另一条队"的存在，意识到暗藏在我们美国郊区生活表面之下的阶级制度的那一天。在加利福尼亚州阿纳海姆上高中时，我发现停车场比学校还大。学生们开的车不像是青少年标配的汽车，而是奔驰、宝马、特兰斯艾姆、雪佛兰，我可能是学校唯一没有车的学生。大学时，我终于有了自己的车，是一辆二手雪佛兰卡普里斯，这车在一次事故后由一所机械学校免费翻修过，所以车的每个面板颜色都不一样——红的、白的、蓝的，取决于负责修理这个部分的是班里的哪个小组。它看起来就像是一床由一位狂热爱国分子缝成的被子，我开着这辆可笑的车就像是在展示自己的爱国情怀。

1984年，在我高中毕业后不久，电视节目《名流生活方式》迎来首播，很快就吸引到大批观众。每一集节目都会详细介绍一位名人或商业大亨超乎想象的奢华生活，参观他们的豪宅、游艇、飞机库、纯种马厩、避暑山庄和海滨小屋。每一集的结尾，英国主持人罗宾·利奇都会用他标志性的一句"香槟愿与鱼子酱梦"作为结束语。对于许多美国人来说，这个节目就是对"另一条队"的入门介绍。我们不知道人可以过这样的生活，不知道生活可以如此奢靡。

也许不满的种子一直都在那里，只不过后来散播这些种子的土地从小范围的生活圈子扩大到了全球。

时间来到一代人之后，在俄亥俄州克利夫兰的郊区，10岁的罗根·保罗正在学习使用他的新摄像机，和弟弟杰克一起拍些小才艺和恶作剧视频，然后再用不熟练的编辑技巧剪辑视频，将其上传到YouTube（美国一家视频网站），兄弟俩慢慢积累了一批粉丝。后来，人们可以在现在已经下线的应用程序Vine上发布6秒钟的小视频，于是那里成为他们网络名人之路的初始地。

罗根高中时是橄榄球和摔跤明星，在他被俄亥俄大学录取时，已经在互联网上小有名气了。他放弃了工业系统工程师的职业计划，一年后退学，搬到洛杉矶，希望利用自己在互联网上的名气成为好莱坞明星。

罗根来自一个普通的中产阶级家庭，也没有什么过人之处，除了可能稍微有那么一点魅力，颜值还不错，以及极度的自恋。他身材高挑，金发碧眼，典型的中西部长相，是一个普通的美国男孩，在高中里很受欢迎，还可能成为舞会之王的有力竞争者。但是罗根最引人注目的就是他所选择的时机。如果他出生在互联网普及、应用程序和共享视频尚未出现、摄像机和智能手机诞生的时代之前，那么除了克利夫兰郊区的人，可能没人会知道他。来到洛杉矶后，他发现还有其他网络名人也在试图走这条路，那时Vine上已经聚集了足够多的受众，一些有远见的品牌开始付钱给这些人，让他们在自制的视频中植入产品。忽然间，这个新兴的业余摄影产业被商业化了，很快就变得不再业余，网红开始雇用摄影师和团队，同时继续小心地维持"自制"的感觉。

罗根和其他网络明星在把自己打造成有效的品牌这件事上有着惊人的洞察力，他们通常被称为"网红"，拥有庞大的受众群，并能够影响大众的品位和流行的趋势。在这个过程中，他们颠覆了广告界。品牌不再找广告公司和大明星到摄影棚拍摄传统的广告，而是付钱给网红，让他们在"自制"的网络视频里宣传自己的产品，从而吸引大批的年轻人。"网红最独特的地方在于，"我的朋友迈克尔·特德斯科解释说，"他们并没有什么才华。"他描述了这些新媒体和营销平台的起源，以及站在这个世界顶端的网络名人。他说："其实他们就是内容的创作者。他们通过像 YouTube 和照片墙这样的视频平台来创作好玩的段子，或者与美妆、健康相关的小视频。我认为说这些人没有才华好像不太公平，他们只是在我们从小接触的传统媒介——音乐、广播电视和电影方面没什么才华，但他们在新媒体如照片墙信息流等方面极有天赋。"

随着名气、财富和渠道的增加，许多网红不再只是通过兜售产品来赚快钱，他们开始兜售一种完整的生活方式。随着科技和社交媒体的发展，数以百万计的孩子大量阅读这些"新兴名人"的帖子，渴望着他们使用过的产品，贪恋他们的人气、魅力。骑着自行车在附近闲逛的日子已经一去不复返了，现在的孩子被圈入了一个更广阔、更复杂的轨道，在那里"另一条队"的存在被无情地摆在他们面前。

* * *

1990 年 5 月，宾夕法尼亚大学校园里的春天令我已经开始怀念沃顿商学院的生活，但其实离毕业还有一周时间。

在进入沃顿商学院之前，我工作有了一些积蓄，但就算加上奖学金、兼职打工挣来的钱，以及在所罗门兄弟公司做暑期实习生时的收入，我毕业的时候还欠着 4.3 万美元的学生贷款。幸好我找到了工作，起薪几乎是这个数字的两倍，不然以我节俭的生活状态，情况会很可怕。

我按照指示，去助学贷款办公室谈贷款偿还问题。这间办公室我并没有来过几次，但每次这里的人都会热情地款待我，那天也一样，坐在办公桌后的年轻姑娘珍妮脸上洋溢着温暖的微笑迎接我。在谈到还款部分之前，我和珍妮闲聊了一会儿，讨论了一下夏天的

第九章 另一条队

计划。

"是的，"我说道，"这可能是在之后相当长一段时间里，我的最后一次长途旅行了。"

"这还用说吗，"珍妮说道，"我整个夏天都得待在这间办公室里，只有一周时间去泽西海岸看望家人。所以，说吧，让我嫉妒吧，你打算去哪里旅行？"

"我打算和其他几个MBA学生一起去加勒比海一个叫多米尼加的偏远小岛做志愿者，然后还想去巴黎拜访一位朋友，但我的资金有限，还不确定去不去得了。我基本上是两手空空毕业的，但我猜这个系统就是这么设计的吧。"

"天哪，加勒比海和巴黎？"

"好吧，加勒比海的部分没有那么梦幻。我们要住茅草屋，帮忙修建一所学校。多米尼加是地球上较为贫穷的一个地方。"

"听起来是个充实的夏天，记得一定要找时间去一次加勒比海滩。"

"会的，我们肯定会时不时放个假。"

珍妮把一摞文件放在桌子上，问道："你有没有考虑过再借部分款项来资助你的暑假计划？"

"可以吗？"几年前在洛杉矶珠宝商聚集区担任贷款专员的经历告诉我，我并不是一个理想的借款对象，可以借更多的钱去度长假。

"当然可以。"她说道，"我们很乐意为每个沃顿商学院的学生提供最高5万美元的贷款。让我看看，"她查了查我的文件，"你已经借了4.3万美元，所以你还能再借7 000美元。"

"让我再确认一下，"我说道，"我可以借7 000美元，然后用这笔钱去暑假旅行？"

"是的，不管你想用来做什么都行。但我建议你留出一些钱作为搬家的费用，还可以在夏天过后布置你的新住处。"

这是个明智的建议，我心里想着，尽管珍妮不知道那花不了我多少钱，因为我只有那么一点点东西需要搬，买一个行李袋花不了多少钱。

"好吧，我都借了4.3万美元了，"我说道，"不如直接借满5万美元吧。"我想如果我的工作按照计划进行，那么还5万美元不会比还4.3万美元困难到哪去。当然，如果一切都搞砸了，我被迫接受了一份报酬不那么高的工作，那么我会后悔还这额外的7 000美元中的每一美分。但总的来说，这似乎是一个值得冒的险。

我后来了解到，沃顿商学院学生的助学金和本科生的助学金的运作方式大不相同。由于对收入潜力的考虑，向MBA学生提供贷款实际上对学校来说是一件有利可图的事情，因为我们大概率能成功偿还这笔贷款。学校是热切希望借钱给我们的。

珍妮帮我填好了表格，然后从毕业到所罗门兄弟公司的入职培训之间，整整8周的时间我都在旅行。在多米尼加，白天我帮忙修建学校和礼拜堂，晚上在我们住的小屋里，和成群出没的又大又好斗的老鼠搏斗。之后我背着背包从巴黎来到希腊群岛，在那段时间里，除了感谢多出的这部分贷款带给我的生活经历之外，我很少想到它。尽管当时沃顿商学院愿意提供资金让我去度假这件事挺令我震惊的，但后来我理解了，MBA学位给了我在华尔街工作的机会，这很可能会使我获得财务方面的成功，从而改变我所站的队伍。所以即使当时我还不能完全了解，在尚未还清贷款的时候，我差不多已经来到了与"另一条队"的交会点。

* * *

在加入所罗门兄弟公司后的第一个夏天到来时，我不断听到同事互相问一个我无法理解的问题："你的汉普顿豪斯在哪里？"我不知道那个词是什么意思，它听起来有点像德语。然后我不可避免

第九章　另一条队

地被人问了同样的问题,一个入职第二年,在沃顿商学院就认识了彼时的同事——约翰。

"抱歉,约翰。那是什么?"我希望能通过重复一遍来找到一个合适的翻译。

他说道:"你的汉普顿豪斯在哪里?"

我耸耸肩。

"你有汉普顿豪斯,对吧?"他问道。

"我觉得我没有。"我承认道。

他眯起眼睛看着我,问:"嗯,你到底有没有?"

我无法再逃避这个问题了。"汉普顿豪斯是什么?"我问道。

"汉普顿豪斯?就是一栋位于汉普顿的房子。"

"当然!一栋位于汉普顿的房子。"他似乎还在等待我回答到底有还是没有。

"汉普顿是什么?"我放弃了所有的面子继续问道。

"你是在开玩笑吗?长岛的汉普顿啊。"

"噢,对对,盖茨比就在那里。"作为一个加州人,我在加州上的高中,所以并不是很了解纽约的精英都去哪里度假。在问了更多更丢脸的问题之后,我了解到在华尔街,几乎每个人都会期待每年夏天在汉普顿租房子度假,通常在这个季节要花费高达5万美元的租金。炫耀的资本将取决于游泳池的大小、花园的装饰程度、离海滩的距离以及周末派对的挥霍程度。在此后的职业生涯中,当他们赚到更多的钱时,花6位数的价格去购买和享受他们在汉普顿的房子是件很正常的事。

我想起了约翰带给我的另一个困惑,那还是我们在沃顿商学院的时候。我和他还有其他5个人在校园酒吧坐在同一张桌子上,忽然我意识到他们6个人是互相认识的,他们都上过精英寄宿学校,比如迪尔菲尔德学院或安多福菲利普斯学校,然后去了达特茅斯学院、耶鲁大学或普林斯顿大学。多巧啊，我想着，他们几个同时上同几所学校的可能性有多大？我想不到在沃顿商学院中还有谁曾经是从我所在的橘子郡的公立高中毕业的，当然这里也没有我在西方学院的校友。然后一个显而易见的事实浮出水面：这一点儿都不奇怪，这些家伙一出生就加入了一个高级俱乐部。他们所有人，一路从迪尔菲尔德学院到达特茅斯学院再到沃顿商学院最后进入华尔街，然后每年夏天会去汉普顿，这是他们共同的人生路线。

我没有汉普顿的房子，也看不出拥有它的意义。很显然，我是这群人中的"尼克·卡拉威"，草坪边上的一座简朴的小屋对我来说就已经再合适不过了。在第一个度假季，我掌握了受邀入住别人房子的技巧，我突然意识到一件事——我将其称为"汉普顿效应"——很多人都在努力挤进"另一条队"，而这实际上使得反向投资变得有利。作为共度周末的客人，我会坚持支付一切费用——饮料、晚餐、过路费、汽油钱——这让我成为一个颇受欢迎的客人，让我想去哪就去哪，想什么时候去就什么时候去，而且这只花了我很少的钱，是其他人租度假别墅的一小部分。因此，我有了充分的灵活性，还省下了拥有自己的汉普顿豪斯所需的相关支出。

* * *

每隔几年我就会回到老地方——迪士尼乐园，这里从不会让我感到厌倦。最近的一次，天气特别炎热，队伍长得要命。每个游乐项目的入口上方都挂着指示器，为大家预估痛苦程度：大约需等待150分钟。似乎没有人对此感到明显的不高兴，花费数百美元进入公园后，游客并没有对在烈日下站上几个小时，只为登上一段仅仅持续几分钟的游乐旅程感到有什么问题。听说，想感受一次隔壁加州冒险乐园的新银河护卫队项目需要等待整整5个小时。

我们一行10个人根本没打算加入他们。我们紧紧地跟在女招待米歇尔的后面，她穿着格子花纹的骑马装——帽子、马裤、靴子等一整套——领着我们绕过等待的人群，来到加勒比海盗的出口，我们立即从那里进入，在船上坐好。我因为插队而感到一阵内疚，但当我们从萤火虫丛中漂流进入河口，经过坐在小屋前廊上的老人时，这种内疚感很快就消失了。

我们请米歇尔作为贵宾女招待，每小时花费300美元，这使得我们可以跳过所有的排队。我们一行人用了6个小时玩了每一个游览项目，坐在游行队伍的前排座位上，在蓝色港湾悠闲地享用午餐。

大多数比较新的游乐设施都设有隐藏的贵宾入口，这样，苦苦排队的人就不会因为看到我们插队而感到更痛苦了，当然这也不会对游客的体验感产生任何积极影响，有些游乐设施，我们可以从出口进入；但由于公园在建设时并没有考虑到贵宾通道的情况，所以大多数游乐设施我们只能从那些已经排了几个小时的人面前直接插队。米歇尔会在排队等候的游客面前举起手臂，说："请等一下。"然后我们一群人就走进下一艘船或车或"宇宙飞船"或其他什么。

我们直接进入了巴斯光年之旅，太空巡洋舰上装有用来对付邪恶的机器人的激光枪，你每杀死一个机器人就能得分。我们小团体把它变成了比赛，下车的时候，每个人都报告了自己的战绩。我只得了5.5万分，我侄子6万分，我女儿8万分，我嫂子最高11万分。我问米歇尔她的分数。"200万分，"她笑着说，"今天发挥得不好，离我和其他女招待得过的最高分还差好多。"很显然她玩激光枪的经验很丰富，是个老练的"职业选手"，一定是有不少人都在走迪士尼的"另一条队"。

米歇尔带着我们去吃午饭的时候，正好经过了我曾经工作过的奥尔良咖啡馆，我第20次指给我女儿看。"那是我20世纪80年代初工作过的地方，那时我还没有你现在大。"

"我知道，老爸。"她已经听过了所有的故事。

插队让我感觉不太自在。晚些时候，在蓝色海湾吃晚饭时，我回想起在我们插队时一些等待者的反应，从敬畏、嫉妒到怨恨都有，还时常伴随着评论，"哇，他们不用等，这该多好啊！"或者"为什么他们可以不用排队？他们怎么那么特殊？"或者"这不公平，他们应该像我们一样排队"。"另一条队"存在的后果之一是，它会让在传统队伍中的人感到愤怒或处于劣势，就好像这个系统是专门针对他们似的。大多数在迪士尼乐园排长队的人都是慢慢存够钱，才能来玩的。（一个四口之家想要在魔法王国过一个长周末，可能得花上数千美元。）进园游玩对他们来说是一个特殊的日子，有时可能一生就这一次，所以当他们看到有特权的人插队时一定会降低和损坏自身的体验感。

我想知道当年还在迪士尼乐园工作时候的我会怎么看待"另一条队"，那时公园里还没有贵宾待遇的概念。我拿不定主意，有可能那时的我完全可以接受这种"花钱买优待"的方式，这种方式现在几乎已经渗透到迪士尼乐园的每一个角落。但我更多地觉得18岁的自己会感到震惊，平等似乎应该是这个地球上最快乐的地方的核心信条，我想知道，华特会赞成这种做法吗？贵宾体验是否与迪士尼乐园创建之初的价值观相一致？如果必须得排队，我还会去迪士尼乐园吗？我女儿从我们的每次插队中学到了些什么？

2013年《纽约邮报》的一篇报道曾指出，富裕的曼哈顿居民会雇用残障人士作为去迪士尼乐园的"黑市导游"，支付给他们130美元/小时的费用，让他们假扮成家人，这样就可以插队排到前面。一位这么操作过的女士的原话是这样说的："这就是1%的人怎么玩转迪士尼乐园的。"作为回应，迪士尼乐园被迫改变了其针对残障游客的政策，取消了他们不用排队的权利。这样的事情都能有市场真是令人反感，但话又说回来，现在什么样的事都有市场。

在这种特殊渠道、行贿受贿,还有"其他队"横行的新文化中,我们失去了什么?我们为什么会在意这些?直接制定一个价格表,列举出每一种优越性、每一种社会需求、每一个欲望和活动的价格,效率是不是会更高?还是说我们正在传播的这种新的阶级体系,会随着时间的推移变得越来越极端,越来越分化?

迪士尼乐园的贵宾女招待只是这种日益增长的社会趋势的一个例子。有钱人越来越多,他们希望用自己的财富换取所有能得到的物质生活。但是怎样才能花掉他们过剩的财富呢?他们更加频繁地把钱花到了获取捷径方面——也就是"另一条队"。

"另一条队"可能意味着更好的医疗服务:只要每月支付一定的费用,你就可以聘请一位随叫随到的私人医生,他会利用自己的人际关系为你提供最好的治疗,应对任何可能出现的健康问题。给医院或医疗基金会"送大礼"也能确保获得优先权利。当然,在政界、娱乐界等领域还存在着其他的"队伍",特殊渠道并不是一个新概念,但是它从来没有被如此普及,并被如此多的人接受和追求过。

不管他们有没有意识到,但"另一条队"的核心目标是强化他们的特权,并将这种特权延续下去,好让他们的子女也能够继续享有。一旦有钱人获得了所有想要的渠道和物质资料,他们就开始思考如何能使之延续,以确保他们的后代也能享有同样的生活方式和福利。有一种方法越来越流行,那就是通过教育和慈善机构的发展办公室把"特权"当作一种筹款工具来出售。在斯坦福大学,"特殊照顾"的价格据说是 2 500 万美元。"虽然捐款不能保证你的儿子或女儿一定能被录取,"典型的说辞是这么解释的,"但它能保证招生办公室将密切关注他或她的申请。"通过大额捐赠获得录取资格的学生现在有一个共同的名字:发展录取生。虽然这挺让人糟心的,但这些手段都是完全合法的。

还有其他的一些方法，就不是那么合法并且光明正大了，但也许并没有那么不常见。2019年3月，司法部逮捕了几位名人和商业大亨，他们都被卷入了一起大学招生丑闻。一个名叫威廉·里克·辛格的人自称经营了一家大学预科服务机构，他收受了大约2 500万美元的款项，帮助学生修改标准化考试成绩，并买通教师，以便让原本不合格的学生注册入学。一些家长被指控花费高达650万美元为他们的孩子"走后门"——用辛格的话来说。据说情景喜剧女演员洛莉·路格林花了50万美元让她的两个小女儿冒充划船运动特长生，最终被南加州大学录取。其中一个女儿奥利维亚·杰德是一位社交媒体网红，显然不是划船运动员。她把大学当作营销平台，与亚马逊尊享达成合作协议，并与丝芙兰合作推出化妆品系列。在大一开始之前，她在YouTube上发布了一个视频，对她的几百万粉丝说："我不知道我会上几堂课，但我会去跟我的系主任还有所有人聊一聊，希望我能试着平衡这一切。但是我确实想要体验大学生活，比如，游戏日、派对……我真的不在乎学校，你们都知道的。"自丑闻曝光，丝芙兰已经终止了与奥利维亚·杰德的合作关系，公众对此事的反应也很激烈。

为了让更多的人有机会接受大学教育，联邦学生贷款于20世纪50年代创立。虽然这项计划一开始是出于善意——帮助那些没有能力上大学的人——但后来却引发了经济和社会问题。我们不是在奖励和鼓励职业生涯，而是以是否被著名大学录取来定义成功，更多地强调学校的品牌，而不是它所提供的实质的教育内容。学生贷款市场为学校大幅提高教育成本提供了便利，这反过来又使得那些无法获得贷款和奖学金的学生的生存环境更加艰难。

美国的教育泡沫已经膨胀至1.6万亿美元的未偿债务，这比信用卡和汽车贷款债务都要多，是仅低于抵押贷款债务规模的消费债务市场。美国有200万人欠着超过10万美元的学生贷款。他们的一生都在被告知大学教育的重要性，然后努力学习以期能进入能力所及的最好的学校，毕业后，受债务的束缚，他们过上了卡夫卡式的生活，因为偿还能力有限，工作只能堪堪维持生计。与此同时，富人和名人的孩子则被更好的学校录取，由于没有任何财务上的负担，他们可以尽情摆好相机，植入新的产品广告，拍摄记录自己光鲜亮丽生活的视频博客。

* * *

我和我的朋友、所罗门兄弟公司的前同事迈克尔·特德斯科——大家都叫他T——一起去参加科切拉音乐节。我们是被我们投资的一家公司邀请过去的。一个金发飘逸的男孩滑着滑板从停机坪上飞驰而过，他穿着花哨的印花图案短裤和配套的背心，在一架私人飞机前停了下来，这架飞机即将带着我们飞向棕榈泉，他打开斐济水的瓶盖，喝了一大口，说道："太棒了！我们要坐私飞了！"在与我还有其他几个站在飞机外面的人手脚拳头各种撞击之后，罗根·保罗把他的手机递给了另一位网络明星。他在飞机前摆了几个姿势——先是像孩子般兴奋，然后是天真的惊讶，再是搞笑的胜利——我们不太确定他到底想要什么样的感觉，拿着手机的人在把设备还给罗根之前检查了一下照片。

"等等，伙计。"罗根说，"再拍一张，把这个紧急标志拍进去。"

我们一直在旁边看着他们拍照。罗根爬上了飞机的楼梯——一只脚踩在最下面的台阶上，另一只脚抬到腰那么高，双腿大开——他抬起下巴，秀着肱二头肌，可能是故意想让自己看起来像是希腊神话里的神和马戏团里的小丑的混合体。等他们拍完，我们才登机入座。罗根选了一张最喜欢的照片，调了调，在我们还在滑行的时候，就把照片发到了照片墙上。他一边打字一边大声念出来："我的衣服就是紧急情况。"这些网红都笑了！

从洛杉矶飞到科切拉只需要半个小时，科切拉是音乐节的举办地，地处棕榈泉郊外的沙漠中。T和我是影响力网络公司的投资人，这家公司专门将社交媒体明星与品牌配对，以探索新的广告方式。我们陪同几位顶级网红乘坐私人飞机前往科切拉，参加影响力网络公司在一个叫作"铁皮屋"的豪宅里举办的为期数天的派对。

截至撰写本书之时——这些数据每小时都在变——罗根·保罗在几个社交媒体平台上总共拥有超过 5 900 万粉丝，他的视频浏览量预计超过 50 亿次，这改写了名人的定义。他和弟弟在克利夫兰郊区拍摄后院视频的日子一去不复返。据《福布斯》报道，从 2017 年 6 月到 2018 年 6 月，保罗的广告收入为 1 450 万美元，其中一些来自产品植入，另一些来自在他的 YouTube 页面上投放广告的品牌。怪不得在视频博客里，他的热情常常近乎歇斯底里，甚至罗根的宠物鹦鹉马弗里克在照片墙上也拥有 130 万粉丝。他那只毛茸茸的博美犬在 2019 年 4 月被一只野狼杀死之前，也已经有了 300 万粉丝。

各大品牌继续在这类广告中取得成功，以更有机、更直接的方式接触目标受众。《60 分钟时事杂志》花了一个下午的时间对罗根做了一次跟踪报道，他当时正在纽约中央公园为唐恩都乐即兴创作了一则广告——就是在没有企业监管或干预的情况下自行完成这则广告——然后他把这则广告发到了照片墙上，赚取了近 20 万美元的报酬。唐恩都乐公司称，这则帖子的浏览量迅速达到了 700 万次，至少能和黄金时段的电视广告达到一样的效果。2017 年，《福布斯》报道称，罗根在脸书上发布一篇赞助帖子的报价是 15 万美元，在照片墙上发布一张照片的价格是 8 万美元。

"他们是年轻人和'千禧一代'的文化偶像。"T说道，"这就是为什么在广告商看来他们如此有影响力，这是你无法通过传统媒体真正接触到的人群。他们对电视广告和大型广告活动持怀疑态度。但如果是在社交媒体上，有人告诉你他们喜欢什么，你会更倾向于相信他们说的是实话。"麦卡锡咨询公司在2014年进行的一项调查发现，84%的"千禧一代"不信任传统广告，他们的怀疑呈现越来越深、越来越广的趋势。2017年，《媒体邮报》发布了哈佛大学政治研究所进行的一项民意调查结果："88%的'千禧一代'表示他们'只是偶尔'或'从不'信任媒体，86%的'千禧一代'表示他们不信任华尔街。'千禧一代'同样对政府持怀疑态度，74%的人说他们'有时'或'从不'相信联邦政府会做正确的事情。"随着人们对社会制度信心的缺失，这些网络名人受到前所未有的追捧也就不足为奇了。

当你浏览这些网红的信息流时，大多数的帖子都是没有赞助商的——除非你认为他们不知疲倦地对奢侈的、玩乐的生活方式的宣传是一种赞助行为。当他们在给某种特定产品打广告时，通常会使用最微妙和最具欺骗性的原生广告策略。在2017年7月照片墙的一张照片里，罗根横躺在一辆奔驰G65 AMG的引擎盖上，这辆豪华SUV（运动型汽车）的零售价为25万美元。他穿着超短裤、皮草大衣、拖鞋并戴着太阳镜。坐在他旁边同样穿着皮草大衣的，正是罗根的老跟班，一个叫作"矮人曼巴"的侏儒。文案写着："皮草是软的，但我们硬炸了。"这个帖子很快就获得了超过130万个点赞和2.1万条评论。罗根的大多数粉丝可能都没看出来这张照片是个广告——这正是问题所在。可能是奔驰花钱找他发的帖子，也可能是他用植入产品置换了一辆免费的汽车，还有可能他只是利用与豪华汽车品牌的关系来提升个人品牌，不管是哪一种，奔驰的标志在照片中都占了突出的位置。

有些帖子并不试图隐藏自己的交易属性。例如，某张照片里，一个网红被埋在一堆JBL耳机下面，凡点赞或转发这张照片的人，都有机会得到他送出的耳机。或者在另一则帖子里，一个网红正在浴缸边涂抹她最喜欢的脱毛膏，大秀美腿，并在文案中植入产品。

其他帖子则试图巧妙地引导受众，比如罗根的弟弟杰克也凭借自己的实力成了一名网红，2015 年 4 月他在照片墙上发布了一张照片，照片拍摄于科切拉的"铁皮屋"。厨房里，一个赤膊男子站在炉子旁，用一个喷雾罐喷出一大团火焰，杰克则坐在灶台前，盯着他的笔记本计算机，计算机旁放着一瓶可乐。文案这样写道："我现在根本没空管里奇，我正忙着玩 @ 可口可乐的舌头英雄游戏。看看吧（链接在个人简介中）#tastebudtalent#donttrythisathome。"尽管这个帖子是在给地球上最大的汽水公司打广告，但仍然得到了 9 万个赞，并且这一数据还在不断攀升。

很多网红都有不同的才能，他们希望能因此得到认可。比如罗根希望成为一名正式的演员。另一个也在私人飞机上的网红杰瑞·普尔普德朗克有志成为一名说唱歌手。尽管我对此持怀疑态度，但还是忍不住被他们迷倒，我想这就是他们的天赋所在，总能让人产生共鸣，长得好看，还很有魅力。他们的成功带有"家庭自制"的属性，这一点吸引了数百万的年轻粉丝，让他们相信自己也能获得名望、财富和光鲜的生活方式。他们觉得，罗根来自俄亥俄州的郊区，和普通人没什么两样，看看他现在混得多好。这些网红的工作包括乘坐私人飞机前往音乐节、在国外度假旅游、躺在昂贵汽车的引擎盖上，摆着带有暗示或假装矜持的姿势，然后确保附近刚好有人拿着高质量的照相机拍下这一切。他们完全生活在"另一条队"里，让合作公司为他们买单，令每个人都羡慕不已。

我们在地热区的私人机场降落，罗根打开他的应用程序，想看看帖子怎么样了。"看，"他把手机对着我说，"半小时就有 5 万个赞了。"

影响力网络公司租的豪宅位于科切拉的高档社区，有着非常严格的安保措施，许多名人在音乐节期间都在这附近租房子。公司租"铁皮屋"的用意是打造一个微缩场景，展示他们兜售的奢华休闲、自我放纵的慵懒世界。帅哥美女拿着从自助酒吧取来的热带风情鸡尾酒漫步而过，年轻女孩穿着特别省布料的比基尼晒着太阳，每个房间都被各种品牌占满，所以网红可以在尽情地享受派对的同时通过植入产品来赚钱。这是一家伪装成一场不间断派对的广告公司——荒谬而又精妙。

我和 T 本以为会感到不适应——也的确是不适应，但是每个人对我们都出奇的好。我知道这里有一些很有影响力的网红，但是其他人我就不知道是怎么来到"铁皮屋"的了。这些在泳池里打水仗的女孩是谁？为什么那家伙在按摩浴缸旁边做俯卧撑？刚刚路过的是贾斯汀·比伯吗？

派对上盛传着比伯租下了隔壁的房子，他晚些时候要举办一场大型派对，所有人都想去参加。我一直在想，我在"铁皮屋"的派对上见到过他，穿着白色 T 恤，戴着绿色头巾，从我身边经过，几分钟后，又换了件夏威夷衬衫，在草坪上和一群姑娘说话，然后穿着内衣从跳水板上抱膝跳进泳池里。当我看到两个比伯并肩站在阳台上大喊大叫时，我找到 T，问他这到底是怎么一回事。

"T，我看到贾斯汀·比伯好几回了，在不同的地方，穿着不同的衣服，我觉得自己出现了幻觉。"我举杯示意了一下阳台，"有人给我的龙舌兰里下药了吗？还是真的有两个比伯在上面？"

T 解释说派对上有个人是因为模仿贾斯汀·比伯而走红的，这就是他的表演路数。其他人，包括阳台上的那对双胞胎，只不过是把自己完全按照比伯的形象塑造成了其非官方的替身。T 解释说，派对上的大多数人都是"准网红"，忙着吸引粉丝，发展品牌关系。最有名的网红已经比影响力网络公司的规模还要大了，他们组建了自己的公关、经纪人、造型师和经理团队，直接与品牌打交道。

就在这时，顶级红人之一鲁迪·曼卡索来到了派对，引起了不小的轰动。我偷听到我们身后的几个家伙悄悄地议论并欣赏他的穿搭——一件宽松的紫黑相间的条纹 T 恤，紧身黑色牛仔裤，圆形飞行员太阳镜，头发挽成髻顶在头顶，我永远不会注意或关心自己的日常穿搭。

"看那双靴子。"一个家伙喃喃地说道。

"真上头！"另一个说道，"我觉得它们是伯尔鲁帝的。"

甚至连 T 都是鲁迪的超级粉丝，他曾经跟我讲过鲁迪是如何成为 Vine 最早一批网红之一的，他和其他人一样特别风趣迷人，他还是一位小有成就的音乐家，他的照片墙信息流里面全是弹钢琴、弹吉他的视频和一些好玩的视频段子，常常被迈克·泰森、玛丽亚·凯莉和斯蒂芬·库里等人点赞，还有与内马尔这样的国际巨星的合影，当然还有和比伯一起的搞笑访谈。"鲁迪非常机智，"T 说道，"他是个来自纽约的巴西人，在这方面绝对是很有天赋的人，因为他真的是一个非常优秀的音乐家。"有一次，汤姆·汉克斯在一个派对上找到鲁迪，这位传奇电影明星对他说："我得和你自拍一张，不然我儿子是绝对不会相信我见过你的。"

在鲁迪正式进入"铁皮屋"之后，他过来跟 T 打招呼。

"抱歉没能在飞机上见到你。"T 说道。

"天啊，"鲁迪说道，"我得开一辆新的野马敞篷车来这里，你应该看看这辆车，福特汽车公司前几天送给我的。"

鲁迪甚至都不用给福特汽车公司做植入，就能得到一台车。这基本上是送给他碰碰运气，希望他之后会发布一些关于该品牌的东西，加强品牌"酷"的元素，但愿能有助于多卖几台野马车，这样的事在这些网红的生活中经常发生。几年后，另一个 T 很熟悉的网红说宝马汽车公司送了他一辆 i8。"那是一辆价值 14 万美元的电动车。"T 说道，"从这件事也能看出这个世界的进阶发展。我不觉得鲁迪现在还会接受一台野马车。"对于我们这些普通人来说，可能会从开凯普瑞斯到商务车，野马，也许再到宝马或特斯拉或宾利

第九章 另一条队 319

这样的车，这种进阶发展可能发生在 30 年的跨度里。而对于这些社交网红来说，完整的进阶可能发生在几个月内，当然他们会略过凯普瑞斯和商务车。

我在派对上逗留了几个小时，尽管我对这个勇敢的新世界持保留意见，但我玩得很开心，其实很难不开心，毕竟玩得开心正是市场化生活方式的全部。

这就是我们国家的年轻人——粉丝数量最多、点赞数量最多、被标记次数最多，也是最受仰慕的年轻人——把"另一条队"当作一种生活方式来兜售，而且数以百万计的孩子已经完全陷进去了。流行文化和广告总是充斥着关于外在形象和物质主义的误导信息，但这是另一个层面上的问题。这些网红的存在本身就是在嘶吼着一个新的目标：你可以开豪车，穿皮草，乘私人飞机去里约热内卢，保持完美的身材，获得最好的衣服、配饰和设备，在美好的天气，在美丽的地方，周围围绕着美丽的人——然后把这一切都拍下来展示给别人看。这是对成功的彻底的重新定义，其核心是对"另一条队"疯狂的渴求。

罗根的弟弟杰克·保罗也在派对上，他步哥哥的后尘一举成名，最终在社交网络上获得了大量的关注，并树立起了自己的人设。他甚至越过了网络观众，在迪士尼频道一个叫作《音乐玩家》的剧集里获得了一个角色。尽管和米老鼠扯上了关系，但杰克·保罗显然是个狂放不羁的人。

他团队里的其他人都离开了"铁皮屋"，去了隔壁比伯的派对，但是因为杰克还不满 21 周岁，所以他被拒之门外。知道那里都有哪些名人和贵宾，对他来说一定是一种折磨。他带着不顾一切的决心走进后院，扫视着两栋豪宅之间的墙壁，任何事、任何人都不能阻止杰克·保罗参加比伯的派对。他属于那里，那是他应得的。

如果没法走前门到达"另一条队"，你还可以爬墙。杰克终于抓稳了，爬到墙顶上，然后消失在墙的另一侧。我只能想象，他这个因为"出名"而出名的少年，在修剪整齐的酒池肉林花园里，穿过无所不在的商品和镜头，感觉一切尽在掌控之中。他进入了派对，而且很快他的粉丝也将知道关于派对的一切。

* * *

在1996年的电影《甜心先生》中有一个场景，一位名叫多萝茜（蕾妮·齐薇格饰演）的工薪阶层母亲坐在飞机上，担心身边晕机的儿子，他一下就吐满了整个呕吐袋。同一时间，在头等舱里，杰瑞·马奎尔（汤姆·克鲁斯饰演）正在和一个金发女郎调情，这时一大堆新鲜的水果和奶酪被送到了他的面前。他和多萝茜在同一家经纪公司工作，但处在公司不同等级的两端。他是享受头等舱的金牌经纪人，而她是挤在经济舱里的秘书，身边坐着一个正在呕吐的孩子。从她坐的位置，刚好能听到杰瑞在给金发女郎讲述他为未婚妻精心设计的夏威夷求婚情节。多萝茜倚在过道的椅子上，目不转睛地看着他们，一边吃着一袋花生，一边看着金发女郎举着香槟酒杯续杯。忽然，空乘猛地拉上了帘子。多萝茜重新坐回她的座位。

"出什么事了，妈妈？"她的儿子问道。

"头等舱就是问题，亲爱的，"她用疲惫的声音说道，"以前那里只是饭更好吃，现在那里的生活都更美好了。"

很少有地方的"另一条队"问题会比航空旅行更加一目了然，经济舱、商务舱、头等舱在舒适度和奢侈度上存在巨大差异。贵宾不用排队即可直接办理值机、安检和登机。虽然航空旅行时能排在"另一条队"一直是许多人的愿望，但它只不过是又一个例子，证明我们是如何被分割、拼接成不同群体的，从这个意义上来说，它使我们更加无法和与自己不同的人接近。在追求"另一条队"的过程中，我们制造了一个安全气泡来屏蔽令人反感的信息以及所产生的影响。我们通过限制对信息的接受，过滤掉可能会影响我们信念的信息，从而掌控自己的话语权，但与此同时，我们又想知道"另一条队"里的人是如何生活的，这样我们就能知道我们差在哪里，从而心安理得地释放不满情绪。通过掌控自己对不了解的另一方的状况，我们变得更疏离、更孤立，被禁锢在我们自己选择相信和传播的故事里。

每一次坐飞机，看到人们迅速拿起耳机以避免和身边的人说话时，我都会想到这个问题。现在许多头等舱的设计为我们解决了这个问题，它们被重新设计成单人独立的隔间。曾经，我是多么期待在去国外旅行时能结交新朋友，我可能在整个飞行过程中都和那个人聊天，还计划着在旅行途中碰面。现在，信息的不断轰炸和对我们的不断刺激，都是在告诉我们飞机不是一个建立人际关系的地方。讽刺的是，或者可以说可悲的是，当我们和一群陌生人在一起的时候，正是我们不厌其烦地试图与他们脱离关系的时候。

* * *

在网红达到前所未有的高度后，罗根·保罗的"盔甲"上出现了一丝裂痕。2018年1月，他遭到全球新闻舆论的尖锐批评。原因是他带着他的团队和拍摄小组穿越日本著名的"自杀森林"——在富士山脚下的偏远地区，许多人选择在那里结束自己的生命。在那里，他们偶然发现了一个吊在树上的男人。在一则时长为15分钟的视频博客中，罗根向他的数百万年轻粉丝展示了关于死者的画面。他一度用充满嘲讽意味的口吻说道："怎么，你从来没有站在一个死人旁边过吗？"然后他夸张地用鼻子嗅了嗅，并且大笑起来。他在视频的开场白中吹嘘道："这绝对是YouTube历史上的一个标志性时刻，（观众应该）系好安全带，因为你再也不会看到这样的视频了。"

国际自杀预防协会、媒体和公众全都指责罗根的麻木不仁。在无数反对他的推文中，有一条来自作家凯特琳·道蒂："优越的年轻人认为一切都是为了他们，认为他们有权去评价任何事。那个年轻人不是为保罗而死的——他的身体不是，他的相貌不是，他的故事也不是……你不是尼尔·阿姆斯特朗，兄弟，没有人会卑劣到去做这样一件事……"

罗根是 YouTube 优选项目的内容创作者之一，该项目会在网站观看量最高的视频开始前插播广告，让这些网络明星赚取了大笔广告费。这次丑闻之后，YouTube 暂时关闭了罗根的频道，罗根则进行了一系列真诚程度各异的公开道歉，但这件事严重损害了他的个人品牌，使他失去了大批粉丝。而且罗根在日本期间的其他视频博客，也包含惊人的种族歧视和对日本文化不尊重的内容。罗根暂时退出了各个社交平台（显然是为了进行一段时间的自我反省），一个月后，他重回 YouTube，发布了一则电击死老鼠的视频，这使他进一步被 YouTube 限制，也引发了大众更广泛的厌恶情绪。2018 年 4 月，他宣布结束每日更新的视频博客。正如罗根的陨落向我们展示的一样，网红的世界只是昙花一现，追随者和财富来得快，去得也快。

他的弟弟杰克，也闹出了负面新闻，他把自己从迪士尼频道明星变成了互联网上的反派。2017 年 6 月，洛杉矶当地一家新闻机构报道称，杰克被他在西好莱坞的邻居痛骂，他的邻居甚至已经在考虑提起关于公共妨害的集体诉讼了，而此事的缘由，却让杰克感到骄傲和有趣。他和朋友们做了一堆无聊事打发时间，比如在他的空游泳池里放满家具，然后放火烧掉，或者在以家庭和住宅为主的街区街道上表演摩托车特技，或者公布他的住址，鼓励粉丝成群涌向他家。邻居们形容现场是"人间地狱""战区"还有"马戏团"——杰克却饶有趣味地回应："我只想说，人们是喜欢去马戏团的，对吧？"《纽约时报》对这件事进行了报道，标题为"杰

第九章　另一条队

克·保罗，YouTube 一代的真人恶棍"。不久，迪士尼频道便和杰克分道扬镳。

保罗两兄弟及其他网红似乎是直接承袭了整蛊和恶搞视频的鼻祖约翰尼·诺克斯维尔的特点，2000 年他在 MTV 电视台推出真人秀节目《蠢蛋搞怪秀》，那时罗根才 5 岁。随后的《蠢蛋搞怪秀》系列电影形成了一种文化上的影响力，在罗根的成长过程中扮演着重要角色。从《蠢蛋搞怪秀》到今天，最主要的转变是，新一代已经摆脱了中间商，他们知道如何直接将视频变现，如何创建个人品牌，如何对自己进行商品化的营销。在我年轻的时候，我们将这一过程叫作"出卖自我"，但现在不是了。如果你够精明，能赚到一美元，那么就能获得粉丝的喜爱。

这虽然听起来可能有些荒谬，但和今天业余起家的网红相比，诺克斯维尔是个老派的传统主义者。他有过付出，首先是向《老大哥》杂志提供自己的故事和视频创意点，其次是开发电视节目概念，最终在喜剧中心频道、《周六夜现场》和 MTV 电视台的竞标中选择了 MTV 电视台。过去，成功往往是需要靠努力工作、毅力、天赋，当然还有一定的运气才能获得的；现在许多年轻人的目标是略过排队，入侵系统，在付出最小代价的同时获得最大的成功。这就给"另一条队"制造了一种自命不凡的意味，以及当你不能轻松站到"另一条队"时产生的怨恨感。罗根从克利夫兰郊区一跃成为明星，这也是数百万崇拜他的年轻人想要得到的。

他们的粉丝量级变成了一种"货币"，他们把这种"货币"卖给粉丝和其他准网红。人们买的是他们能收获同样战利品的希望，也许他们也能成为一个网红，这样就可以把自己的"货币"卖给其他想成为他们的人了。

甚至许多不是网红的人也开始痴迷于打造自己的公众形象。有一家位于莫斯科的名叫私人飞机工作室的公司提供湾流 G650 型号公务机租赁拍照服务，按小时收费，不过飞机只停在停机坪上并不真的飞走。人们还可以额外付费，享受专业摄影师、化妆师和发型师提供的服务，在置景大片拍摄结束时，他们就有了能随时更新照片墙的照片，让人以为他们坐着私人飞机，过着上流社会的生活。美国国立卫生研究院专门针对自拍引起的致命危险，进行过一项全球性调研："从2011年10月到2017年11月，共有137起由自拍引起的事故，导致259人死亡，平均年龄为22.94岁。"

一些想成为社交网络明星的人经常为了追求网络人气和由此带来的财富而不择手段。这些年轻人会做出极其危险的举动——攀爬摩天大楼和桥梁、把自己悬挂在几百英尺高的建筑悬梁上、从高楼跳入雪堆。许多人为了追求地位和财富而丧命。

2017年夏天，一位名叫佩德罗·鲁伊斯三世的22岁明尼苏达州小伙子为了能在YouTube上出名而丢掉了性命。他和他19岁的女朋友蒙娜丽莎·佩雷兹一直在发一些无伤大雅的恶作剧和恶搞内容的视频，试图累积起一个能称得上网红的粉丝量级。有一天，他把一本书放在胸前，怂恿女友朝它开枪，他确信子弹不会穿过去，但子弹穿过了书，杀死了鲁伊斯。《纽约时报》的报道这样写道："这本是一起可以避免的死亡事件，办理这场案件的警长说，这很显然是受到文化氛围的蛊惑，认为那些荒唐、危险的行为能吸引到一批忠实的互联网关注者，从而从中获得金钱和某种程度上的明星地位。这对情侣在星期一发布的最后一则视频里，畅想成了网红会是什么样的感觉——'当我们拥有30万订阅者的时候'。"在他们拍摄的视频里，能明显看出佩雷兹怀孕了，这是两人的第二个孩子。2017年12月，她承认犯有二级过失杀人罪，并通过认罪协议，被判处6个月监禁和10年监督缓刑。警长杰里米·桑顿说道："我就是不明白年青一代为什么想要15分钟的名气。"

"互联网最初的约定是，"特德斯科说道，"我们将移除审美的把关人和裁决者，这将使审美民主化。但我们发现，在某种程度上，有一个把关人来建设道路、规范社会行为，就算常有不公平发生，但也起到了重要的作用。抢占这条队，跳到最顶端，略过20年技艺的磨炼和辛勤的付出，是会产生漏洞的。"

这些草根出身的名人可以行使巨大的权力，其中有好也有坏。YouTube上非常红的一位明星名叫菲利克斯·阿尔维德·乌尔夫·谢尔贝格，是为瑞典人，昵称为PewDiePie，最开始是通过在YouTube上发布自己玩电子游戏的视频而出名的。2017年1月，在成为第一个订阅用户量超5 000万的人之后，他上传了一段视频，视频中他付钱给两个印度小男孩，让他们拿着一块写着"所有犹太人都去死"的牌子跳舞。为了谴责PewDiePie的行为，YouTube把他从优选广告项目中除名。《华尔街日报》曝光了其9个反犹太主义视频，这些视频的观看量都超过百万次，观看者中有许多是儿童，迪士尼频道随后也结束了与谢尔贝格的合作关系。谢尔贝格声称这些视频并不是为了表达怜悯和令人厌恶的观点。他说："我并不是想挑战极限，只是想忠于自己的幽默感。"白人至上主义者和其他仇恨团体的大本营每日风暴（Daily Stormer）网站，在其主页上给自己添加了"世界第一PewDiePie粉丝网站"的标签。据《福布斯》报道，谢尔贝格在YouTube上有超过9 000万的订阅者，2018年他通过发布视频获得的收入是1 550万美元。

2019年3月，一名新西兰白人至上主义者枪杀了在两座清真寺做礼拜的51名穆斯林，另有49人受伤。本着草根网络明星时代的真谛，这名杀手在脸书上直播了这起袭击事件。当他拿着武器大步走进第一座清真寺时，观众听到他说："订阅PewDiePie。"

大多数社交网络明星并不会引发大规模屠杀，而且他们中的许多也不是鲁莽、轻率之人，或种族主义者，但这些网红塑造了这个时代年轻人的品位和自我认同，却很少利用他们相当可观的影响力来达成积极的目的。无论他们是在培养粉丝对产品和外在形象的痴迷，还是把"另一条队"当作一种生活方式来兜售，抑或是做些更黑暗、更具破坏性的冲动行为，市场经济都已经替代了社会秩序，而且已经形成了一个凶猛、快速、可怕的新世界。

* * *

也许我们根本不用担心 PewDiePie 是不是纳粹，或者杰克·保罗会不会让他的邻居更恼火，因为这个世界就快走向终结。越来越多的有钱人正在为之做准备。

文明的崩塌一直是人类最喜欢谈论的话题，每一代人似乎对世界末日都有自己鲜明的构想。科技是造成这种现代妄想症的部分原因，因为它是一种全球化行为。近几十年来，我们的世界已经超越了邻里的概念，超越了地域性社群的概念，现在我们可以每天24小时不间断地实时目击全球各地正在发生的暴行，不论是对它们进行直播，还是在社交网络上关注它们，抑或是在有线新闻台观看它们。

比如，一种新的生存主义者出现了。当我还是个小孩的时候，在普罗大众眼里，生存主义者只要穿上迷彩背心、拿上十字弓，就会被关进精神病院，但现在人们不这么看了。富人阶级为世界末日做准备的现象已经普遍得令人惊讶。他们通常被称为"末日准备族"，关于他们有一件有趣的事，那就是这场活动超越了我们对生存主义普遍的认知标签。如今的"末日准备族"不是来自某种政治派系，也不是来自某种背景或某个年龄层，硅谷有，华尔街也有；自由派有，保守派也有；年轻的有，年老的也有。唯一能把他们串联起来的线索是，"末日准备族"都有钱、有资源，并且可以无限制地进入"另一条队"里去。

他们通常对人类灭亡的原因持不同的观点。有些人认为是气候变化或者自然灾害，有些人则担心政治、种族或社会层面的紧张局势会引起更大范围的动荡、骚乱以及内战,有些人正密切关注天空中会不会有核导弹飞过。但他们似乎全都认为,这个体系——尤其是金融体系——已变得过于复杂和不稳定,如果这些灾难真的有一个成真了,体系的核心将无法继续维持,我们的社会赖以生存的金融结构将不堪一击。这些人担心不管是以什么样的方式,世界可能随时会崩溃,所以他们愿意做好充分的准备。

2017年1月,埃文·奥斯诺斯就"末日准备族"的现象为《纽约客》写过一篇报道,他采访了一些来自曼哈顿金融界和湾区科技行业的人士,其中有一家投资公司负责人表示,他有一个地下掩体,还有一架总是加满油的直升机。"我的很多朋友会准备枪、摩托车,还有金币,"他说道,"这已经不是什么稀奇的事了。"一位硅谷的风险投资家告诉奥斯诺斯:"我有一种恐怖的设想:'哦,天啊,如果一场内战或一场大地震将加利福尼亚州的一部分撕裂开,我们得提前做好准备。'"他永远整装待发,并广泛投资房地产,如此一来,如果真的末日来临,他的家人将有许多逃生的选择。

在"末日准备族"中,有一个流行趋势是在新西兰购置土地和机场,然后再花钱获得公民身份。正如奥斯诺斯的报道所言:"在唐纳德·特朗普成功竞选总统后的7天里,有13 401名美国人在新西兰移民局登记,这是寻求居留权的第一步——这个数字比往常的17倍还多……就像瑞士曾经用私密性作为承诺吸引美国人,乌拉圭用私人银行吸引美国人一样,新西兰提供的是安全性和远距离。在过去的6年里,有将近1 000名外国人通过投资项目获得了那里的居留权,这些项目要求在某种类型的投资上至少达到百万美元级别。"

"末日准备族"的兴起只是更广义层面上文化疾病的一个极端症状。过去我们并不排斥与我们信仰不同的人进行正常的交流与沟通。我们曾经住在同一个社区,看同样的情景喜剧和晚间新闻,坐同一架飞机，一起参加体育锻炼，我们曾经在杂货店里聊天。但是现在我们不再与那些可能扰乱我们生活的事物有交集，把它们晾在一边，并将其从相反的观点中剔除。我们对"社区"的定义已经改变了，它不再指你身体周围的人，越来越多的人将它定义为一个人的网络，你可以用电子设备与之互相连接的人，你们有着相似的观点、品位和经验。与身处你周围的人随机形成一个社区的模式正在消失，多样性也随之而去。现在许多人的社交圈在某种程度上是由社交媒体算法决定的。

我们为自己建造的隔离带导致了 2016 年出现的政治格局——一个明显分裂的国家，人们不仅对他人的观点和处境缺乏理解，而且对他们的信念和困难缺乏判断与尊重。我们所生活的独立个体泡沫，也是导致巨大的金融泡沫形成的主要原因，我们选择忽视不断增加的政府债务、资金得不到保障的养老金负债和学生债务，就像我们忽视抵押贷款泡沫最终破灭，从而形成 2008 年全球金融危机一样。

在财富阶级的上层人群中，很少有人会公开反对生存主义。贝宝创始人之一马克斯·列夫琴与奥斯诺斯聊道："这是我很不喜欢的关于硅谷的少数几件事之一：认为我们是高人一等的巨人，能一掌定乾坤，即使失败了，也必须得到宽恕……我总是问人们：'你担心陷入万劫不复的境地，那你给当地的收容中心捐了多少钱？'在我看来，这一切与收入差距的现实联系得最为紧密，人们所有其他形式的恐惧都是假象。"

"末日准备族"真正害怕的是什么？他们并不害怕世界末日僵尸遍野，也不害怕地震，他们害怕的是知道这个系统正在贬值，而且变得越来越脆弱。他们不知道什么会促使他们认识中的世界走向末日，但他们担心末日的到来，当它到来时，他们希望能确保自己的特权得到保护。

越博学的人——那些建立了金融世界的华尔街人和那些引领科技发展的硅谷人——也是越担心整个系统可能崩溃的人,这是相当可怕的。这激发了比特币和其他加密货币的兴起。当人们对他们的公民社会、政府和金融机构失去信心时,他们开始投资其他替代品——储备黄金、建一个区块链、购买加密货币、组建一个私人军火库。

但如果他们的策略被误导了呢?我有很多朋友都是"末日准备族",当然,他们不会四处传播,而且通常能够容忍我对他们的动机和生存方式是否奏效而进行的反驳。我认为"末日准备族"的问题是,他们的假设可能是错误的。如果比起与世隔绝,与团体融合在一起才是让一个人生存下来的方式呢?如果人类文明坍塌,我们很可能不会继续生活在旧的架构里。例如,如果金钱失去了价值,那么为什么一名医生要来到你的地下掩体?"末日准备族"精心设计的方案可能可以使他们活过混乱的1个月,或者1年,或者更久,但这些都只是暂时的解决方法。就像现代版的法老一样,他们坚信如果能和自己所有的财产和资源埋葬在一起,这些特权就能随着他们转移到另一个世界去。

* * *

我们最近搬到了南湾地区的一个地方,这样就能离我女儿的学校和我的公司更近一些。我们已经厌倦了每天被堵在去往硅谷的路上,所以这次搬家会带来更多便利,但这也让我们受到了些许文化上的冲击,尽管这里与我们之前的房子只相距20英里。

在我长大的地方,斯普林菲尔德和橘子郡,我习惯了生活在一个周末大家可以一起聚在后院烧烤的邻里环境里,当然,也免不了有和隔壁邻居"琼斯一家"攀比的时候。在任何一个晚上,似乎社区里一半的邻居都会来我们家串门,他们只是随便看看,不会提前打招呼之类的。邻里街坊就是社区的同义词。

在我们买新房子的 15 年前，我们曾和房地产经纪人一起参观了这个区域。有一次，她眨着眼说道："别担心，永远不会有邻居上门来借糖的。"她说这句话时的自信和自在，说明她的这句话在过去很受用，尽管我觉得这既令人沮丧又令人担忧。我一直没有忘记这件事。我们后来决定去别的地方生活，但是 15 年后，当我们最终还是在那个社区买了一栋房子时，我想知道当初她所描述的那种私密和与世隔绝的氛围是否还在，于是我们试了试。在搬进来之后，我们给邻居发了信件和电子邮件，进行自我介绍并邀请他们过来玩，但一个回复也没收到。即使一年过去了，我们仍然没有见过他们。如果世界真的走到了尽头，我可不指望我的新邻居会团结在一起。

* * *

通往"另一条队"的决定因素是出身，种族、国家和性别也都有影响，还有你家庭的社会经济地位、心理建设能力和适应能力。我在这些方面都很幸运，但是，如果没有沃顿商学院的 MBA 学位，我可能就不会有机会和资源进入渗透在现代生活方方面面的"另一条队"中。

这些考虑因素不仅仅针对富人。如今，越来越多的人面临着同一个挑战，那就是如何在社会中设定限度，使得特殊权利变得更平和，更易于接受，并且能令人为之赞叹。任何一个拥有一定成功地位的人都在力争解决这些问题：追求"另一条队"的危害是什么？我们应该享有多少特权？"另一条队"对我们的幸福感有什么影响？

我们希望自己的孩子过上什么样的生活？我们能为他们行使多少"另一条队"的权利？我们能让他们接触多少"另一条队"产生的负面影响？通过使用我们的影响力、权力和金钱，是否阻碍了他们的发展，并影响了他们对一个健康社会应该如何运作的理解？

此外，动机的确很重要。我们劳动的成果必须是值得为之付出辛勤工作的。期待人们出于各种原因为社会做出贡献，为社会创造价值，而不是出于自身的动力，已经一次又一次地被证明是站不住脚的。去想象一个没有"另一条队"存在的世界是不现实的。

但是要如何平衡呢？在过去，社交货币是建立在个性、正直、智力、外貌、家庭历史、人口状况和人际关系的综合基础上的。而且这种货币只能在一个人所处的有限圈子里使用，包括工作的地方、生活的社区，以及或许是一个再扩大些的社交圈子。在决定我们是否能最终取得成功的过程中，美德曾起着主导作用。我们也曾相信，为了实现美国梦，必须努力工作。不知从什么时候起，美德被玷污了，渠道成为现代最强大的货币。

当我们的人生经历被一些特别的、难忘的时刻装点时，这个世界似乎会变得更加美好、更加快乐，而不是跻身"另一条队"就算是到头了。我们曾经想得到一份高薪工作、一套好房、一辆好车，还要有养家糊口的能力，能送孩子上大学，然后舒舒服服地退休。但是现在我们的渴望却变成了能够独享、私有最精致的奢侈品。美国梦变成什么了？

第十章

一切都和橘子押韵

民众与国家财政的脱离，使得民选官员能够更有效地管理复杂的政府资金运作，对此民众并没有时间、相关背景或愿望投入精力或进行监督。然而……这种脱离导致公共财政问责制和监督形同虚设，常常引发毫无责任心的决定，而这些决定往往被证明是具有破坏性的。

你是怎么破产的？"比尔问道。

"两种方法，"迈克说，"一种是逐渐破产，另一种是突然破产。"

——欧内斯特·海明威，《太阳照常升起》

1990年，一个名叫迈克尔的男孩于出生在加利福尼亚州的斯托克顿。斯托克顿后来被列为美国最悲惨的城市，在这个地方，饥饿和必需品短缺是不得不接受的生活现实。帐篷和用硬纸箱搭成的房子被建在干涸的河道上，成百上千的孩子住在里面。每个人都梦想着能逃出去，但他们不知道出口在哪里，所以渐渐地，很多人不再做这个梦。贫穷的枷锁和一定程度的自尊心，将他们束缚在自己的城市里。

迈克尔的母亲拉科尔在高三时生下了他，他的父亲也是一个十几岁的青少年，被关押在少管所里。毕业后，拉科尔在麦当劳打工挣钱供全家吃穿，后来在医疗保健领域找到一份工作，她制定了严格的规定，让迈克尔和他的弟弟只准待在家里看书，而他们的许多朋友经常在街上遇到闹事的人。迈克尔可以去教堂，可以在家附近的地方打篮球，但这就是他全部的活动范围。斯托克顿南部的种种危险气息就包围着他们，这里充斥着暴力和毒品，混合着枪声和警笛声。这里是毒贩和帮派成员的天下。

拉科尔希望她聪明、好学的儿子能够进入远离贫困的世界，于是她把他送进了城北的一所私立小学。上学的第一天，她告诉他："你要和医生还有律师的孩子一起上学了，你和他们一样优秀，一样聪明。"他相信了她的话，但是，当被同学邀请去家里过夜，发现他们住在封闭的社区里，房子还有二层楼、巨大的后院和游泳池时，他还是感到很震惊。他以前从未见识过这些东西，这是他第一次意识到自己的贫穷。和他一起长大的孩子大多从来没有离开过这个片区。

我在橘子郡度过了青少年时期，在那里遍地都是类似的财富和奢侈品。人们依旧想要更多的钱，但他们并不会被生存和维持生计等基本问题所困扰。我是从东海岸迁移过来的，在看到我高中的一些朋友家里的房子时所感受到的那种震惊，至今历历在目——网球场、游泳池、按摩浴缸、园丁、女佣和酒窖。我们家的房子的确是牧场式的住宅，但没有那么好。在那个富裕的世界里，我多少有些异于常人。我做了几份兼职工作，来支付大学学费，开着一辆破破烂烂的雪佛兰，但是我仍然享有不少特权。我生活在一个安全而富足的地方，这让一切都变得容易了。

相比之下，迈克尔的家乡是贫穷且不幸的。他的父亲在监狱外待过的最长时间只有几个月，最后依据"三振出局法"，他被判处终身监禁。迈克尔只在12岁的时候去监狱看望过他的父亲一次，他说："我不喜欢警卫对待人们的方式，各种搜查，这让孩子们更悲伤。这件事对我的影响很大，让我明白我不想被禁锢在牢笼里。"

他的好几个同学相继遭到枪击，或是被谋杀，或是进了监狱。因此，他努力地学习，成绩在班上名列前茅，上高中后，他获得了家附近一所公立国际高中的入学名额。他从小到大不断听到的一句箴言——一句给任何有前途的年轻人的建议——为了成功，你必须在能够离开这座城市的时候尽快离开。

尽管遭遇到了种种障碍，迈克尔还是获得了一所顶尖大学的奖学金。他家里没有人上过大学，他认识的人中上过大学的也寥寥无几。对于像他这样的人来说，上大学似乎是不可能的事情，但是他的母亲和其他一些乐观的人说服了他，使他相信自己正在朝着成功迈进，这也就意味着逃离。迈克尔眼看着自己周遭的城市不断崩塌，报纸上说，这座城市的文化教育水平全美排名最低，犯罪率排名最高。等到迈克尔以最优异的成绩从高中毕业的时候，城里的房屋止赎率达到了历史新高，越来越多的房屋被用木板封了起来，越来越多的人住在了帐篷和硬纸箱里。斯托克顿已经成为经济大萧条的起点。于是，迈克尔接受了奖学金，逃离了家乡，决定永不回头。

* * *

尽管它们现在是如此的不同，但是迈克尔和我成长的地方曾经其实并没有太大的差别。

在斯托克顿变得一贫如洗之前，曾是一座淘金热小镇。它位于圣华金河的港口，通过一条深水航道与旧金山湾相连，在运输货物以支持黄金开采业方面起到了很大的作用，于是，这座城市就围绕着这项繁忙的商业活动被建立了起来。加利福尼亚州最古老的州立大学——太平洋大学，于1851年在斯托克顿创建，一同建立的还有西海岸的第一所医学院。斯托克顿的地理位置也非常理想——内华达山脉和太浩湖就在附近，距离湾区只有一个小时车程，拥有中央谷地的肥沃土壤，是美国最富饶的农业区，这也使得斯托克顿成为一个充满活力的农业社群。

橘子郡也是起源于农业生产，就在 20 世纪 60 年代，那时警察巡逻都还经常骑着马。太平洋沿岸的许多城镇在变成极其富裕的社区之前，曾经居住的是水果采摘工和农场工人。随着州际公路在 20 世纪 50 年代逐步建成，这个县以之命名的柑橘园开始消失，同时消失的还有牧牛场和牛油果种植园。高速公路的建成引来新的企业公司总部和购物中心的落成，还有成群的游客——迪士尼乐园于 1955 年在阿纳海姆开园。位于太平洋沿岸，绵延 40 英里，深入内陆，面积近千平方英里[①]，橘子郡摆脱了其农业属性，将自己重塑为洛杉矶的居民生活社区，人口数量从 1950 年的 20 万增长到后来的 300 多万。一路走来，它成了美国非常富裕的县郡之一。

自第二次世界大战以来，位于斯托克顿的大规模美国海军补给站一直为该地区提供工业和就业机会，但从 20 世纪 90 年代中期开始它们逐步被淘汰。随着淘金热和海军时代的结束，大多数居民陷入痛苦的生活，斯托克顿急需对其自身进行改造。城市管理者把目光投向了高速公路——爬过棕色山丘缓缓向下延伸至湾区闪亮繁华世界的高速公路。为了吸引一些"闪亮繁华"到东边来，他们把斯托克顿重新包装成了一个居民生活社区，对于那些对旧金山和硅谷的高房价望尘莫及的人来说，这里会是一个更实惠的选择，于是他们开始以惊人的速度建造新的住房。

随着时间的推移，斯托克顿和橘子郡都陷入了历史性的破产事件。这些事件的起因相似——领导能力低下、目光短浅、对未来抱有不合理的乐观想象，以及受到华尔街危险贪欲的影响——但破产对这两个地区的居民群体所造成的损害却截然不同。

* * *

1994 年 12 月，当我穿过所罗门兄弟公司的办公楼层时，听到

---

① 1 平方英里约合 2.59 平方千米。——编者注

有人在小声讨论关于一场大规模破产的事，顺便分享了几家报纸的头条新闻。"橘子郡"几个大字被印在《纽约时报》和《华尔街日报》的头版，但我想这不可能是我在加州的那个橘子郡，一个如此富有的地方是不可能破产的。我知道佛罗里达州也有一个橘子郡，曼哈顿哈德孙河上游也有一个。也许就像斯普林菲尔德一样，每个州都有一个。但等我来到办公桌前找出自己的报纸时，它出现了——我的家乡破产了。

橘子郡雇用了所罗门兄弟公司来评估经济损失。第二天一早，公司将派一个团队飞过去，以确定问题的严重程度。我刚刚被提升为副总裁级别，我的上司知道我来自橘子郡，所以他们询问我是否愿意接受这项任务。整个过程可能会持续几天。

第二天早上，我带着一个轻便的包飞回了我的县，想搞清楚它到底陷入了怎样的困境。一年半之后我才再次回到纽约。

* * *

这场混乱的造成经过了多年的积累，一切问题都集中在橘子郡的长期财长和税务员罗伯特·塞特隆身上，人们还以为他有点石成金的本事。所罗门兄弟公司第一次和塞特隆打交道是在很多年前，当时我们的利率衍生品销售部门主管迈克尔·考伯特飞过去和他开过会，浮夸的塞特隆穿着一件宽松的鹅黄色套装现身。塞特隆对自己所做出的投资的认知令考伯特（他在 2012 年成为花旗集团的 CEO）不屑一顾，他从一个公用电话打电话到纽约办公室，报告说罗伯特·塞特隆根本不知道自己在做什么，所罗门兄弟公司不会继续与该县做生意。如果有人那时就留意到这些警告信号，这些事就不会发生。

可橘子郡的人们选择了忽略。他们喜欢罗伯特·塞特隆。在这个共和党和自由主义的大本营，招摇过市的民主党人塞特隆因为他的怪异而备受欢迎，他基本上就是一个非官方的橘子郡吉祥物。《橘子郡记事报》是这么描述他的:"罗伯特·塞特隆是个古怪的人。他对纳瓦霍人的珠宝情有独钟,对南加州大学橄榄球队有着无比高涨的热情,连他汽车的喇叭声都是特洛伊战歌,车牌上写着LOV-USC(爱南加大),尽管他并不是从这所学校毕业的。这位前财长、税务员曾向灵媒和占星师咨询市场动向。他收藏了300条领带,但很少戴。他为克莱斯勒汽车写过长达14页的赞美诗,炫耀过自己曾用来精确计算餐馆赊账并逃过付款的一块计算器手表,因为人们相信他是个天才。"

罗伯特·塞特隆1925年出生于洛杉矶,1960年开始在橘子郡税务局担任初级职务,10年后他当选税务局最高领导,县政府随后将这一职务与财长合并,尽管塞特隆在投资和金融方面毫无经验,但这给了他控制橘子郡所有资产的权力。他反过来依赖华尔街公司的指引——其中最主要靠的是美林公司——并于20世纪70年代初开始替该县进行投资。他投资的资金来自房产税,筹集这些资金的过程非常不正常,当橘子郡的房主缴纳房产税时,他们被要求将支票开给罗伯特·塞特隆,而不是按照惯例开给橘子郡。现在回想起来,这又一次表明,塞特隆是把财长/税务员的工作视为一个建立个人名望的机会,而不是在履行一项无私且高效的公共服务。作为一名民选官员,他找到了一个有效的方法让自己的名字深深扎根于选民的意识,让他们必须每年直接给他开两次支票。

塞特隆在华尔街的投资主要集中在衍生性金融产品上——没有多少人听说过这种金融工具,这就让他看起来更像是一个金融奇才。众所周知,金融衍生品的风险高,并且令人费解,沃伦·巴菲特曾将它们描述为"大规模杀伤性金融武器,带有潜在的致命危险"。金融衍生品的价值取决于其与标的资产之间的关系。塞特隆购买的不是基础债券,而是价值与市场利率变动有关的债券衍生品。几乎在所有的情况下,塞特隆都在赌利率会持续下降,这将对衍生品的价值产生积极的影响，如果利率下降，该县资产的价值就会上升，反之亦然。但是要相信他真的知道利率会发生什么，那纯粹是痴心妄想，影响利率的因素有很多，这完全超出了任何人的预测能力，例如通货膨胀、就业、国内生产总值、制造业产能和外汇汇率等，这些只是众多因素中的一小部分，就足以说明这是一项谨慎的投资策略。其实，说白了就是公然的猜测，就像在超级碗上下赌注，赌注不是被下在真正的比赛上，因为球队总会有优劣之分，而是在赌下一个商业广告中出现的是人还是动物。谁能坐在客厅里，端着一盘玉米片，就猜测出结果呢？

然而塞特隆认为他已经解决了这个难题。从里根总统任期开始——他可是橘子郡的偶像——利率一直在下降。这种趋势持续了很长一段时间，这使得塞特隆看起来出奇精明，公众对他能力的信任值飙升。最开始，他投资进去数百万美元，然后是数千万美元，数亿美元，最后是数十亿美元。有了这种级别的赌注，以及塞特隆的投资水平，利率不需要有太大的变动就能使他赚取或亏损很多钱。长期政府债券的利率每变动一个基点，也就是百分之一的百分之一，就可以使该县的资产产生数百万美元的变化。其他市政当局、城市、学校和公共机构注意到了塞特隆的成功，都想要分一杯羹，于是他同意建立一个资金池，接受它们的资金，并与县政府的资产一起进行投资。为了感谢投资者对资金池做出的贡献，塞特隆给了他们一个很高的回报率，并允许他们随时提取资金，以用于市政运营。

除了成为一名优秀的政府官员，以及帮助尽可能多的公民这两种动机之外，塞特隆同意做外部资金的投资并不能使橘子郡获得什么特别的好处，他也没有赚取任何的费用来管理资金池。他的动机更多是出于骄傲、自负和对关注度的热爱，同样的动机促使他佩戴华丽的珠宝，穿亮色的西装。同时，他告知橘子郡的居民直接把他们的房产税支票写给他。他希望被人注意到，并被人记住。

虽然没有明确的不合法，但是一个县以这种方式进行市场投资是极不寻常的，因为房产税的钱是用来支付政府日常开销、公共服务和公职人员的薪水的，包括教师、警察和消防员。对于这些钱来说，更为恰当的投资行为是把它投入一个简单、安全的金融工具中，类似于支票账户，用来支付这些费用。同样的道理也适用于资金池里的外部投资者，他们在拿自己的基本营运资金冒险，如果塞特隆并不是他们所认为的天才，那么他们就是在做出一个巨大的、可能带来灾难性后果的错误判断。

公众似乎没有注意到塞特隆的所作所为，但是如果有人能回头看一下导致该县金融崩溃的年度报告，就会发现有明显的证据表明中间出了问题。橘子郡的年度报告是公开的，其中包括的信息详细说明了收入的来源。例如，前几页上的简单饼状图就显示，在短短10年内，利息收入就从该县可自由支配收入的0飙升至40%。没有人会想去问这些钱是从哪里来的。当一个人在大把捞金的时候，没有太强烈的动机去仔细研究钱是怎么来以及为什么来的。

塞特隆购买的金融衍生品种类以及他所面临的风险之大是空前的。他将76亿美元的公共资金投入投资池，用于杠杆投资，最高时达到206亿美元。他借钱来增加自己的赌注，因此进一步增加了对利率变动的风险敞口。到20世纪90年代初——在他担任县财长的20年后——美林公司说服了塞特隆将资金投入越来越多的异形证券里，像是"随着时间上涨的双倍反向浮动利率债券"，虽然风险巨大，但可以带来可观的利润。在一段时间里，事情进展得很顺利，有一年，单金融衍生品投资这一项就为县政府带来了3.44亿美元的收益。"我不知道塞特隆是怎么做到的，"监事会的一名成员评论道，"但感谢上帝他做到了。"投资池赚得盆满钵满。

然后，突然之间，就不再赚钱了。1994年2月，利率上升，资产池中的大部分资产被蒸发了，但塞特隆——在美林公司的建议下——翻倍"下注"。利率继续对他不利，但是塞特隆仍然增加了赌注，天真地相信利率会恢复长期下降的趋势。资金池里的钱在不停地大量流失。

在塞特隆最初开始购买金融衍生产品时，美林公司和其他许多华尔街公司为他提供了贷款，使他能够增加投资杠杆，本质上就是如果塞特隆想押注 1 美元，华尔街会再借给他 2 美元，于是在借来的资金的帮助下，他的押注成了原来的 3 倍。而他的豪赌甚至比这更可怕，因为他购买的证券通常已经被加了好几倍的杠杆。随着崩塌的进一步加大，那些华尔街公司变得紧张起来。它们估算了塞特隆的损失，并希望他能偿还借款，因此以过低的价格迫使其清算投资池的大部分资产。在 1994 年 12 月 4 日，县政府官员决定是时候把色子从塞特隆身上收回了。他们开车到他家，按了门铃，递给塞特隆一封辞职信，他在上面签了名，然后大哭起来。两天后，县政府申请破产。没有人预见这一切的到来，也许，除了那些向他出售金融衍生品的银行家。

早在 1992 年，美林公司就已经发布了关于塞特隆投资组合风险的内部备忘录，但并没有人理会这些提醒，更别说是提高警觉了。很显然，银行内部的许多资深人士明知道他们的做法是错误的，但依然任其继续，向塞特隆出售风险越来越高的金融衍生品，每一次都收取费用和佣金。橘子郡已经成为美林公司的五大客户之一，也是世界上规模很大的衍生证券买家。不管塞特隆的投资有多不稳定，多不妥当，银行都不愿意损失这项业务。

他的律师后来辩称，经过测试，69 岁的塞特隆的数学仅达到七年级水平，有严重的学习障碍，而且长期患有痴呆症。塞特隆也承认，他对自己的所作所为缺乏基本的了解，只不过是遵循了银行家的建议。他们拉着他的手，把他带进了"屠宰场"。

***

华尔街善于"画大饼"的技巧也使斯托克顿成了受害者,即使这"饼"最终既不能持久又具有灾难性。

从 20 世纪 70 年代的经济衰退开始,斯托克顿就陷入了破败之中。市中心几乎空无一人,20 世纪 80 年代毒品的泛滥以及随之而来的犯罪活动侵蚀了整座城市。帮派活动激增,斯托克顿被重新冠名为"毒品暴力之城"。

到 1997 年,当加里·波德斯托成为市长时——他连任了两届——经济开始好转,尽管大多数社区仍然生活在某种程度的贫困之中。波德斯托想要做一些能流芳百世的项目,他觉得重建破旧的市中心区域刚好是这样的一个项目。房地产的繁荣期也到来了,这种不断向上的势头促使市长办公室和市议会通过开发大型项目来振兴斯托克顿。波德斯托和市议会聘请了一位咄咄逼人的市政经理马克·刘易斯,并每年付给他将近 20 万美元的高薪。刘易斯自作主张,说服市议会成员应该获得更好的成果,现在就是他们的时代。他在 2005 年的议会会议上宣称:"斯托克顿是一块宝地,我的意思是,我认为,呃,它是整个加州的一块宝石。"即使是最忠实的斯托克顿拥护者也会从这样一个歪曲事实的夸张声明中嗅到胡扯的味道。

波德斯托和刘易斯提出了大规模的新发展项目,以期重振这座城市的声望,也许这能吸引到湾区移民,并说服世界重新正视斯托克顿,将其作为商业、资源和娱乐的中心。他们推出了圣华金河滨水区的计划,毗邻市中心——一个半世纪前斯托克顿城正是依托这个港口而建的。这将是一次彻底的改造:新的建筑群和活动中心、一个体育场,以及配套的基础设施。通常这种规模的项目会超出任何城市的运营预算,这时就需要华尔街的介入了,它们给斯托克顿提供了一种一劳永逸的实现梦想的方式,就是通过发行债券来支付成本。经过积极的投票,市议会全力支持这项计划,7 名成员中仅有 1 人表达了担忧并提出异议。当第一批 4 700 万美元的市政债券发行时，很快就被卖光了。

市政项目破土动工，开始修建斯托克顿体育场，即一个容纳 1.2 万个座位的巨大场所，可以举办演唱会和体育赛事，其中还将包括一个酒店和户外棒球场。计划还推进了修建新的停车场和售价在 7 位数的公寓楼，并耗巨资翻修码头。体育场项目的成本预估高达 1.5 亿美元，并在不到一年的时间内建造完成，市政府在 2006 年 1 月 15 日宣布尼尔·戴蒙德将在开幕式上进行表演。

斯托克顿是一个工人阶级小镇，几乎一半的人口都是西班牙裔。戴蒙德的粉丝群大部分是白人，只占斯托克顿市民总数的 20%。所以，邀请戴蒙德来新体育场进行开幕式表演是一个非常有问题的选择，毫无疑问，表演门票根本卖不动。戴蒙德的演出费用是用公共资金支付的，市政府拒绝透露具体的数额。最后，在来自媒体的一连串压力之下，他们承认预订这位穿得金光闪闪的男歌手在斯托克顿演出的费用是 100 万美元。

马克·刘易斯这位著名的城市经理是由波德斯托市长任命的，他拥有可自由支配开支的权力，其中就包括决定向尼尔·戴蒙德支付的高额费用。在演唱会的前一周，刘易斯承认这次活动预计会亏损，最终花费了纳税人大约 396 650 美元。让事态变得更糟糕的是，演唱会指定的慈善机构斯托克顿公园与游憩基金会空手而归。演唱会结束的两天后，市议会投票决定开除马克·刘易斯，至此他已经在这个职位上工作了近 5 年。

花 100 万美元请尼尔·戴蒙德——不管是喜欢他还是讨厌他——就是一个很好的说明市政官员与他们的选民群体之间有多么脱节的案例。码头项目也是一个类似的失败例子，揭示了市政官员并不知道该如何为斯托克顿的民众服务。在一个被贫困压倒的城市里，没有多少居民会去找地方停靠游艇。

"对于当时的市政领导人来说，"市议员迈克尔·塔布斯后来说道，"有一种压力是你想留下点功绩，做出点成绩来。但是想创造一座伟大的城市，不可能让城市中 22% 的人口依旧生活在贫困中，让孩子们上不起学，让一半的工作人员拿的是最低工资。这样，你永远不可能有支撑所有这些昂贵资本项目的税收基础。凡事有轻重缓急，我认为作为一个城市的组织者，我们的投资理念走偏了——我们在一只猪嘴上涂口红，建造一个码头和一个体育场，然后希望它们能带来收益。总有一天它们会的，但那是在人们有了可支配收入，愿意花钱来使用这些便利设施的时候。"

* * *

21 世纪初期，当加州北部开始从互联网泡沫的破灭中复苏时，房地产市场增长到历史性水平。横跨整个斯托克顿的住宅区建设呈爆炸式增长，为的是能够吸引湾区的上班族。在大多数地方经济体中，住宅地产在整体增长和价值创造中所占的比例很小，但在斯托克顿，由于该市基本上已经将核心产业转向了住宅建设，很大一部分资金来自住房抵押贷款债务。斯托克顿依靠其邻近科技和文化中心的地理位置赚钱，很快就获得了滚滚而来的房产税收入。房价中值在短短 6 年内翻了两番。

在此之前，斯托克顿还对未来养老金做出了过多的承诺，该市低收入的警察和消防员可以在 50 岁退休，同时他们的养老金和福利也会增长，还可享受终身医疗保险。根据假设，向一位 50 岁的退休人员提供养老金和医疗保健福利，将产生一笔现值约为 150 万美元的未来债务。虽然没有人会反对这些重要的社会公职人员需要得到照顾，但是斯托克顿的做法很不负责任。在千禧年来临之际的市场繁荣时期，过度承诺养老金似乎并没有什么太大的风险。然而，城市管理者犯了和用大规模债券基金发展项目同样的错误，他们觉得行情好的日子永远不会结束。"在经济繁荣时期，我们做了许多的承诺,这些承诺仍在继续,"市议会成员塔布斯说,"但我们的假设是,我们税收收入的增长率将永远保持这个天文数字。人们得用巫术数学才能解决这一问题。"

大家都知道接下来发生了什么。从 2007 年开始,市场跌至谷底。在之后的几年里,也就是大家所熟知的金融危机时期,全美国有近 900 万人失业,数万亿美元的家庭财富被蒸发,每年大约有 400 万套房子被取消抵押品赎回权。仅 2008 年,道琼斯公司就损失了超过 1/3 的总市值。尽管这种损害在全球范围内蔓延——影响到个人以及抵押贷款人、投资银行、保险公司、汽车制造商和商业银行,这些商业银行还迅速从发放小型企业贷款的风险中撤离(导致 250 万家企业倒闭),但可能没有哪个地方比斯托克顿受到的打击更严重,这里有着全国最高的人均止赎率。

这意味着房产税收入没了,而且很快就证明了体育场和其他主要的开发项目是轻率之举,因为斯托克顿根本无法偿还债务。市政管理者发现自己面临着严重的预算短缺。随着失业率的不断上升,斯托克顿人挣扎着维持生计,更别说要用消费来刺激当地经济了,许多企业纷纷倒闭。这造成了一个恶性循环,企业倒闭,加上建设项目的停工,使更多的人失业,这样一来,他们便陷入更深的贫穷,很多人失去了自己的家园。

似乎,斯托克顿的复苏梦在一夜之间被粉碎了,这座城市从一个充满骄傲、乐观和塔式起重机的地方变成了一个充满怨恨、绝望和流浪汉的聚居区。

* * *

1994 年底,就在橘子郡申请破产的几天后,我与所罗门兄弟公司的一小队人马飞了过去,受雇为该县评估损失。我们准备清算资金池,并将资产进行重新投资,如果事情真的到了那一步。我们在行政大厅设了个临时办公室,第一周里,我们的电话就没停过，美联储的高级官员、美国证交会主席阿瑟·莱维特、克林顿总统的高级顾问乔治·斯蒂芬诺伯罗斯、所罗门兄弟公司的董事长兼沃伦·巴菲特的顾问罗伯特·德纳姆全都打电话来想了解发生了什么，并提出建议。

橘子郡成了美国历史上最大的市政破产案，也因此成为一个重要的国际新闻。媒体蜂拥而至，各方关系都相当紧张。我们很快就意识到，我们所做的一切都将受到攻击，不管我们做的是什么，总会有人起来大声反对。尽管我们不应该受到指责——因为在申请破产保护之前，所罗门兄弟公司从未以任何方式与橘子郡有过瓜葛——但我们是它们唯一可以宣泄的对象。监事会的人基本上都躲起来了，把我们留在第一线回答问题，提供最新情况，以及制订解决方案。

民选官员和监事会对金融的无知程度令我们震惊，他们当中没有一个人能理解塞特隆是如何让这个县破产的，甚至没有一个人对金融衍生品有哪怕一点基本的了解，而他们的工作就是监督他的行为。但话又说回来，每次危机似乎都伴随着一种新型怪物的诞生。这起破产事件引发了大众对金融衍生品的焦虑和争论——如果它们对橘子郡造成了如此大的伤害，它们是否应该受到管控，甚至被禁止？又或者该县是否只是在超出适合市政投资的风险级别和复杂程度范围的情况下进行了投资？这些都是围绕着古板的市政金融世界的新问题。对于我们来说，这些问题是次要的，我以为这些问题会在县政府摆脱困境之后才会被其他人讨论。

到月底的时候，我们已经评估并清算了资金池。尽管塞特隆的投资让整个县陷入了金融混乱，但我们团队在迈克尔·考伯特的领导下，还是做到了以市场价格出售这些资产，但这仍然让橘子郡蒙受了16.4亿美元的损失，这在当时是一个惊人的数字。现在由于县政府不能再依靠投资池的收入，而导致可自由支配的预算资金出现了40%的缺口，更别提县政府还缺少资金来偿还到期的债务，而且大笔的债务很快就要到期了，所以，收入报表和资产负债表存在很大的问题，需要彻底重组该县的财政，然而此刻它正处在债务违约的边缘。

我们最初被委托的工作已经完成，返回纽约的有力理由也不少——而且所罗门兄弟公司的每个人都坚信，继续从事这个项目无异于自毁前程——但我还是决定留下来，力争引导橘子郡走出破产的阴霾。这里是我的家乡，而且这场危机也给我带来了前所未有的挑战。

我们把顶层的会议室改造成了"作战室"，并开始研究可能的解决方案。每天都有人带甜甜圈来开启我们马拉松式的战略会议。

前加利福尼亚州财政部长和财政主任托马斯·海斯经常加入我们。州长皮特·威尔逊邀请他作为资深县级公职人员加入团队，帮助清算资金池，并启动复苏进程。

我们注意到海斯从来不吃甜甜圈。"有什么问题吗？"我们的投资银行分析师汤姆·普赛尔问他，"你不喜欢甜甜圈？"

"作为一个县级公职人员，我是不能收礼物的。"

"这不是礼物，是甜甜圈而已。"

"道德规范不是我定的。"海斯说道。

但我们还是不想放过他。

"好吧，"他最后说道，"多少钱？"

"一个甜甜圈？呃，82美分怎么样？"普赛尔笑着说道。我们准备了一个杯子，让海斯每天早上把钱放进去，这样他就可以吃一个甜甜圈了。我们会看着他在手心里数着零钱，扔进杯子里，然后我们坐下来讨论县政府是如何给它们的资金池加了三倍的杠杆，并在高风险金融衍生品投资上损失了将近20亿美元的，但是他们却不允许政府官员接受一个甜甜圈。

1995年4月，罗伯特·塞特隆向警方自首，对6项证券欺诈和挪用公款的指控供认不讳，这意味着他将面临长达14年的监禁。审判定于11月进行。最要命的发现是，塞特隆秘密地为其他参与投资的政府机关保存了第二套账簿。他不是在为自己捞钱，而是为了橘子郡——非法将8 900万美元转入该县的账户，理由是，由于他的金融才干，资金池获得了如此高的利润，该县理应获得比其他投资者更高的回报率。

* * *

我们在解决破产问题时，第一项重要的工作是提议适当增加0.5%的销售税，这将能够提供必要的收入来重组和偿还橘子郡的大部分债务。在等待公众投票的同时，我的团队也在努力寻找其他资金来源。我在寻找新收入来源的过程中，发现了一个最令人难忘、最生动的问题。在关于垃圾掩埋场是否可以接收来自县外的垃圾的公开讨论中，一位关心此事的市民诚恳地问道："有没有可能接收干净些的垃圾，避免接收更脏、更臭的东西？"

我们继续努力，从每一个可能的来源寻找潜在的收入，包括像停车罚单这样微小的事情，或调查是否有土地可以出售，或我们是否可以授权在整个县范围内建造手机信号塔，而这些信号塔在当时尚未建成。我们还研究了是否可以使公园私有化，甚至是否能私有化约翰韦恩机场（最后发现这没有什么价值，因为它是由航空公司管控的）。我们翻遍了每一块石头，但还是没有足够的钱。

一天下午，在离行政大厅几个街区的地方，我和橘子郡治安官布拉德·盖茨还有所罗门兄弟公司的市政金融教父戴尔·霍洛维茨在人行横道上等红灯，霍洛维茨刚好从纽约飞过来进行例行访问。我们一直在讨论每一个县级机构的政治复杂性，准备在午餐时继续谈论这个话题。街上空无一人，信号灯却一直没变。看了看路两边之后，戴尔开始横穿马路。

"不，不，不，"警长说道，"等一下，霍洛维茨先生，等绿灯亮。"

"开什么玩笑？"戴尔说道，"根本没有车。"

"我没有开玩笑，"警长说道，"你敢乱穿马路，我就揍扁你。"

纽约人戴尔怒火中烧。

我们知道盖茨警长是这个县非常重要的人之一，他得站在我们这边。盖茨是一个身材高大魁梧的人，老橘子郡的作风在他身上融合——骑在马背上的粗犷男人，农场、果园还有牛群。他是迄今为止最受欢迎的民选县级官员，经常被描述为现实世界里的约翰·韦恩。事实上，多年来，警长也与韦恩建立了友谊，甚至赢得了这位银幕牛仔的选举支持："布拉德·盖茨是我喜欢的那种能胜任艰苦工作的男人——他拥有真正的勇气。"（盖茨警长履历中的一个亮点是曾指导过对O.J.辛普森的追车行动。）由于盖茨被人尊敬、钦佩，以及敬畏，当他支持增加销售税时，我们都松了一口气，因为这件事，他还受到了保守派选民的强烈抨击。讽刺的是，为了获得居民群体的认可，我们需要他，而他承认自己对金融知之甚少。但是他确实诚信、正直且信守诺言。

县里其他的民选官员就不那么愿意支持我们的增税计划了，他们担心这样的立场会带来政治损害。5位监事会成员争论他们中的哪两位可以站出来反对这项措施以保全面子。

"等等，"我们说道，"你们5个都必须支持这项法案。"

"为什么？"他们问道，"我们只需要三张赞成票就可以使它进入全民投票表决。"

"但这不仅仅是让它进入全民投票阶段，"我们恳求道，"而是要赢得它，你们所有人都必须支持它才能使它成为现实。"

公众似乎对债务违约的可怕后果同样持着漠不关心或一知半解的态度。在无数次的公开和私人会议上，我们解释和讨论了这个问题，但所有人有都无动于衷。

我们会说："你必须偿还自己的债务。"

然后他们会说："为什么？不偿还会怎样？"

"首先，利息支出会变高。"

"好吧，那我们就支付更高的利息费用，或者我们干脆就不借钱了。"

"但你们需要借钱。"我们会说。

"我们为什么需要借钱？"他们如是问道。

然后我们会解释说，如果没有市场的准入，这个县就无法运转，因为市场可以资助经济增长和基础设施，如学校、道路等的建设。如果我们县拖欠债款，那么它就有可能被排斥在市场外，并被切断经济资助。

尽管如此，他们还是很难理解潜在的损害会有多大，以及为什么这些问题会和他们相关。于是我们开始从头讨论这个问题，但似乎永远无法取得任何进展。

市民与县里的财政和各项运转缺乏关联，他们不理解，也没有参与感，所以他们不觉得解决这个问题是自己的责任。系统已变得过于复杂和模糊，涉及深奥的市政金融发行，如 TRANS（税收与收益预期债券）和 COPS（参与证书），根本没人听说过这些债务工具。

我们与政府财政的进一步脱节与过去几十年的经济扩张相吻合。世界各国的中央银行行长和财政部长声称他们创造了这种积极的增长势态，而我们则相信了他们的话。我们第一次开始相信，站在最高层的玩偶操纵者只需提一提手里的线，就能让世界变得更美好、更有生产力。比如，如果一个中央银行行长做出提高或降低利率的决定，哪怕只有 0.25 个百分点，就可以促进经济增长，或者在通货膨胀不断上升的情况下防止经济过热。

为了填补政府财政理解方面的空白，我们对宏观经济决策，如联邦支出和利率政策，产生了危险的盲目信任。这导致我们放松了对大多数其他政府财政问题的警惕和监督要求。地方经济政策似乎不再重要。我们被迫相信只需稍稍调整一下利率或者增加联邦支出，所有的经济问题都会迎刃而解。宏观经济政策就像海上飘过来的一大片迷雾，模糊了我们对政府财政问题的看法和理解，而我们似乎也满足于将自己的责任感和参与感拱手让给更高的权力。我们开始接受可能无法承受的借贷和支出数额，同时对巨额数字的意义日渐麻木。

在尝试对我们金融体系的可行性进行评估时，有一个数字比其他任何数字都更为重要，简单地说，就是我们所承诺与所拥有之间的差异。这个差异代表的是我们金融系统所承受的负担，它是一个负数，因为未来的债务是远远超过现有的资产的。为了便于讨论，我们把这个负数称为"净财政负担"。把这个概念再延展出来一些，我们的财政义务和承诺包括所有的政府养老金和退休福利，以及社会保障、医疗保险、医疗补助，当然还有国家债务（大多数专家估计有22万亿美元，并还在持续增长，即将与我们年度国内生产总值水平持平）。这些义务和承诺构成了我们所欠的金额。从现有的资金中减去这一数额，其中包括为履行这些承诺而积累的现金，加上这些现金的投资回报，以及未来的预期捐款，这一差额就是我们的净财政负担。

问题在于，这一数字庞大到难以估量，而且人们对这一数字存在很多分歧，使我们很难计算出真正的净财政负担。例如，我们的养老金赤字是4万亿美元还是20万亿美元，取决于你问谁。难以明确真实的数字只会加大我们对这一数字量级的理解。当处理如此庞大的数字时，数量级是一个难以掌握的概念。对于一个正常人来说，"万亿美元"和"不计其数"是一样抽象和虚无的，然而这些赤字和缺口却是真实存在的，也是非常危险的。

可以知道的是，我们所欠下的数额远远超出我们所拥有的数额。我们的净财政负担已达数十万亿美元，乃至数百万亿美元，足以对金融和经济体系未来的生存能力造成巨大压力。我们无法得知这种压力是否以及何时会变得过大，但是没有什么是可以逃过物理定律的，每个事物都有一个极限点。这不禁让人疑惑，为什么我们没能更加关切、更加恪尽职守地对这种危险进行评估？

相反，似乎有越来越多的声音主张扩大借贷和政府开支，以实现各种政策目标。诺贝尔奖得主和政界人士也提出了一些理论，其中包括对一个名为"现代货币理论"的百年理论的复兴。该理论认为，政府对货币的垄断控制使得——恨不得说是要求——任何财政政策的实施都是以保证充分就业为前提。例如，印刷尽可能多的货币，而无须担心这种行为会导致通货膨胀，或可能导致系统性金融完整性的丧失。尽管这种政策有可能会取得成功——应当指出的是，该政策尚未得到过成功执行——但对现代货币理论的支持似乎表明，我们对日益增长的债务负担的关注确实有限。

这种漠不关心的态度首先表现在橘子郡居民的行为上。1995年6月27日，开始对增加销售税的提案进行公众投票，投票结果将这项提案扼杀在了摇篮里。通过投票传递出来的信息是，选民并不在乎县里的财政状况，或觉得县里的财政状况并不该由他们负责。县领导层把自己卷入了这场混乱之中，因此，并不应该由市民来负责结束这场混乱。

增税措施失败后，橘子郡的债务交易价格大幅下跌。甚至一度没有市场，因此我们无法获得它的报价。这很反常，但最终还是逐渐明了了起来，除了少数县一级人员，还有我们这些局外人——所罗门兄弟公司团队和我们的顾问——就再没有其他真正关心解决破产问题的人了。每个人都告诉我们，他们希望这个问题被解决，但是没有人——无论是市政机构，还是民选和被任命的官员，市民似乎也在列——愿意承受哪怕是最轻微的不便。他们说，解决这个问题，但是不要来烦我；这不是我的锅，我不背。

* * *

关于我们销售税提案的公投结果突出地表明，在成功的可能性出现之前，失败往往是必经之路，而且在传统的方法被消耗殆尽之前，人们通常是不会尝试新想法的。增税提案被这个著名的自由主义派县否决并不令人惊讶，但我们必须先试一试，因为用这种方式增加收入是解决大多数金融危机或财政赤字的方法。在橘子郡，这种策略完全行不通，但它给了我们推进新想法的机会。

我们的核心合伙人之一，领导法律团队的布鲁斯·班尼特，是一位才华横溢、头脑清晰的破产律师。在预料到我们的失败后，布鲁斯提出了一个替换方案，一个让利益三方共同承担各自痛苦的法律解决方案，即减少公众服务，降低应付给债券持有人的金额，并削减未来的养老金。

与此同时，我和同事贾斯汀·贝尔斯已经开始悄悄制订我们自己的备用计划，且暂时对此保密，我们想先积累起绝望情绪，等到各方都感觉县政府就要拖欠债务了的时候。在销售税提案失败后的几周，我们乐观地认为，大家不仅会接受一个新的提议，甚至会渴望得到一个新的提议。我们的计划——罗宾汉计划，将从战略上把财政收入从最富有的和非必要的机构转移到主要的县财政部门，例如给水管理区、交通管理局、城市、公园和娱乐场所、海滩和港口，以确保不影响教育、执法、消防和卫生服务部门的预算。尽管该计划名为"罗宾汉"，但其中并没有涉及盗窃行为。该计划利用现有的税基来偿还即将到期的债务，且并未严重损害该县向市民提供服务的能力。

为了实施罗宾汉计划，我们必须找到钱。我们开始寻找那些看上去资金充裕的机构，贾斯汀负责收集它们的财务信息。他一般会先电话联系，然后开车到对方的总部取财务报表的实体副本。他说："我可能是唯一要求需要这些见鬼玩意儿的人。这些文件必须依法开具，但对方没必要一定开给你，而且这些文件在其他地方又找不到。"那时这些文件还没有被存储在网上可供轻松下载。

"加利福尼亚州的系统创造了大量的独立'小金库'，"贾斯汀回忆时说道，"橘子郡只怕得有30个给水管理区，每个区都有房产税拨款，都有自己的收入来源。例如，尔湾牧场给水区就有高尔夫球场和酒店，还有巨额的储备基金，所以我们基本上就是在翻找这些隐藏起来的'小金库'。其中一些看起来像是房地产开发商的行贿基金。钱是有不少，但没有一笔是县政府能够动用的，因为根据加州法律，房产税是直接划给每个给水区的，还有不少流向了卫生部门和橘子郡交通管理局。我们的想法是：去这些'小金库'里找钱，如果它们有资金，那么我们可以改变这些资金的流向。"

大体来说，我们的计划就是打破圈钱的壁垒，转移资金。从数学上讲，这个计划是可行的，但我们知道那些管理着我们想要截获资金的机构的政府代表一定会来阻挠。1995年7月30日，我们向监事会提交了计划，尽管所有人都不喜欢这个计划，但他们还是投票通过了。那些机构负责人把自己的利益置于县政府的利益之上，甚至连主要受益人之一的债权人都看不起这个计划，《洛杉矶时报》引用机构顾问乔恩·肖茨的原话："他们这个计划是不是还附送呕吐袋？"他们认为这是个白日梦，而且因为怀疑这个计划的可行性，他们并不想在注定会失败的事情上浪费时间和精力。

* * *

一队坐着轮椅的人在拥挤的过道缓慢前行，最后停在讲台的麦克风前，轮流等着向面前桌子后面坐着的橘子郡监事会成员和银行工作人员喊话。现在正在说话的市民解释说，他患有糖尿病，享受不到什么好的医疗保险，而且没有工作。"如果你们认为可以来我们这里，停用我的公交车，那就大错特错了！"他身后的人群欢呼起来，似乎给他的怒火上浇了一桶汽油。"没错！"他说道，"告诉你们吧！没有59路公交车，我就没法去找我的医生。"

监事会主席加迪·瓦斯克斯向前探身，靠近自己的麦克风，提醒说话的人三分钟时间到了。

"什么？"那位市民喊了起来，整个房间再次陷入混乱。

我坐在所罗门兄弟公司团队其他成员的旁边，瞥了一眼瓦斯克斯，他看上去急需一个小木槌，但手边只有一支圆珠笔和一个被安装在他面前讲台上的小麦克风。"谢谢，"瓦斯克斯说道，为了能盖过嘈杂的吵闹声，他提高了自己的音量。他的声音听起来像是在回应观众饱含敬意的掌声，而不是人群满腔愤怒的咆哮声。"谢谢，女士们，先生们。好的，谢谢，谢谢。"等房间里稍微安静下来一些，可以听到他的声音时，他继续重复着提示："女士们，先生们，请把你们的发言控制在三分钟或更短的时间，今晚来的人很多。"

下一个发言者走到麦克风前。在这个情绪涌动的房间里，她有点不同寻常——一位安静、沉着、有礼貌的女士，首先对监事会给她发言的机会表示了感谢，其次开始描述如果公共交通被切断，她的生活将会出现怎样的多米诺效应。"我坐公交车是为了去上班，去上班是为了挣钱租房子，租房子是为了能离开家暴我的丈夫。如果取消公交车，我就会失去餐馆的工作，也就租不了房子，这样我就被困住了。请求你们不要取消公交车。"

当她坐下来的时候，一个穿着女装的男人跳了起来，把一个小笼子举到空中，笼子里挂着两个粗糙的银行家雕像。"罪犯！把他们都关进监狱！"他摇着笼子，里面的银行家雕像被震得哗哗响，其中一个还掉了出来，在笼子的栏杆上撞来撞去。长筒网袜和迷你裙是威尔·B.金的典型造型，他是当地一个名人，经常出席县委员会会议和其他政府公共会议，只要他能赶得上会议时间。在我们

第十章 一切都和橘子押韵   357

的许多委员会成员会议上，他都上演过这样或那样的闹剧——挥舞着马桶刷，大喊着国家正在顺流而下，或者在管理者发言时，从他塞满东西的胸衣里掏出橘子——但是关在笼子里的银行家绝对是他的"宏伟大制作"了。他摇晃着自己的杰作，大喊着："把他们关起来！把银行家关进监狱！"

瓦斯克斯主席感谢了威尔·B.金的发言，然后下一位市民来到了麦克风前。

整个队列的发言持续了好几个小时。虽然橘子郡的非富裕阶层百姓的担忧是真实且紧迫的，但抗议活动本身似乎是由橘子郡交通管理局负责人斯坦·奥夫特利精心策划的，他就坐在附近，表情严肃地欣赏着民众的宣言。斯坦不希望他的交通预算被削减，他知道他唯一的希望就是让委员会知道这些削减对生活不幸的人产生的影响。他后来坚称这些人是自愿来到这里的。我喜欢斯坦，并且尊重他，尽管我们在这场突如其来的闹剧中处于对立的位置，而且我发现这种抗议是一个相当巧妙的政治策略，除非是他和橘子郡交通管理局董事会做出相关决定，否则削减这些预算不太可能影响到公交服务，公交服务只是他所在机构庞大预算中的一小笔开支。

大多数人都知道橘子郡位于南加州沿海，是美国富有且保守的社区之一。"在橘子郡，没有人坐公交车。"这是我们在努力解决这个县巨大的预算危机时，一次又一次被告知的。但是橘子郡交通管理局的乘客一个接一个地出现，并给出一大堆我们必须通过其他途径来寻求解决县政府破产问题的充分理由。直到深夜，他们才向出口走去——几乎是同时出去的，就好像要去赶最后一班公交车——然后，监事会的特别公开会议休会了。

我们处理破产案的计划使得对整个县政府运作的审查日益严格起来，这促使市政当局放低了自己的姿态。他们开始积极地配合起来。"如果你是橘子郡交通管理局或尔湾牧场给水区的负责人，"贾斯汀说道，"你不会想强调你的资金有多充裕。这是我的看法。他们生活在阴影里。能得到这些被分配的轻松工作，是因为他们认识县委员或者那些影响县委员的人，他们不想让自己世界的小角落被曝光。"

我们在橘子郡辛苦工作了 18 个月，靠着行李箱过活，每天都在与市民、监察员、媒体、律师和债权人斗智斗勇，终于，我们打破了僵局，找到了通过重新调整现有税基来解决破产问题的方法。当然，现在回头看，会觉得这个解决办法听上去很简单，但在当时的情况下之所以特别困难，是因为它们往往更多地与脱节的民众、政客的利己动机以及华尔街的贪念有关，而不是与实际的金融和经济的基本原理相关。

* * *

2007 年，斯托克顿的养老金危机爆发。在过去的几年里，当公职人员的拨款被设定在难以维持的水平时，市政府没有储备足够的现金来支付这些款项。现在到了该支付账单的时候，市政府欠了加州公务员退休系统——该州的养老金和退休基金会——数千万美元的债务无法偿还。

华尔街像闻到了血腥味的鲨鱼一样被吸引了过来。雷曼兄弟公司的高管带着一份 PPT 赶来斯托克顿，向市议会推销一种名为养老金债券的融资工具。有了这些借款，该市将有资金用来支付目前的养老金开支，并可以将更大规模危机出现的时间推迟，留给新当选的人去应对。这正是该市所做的。养老金债券本身就存在风险：该市的普通资金是它们的支柱，这意味着一旦出现任何问题，斯托克顿不仅将陷入更深的债务危机，而且运营预算也将面临风险，这其中包括现任和过往公职人员的退休储蓄和医疗福利，以及面向市民的公共服务。

市议会一致通过了发行养老金债券的决议，由雷曼兄弟公司受雇承销这笔债券。不久后的 2008 年 9 月 15 日，雷曼兄弟公司破产。市场崩溃，斯托克顿拖欠还款，该城的普通资金被洗劫一空。在接下来的几年里，斯托克顿陷入了贫困和止赎的地狱。

市议会在一次闭门会议上决定根据美国《破产法》第 9 章申请破产，随后在 2012 年 6 月 26 日，召开了一次特别理事会会议。这不禁让人回想起几年前在橘子郡监事会的会议上，居民和公职人员排队轮流对着麦克风谴责该市削减福利的情景。但这一回，情况要严重得多，因为医疗保障金和养老金已经是放在砧板上的鱼肉了。

"今晚你们所做出的决定，基本上是向我的生活扔了一枚手榴弹，把我所有的努力都毁掉了。"这是克里斯蒂娜·彭德格拉斯的发言，她在斯托克顿做了 17 年的"9·11"紧急调度员。彭德格拉斯失去了她的医疗福利，并面临着失去退休储蓄的风险，因为债券持有人的律师威胁要对这些资金下手。

"我想对市议员和市政府官员说，不要以为你们的假笑……还有你们的漠不关心会逃过众人的眼睛，"另一位男士说道，他几乎无法控制自己的情绪，"全世界都在看着，谢天谢地，他们会看到我们是这个令人失望的社会的受害者。"

另一位发言者加里·琼斯是前特警队队长，身患脑癌。斯托克顿的破产意味着他无法继续接受治疗以维持生命。"如果我不能继续治疗，"他告诉市议会，"对我来说，就等于被判了死刑。"琼斯的肿瘤位于他的语言中枢神经，所以他在向市议会发言时努力挣扎着，花时间组织语言，强忍着眼泪。"一通电话就改变了你的生活，就在一瞬间——"

房间里响起了计时器的声音。

一位议会成员说道："琼斯先生，谢谢你，你的时间到了。"

削减资金造成的影响远远超出了公职人员眼睁睁地看着自己的退休金化为乌有。在抵押贷款危机爆发后的 4 年里，这座城市有大批的警察向外流失——平均每年净减少 100 名——他们搬迁至其他地区，到那些对他们的养老金和医疗福利影响较小的地方。警力的缩减导致了谋杀事件和暴力犯罪率的明显提升，失业率也上升到全国最高水平。而一手炮制了这场悲剧的城市领导人很快将要离开这个舞台，消失在人群中。

* * *

除了斯托克顿，其实整个美国都在面临着巨大的养老金危机。斯托克顿可能正好是个警告，让我们未雨绸缪，警惕国家未来有可能面临的问题。目前的问题出在很多层面上，每一个环节都导致了恶性循环，所有恶性循环正悄无声息地让我们陷入越来越深的深渊。简单来说，以下就是养老金如何运作，以及为什么养老金体系会受到极其危险的破坏。

全美拥有数百万名公职人员，他们所领取的养老金和其他退休福利属于薪酬的一部分，这些是他们退休后赖以生存的收入支持。无论他们是为联邦政府工作，还是为州、县或市政府工作，雇主都会向一个退休账户打款。这些钱一般会被投入一个通常被称为"退休系统"的中央基金中，中央基金会把每个市政当局的定期缴款进行投资，并承诺一定的投资回报。然后，市政当局根据这些预期收益为其雇员设定退休金分配。预期回报越高，市政当局需要缴纳的现金就越少，对年度预算的要求也就越低。

事情在两个主要方面出了问题。首先，市政当局所支付的费用不足以为未来的债务提供资金，于是立刻造成了短缺。例如，保守估计，伊利诺伊州和新泽西州的养老金体系资金不足 40%，养老金缺口接近 1 500 亿美元。其次，许多退休系统一直在向其选民承诺，养老金已被拿去投资，其投资池的年回报率为 7%，甚至更高。但是现在专家预测，长期预期回报率更接近 5%，而且当市场发生变化时，这些退休系统并没有进行相应的调整。这 2% 的差距听起来可能并不让人觉得很多，但当你面对的是如此庞大的资金池时，这些养老金基金的全国缺口预估在 4 万亿~20 万亿美元，而且还在不断增长，可以说一场能记入史册级别的金融灾难即将来临。

显而易见的问题是：为什么伊利诺伊州、新泽西州和其他退休系统不加大对退休金的投入，与未来债务持平，并将预期回报率从 7% 下降到 5% 呢？答案是：政治。大多数退休系统的监督委员会都是由民选官员和工会领导组成。如果监督委员会成员下调预期回报率，那么将给市政当局带来更大的负担，需要收缴更多资金以填补缺口，如此一来民众会把责任归到监督委员会成员的身上。因此，为了减轻选民的缴款负担，他们会保持较高的回报率设定。没有人愿意去承受这个政治压力，来做出审慎且必要的改变，所以每个人都睁一只眼闭一只眼，因为他们知道或者至少希望，算总账的那一天不会在他们的监督委员会任期内到来。

然而问题并没有就此结束。许多市政当局一开始就没有为其养老金债务提供充分资金，利用对它们各自退休系统投资回报率的过高假设，来证明有理由承诺更多的退休福利，最终加剧了这一问题。面对预算压力，政客们往往通过向政府雇员提供更多的退休储蓄和医疗福利，而不是通过增加工资或薪水的方式，来弥补现金缺口。以上操作，减少了对本年度预算的现金需求，因为这些福利是未来的负担，于是当采用假设的过高的投资回报率时，其影响无疑被认为是可控的，或至少解决起来不那么麻烦。这便形成了一个恶性循环：资金不足导致需要夸大投资回报率，这反过来又促使当局承诺更多的福利。

这个循环很难被打破，因为监督委员会并不能通过在监督和管理方面进行痛苦但必要的改革来解决这个问题的过程中受益。它们的责任范围与所面临的挑战不匹配。布鲁斯·班尼特曾经告诉我："对于一个政治家来说，60% 的资金和 100% 的资金没什么两样，因为清算的那一天要等到他们离任后才会到来。"大多数政客唯一关心的统计数据，除了他们的民意调查支持率，就是在他们的任期内是否有足够的资金来支持运营。养老金的数学问题是政客们不理解或者选择不去理解的东西，这样做在政治上是权宜之计，而且需要承认这是个难以解决的问题。这一切都发生在我们眼前，但没有人采取任何行动来阻止它的发生。公共财政带来的权力滥用，其复杂性和随之而来的机会显然超过了陈旧的政府结构所能承受的范围，这种结构已经不再适用于现代金融世界了。

* * *

迈克尔——这个在斯托克顿贫民区长大的天才男孩——在2008年金融市场崩溃时，刚刚高中毕业。他说："经济衰退并没有对我的家庭造成太大的伤害，因为我们一直生活在经济衰退中。这很正常，我们一直在挣扎。"他或多或少意识到有一些阴暗的事情正在酝酿之中。他在富兰克林高中读完三年级后进入沃顿商学院暑期项目，以及几年后在瑞士信贷实习时，都注意到了这个行业发生的变化。

迈克尔拿着斯坦福大学的奖学金逃离了斯托克顿，他心想，除了偶尔的探亲之外，他永远不会再回到家乡了。他很聪明，也很有野心，一个来自贫穷社区的年轻黑人，正在全国顶尖的大学求学。他成了斯坦福大学全国有色人种协进会分会的主席，还在谷歌实习过一个暑假，随后进入奥巴马的白宫实习。他在斯坦福大学学习的是政治学专业——政治人性化的一面长期以来都吸引着他。

奥巴马为他树立了一个充满启发性的榜样。迈克尔觉得从斯坦福大学毕业后自己可能想回到白宫当一名职员，或者加入"为美国而教"，到了那个时候，他可以做任何事情。很快他就会以优异的成绩毕业，而且众多薪酬颇丰的工作机会已然蜂拥而至，他可以在华尔街或者国际公司工作，做管理咨询工作或者进入私募股权。

但是，当还在白宫实习的时候，迈克尔的生活方向就发生了改变。有一天他的电话响了，他的表哥在南斯托克顿的一个万圣节派对上被枪杀了，表哥只比迈克尔大一岁。

失去表哥的痛苦笼罩着迈克尔，他还产生了一种难以承受的内疚感，意识到自己已经抛弃了生养自己的城市，背离了自己内心很重要的一部分。他告诉《福布斯》杂志："如果不是为了让我的社区变得更好，那么我去斯坦福这样的学校学习的真正意义又在哪里？"

表哥去世后，迈克尔知道自己必须回到家乡，尽已所能做些事。在斯坦福大学完成学业后，他决定参选斯托克顿市议会议员。奥普拉·温弗瑞曾在参观斯坦福大学校园时认识了迈克尔，并对他印象深刻，于是奥普拉资助了他的竞选活动。奥普拉仅资助过的政治候选人是奥巴马和科里·布克。说唱歌手 MC Hammer 很快也支持了迈克尔。有了这些名人的支持，使他在社群中的名声提升得很快。然而，他依旧只是一个大学本科生，面对的是一个已在政坛牢牢站稳脚跟的现任者，而且资金也雄厚得多。

"我不想让他回斯托克顿，"迈克尔的母亲拉科尔在他的竞选纪录片《真子》(*True Son*) 中说道，"也许等他长大一些，再回来帮助斯托克顿……我想让我的儿子毕业，然后去赚点钱。但我们没有选择。如果我强迫他去做某些事，我敢肯定他不会开心的。这是对迈克尔的召唤。"

竞选市议会议员是一个极其折磨人的过程，某些时刻，迈克尔几乎放弃了，但他继续走在斯托克顿的街道上，与居民交谈，描绘着他帮忙重建这座城市的计划，抑制帮派暴力的肆虐。"我当时只有 21 岁，"他在旧金山的城市艺术与讲座上说道，"没有胡子，只有两套破旧、不合身的西装和一双正装鞋。那个时候，挨家挨户地敲门实际上是非常可怕的。我想部分原因在于，当时那座城市的谋杀案数量创下了历史纪录，所以人们不会轻易给陌生人开门，更不用说是为年轻的黑人敞开大门了。"但是那些开了门的人相信了迈克尔的话。"我记得我敲的第一扇门是一个叫埃里克的人的家，他走出来告诉我，当他看到我——一个从斯坦福大学回来的年轻人时，他希望他女儿也能这样。如果我能帮助他实现这个愿望，他会支持我。"

美国女性选民联盟在大选前几天组织了一场电视辩论，迈克尔的魅力和热忱盖过了他的对手。这场辩论的曝光量正是迈克尔竞选所需的最后一把推动力。2012 年 11 月，22 岁的迈克尔·塔布斯当选了市议员，成为斯托克顿历史上最年轻的议员。那时候，塔布斯对媒体说："我们可以改变斯托克顿，我从来没说过我一个人就可以做到，但我可以成为催化剂。我能感觉到希望。"

一开始，要保留那份希望的感觉一定很困难。就在塔布斯当选之前 6 个月，斯托克顿申请了破产，这是当时美国历史上最大的市政破产案，从橘子郡手中接过了榜首的位置，但它很快就会被底特律超越。塔布斯所在的市议会的任务是收拾烂摊子，做出一系列艰难的决定，使城市回到正轨。"你说我们做了一系列艰难的决定，"塔布斯在纪录片《谁扳倒了斯托克顿？》(*Who Took Down Stockton?*) 中这样说道，"然而我一直在说，没有什么比削减一个人的医疗保险更难的了，他们认为这辈子都会得到这样的保险，也根据这个保险做了相应的计划，办理了退休。"

退休储蓄和医疗福利是好东西，也是必要的东西。金额越高越好，因为它们保障着退休人员的生活。但是我们大多数人并不想去考虑存在巨大的资金短缺这一事实，并且随着时间的推移它还会造成毁灭性的后果。我们反而期望这些短缺会由其他人去处理，在需要付清大量欠款之前将其修复。当财务清算不可避免地到来时，连带的损害肯定会对依赖这些退休储蓄的人造成打击，但它也会影响到其他人，将群体中每个人的安全和福利都置于危难之中，就像斯托克顿所发生的那样，无论他们在哪里或地位如何。

＊ ＊ ＊

橘子郡的破产预示着一个新的全国性思考方式和信仰体系的诞生。由于大多数居民都很富裕，该县的民众并不关心债务违约或削减公共服务所造成的威胁，因为他们不觉得这会对他们产生影响。这些东西是提供给那些没有权力的人的，比如不幸的人、穷人、乘坐公交车的人、无家可归的人。事实上，这个县的大多数富人都不关心任何与破产有关的事情，只要不被这件事打扰到就好。

的确如此，当我们在橘子郡长达一年半的"战斗"结束时，我们找到了一个既能解决破产问题，又不会给当地居民造成真正不便的方法。债券持有人得到了本息全额付款，养老金也没有被削减，公共服务也几乎没有受到影响。规模如此巨大的金融灾难能有这样的结果，可以说是非常罕见的，橘子郡对承担债务责任的推诿改写了政府的财政规则。市民可能觉得这没什么大不了的，因为这个问题解决起来不是什么难事。

盖茨警长却不这么认为，他说："太丢脸了。当你肩负责任的时候，你需要承担起来，不能一走了之。如果你这样做，还怎么会有人尊重你呢？我认为橘子郡的市民从来没有真正觉得整件事情与他们有关，因为他们没有受到过个人伤害。聪明的人关注政府，关注世界上正在发生的事。而公众对此一无所知。不管怎样，他们都不会在乎的。"警长显然是少数人，大多数人似乎并不为这个金融烂摊子感到羞耻，也不觉得自己有任何责任。

橘子郡的市民应该为解决破产的事负责吗？他们是否应该受到指责？因为罗伯特·塞特隆是他们票选出来的，在22年间一届接着一届地连任，人们完全忽略了他没有丝毫金融或投资经验。还是应该指责监事会没有做好监督工作，没有及时发现问题？或者应该把责任归咎于塞特隆？因为他将几十亿美元拿去做风险投资，而自己其实对投资的事情一无所知。抑或是应该怪罪于评级机构？它们应该及时意识到这个县所处的混乱状况，而不是给它 AA 评级。还是说应该怪美林公司向塞特隆出售不靠谱的金融产品？为了追求利润，而放任它们的员工，利用金融上的专业性碾压县政府的无知？所有这些问题的答案都是肯定的——每一方都应当承担相应的责任。

但是，追究责任是次要的，橘子郡引发的新问题是更重要、更令人不安的：为什么我们不再与政府财政有关联？又是为什么我们觉得不应该再对体系的财务状况负责？失去关联和责任感意味着什么？不管橘子郡是为世界敲响了警钟，还是形成新世界观的原因之一，我们只不过是不在乎政府的财政运作罢了。

* * *

塞特隆死于 2013 年，享年 87 岁。他因承认了 6 项严重指控，而面临长达 14 年的监禁和 1 000 万美元的罚款，但他只被判处 1 年监禁，缓刑 5 年，罚款 10 万美元。在他服刑期间——如果可以这么说——监狱的食品供应处给了他一份差事，"处理来自囚犯的牙膏和糖果订单"。《橘子郡记事报》是这么记录的，那时他每天晚上被允许回自己家睡觉。他还继续领取着他的养老金：每年 92 900 美元。CNN 报道称："塞特隆的罪行与破产没有直接关系，他个人也没有从中获利。他的罪行发生在 1993 年到 1994 年初，涉及非法从橘子郡投资池转移利息至一个橘子郡账户，投资池中包括学校、城市和其他政府机构的投资。这样做的目的是隐藏资金池中飙升的利润，以免让投资者对塞特隆的风险策略感到不安。"

美林公司因其在整件事中扮演的"反面角色"而多次遭到起诉，公司很不情愿地支付了 4 亿美元，以了结橘子郡的索赔。这在当时是一笔相当重的罚金，相当于美林公司年收入的 1/4。美林公司还支付了 3 000 万美元以了结其刑事指控。

然而，从大局来看，到那时为止，美国历史上规模最大的市政破产案并没有给那些应该担责的人带来持久性的惩罚——没有真的被监禁，没有颁布任何限制令或法规，只是做做表面文章而已。那么，我们从中吸取了什么教训？又该怎样防范类似事情的发生？

1996年，当我们进行收尾工作时，贾斯汀发现，橘子郡的新财务团队正开始推行另一项高风险策略，即养老金债券，也就是雷曼兄弟公司在2008年市场崩溃前推销给斯托克顿的金融工具。这是一种和塞特隆最早拿县资金所做的事类似的金融工程，它是仅有的两个可以合法钻的空子之一，县政府不需要进行公众投票就能借钱，筹集到的资金随后可以被再次用来进行大规模的、不合时宜的投资。

"该县的养老金体系资金不足，"贾斯汀说道，"所以基本上他们是借钱，然后用这些钱来投资支付养老金债券。总体的想法就是他们以5%的利率借款，然后再把这些钱投资到股票市场获得8%或9%的回报，哦，天啊，这岂不是很棒吗？我参加这些会议时，三四个负责做这事的人会说：'我们真的需要发行这些养老金债券，它们是非常重要的。'我会说：'你们刚刚因为试图投资一个县对冲基金而损失了几十亿美元，而你们的破产就是因为借钱去投资，想获得更高的回报，然后你告诉我你认为发行这些养老金债券，再用债券筹集来的资金去投资股市是个好主意？'他们真的这么做了，而且大家都觉得这是个好主意。"

贾斯汀苦口婆心地劝阻他们，跟他们说橘子郡是地球上最不应该实施这种冒险策略的市政当局，但橘子郡对他的好心劝说置若罔闻。他们已经下定了决心。最后，我不得不说服贾斯汀放手。我们不再负责这里的财政问题了，在他们雇我们来做的金融重组工作结束后，我们就要进入下一个挑战，领导权将交还给后破产时代当选的新县领导者手中。直到我们离开时，橘子郡很明显还是没有吸取任何教训。养老金债券被发行了,最终结果证明这项策略是成功的,因为在破产后的几年里,股票市场一直表现良好。但是一个好的结局并不意味着这是一个明智的决定。相反,它强化了这样一种信念:风险是微小的。对于塞特隆鲁莽、轻率的无知投资策略的记忆已经慢慢从史册中淡出,没过几年,橘子郡再次雇用了美林公司作为其承销商。

* * *

斯托克顿遭遇了种种麻烦,这座城市饱受着不负责任的领导者的折磨——市长办公室和市议会都糟透了。斯托克顿在 2009 年和 2011 年,两度登上了《福布斯》年度"美国最悲惨城市"排行榜的首位,2008 年和 2010 年分列第二位。当 2012 年的榜单出炉时,斯托克顿跌出了前十名。市长安·约翰斯顿发表了一份并不是为了表达讽刺之情的声明:"这是一个极好的消息,值得高兴,值得沾沾自喜。"鼓励市民为自己生活在美国第十一大悲惨城市而高兴,似乎说明斯托克顿的领导者根本没有为复兴这座城市设定过宏伟的目标。在接下来的一年里,它又回到了榜单的前十名。

2013—2017 年,斯托克顿处于破产恢复期,彼时担任该市市长的安东尼·席尔瓦可以说是领导不力的典型。他曾在 2015 年举行了一个仪式,用一把城市的钥匙来奖励上帝,为此他遭到了强烈的抗议。他还提出了一项法律条例,用以惩罚那些穿裤子时露出自己的"四角裤和三角裤"的居民。他支持的另一项提议是引进濒危的佛罗里达海牛,将其投入斯托克顿的水域,这样它们就可以消灭掉不断增长的水葫芦。当科学家解释说海牛会很快死在斯托克顿有着寒冷水域的河道里时,席尔瓦依旧不依不饶。幸好这个计划并未实施。

在担任市长的后期,席尔瓦被指控犯有多项重罪,包括重大盗窃、贪污、洗钱和挪用公款。这些特别的指控源于他在一个名为

"斯托克顿男孩女孩俱乐部"的非营利组织中担任的领导角色。据称，他从该组织的资金中挪用了数十万美元，用于支付个人旅行、购物和一家菲律宾在线交友网站的费用。在他担任市长期间还发生过另一起丑闻事件，在一桩谋杀案中，一名 13 岁的男孩被枪杀，凶器是一把 40 毫米口径的手枪，这把枪被发现注册在席尔瓦名下。他声称那把枪是有人从他家里偷走的，而他还没来得及报案。

2017 年，美国联邦调查局的人闯入席尔瓦的住所，调查两年前他担任斯托克顿市长期间的重罪指控。当时，席尔瓦邀请男孩女孩俱乐部的暑假夏令营领队到他的营地卧室玩脱衣扑克游戏，这些领队都才十几岁。指控称，他向出席的未成年领队提供酒精，同时秘密拍摄他们在这 6 天时间里玩脱衣扑克的过程。席尔瓦与检察官达成了认罪协议，仅被判处社区服务。

当我们选出像席尔瓦这样的官员时，类似斯托克顿这样的城市还有被改善的希望吗？

* * *

幸运的是，斯托克顿的希望很快就降临了。2016 年，议会成员迈克尔·塔布斯决定竞选市长，与现任市长安东尼·席尔瓦竞争。在他竞选的热浪和席尔瓦不断被曝出的丑闻中，塔布斯以压倒性的优势赢得了竞选，以高出 40 个百分点的支持率击败了现任市长席尔瓦。塔布斯成为斯托克顿历史上第一位黑人市长，而且年仅 26 岁，他也是美国超 10 万人口的城市中最年轻的民选市长。从他掌管市长办公室的那一刻起，就已经开始改变这座城市，但是他清楚地知道前方的道路依旧布满艰难险阻。

为了应对这些挑战，塔布斯发起了一个新的项目——斯托克顿奖学金计划，该计划承诺向每个高中毕业后注册大学的学生提供奖学金。该项目始于 2019 年，加州社区基金会捐赠了 2 000 万美元。塔布斯解释说，他创建这个项目的动力来自他从斯坦福大学毕业的种种益处。"如果一个人进入一所精英大学后可以回来当市长,那我们为什么不为城市里的每一个孩子都提供这样的受教育的机会呢?这对斯托克顿的未来意味着什么?……作为我们家第一个上大学,而且是免费上大学的人,这是我个人的事情,但对于这座城市来说,这是我们最好的经济发展优势。在排名前 100 的城市中,目前我们的大学入学率排名第 99 位,我们的目标是在未来 10 年让斯托克顿的大学毕业生人数增长 3 倍。"

普琳西思·冯奇是首批斯托克顿奖学金计划的受益人之一。她的父母是泰国难民,十几岁时来到加利福尼亚州,在斯托克顿东南亚社区的一个低收入社群定居了下来,那里人口众多,暴力横行。"我们家绝对有帮派分子。"她在接受我们采访时说道,"我和我的姐妹尽量不和家庭中的那部分人接触。为此,我们不得不避开城市的某些地方,或者确保我们不与某些人说话。在那样的环境中长大,没有走上歧途是很艰难的。我试着把自己的大部分生活都集中在学习上。"普琳西思克服了巨大的困难,获得了耶鲁大学和哈佛大学的奖学金,并最终接受了斯坦福大学的奖学金,她获得的斯托克顿奖学金将用于支付书本费和杂费。普琳西思计划学习计算机科学和天文工程,并打算毕业后回到家乡。她的故事是印证"塔布斯效应"最强有力的信号,并呼应了我在访问期间曾多次听到的一种说法,斯托克顿希望聪明且有才华的年轻人去接受教育,然后再回来。

斯托克顿于 2015 年摆脱了破产的困境,但是它的贫困问题远未得到解决,它仍然是这个国家极为贫穷的社区之一。截至 2018 年,在公立学校就读的孩子当中有 1 403 人无家可归,这还不包括数百名根本上不了学的孩子。他们很多都沿着河床住在旱谷里。这个地区的每所学校都有免费午餐计划,几乎所有的学校每天都提供三顿热饭,否则许多孩子是吃不上饭的。

塔布斯认为贫困是斯托克顿所有问题的根源，而扭转这个长期的危机是他作为市长的首要目标。"无家可归、垃圾、住房、暴力、犯罪、三年级阅读——所有这些问题的根本症结是贫困。在一个 25% 的人口处于贫困之中的社区，家庭的平均收入中位数是 4.6 万美元——不是一个人的收入中位数，而是一个家庭的收入中位数——在这个县，几乎一半的工作支付的都是最低工资，我们所有的问题都是有根源的，这些几乎是副产品。"

塔布斯的一名幕僚成员提出了全民基本收入的概念。这个想法通俗易懂，同时也是全新的尝试。马丁·路德·金在他的最后一本书《我们将何去何从：混乱还是共同体？》中探讨过这个想法，他说："除了缺乏协调性和充分性之外，过去所有的项目都有另一个共同的缺陷，而且都是间接的。每个项目都试图通过解决其他问题来解决贫困问题。我现在确信，最简单的方法将被证明才是最有效的——解决贫困就是要直接根除贫困，可以通过一个现在被广泛讨论的措施：保障收入……我们必须充分创造就业机会，或者必须创造收入。人们必须通过这样或那样的方式成为消费者。"

半个世纪以后，塔布斯市长承诺在这些苦苦挣扎中的社区进行全民基本收入项目测试，他启动了一项小型试验，从 2019 年初开始，130 个被选中的家庭每月将领取 500 美元的生活费，为期 18 个月。符合资格的居民必须居住在收入中位数低于 46 033 美元的社区，并且没有规定这些钱有任何使用上的限制。"贫穷不是因为品行的缺失，而是因为缺乏现金，"塔布斯在斯托克顿的一个教育工作者和居民的小型聚会上说道，"人们之所以贫穷，不是因为他们是坏人，不是因为他们与我们不同，也不是因为他们不知道如何理财。很多时候，他们只是无财可理。在我和大家聊天的时候，听到过这样的话，'每月 500 美元足够我照料孩子''每月 500 美元，我就可以减少工作量，多点时间和家人在一起''每月 500 美元足够我重返校园'。我还听过很多其他的版本，为什么每月 500 美元就会让事情有转机。然后我意识到了它的真正含义：在这个以生命、自由和追求幸福为荣的国家里，我们能否相信人们拥有主观能动性？"

塔布斯并不认为额外的收入会让人们停止工作。"事实上，我认为它会使人们更好、更聪明、更努力地工作，还能够做一些其他事情，比如花时间与家人在一起。"他告诉美国国家公共电台的《面面俱到》栏目，"因为我们不是工作机器，不是被设计来整天工作，拼个你死我活的。我们需要与人相处，参加志愿活动，去投票，去养育孩子。我认为我们给予人们的投入和投资越多，让他们去做这些事情，作为一个群体，我们就会越好。"该市已与宾夕法尼亚大学和田纳西大学的研究人员合作，评估全民基本收入项目试验所产生的影响。

塔布斯喜欢把这个项目称作"举手之劳，而不是施舍"。这笔资金是通过"经济安全项目"和其他外部资源筹集而来的，这就平息了关于斯托克顿的全民基本收入试验是个不负责任的福利项目的争论。"它没有花纳税人的钱，而是由慈善基金会资助的。所以，我们的想法是，在未来几年内，我们将通过获得的一些数据，告诉人们这是不是一个可靠的解决办法。"全国上下对此的反应都很兴奋，不管这些反应是支持还是反对。塔布斯已经接到许多领导人的电话，问他关于全民基本收入项目的问题，他经常被邀请在全国性的平台上讲话。"这是极其令人兴奋的，这个群体里的大多数人是少数族裔，"塔布斯说道，"这个群体的平均年龄为 26 岁，而且他们一直被认为是倒退的，或者总能从这里找到各种问题的，而现在人们来这里寻找解决办法了。"

市长的工作通常被认为是所有民选职位中最艰难的。塔布斯在接受我们的采访时说道："我非常清楚地了解这份工作真正带来的身份地位。在斯托克顿当市长并不是一份光鲜亮丽的工作。你整天都在试着变戏法。"从塔布斯一开始在市议会任职，到后来成为市长，事态在他看来很快就明了了起来，没有人愿意唱红脸，承担财政责任。"在过去 6 年的工作中，我说过的'不'要比'是'多。我认为这就是领导力：'我们负担不起'；'很棒的主意'；'我喜欢'；'钱从哪里来'等。没有人心甘情愿这么做。如果你不是未来 5 年或者 10 年都要待在这，那就让别人来处理，对吧？"

塔布斯回忆起他还是市议员时，为了一个在破产期间关闭的公共图书馆而做过的斗争。你很难能找到超越塔布斯的图书馆拥护者，因为图书馆是他生活的重要组成部分，但他一直在反对市长席尔瓦重新开放图书馆的意愿。"我说：'听着，我很赞成开放图书馆，但我们运营它的钱从哪里来？从哪里开始削减这部分运营所需的资金？让我们削减高尔夫球场（的公共开支）来支付图书馆，我是很赞成的。'没有人愿意这么做，这成了一个很大的政治问题。我在一年中投了 8 次反对票——包括一个我在竞选市长的选举年——因为我们找不到一个持续的税收来源。但我在投反对票的同时，也在与社区成员合作，发起一项倡议并进行公投，寻找一个募资来源为图书馆提供资金。市议会投票决定在没有募资来源的情况下开放图书馆，但幸运的是，11 月，市民投票决定以税收来源支付图书馆的费用……我发现，政治上给出的答案往往与当时的资源需求不同。"

因为塔布斯对财政负责任的态度，斯托克顿的情况开始好转。不仅收入超过了债务偿还额，而且建立了有效的准备金，这是斯托克顿以前从未有过的，它们储存了三个月的营运资金，以帮助缓解未来的预算短缺。还有一位有为的城市领导人约翰·迪希于 2018 年上任，承诺将担任斯托克顿联合学区负责人并服务 10 年。此前，他在美国最大的学区——洛杉矶联合学区担任负责人，任期结束后，迪希被斯托克顿的挑战所吸引，来到这里致力于改革学校和帮助社区脱离贫困。"我想我们这座城市正处在一个非常特殊的时期，"塔布斯说道，"我们有健康的储备，每年的预算都有盈余。现在整个国家都在关注斯托克顿。这给了我们很好的机会去做一些事情，来改变这个群体未来 30 年的发展轨迹。"

* * *

橘子郡和斯托克顿的破产事件是很好的案例，让我们明白当市民与政府财政不再有联系时；当冷漠、无知、自私的人被选为政府官员时；当华尔街对贪婪、不道德行为缺乏足够的约束，并选用不称职的政客时，会出现哪些问题。

在橘子郡之前，其他地方也出现过不一样的金融灾难，那些地方根本无法获取所需资金。事实上，在此之前，对于破产的典型定义是支出超过收入，危及政府实际提供公关服务或偿还债务和利息的能力。但橘子郡是一种完全不同的情况。在塞特隆身上，我们看到了一个骗子财务主管是如何被华尔街银行误导的。银行只要有钱赚，根本不管客户乱投资会引发什么严重后果。当这一系列特别的原因遇上该县居民根深蒂固的冷漠，公共问责制就这样被永远地改变了，不仅仅是在橘子郡，而是在所有地方。解决破产问题没有带来任何真正的痛苦，而这一事实让人们更心安理得地远离政府，他们相信总会有其他人来处理问题的，所以更不觉得自己应当参与其中或试图理解发生了什么。这是现代金融史上的第一次，当人们有一天醒来，发现他们的市政当局破产时会说："我不会掏钱的，这不关我的事。"

这种事之前从来没有在橘子郡发生过，而现在，这种反应已经变得非常普遍。正如我们的英语老师曾教给我们的那样，什么都和橘子不押韵。现在所有公共财政面临的挑战，在某种程度上，都在模仿橘子郡公民和官员对羞耻感的抛弃和对责任的逃避行为。现在，一切都和橘子押韵。

举例来说，斯托克顿正好是从橘子郡手中接棒：推脱养老金责任、在面子工程上过度花销、高额借贷，而且几乎没什么人会敲响警钟，直到为时已晚。只能希望塔布斯市长强有力且富有远见的领导力和财政责任能够挽救这座城市。从早期的迹象来看这是充满希望的。

但是塔布斯只是一座城里的一个人。没有联邦、州、县和城市财政的全面改革，谁也逃不过即将到来的养老金危机。扮演坐在比赛场边指手画脚指导该如何避免这场灾难的角色很容易：修正公职人员奖励机制；建立具备专业金融知识的监督委员会来管理养老金的发放；改变政客管理城市的方式，限制他们胡乱花钱的权力，同时出台新的市政法规来决定什么是可以建设或什么是可以承诺的；限制华尔街能够向市、县出售的金融产品。但是，除非我们——人民——重新燃起关注和参与的积极性，否则这些事情都不能也不会达成。除非我们再次与政府相联通，并理解它是如何运作的；除非我们开始选出那些上任是为了解决问题，而不是为了推动自己事业的官员；除非我们让他们负起责任，否则我们的未来只会变得更加黯淡。

2018年中，美国社会保障体系的现金流自20世纪80年代以来首次出现负值，这意味着支付给退休人员的现金超过了收入的现金。经常有人说，他们不指望社会保障能在退休后帮助自己，他们的担心不无道理。威尔希尔咨询公司2016年的数据显示，大型公共计划目前只有支付退休人员未来福利所需资金的70%，一些州的资金比例甚至低至35%。波多黎各在重组时，报告称其非统一政府养老金计划只有不到1%的资金。

总有一天会没有钱可以提供给养老金领取者。当那些工作了一辈子的人，最终开始领取养老金时，有可能什么也得不到，或者领到的比承诺的少得多。

情况是这样的：尽管养老金泡沫可能是现如今最危急的金融局势，但我们都还在纵容这个问题的不断恶化和扩大，并且没人太在意，这是由三个关键原因造成的。首先，这不是一个令人兴奋的话题。没有多少人愿意讨论养老金短缺的问题，以及其可能的解决方案，这其中包括大多数政客和其他主要负责解决问题的人。其次，不断逼近的危机给人感觉像是一个抽象的未来事件，所以很难知道我们应该如何在当前采取行动，以及为什么要采取行动。这个体系非常复杂，以至我们大多数人都觉得自己无力去修复它。最后，也是最重要的一点，没有问责制。因为关于养老金的计算问题所需要的时长比那些有权力修复体系的人的政治任期要长，所以没有切实的办法可以防止民选官员做出过度承诺，从而助长了这个危险泡沫的形成。

即使你退休后不需要依靠养老金来生活，而且你也从未想过要这样做，这个问题仍然会使你感到害怕。当所有人都被抛弃，是没有人能够逃离的。最终，痛苦会蔓延到每个人身上。往轻了说，它会影响发展和稳定。往重了说，考虑到问题的严重性，它可能导致大规模的混乱和叛乱，进一步瓦解我们的社会群体结构。

随着人口的老龄化与我们构建拙劣的权益体系不断发生冲突，养老金泡沫问题依旧被忽视，并且还在持续膨胀。这是我们必须讨论的问题。那些指望着以退休储蓄和医疗福利来计划未来的人到底会发生些什么呢？谁来照顾他们呢？当到处都变成斯托克顿时；当那位"9·11"紧急调度员和那位与脑癌做斗争的前特警队队长失去了他们工作多年换取的养老保障时；当这个问题开始毁掉全国数百万人的生活时，我们该怎么办？眼下，我们都在这条路上疾驰，摇下车窗，调高音乐的音量，不愿意看到前方黑暗的暴风雨即将来临。

尾声
生存指南

每件事都会惨淡收场，不然它就不会结束。
　　　　　　　　——汤姆·克鲁斯饰布莱恩·弗拉纳根，《花心情圣》

　　一个蒙面男子挥舞着棒球棍向身穿防暴装备的警察砸去，警察的盔甲受到了冲击。这个男子被制服，并被捆绑了起来，和其他被扣押的人一起在银行外墙边等待着警车的到来。即使在那个紧张的时刻，他还是一眼就认出了街对面的门廊，9月时他在一则新闻里看到过，那时候他还坐在自己家的客厅里，还没有因为一连串的房屋止赎问题失去房子。在那则新闻里，困惑不已的银行职员拿着装满个人物品的纸箱，在人行道上徘徊。当时，他对他们感到同情，因为他也失去了工作，他的前雇主将生产线转移到了海外，并关闭了他工作的工厂，但在经过与其他示威者和无家可归的人一起在城中公园生活了几个月之后，他所有的同情心已燃烧殆尽。那天晚上，他们聚集在营地里互相倾诉着自己的故事，抚平伤口。有些人

尾声　生存指南

在这里睡了几个月。摩天大楼和城市的灯光遮住了星空，憔悴的人们在小火堆上炖着食物，把热气腾腾的肉汤舀进碗里。他们的帐篷周围散落着自制的横幅、标语、头巾还有被扯破的旗帜——抗议的工具静静地躺着，愤怒在黑夜里慢慢平息了下来。

在另一个地方，筋疲力尽的人们排成队，几乎包围了整个街区。他们缓慢地移动，排队等着到自动取款机前，想从里面尽可能多地取出钱来，但每人只被允许取很少的数额。随着国家陷入金融崩溃，新的财政紧缩政策已经开始实施。设立每日取款限额是为了防止发生银行挤兑，但这只会促使挤兑情况发生。排队的人计算着这微薄的收入能给他们带来什么样的安慰——如果他们能幸运地从机器里取出钱的话。这些钱当然不够支付燃油费、房租，更别说看医生、看电影之类的奢侈消费了，只要能买到食品杂货喂饱孩子们就是胜利。他们在脑海里记着账，不时做做修改，以保持警惕，让自己忙起来，直到队伍开始缓缓向前挪动。明天，他们还会再来一次。

再来到另一个地方，一间酒吧里挤满了足球迷，他们正在看国家队的一场重要比赛。气氛高度紧张，大多数顾客都买不起他们在看比赛时喝的饮料，但是因为家里没有电视，他们只能聚集到这里，为了一个共同的目标呐喊。在比赛进行到第 80 分钟时，国家队进了一球，房间里突然一片漆黑，灯暗了，电视机也关了，停电了。黑暗的房间里，一股暴力的暗流在涌动，人们说话的声调越来越高，并夹杂着拳头不断撞击桌面的声音，狂躁的氛围愈演愈烈，一场全面的抗议行动一触即发。不知是什么地方的一块玻璃碎了。酒吧老板连忙抓起手机，轻轻敲了几下，付了水电费，就在他的国家以 1∶3 输掉比赛之前，来电了。顾客们愤愤不平地离开了，但这种事情的发生对他们来说已经习以为常。他们的钱包空空如也，里面只有身份证和全家福照片。去年，当货币贬值时，人们存的钱，不管是多是少，都变得一文不值。在混乱之中，一种新的货币诞生了——手机通话时长。人们通过互相发送手机通话时长来购买商品和服务，不论是买面包、支付出租车费还是缴水电费。

再换一个地方，一群人双脚踩进淡蓝色的海水里，面朝一艘正在驶来的渔船，渔船上躺着寥寥无几的被捕获的沙丁鱼。他们爬上船，为抢鱼而大打出手。不远处的农场也遭到了同样的掠夺，为了能吃上肉，饥饿的暴民捕杀牛群和马群。超市货架空无一物，人们从垃圾堆里翻找食物的惨状也时有发生，死于饥饿的儿童和成年人不计其数。尽管拥有世界上最多的石油储备，联邦政府却背负着迄今为止最高级别的债务，这导致了恶性通货膨胀、药品短缺、电力中断和大规模饥荒。许多人觉得，被关在监狱里比在街头讨生存要安全得多。数百万人逃往邻国，还有许多人在边境被路障和恐怖、愤怒的邻国公民拦截。

来到另一个地方，警方正使用真枪实弹镇压示威者，示威者的愤怒声此起彼伏，因为总统宣布不久之后工人阶层将需要缴纳更大比例的个人所得税，来为耗尽的养老金和社会保障体系提供资金。在总统宣布这一政令之前，这片土地一片祥和，是世界上最安全的地方。而现在，抗议者游行、投掷石块、放火。在报道这场危机事件时，一名记者头部中枪，并被全球各地的网络直播捕捉了下来。等总统收回这一政令时——距他宣布不到一周的时间——已有20多名公民丧生，数十人受伤。

当然，这些暴力和混乱的场景肯定是虚构、夸张的，是对未来的可怕幻想，我们也一定可以避免这些幻想的场景变成现实。如果事实真的如此那就再好不过了。世界舞台上正在发生着各种各样的事件——美国、希腊、肯尼亚、委内瑞拉、尼加拉瓜——而在诸如此类的冲突中，有越来越多是由金融动荡和崩溃触发的。事实上，当今的大多数民间暴力事件都是由金融决策以及金融事件引发的。

金钱世界变得如此危险且具有破坏性，如此复杂且分裂，驱使我们走向愤怒、动荡、抗议和冲突。所有这些事件都可能在任何时间、任何地点再次发生。无论是由于养老金体系枯竭，还是由于金融体系崩溃，上面描述的那些场景都是我们在不久的将来很有可能会看到的画面。

或许我们的命运会是一个缓慢而微妙的衰退过程，但同样具有毁灭性，老年公民孤独地死在狭小空荡的住所里，没有支柱，没有钱来取暖或吃饭，没有可支配的收入，被一个令人失望的福利制度所抛弃。又或许是年轻人发现自己被孤立，找不到有意义的工作，只能堪堪维持简单的物质需求，而无法生活得更好，不得不为"婴儿潮一代"最后的自私掠夺——要求安度晚年——买单，尽管"婴儿潮一代"才是做出不负责任的决定从而导致问题发生的罪魁祸首。虽然我觉得我们的社会像委内瑞拉和尼加拉瓜那样崩溃的可能性很小，但如果我们的未来是一个缓慢衰落的黑暗未来，扼杀了年青一代追求富足生活的机会，这难道不足以引起人们的警觉吗？

一点一点，一年一年，随着每一次增长的爆发，每一次技术的进步，每一种新金融工具的诞生，金钱世界变得更加复杂，更加神秘，也更加不近人情。20世纪80年代中期，当我在洛杉矶珠宝商聚集区做美国银行的贷款专员时，客户和银行专员是彼此相识的。现在，不管是在商业领域，还是在消费领域，这种情况都已经很少见了。如今，大多数的金融交易——无论是在交易大厅，还是在计算机上支付账单，抑或是购买书籍，甚至是购买一枚订婚戒指——都是通过电子方式完成的，没有了人与人之间的互动。人的因素已经逐渐消失，随之而来的还有对品格和诚信重视程度的弱化甚至消失。在短短30多年间，这些渐渐累积起来的变化已经使金融业从一个人类的重要工具过渡为一个无人监管的工具，似乎已经变成了一个不为人类谋取利益的行业。现在许多人都觉得金融业和我们是对立的。我们对金融体系持谨慎态度，甚至是害怕的。我们中越来越多的人变得矛盾，与之相脱节。不管我们对金钱世界的感觉如何，都不会是热情友好的。

然而，所有人——如果有银行账户、信用卡、学生贷款、汽车贷款、抵押贷款、人寿保险、退休账户、医疗保健计划——都依赖金融服务行业来改善生活，为我们提供有效的途径，以获取其他途径无法获得的东西。如果我们认同金钱是生活的核心组成部分，那么我们怎么样才能脱离这个行业而存在呢？我们看到赤字不断增长，养老金储备越来越不足，债务水平不断上升，而我们似乎无法阻止这些威胁的发生。我们作为个人，作为群体，作为一个国家的生存，依赖于对现代金融的理解，依赖于找到方法让这个体系更好地为我们服务。

关于美国有一个越来越普遍的说法：我们终将成为一个由军队保护的大型退休体系。我们的养老金和医疗保险债务将会把政府计划做的所有事都排挤在外，我们将被迫削减基础设施、基本公共服务、教育、警力和消防等各部门的开支。加大税收，提高政府借款，这些会反过来限制经济增长，使我们落入潜在的恶性循环。这就是我们在未来20年内将要面临的生存危机。

我们是如何走到这一步的？

我们与现代货币的关系在短短几十年间是如何变得如此不正常的？作为社会的一员，我们能做些什么来获得安全感和踏实感，从而引导我们前进？第一步要去了解是什么让我们走到了这一步。

在过去30多年里，金融世界发生的大多数重大变化，最初的用意都是好的，并且在一段时间内促使了社会的改善。业内有一个说法："华尔街的每一个馊主意都是从好点子开始的。"这些改变被推进得过头，最终，每一次改变都变成了一把双刃剑，既有利也有弊。认识到这些矛盾的存在是我们探寻积极有效前进道路的关键。

以下是我们在本书各章节中所看到的有关金融体系的每一次演变是如何取得巨大进步，同时也导致了不良行为和结果的。

第一章《愚人之金》：计算机电子表格的引入释放了金融业的创造力，同时有助于消除人类的主观性和偏见。

然而……计算机电子表格导致了对分析真实性的侵蚀和品质的缺失。

第二章《欢迎来到丛林》：华尔街的合伙制公司轮番上市，使它们能够获得所需的资本来壮大规模，为不断扩大的公司和客户群提供所需的产品和服务。

然而……风险与责任制的分离导致了监管的弱化，反过来引起破坏性行为的发生，包括用别人的钱进行风险性极高的投资。

第三章《牛奶和气球》："企业狙击手"和主动型投资者通过让管理团队对他们的业绩负责，为美国和全球的企业重新注入了活力。

然而……当企业被迫将股东价值放在高于一切的位置上时，就使利益优先于人和产品的不合理的管理决策合理化了。

第四章《天空的征服者》：速度和精度使新产品的创造成为可能，并使市场更高效，途径更多，且成本更低。

然而……在所有金融领域内，速度、效率和感知精度已经取代了全面、详尽的分析，包括那些最需要分析性思考的领域。

第五章《现代艺术》：对上市公司年报的要求提升了金融体系的透明度，在为所有投资者创造公平竞争环境方面取得了进步。

然而……这个年报要求进一步压缩大众投资者和管理团队对公司财务业绩的考量期，这一切都以牺牲长期投资和目标愿景为代价。

第六章《猎象记》：金融超市的建立创造了一个平台，有效地为全球化大环境下日益庞大、复杂的国际企业和市场提供了所需产品的广度和深度。

然而……金融超市的出现，催生了一系列极其难以管理的金融机构，同时也导致了企业文化的堕落，难以培养和维持理想的行为模式。

第七章《触手可及》：商业向云端转移，促使了新产品和新市场的诞生，其价格更亲民，更易被普罗大众所接受。

然而……商业在向云端转移的同时导致了个体和群体间相互关联的缺失。

第八章《钻石狗》：薪酬透明度的提高将谈判的筹码转交到了雇员身上，使个人能够利用数据支持在薪酬市场上要求更合理的薪资。

然而……这样的透明度导致了投资视野变窄，以及对薪酬产生过度关注，认为薪资高低是决定一个人社会价值的主要因素。

第九章《另一条队》：市场经济接管了社会秩序，使草根阶层、民主化的广告和媒体得以发展，并为那些本来被拒之门外的人打开了一扇更广阔世界的大门。

然而……市场经济对社会秩序的接管，使得精英体制和社会被对专有权和特权的不良追求所替代。

第十章《一切都和橘子押韵》：民众与国家财政的脱离，使得民选官员能够更有效地管理复杂的政府资金运作，对此民众并没有时间、相关背景或愿望投入精力或进行监督。

然而……这种脱离导致公共财政问责制和监督形同虚设，常常引发毫无责任心的决定，而这些决定往往被证明是具有破坏性的。

每一个演变中所固有的利弊权衡解释了为什么在前进的道路上达成共识是如此困难。在一些人眼中，这是一个服务于重要需求的行业，而在其他人眼中，却只看得到危害。在某种程度上，这两种观点都是正确的。然而，我们的公众却没能努力认识到现代金融的二分性，从而使我们陷入僵局，一部分人认为金融业对于一个正常运转的世界来说至关重要，另一部分人则认为金融业是危险的洪水猛兽，如果想要避免金融危机的反复发生，就必须将其遏制或扼杀。

这种趋向极端的势态已经导致了行业领导力或监管力的缺失，产生了大量金融和社会泡沫，而这些泡沫将持续膨胀直到具有潜在灾难性的程度。最终，每一个泡沫都会在一个无法预测的临界点被戳破。一旦我们缺乏领导力来应对这些棘手的挑战，一旦我们仍与金融世界的运作相脱节，这些恶性循环就会一次又一次地造成破坏，并且破坏强度越来越大。

事实上，如果我们想要拥有改革、创新和竞争的自由，这些繁荣和萧条的交替循环就是不可避免的。而我们的金融体系往往被证实是有韧性的，能从大多数挑战中复原，但是我们这里重点说到的挑战，具有一种潜在趋势，能够将泡沫推向一个无法承受的临界点，从而使体系崩溃。我们要如何实现一个更健全的平衡，使从繁荣到崩溃的波动不那么具有极端性和破坏性？没有简单的解决办法，也没有哪一个人、哪一个实体或哪一种操作能为我们解决所有的问题。

我们能做些什么来改变进程？

我们不能维持现状，必须采取行动。当务之急应该是增强金融体系中的问责制，或者在某些情况下，重塑引发不良行为的问责机制。本书的每一章，都讲述了一个本意想要改善，最终却扭曲奖励机制并导致不良后果的故事。我从事金融工作多年，学到的极为重要的一课是：问责制归根结底即为奖励制，我指的不一定是金钱上的奖励。为了激发积极的行为，我们必须创造奖励机制来激励人们。相反，如果我们想要阻止令人不快或有害的行为，解决办法或许是搞清楚促使这些行为发生的诱因（通常是无意的）或是因为缺乏某种要素而引发了不良行为，并改变它们。如果这个办法不奏效或无法实施，那么必须采取独立的监管机制，以确保必要的问责制的建立。

金融体系可以尝试也应该尝试的改革方法有很多,在这里无法一一列举,也不可能一口气全部应用。我们需要从紧迫的、可实现的目标开始,一步步进行重建。为了帮助我们走上一条更稳定、更有成效的道路,以下为你提供了9项行动事项可以参考,其中,金融体系里的每个重要角色都有三项参考条目。

给银行系统和金融投资管理机构的三项行动参考。

第一,改变薪酬结构,使奖励措施与投资期限相一致。

为了获取更长的投资期限带来的回报,需要把对理财顾问和公募基金经理的业务评估和薪酬设定,放在一个比一个季度或一年更长的时间框架内。薪酬结构与年度周期的关系已经变得过于密切。为什么大多数薪酬奖金周期要基于地球绕太阳公转所需的时间而定?为了重新调整薪酬体系,包括养老基金、捐赠基金和主权基金在内的大型机构投资者必须联合起来,要求经理人员的奖金薪酬至少与三年期的回报率挂钩,但最理想的情况是与7~10年期的回报率挂钩。这些机构投资者将不得不放弃动用这些投资资金的权力,以便让基金管理者能够进行长期投资,而不必担心每季度甚至每年的评估。延长投资期限也将缓解上市公司的季度业绩压力,因为季度业绩对决定薪酬方面的意义变小了。更大的要求是让少数创业型基金管理人和理财顾问根据同样的指导方针单方面建立新的奖励结构。这种变化似乎既有利于社会发展,也创造了商业机会,提供了一种长期投资战略,可以通过公司与投资者利益的结合产生更高的回报。

第二,在每个金融服务机构建立一个内部独立的审核流程,来评估每个产品和服务是否适合该机构的客户,以及如何和向谁推销这些产品和服务。

在每次金融危机的余波中,引起危机的原因似乎都显而易见,有大量的迹象表明事情不太对劲儿。正如前面所提到的，只要看看橘子郡年度报告的第二页就可以推断，该县正在从事不恰当的投资活动。IPO差价获益、不受限制的卖方融资、草率的抵押贷款行为、越权开设账户、向不明所以的客户出售复杂的金融衍生品，这些显然都是不合时宜的，但大量金融专业人士串通一气，纵容甚至是鼓励这些做法。我们不能想当然地认为政府监管机构会提供必要的监督，也不能假定大公司的企业文化或招聘政策能够确保金融专业人士在没有监督的情况下一定会做出正确的选择。每一家公司都必须建立一套审查流程或一个与董事会没有利益冲突的监督委员会，以评估公司所提供的每一种产品和每一项服务的适宜性。所有成规模的金融机构都有一个风险合规部门，其任务是确保机构本身不承担会导致公司风险水平过高的交易或承销发行。每家公司都必须建立这样的部门来评估客户和消费者可能面临的风险。此外，仅仅评估产品风险是不够的，审查流程还应该仔细检查销售或分销每种产品的奖励系统和营销计划。例如，在富国银行的丑闻中，借贷人员开设了多个不必要的支票账户，如果审查系统只关注产品适用性，那么这些操作是无法避免的。在富国银行的案例中，不良行为的产生源于公司内部的激励机制。

第三，在每个金融服务机构成立企业文化或价值观委员会，制定任务导向的行为准则，奖励积极的贡献，并从内部处罚不良行为。

2004年，当花旗集团成立专注于企业文化的委员会，并任命我为第一位"文化特使"时，我们实施的最具影响力的改革是将员工奖金的25%与他们的企业文化得分以及在公司团体内的行为方式挂钩。每位员工都会受到他或她同事的360度评估，从纯收入之外的贡献来对其进行奖励或惩罚。这不仅阻止了不良行为的发生，还通过认可和加强积极行为提高了员工士气。目前，许多公司都有企业文化委员会，但它们的职责往往只是让工作对员工更具有吸引力（例如，保障工作与生活的平衡），而不是创建和推行行为准则，来激发员工做出有意义的转变。仅仅关注工作环境是不够的。每家公司，以及整个金融行业，都必须付出更大的努力来定义自己的价值观，并建立符合这些价值观的行为模型。需要每家公司自上而下地贯彻这一行动事项的实施，高管层为每个主要商业部门建立企业文化审查流程，然后任命真正致力于改革的领导人。此外，整个金融行业的首要任务必须是认识到为什么一个正常运转的金融体系对一个良好的社会至关重要，这是在最佳前进道路上创建良好对话的关键性一步。

给政府的三项行动参考。

第一，建立一个联邦层面的监督或审查委员会，来评估州和地方养老金体系的管理及可行性。

私营企业里存在监督职能部门，为退休和医疗保健项目设定最低标准。大多数企业的养老金计划都是健全稳定的。但是，对于州和地方政府雇员养老金系统来说，并不存在类似的监督机制来确保项目得以谨慎构建、资金得以妥善管理。因此有必要组建一个联邦层面的监督和审查委员会，负责监督和评估州和地方的养老金体系。该委员会负责在治理方式、业绩管理、会计和规划设计等领域提出指导方针和标准。通过制定谨慎客观的标准，监督和审查委员会将根据相关的政治挑战，提供必要的压力或保护，使养老金委员会能够采取必要行动，提高其资金的财务可行性。例如，如果监督委员会完全根据市场预期回报来建议长期承销假定，那么，那些不负责任地继续假定未来回报率高得多的养老金和退休金体系就会暴露无遗。

第二，要求参与竞选财政部长或其他财务官员的人必须具有金融方面的背景。

没有至少250小时的飞行时间，飞行员是不能获得商业飞行执照的。没有完成大量的学习和实习，并通过标准考试，医生是无法上岗的。如果没有经过数百小时的实际操作训练，按摩治疗师甚至无法通过资格认证。然而，毫无金融经验的罗伯特·塞特隆却成了橘子郡的财务部长，并拿着数十亿美元的公款进行高风险投资。类似的要求缺失的情况在我们的政治体系中也时常发生。比如，许多州的财政部长也在该州政府担任首席投资官、银行管理人和金融专家的职位，管理该州的投资池账户，并加入该州公务员退休基金的董事会。然而，根据许多州的现行规定，任何已登记的选民都可以竞选这个职位，并无对相关经验或背景的要求。应为符合竞选涉及金融或财政的政治职务候选人资格设定具体的参选要求，包括具备商科和会计学学位，以及相关背景经验。

第三，所有的金融法规都应当稳定平衡且简洁明了，规定必须遵守的要求应该易于理解、简单易行。

由于所有的金融活动都既包括好的行为也包括坏的行为，金融法规的目标必须在限制过度行为的同时，不抹杀创新、扩大准入或增加包容性的自由。实现这种平衡通常需要设置一定的限制范围，而不是通过一大群执法官员对每个事项进行事无巨细的管理，导致忽略了大局。我们不能在投资池已经被加了三倍的杠杆，还被投资在不恰当的证券上时，仍把关注点放在甜甜圈上。之所以说简单是关键，出于多个原因。复杂的法规容易被忽略。（在申请贷款或购买金融产品时，你真正阅读过多少公开文件或公告？）更糟糕的是，复杂的法规可能更容易被操纵，从而出现意料之外的负面结果。此外，复杂的法规为那些没有财政或人力资源规定可以遵循的公司设置了进入壁垒，从而有效地使较大型的公司控制了受监管的市场或部门。在个人和公司两个评级责任制度层面，处罚应当明确且一致，并根据被认为应该负有责任的人的具体评估结果，对其中一方或双方进行处罚。

给每个人的三项行动参考。

第一，花时间和精力，让你的孩子和你一起学一些基本的金融、经济知识。

尽管金钱已经成为我们个人生活和政治争议中越来越重要的部分，但我们对这个世界是如何运作的依旧知之甚少。我们的教育体系并没有对如何在现代金融世界中有效地运作做出任何指导，把基本金融学知识纳入我们的学校课程将是一个明智的开始。对于已经完成学业的人来说，仍然可以参与学习：选择一家公司，然后用你追随最喜欢的球队或明星一般的热情去追随它。这家公司可以是你的雇主，也可以是你家人的雇主，或者是产出你感兴趣的产品或服务的公司。如果它是当地的企业或者零售商，那么可以从个人层面参与进来。尽可能多地了解其业务；成为这家企业的拥护者，告诉你的邻居和朋友为什么它的产品优于其他大规模生产的同类型产品。如果是一家上市公司，订阅新闻提醒并监控其财务业绩。如果你买股票，持有，不要租赁，要有长远的眼光，了解公司所面临的挑战，如果风险合理，那就坚持跟随它经历起起伏伏。通过这种方式与公司建立联系，会让你获得有价值的投资知识，并能更深入地了解更广阔的金融世界是如何运作的。

第二，追究政府官员的责任，在其任期内就养老金减少提出有针对性的问题。

这不仅仅是公职人员失去退休储蓄和福利的问题，它本身就是一场悲剧。养老基金的严重管理不善可能导致广泛的预算短缺，甚至破产，而这种崩溃将影响我们所有人。我们需要监管和问责，首先，每个人都要发挥更积极的作用，在遇到任何对养老金或退休制度有影响的政客时，提出关键性的问题。"我们的养老金计划资金储备如何？资金是如何进行投资的？你具体做了些什么事来缓解即将到来的养老金危机？"除非我们亲自着手处理这些问题，否则我们不能指望政客采取同样的行动——除非我们迫使其承担责任,否则他们不会将任期之外的问题视为优先考虑的对象。

第三,以个人的方式深入当地社群。

加入当地组织或团体,参加娱乐俱乐部或慈善事业。给运动队做教练。你很可能会接触到那些本没有机会接近的人,并且会增加对社区、对邻里之间以及对自身的了解。在本地购物。参与艺术活动,无论是定期参观博物馆、观看戏剧、参加文学读书会,或是支持交响乐队、音乐厅和舞蹈公司,不管是在你的城市、乡镇或学校。这些组织是一个繁荣社区的基石。问问自己为什么渴望"另一条队"——想要过更好的生活是一种本能的渴望,但是奢侈是体验的敌人,更多地投资于你周围的经历和人,尤其是那些你认为与你不同的人。这个行动事项可能看起来没什么新鲜甚至有些老套,但参与感造就了充满活力的地方社群,而且这种成功可以在全国范围内被推广,以改善我们的社会、我们的话语权和我们自己。除非打破自身的泡沫,否则我们将无法阻止巨大的金融和社会泡沫的形成。当它们破灭的时候,你肯定会觉得你应该更关注社群中的一些东西,如果你多花点时间与外界打交道,可能就不会错过。

制订解决方案容易,实施起来却很困难。

有无数不采取行动的理由:我们很忙、我们累了、我们喜欢安逸。我们对问题以及解决这些问题的方法的理解能力有限,让我们感到无能为力。

困扰我们日常生活的表面问题常常使我们忽略更大的财政状况。当我们发愁如何支付账单、如何实现理想的生活、如何为退休攒钱,还有如果幸运的话,如何能为后代留下一些东西的时候,谁还有能力去操心对现代金融的理解?美联储最近的一份报告显示,只有不到40%的美国工薪阶层认为他们有足够的退休储蓄,25%的人没有任何储蓄。如果有紧急情况发生,美国将有近一半的人口在30天内凑不齐400美元。

对于现代金融世界的趋势——趋向风险和复杂性的增加，人际互动和联系的减少——应呼吁大家立即采取行动。那么促使我们采取行动并要求他人也采取行动的动力是什么？我们怎样才能在最大的危险来临前摆脱困境，并做出至关重要的根本性改进来避免陷入下一次重大危机？团结在一起，我们有能力取得真正的进步，但是如果没有强有力的领导者，是不可能实现积极主动的集体性改变的。在这个行业里，谁有这样的地位或愿景成为一名思想领袖，来聚合力量从而做出必要的变革呢？

金融领域存在领导力的空缺，缺乏像盖茨警长还有塔布斯市长这样的榜样人物。这个行业面临的困境太多，以致很难吸引到真正有才能的领导人，也很难将他们留住。就算金融领域确实拥有优秀的领导者，他们也很可能处于防御的姿态，因为行业里的诋毁中伤太多，当你处在防守方时，是很难做出大胆变革的。这就形成了一个不幸的闭环：行业经常因为缺乏领导力而导致失败；当其失败时，就会受到攻击；而遭受接二连三的攻击，会使伟大的领导者选择离开；因而出现强有力领导团队的缺失，会导致更多的失败。

阿斯彭研究所是为数不多的致力于招募和培养金融领袖的机构，我与该机构合作多年，并与它们联合创立了金融领袖计划。我们每年从世界各地挑选出20名具有领导潜质的行业专业人士组成一个班级，带领他们利用业余时间参加为期两年的强化研讨会。截至本书完成前，我们已经挑选出了4个班级的人选，毫无疑问，我相信这群人将会对金融服务业产生巨大影响。每一次与他们其中的一个或一组人见过面后，我对金融业的未来就会更乐观一些。这些领袖不仅将成为他们所领导机构的优秀管理者，还将引导整个行业的管理层走向更积极的方向。

金钱几乎与我们生活的方方面面紧密相连，因此，我们共同努力让这个行业走上正轨，对于我们的生存和富足至关重要。不可否认，我们更愿意生活在一个可以享用住房贷款、汽车贷款、学生贷款、人寿保险、支票账户、退休金账户等福利的世界里。我们需要金融体系，但它必须进行改革。现代金融世界里的每个主要角色——大银行、小银行、其他金融公司、联邦政府、州政府和地方政府，以及我们民众——都必须采取行动，才能使金融行业重新成为有利于所有人的工具。

* * *

我最近和阿斯彭金融领袖计划的成员布莱恩碰过面，他管理着一家世界级的大型资产管理公司。当时我正在康涅狄格州斯坦福探亲，我们在一家铺着白色桌布的传统格林尼治餐厅一起吃晚餐。吃饭的时候，我告诉了他那天早些时候遇到我舅舅的事。

约翰舅舅是一个英俊且富有魅力的斯巴达人。刚从希腊移民到美国时，身无分文，一句英语也不会说。后来经过努力工作，刚好在斯坦福房价大涨之前，购置了一批房产。利用房地产赚了不少钱，他在1994年创立了爱国者国家银行，他曾说过，要"把人当作人，而不是像那些大银行一样把人当成数字"。

那次去看他的时候，他已经81岁了，处于半退休状态，每天依旧去上班，但通常只工作半天。我9点到达爱国者国家银行总部，准备带他去吃早餐，我乘电梯上楼到行政办公楼层，结果被告知他在一楼的零售业务部门。

银行的创始人、前CEO和董事长居然待在公共业务部门，这似乎有些奇怪，因为他的工作——仍包括为长期企业客户处理贷款和信贷额度——应该在楼上的行政办公楼层进行。零售客户和银行高管之间通常是没有联系的。在下到一楼的途中，我猜测也许他是在楼下等我。电梯门打开了，我溜达到大厅，早晨的阳光透过玻璃，斜着洒进来。一些人排队等着正在工作的柜员，其他人则在柜台前填着单子。我透过柜台的窗户，寻找着约翰舅舅的身影，但并未找到。然后我发现了他正坐在门口的一张桌子前。这是一幅令人震惊的景象，因为我无法理解为什么像他这样有身份、有地位的人会守在大厅的前门。

我走了过去，叫着他的名字，他站起来抱了抱了我，然后退后一步打量我，就像我小时候他经常做的那样，然后笑着说道："你还在长个儿。"

我问道："您在大厅里做什么？"

"我就想待在这里。"

"我不明白，您待在这里做什么呢？"

"我是迎宾员。"他笑了。

"迎宾员？可这是您的银行。"

"我老了，克里斯。我快退休了。他们问我想做什么样的工作，我说：'我想回到最初。'我想在人们来到银行时，欢迎他们。"

我低头看了看他的木桌，桌上放着一块名牌，上面刻着"创始人"的字样。

就在这时，一位顾客走了进来，约翰舅舅说："欢迎来到爱国者银行。"

"嗨，约翰。"那人说道，然后他们握了握手。

"您认识那个人？"那人走开之后，我问道。

"当然，"约翰舅舅说道，"我认识每一个人。"他轻轻敲了敲桌面，"这就是我想做的，我希望更人性化。"

那天晚些时候，和布莱恩一起吃晚饭时，我讲述了这个故事。我舅舅是个和蔼可亲的人，但我仍然无法把一家银行的创始人和前CEO在大厅迎接客户看作一件稀松平常的小事。几十年来都没有过的情况出现了。布莱恩也对这个故事产生了浓厚的兴趣。他问了很多问题，让我详细描述整个故事的场景。

几周后，布莱恩给我打电话说了一些生意上的事情，但在我们进入正题之前，他说："你知道吗，我一直在想你舅舅的事，我已经把这个故事讲给很多人听了。"

"我懂你的意思，"我说道，"我也经常想起这件事。"

"这个故事一开始听上去很窝心，但是细想起来总有些与众不同。我不太明白为什么它会一直萦绕在我脑海之中。"

"我也不明白。但这让我感到……"我的大脑在搜寻着词汇，"乐观。"

"完全正确，"布莱恩说道，"乐观。这甚至都不是怀旧，但就是让我感觉很好。"

银行高管打破了他和公众之间的所有屏障，把一张桌子搬到前门，看着人们的眼睛，努力与客户和社区拉近距离，这个画面引人思考。我和布莱恩都知道为什么这个故事如此打动人。我们意识到，这个故事能在我们心中激起情感，说明一些有人情味的、最基本的东西已经从金融世界消失了。我们很难清楚地描述到底是什么消失了，也许是一种本能，就好像我们知道要善待邻居、要与伙伴们分享、要为陌生人开门一样。金融世界已经失去了那种普世的人性。约翰舅舅为我们指明了想找回它所要迈出的第一小步。

致　谢

任何一本关于金融的书似乎都需要作者解决债务方面的问题，以我为例，要还的债很多。首先，第一笔债，也是最大的一笔，是还给我的母亲阿萨纳西亚，我的父亲尼古拉斯，约翰舅舅，以及我的老师、教授和导师，是他们培养了我，并鼓励我去探索历练，而不要在意结果。

感谢大卫·埃尔伯特和阿南德·格里哈拉达斯，他们给了我火花，点燃了本书的创作灵感。大卫说他看到了我在讲故事和做观察方面的潜力，大约30年前他就告诉我，我应该记录下自己的经历。25年后，阿南德建议我写——用他的话说——一本"世界需要的书"。这个建议是本书的北极星，指引着它的焦点和轨迹的方向。阿南德还建议我与另一位作家合作，以确保这将是一本了不起的书。

寻找合著者没花费我太长时间，多亏了我的好朋友塔姆辛·史密斯把我介绍给了丹·斯通，丹是最好的合著者。在写作的过程中，我最喜欢的就是和丹一起工作，争论策略，讨论概念，交换草稿，最高效也最有效地传达本书所探讨的观点。在很多方面，丹都是一个很棒的人，他给了我希望，让我相信我们可以生活在一个充满挑战的世界，没有冷言冷语和评头论足。是丹让本书变得生动有趣，并且——我希望你也赞同——影响深远，多亏了他。

写书是一回事，卖书又是截然不同的另一回事。感谢我亲爱的朋友、创意艺术家经纪公司的米歇尔·基德·李对本书的信任，鼓励我，并为我们安排与经纪人大卫·劳拉贝尔的会面。感谢大卫在整个过程中给予我们的指导，特别是将我们介绍给 Ecco 出版社的丹尼斯·奥斯瓦尔德。在所有与我们交流过的编辑中，丹尼斯是我和丹感觉最有共鸣的人。我们毫不怀疑，是她的智慧、鼓励和用心使本书变得更好——与她合作非常愉快。还要感谢 Ecco 出版社和哈珀柯林斯出版集团的其他优秀人才，感谢他们的付出。

虽然没法在此向为写成本书而采访过的数百人一一致谢，但是我想在此提出每一章的核心人物。

第一章《愚人之金》，非常感谢我在商界最早结识的两位朋友，巴里·卡加索夫和乔治·埃尔马西安。我曾多次试图联系监狱里的拿撒勒·安多尼安，但并没有得到他的回复。

第二章《欢迎来到丛林》，我要感谢拥有 60 多年华尔街经验的市政金融教父戴尔·霍洛维茨，以及我亲爱的朋友劳伦斯·波尔德。

第三章《牛奶和气球》，感谢大卫的兄弟马克·艾伯特，也能看出，这真的是一个小小的世界。感谢许多我在迪士尼乐园和沃顿商学院的朋友，他们贡献了无数的细节和见解，感谢我从前在沃顿商学院的室友——独一无二的保罗·海尼克。

第四章《天空的征服者》，感谢爱德华多·梅斯特雷对本书的贡献，也感谢他很久以前教会我如何让每一场会议都既富有诱惑力又充满意义。感谢迈克·索恩，他有个诀窍，不费吹灰之力就能让生活变得好玩又有趣，还有我的希腊同胞彼得罗斯·凯索斯，以及我勇敢可爱的妹妹莉娅·梅多。

第五章《现代艺术》，感谢美国美净公司团队给予的大力支持。感谢无与伦比的迪克·汉克曼、安迪·赛德尔、达米安·乔治诺和尼克·梅莫的慷慨协助。

第六章《猎象记》，由衷地感谢我的商业伙伴和密友汤姆·斯马奇，感谢我的老朋友和同事斯图尔特·戈德斯坦和格雷格·达尔维托，感谢比尔·维奎拉，感谢他们在身处华尔街的战火前线时不断释放出的勇气。

第七章《触手可及》，感谢与众不同的丹妮·阿什，感谢她信任我们并向我们讲述了她的故事，感谢我在易昆尼克斯公司的好朋友，谢谢他们信任我们，向我们描述了他们不可思议的旅程。与彼得·范·坎普、安迪·里戈利、杰伊·阿德尔森以及约翰·克纳夫打交道真的是一件令人愉悦的事。我还要感谢老朋友威尔·弗莱明和马克·戴维斯的贡献。

第八章《钻石狗》，感谢我永远有趣的老朋友和同事凯文·泰斯分享了他在华尔街工作和离开华尔街的经历。

第九章《另一条队》，非常感谢老朋友迈克尔·特德斯科对发展中的新趋势的洞察力和清晰的认识。他对任何话题的看法总是很独到又能引发思考。

第十章《一切都和橘子押韵》，真的是我在橘子郡和斯托克顿的朋友们合作的产物。在橘子郡方面，感谢贾斯汀·贝尔斯、汤姆·贝克特、布鲁斯·班内特、迈克尔·科尔巴特、布拉德·盖茨警长、托马斯·海斯、戴尔·霍洛维茨、斯坦·奥夫特利和汤姆·普赛尔。在斯托克顿方面，衷心感谢我的朋友约翰·迪希、迈克尔·塔布斯市长、兰格·伦陶和普琳西思·冯奇，感谢他们对我和丹的坦率与友好，你们在斯托克顿的所作所为真的很了不起，也是我们所有人的希望之光。

有很多人为后记提供了意见，我只能列举其中的一部分，但是非常感谢所有提出想法并愿意参与讨论金融的未来应该是什么样，以及我们是如何发展到这一步的人：彼德·钟、迈克·达顿、莎拉·弗莱尔、布莱恩·克赖特尔、布莱恩·刘易斯、伊安·迈凯伦、鲍勃·派克，还有詹妮弗·辛普森。

一位写过 6 本书的作家告诉我，写一本书最好的时光是在书出版之后，与他人讨论你所写的东西，那才是真正的学习的开始。我觉得在实际写作过程中就开始这项工作会是一个充满趣味、富有启发的练习，于是我将写好的章节与那些我认为能够在该主题上提供独到观点的人分享。以下这些值得信赖的读者，以及上述提到的那些人，是本书智慧灵感的来源。与你们聊天讨论的每一分钟都令我乐在其中，我希望这仅仅是个开始：穆罕默德·阿夫沙尔、大卫·阿尔伯特、吉迪恩·阿尔戈夫、萨拉·阿维尔、斯基普·巴特尔、哈里什·贝鲁尔、汤姆·本特利、丹尼斯·伯曼、迈克尔·克里斯滕森、斯蒂芬·德贝里、迭戈·德·索拉、鲍勃·德鲁斯金、帕特里克·菲兹杰拉德、丹以及妮娜·戈金斯、克里斯滕·格里姆、艾伦·赫斯洛普、塞缪尔·霍奇斯、奥古斯汀·洪、布莱恩·霍约斯、莱夫·伊萨克斯、娜迪姆·杰迪、史黛西·林赛、西奥班·麦克德莫特、长谷隆二、普里娅·帕克、彼得·雷林、巴里·罗森布鲁姆、劳里和卡尔·赛克斯、科特·沙赫特、詹妮·赛弗里德、亚历山德拉·肖基、加布里埃·西蒙、沙米娜·辛格、瓦妮·斯洛亚、加里·斯卡拉巴、翠娜·斯皮尔、戴安·斯特兰德、乔纳森·韦奇、克尔斯滕·万德施耐德、亚当·瓦瑟曼、詹姆斯·惠特尼，还有阿斯彭金融领袖计划三班全体成员。

万分感谢我的长期行政助理兼朋友安吉拉·默里，她打印了超过上千页的文字，虽然其中大部分最后都被扔进了垃圾桶，她对我的语法做了许多修改，并且对每一份新草稿都做了积极的改进，不管这份草稿有多粗糙、多离谱。还要感谢唐·沃尔斯坦给予我们的法律建议，以及汤姆·柯里根开展的勤勉的事实性核查工作。

我还想感谢阿斯彭研究所的金融领袖计划。基于必要和需求，我将本书所获得的全部收入悉数捐赠，用于打造和培养金融服务行业具有正确价值观导向的领导人。

我和丹想感谢我们了不起的妻子杰西卡·瓦雷拉斯和金·古登。她们是见地深刻的读者，也是考虑周全的编辑，她们用自己的辛勤付出和奉献精神不断完善了本书的内容。

向金致以最深切的感谢，她在整本书的创作过程中无私、坚定地支持着丹，在一次又一次紧逼的截稿日期前，把他们的家打理得井井有条，同时还能优雅地完成自己同样高压、高强度的全职工作，没有丝毫放松。

丹把他在本书上付出的多年努力献给他的父亲老丹，他是丹在研究这个主题时的指路明灯和特别灵感。

我还得感谢我优秀的女儿阿塔纳西娅，感谢她一直以来的支持、耐心和鼓励。没有任何语言能够表达我对我美丽的妻子和最好的朋友杰西卡的感谢，她是我生活上的编辑，让我们生活的每一天都变得更好，同时也让我所从事的每件事都有了意义和目标。我非常爱你和西娅，爱无法衡量，当然生活中所有重要的事情亦是如此。